어느 노과학자의
마지막 강의

어느 노과학자의
마지막 강의

—

초판 1쇄 인쇄 2017년 8월 21일
초판 1쇄 발행 2017년 8월 28일

지은이 프리먼 다이슨 외
엮은이 드와이트 E. 노이엔슈반더
옮긴이 하연희

펴낸이 이상순
주간 서인찬
편집장 박윤주
제작이사 이상광
기획편집 한나비, 김한솔
디자인 유영준, 이민정
마케팅 홍보 이병구, 김수현
경영지원 오은애

펴낸곳 (주)도서출판 아름다운사람들
주소 (10881) 경기도 파주시 회동길 103
대표전화 031-955-1001 **팩스** 031-955-1083
이메일 books777@naver.com
홈페이지 www.books114.net

생각의길은 (주)도서출판 아름다운사람들의 교양 브랜드입니다.

세계적 물리학자 프리먼 다이슨과 후학들의 20년에 걸친 필생의 대화와 논쟁

어느 노과학자의 마지막 강의

프리먼 다이슨의 과학과 기술, 삶과 종교에 관한 인류적 성찰!

프리먼 다이슨 외 지음 | 드와이트 E. 노이엔슈반더 엮음 | 하연희 옮김

▲ 왼쪽부터 **앞줄:** 에이던, 테스, 잭, 찰리, 클래러, 제임스, 조지 **중간 줄:** 루시, 랜디, 마커스, 맥스 **뒷줄:** 리엄, 브린, 로렌, 미첼, 도널드 (출처: 프리먼 다이슨과 이머 다이슨)

▲ 티건, 클레어, 소피 (출처: 드와이트 E. 노이엔슈반더)

그리고 앞으로 태어날 미래 세대에 전합니다.
지구를 빌려주셔서 감사합니다.

2013년 8월, 싱가포르의 난양 공과대학 고등학술연구소는 '프리먼 다이슨 교수 탄생 90주년 기념 컨퍼런스'를 개최했다.[Phua 등(2014)] 나는 '프리먼에 대한 기억'이란 세션에서 다이슨 교수가 오클라호마의 작은 대학 학생들과 오랜 세월 주고받은 편지를 소개하는 영광스러운 기회를 얻었다. 이 책은 그때 했던 이야기를 확장한 것이다.

편집자 앨리스 칼라프리스는 1928년부터 1955년까지 알버트 아인슈타인의 비서였던 헬렌 듀카스와 나눈 대화를 《아인슈타인이 말합니다(The Quotable Einstein)》에서 공개한 바 있다.

1953년 프리먼 다이슨이 프린스턴 대학 고등학술연구소 종신회원으로 부임하며 화제에 올랐을 때 듀카스는 이렇게 말했다. "대단한 분이에요. 그분이 아인슈타인 교수와 만난 적이 없다니 정말 안타까워요. 1950년대에 아인슈타인 교수가 한 젊은 과학자에 대해 전해들은 적이 있어요. 내가 자리를 주선하겠다고 했더니 그렇게 중요한 사람을 귀찮게 하고 싶지 않다고 하더라고요." 앨리스 칼라프리스는 "예의 바른 아인슈타인 교수와 달리 나는 그분을 귀찮게 했다. 이 책의 서문을 써달라고 부탁했고, 기꺼이 수락해준 그분께 깊은 감사를 드린다."라고 적었다.[Einstein 및 Calaprice(2005)]

다이슨 교수의 회고록《프리먼 다이슨, 20세기를 말하다(Disturbing the Universe)》는 우리 대학 교양필수과정인 '과학, 기술, 그리고 사회'에서 근 30년 동안 주 교재로 쓰였다.[Dyson(1979a)] 앨리스 칼라프리스처럼 나도 우리 학생들도 이 위대한 학자를 가만히 놓아두지 않았다. 그에게서 온 편지는 언제나 따뜻하고 다정했다. 싱가포르 컨퍼런스와 마찬가지로 이 책도 다이슨 교수의 유명한 업적에 초점을 맞추지는 않을 것이다. 그의 소탈하고 인간적인 면을 강조하고, 그가 어떻게 오클라호마 대학생 3,000명에게 지혜로운 할아버지 같은 멘토가 될 수 있었는지 전하려 한다.

'과학, 기술, 그리고 사회'는 하이테크와 대량생산의 시대, 경쟁과 편의성과 효율성이 지배하는 시대, 무한한 즐거움과 자동화를 추구하는 시대, 프랜차이즈와 대기업의 시대에 과학 기술이 어떤 역할을 수행하는지 알아보는 수업이다. 우리는 과학과 기술에 찬탄하면서 동시에 비판적인 관점을 견지하려 애썼다. 다이슨 교수는 편지를 통해 과학과 기술, 그리고 삶의 다양한 주제에 관한 생각을 공유했다. 그러나 이 책은 단순히 편지를 소개하는 데 그치지 않는다. 어떤 책이든 맥락이 중요하다. 이 책의 독자는 편지 이면의 이야기까지 공유할 수 있는 우리 수업의 일원이다. 이 연대기는 다이슨 교수가 편지로 우리에게 전했던 이야기를 알리는 데서 한 발 더 나아간다.

나는 학기 초가 되면 학생들에게 '이 수업을 여행이라 여기고, 매주 주어지는 과제를 여행에 관해 가족에게 쓰는 편지라 생각하라'고 주문한다. 또한 '과학, 기술, 그리고 사회' 수업을 여행에서 겪은 개인적인 경험과 같이 묘사하라고 요구한다.[01] 그렇게 수업에 참여한 학생들이 자신의 생각을 자신의 언어로 표현한 편지 가운데 몇 통을 추려 이 책에 실었다.

이 책의 내용은 크게 다섯 갈래로 나뉜다. 다이슨 교수와 주고받은 편지,《프리먼 다이슨, 20세기를 말하다》에 실린 구절, 다이슨 교수의 저술 및 그에 대해 다른 저자들이 발표한 글, 강의실에서 이뤄진 발표와 토론, 그리고 학생들의 반응이다. 인용 문헌과 쪽 번호는 꺾쇠괄호 안에 넣었다. [Dyson(1979a)][7]은《프리먼 다이슨, 20세기를 말하다》의 7쪽을 뜻한다. 이 책을 쓰는 지금, 다이슨 교수는 92세이고 여전히 강건하다. 학생들과 함께 그의 건강을 기원한다. 그를 멘토라고 부를 수 있고 친구가 되는 축복을 누릴 수 있어 더없이 영광스럽다.

2015년 12월

드와이트 E. 노이엔슈반더

---

01 학생들이 쓴 편지는 매주 제출할 때마다 표본을 뽑아 몇 가지를 추려 강의 시간에 발표하고 공유했다(학생 이름은 익명으로 처리했다). 그렇게 편지 내용을 공유함으로써 학생들도 서로 배우는 바가 많고 나도 그들에게 배우는 바가 많았다.

감사의 글

이 책은 저자가 3,000명에 달한다. '과학, 기술, 그리고 사회' 수업을 거쳐간 학생들이다. 우리가 쓰는 교과서의 저자이자 지혜로운 조언자이며, 오랜 세월 편지를 보내준 다이슨 교수에게 감사를 전하기 위해 모두 힘을 모았다. 다이슨 교수는 20년이 넘도록 우리와 편지로 교류했다. 학생들은 프리먼 다이슨과의 교류가 삶에 지대한 영향을 미쳤다고 증언하고 있으며, 나 역시 마찬가지다.

이 책은 다이슨 교수의 부인 이머 다이슨 여사와 그 자녀들, 손주들을 위한 것이기도 하다. 다이슨 교수가 수많은 젊은이의 삶에 얼마나 깊은 영향을 미쳤는지 이 책을 통해 가족들이 확인할 수 있기 바란다.

초청에 응해준 여러 강사와 서신에 답해준 분들, 또한 여러 동료들로부터 훌륭한 조언과 격려를 받았다. 라구나트 아차리아, 빅터 알페르, 에프레인 차콘과 그 가족, 대릴 콕스, 짐 컬럼버, 조지 다이슨, 랜디 에를리히, 브렌트 에스크리지, 레오 핀켄빈더, 자나 핀켄빈더, 케네스 포드, 칼 기버슨, 데이비드 고든과 노스 캐롤라이나 공영 라디오, 존

굴든, 로렌 그리샴, 그웬 라드 해클러, 낸시 할리데이, 낸시 하위, 할란 무어, 마크 포트니, 필립 슈웨, 더글러스 스트리크랜드, 더들리 스트리크랜드, 지라이르 타슈지안, 게리 화이트, 오스틴 윌슨, 론 윌슨, 마크 윈슬로우, 샤론 영에게 감사한다.

사진을 사용하도록 허락해준 프리먼과 이머 다이슨, 레오 핀켄빈더, 올드 오리건 포토스, 마르코 사보리오, 런던박물관, 학생들, 친구들, 가족들에게 고마움을 전한다.

1980년대 중반 개설된 '과학, 기술, 그리고 사회' 수업은 서던내저린 대학의 교양교육과정 관계자들 덕택에 별 탈 없이 이어질 수 있었다. 새로 부임한 나에게 이 과정을 맡아보라고 제안해준 랜달 스핀들, 교양교육과정과 학사 정책을 총괄하는 헤더 클레머와 데니스 윌리엄스에게 감사를 표한다. 이 수업이 관료주의적으로 운영됐다면 얼마 지나지 않아 잊히고 말았을 것이다. 그러나 그렇지 않았기에 확고한 정체성이 드러나는 고유의 콘텐츠와 문화가 생겨날 수 있었다. 서던내저린 대학 과학동문회 '캐털리스트(The Catalysts)'에도 감사를 보낸다.

아내 론다, 두 아들 찰스와 스티븐에게도 그간 보내준 격려에 대해 고마움을 전하고 싶다. 아내의 사랑과 지원이 있어 그 긴 여정을 무사히 이어갈 수 있었다.

"거대한 기술에 관여하게 되면, 이를 발전시키려 하든 저지하려 하든, 인간의 삶을 놓고 도박을 벌이는 셈이다." -프리먼 다이슨(1979)

"기술에 매몰되어 삶으로부터 얻은 교훈을 간과하기 쉽다." -셰리 터클(2011)

차례

01 다이슨으로부터 온 첫 번째 편지

놀라운 교류의 시작

"그리고 가장 나이 많은 할아버지 한 분이 다정하게 말했다. '들어오너라. 두려워하지 말고… 세계 각지에서 모인 할아버지들이 회의를 하는 중인데, 너에게 가르침을 주려고 여기로 불렀다.'" -블랙 엘크[01]

1993년, '과학, 기술, 그리고 사회'의 수강생 마흔여섯 명은 12주 동안 《프리먼 다이슨, 20세기를 말하다》를 읽으며 토론했다. 나는 학생들에게 이 책의 저자이자 뉴저지 주 프린스턴 대학 고등학술연구소 교수인 프리먼 J. 다이슨과 연락해보고 싶지 않냐고 물었다. 다들 눈이 휘둥그레지면서 일제히 그러자고 소리쳤다. 모두 함께 수업시간에 머리를 맞대고 정리한 내용을 대학 마크가 찍힌 편지지에 타이핑했다.

1993년 4월 6일

---

01 [Neihardt(1961)][25].

프리먼 J. 다이슨 교수
고등학술연구소
프린스턴, NJ 08540

다이슨 교수님께

저희는 서던내저런 대학 '과학, 기술, 그리고 사회' 과목의 담당 교수와 학생들입니다. '과학, 기술, 그리고 사회' 과목은 우리 대학 교양 필수 과정입니다. 주로 학부 3학년이나 4학년이 수강하는데, 과학, 기술, 사회 그리고 개인 사이의 관계와 논점을 여러 학문 분야에 걸쳐 조명합니다. 저희는 교수님의 저서 《프리먼 다이슨, 20세기를 말하다》를 이번 학기 교재로 사용하고 있습니다. 《프리먼 다이슨, 20세기를 말하다》는 마치 이 수업을 위한 맞춤 교재 같습니다. … 심오하면서도 누구나 이해하기 쉽게 서술돼 있어서 즐겁게 읽고 있습니다. 배경을 더 자세히 파악하고 다양한 관점을 경험하기 위해 종종 다른 책과 학술지, 영상물을 참고하기도 합니다.

여기, 책에 대한 학생들의 의견과 질문을 정리하여 동봉합니다. 바쁘시겠지만 한두 건만이라도 답변을 해주신다면 큰 영광이 될 것입니다. 일정상 쉽지 않으시겠지만 그럼에도 불구하고 부탁드리는 이유는 그만큼 저희가 이 책을 통해 얻은 즐거움과 지식이 많았음을 어떻게든 알려드리고 싶었기 때문입니다.

학생들은 각자 이름과 전공을 적고 의견과 질문을 작성해 첨부했다. 그리고 편지와 질문지를 봉투에 넣어 부친 뒤 좋은 소식이 오기만을 기다렸다. 다이슨 교수처럼 유명하고 바쁜 사람이 한때 원주민특별보호구라 불리던 허허벌판 66번 국도변의 작은 학교를 들어보았을 리가 없었다.

그런데 놀랍게도 일주일 만에 프린스턴 자연과학대학 고등학술연구소 마크가 찍힌 편지가 도착했다. 우리는 수업시간에 다이슨 교수의 답장을 복사해 한 장씩 손에 쥐고 소리 내 읽었다.

1993년 4월 9일

노이엔슈반더 교수님께

여러분이 보내주신 이런 편지를 받는 것이, 책을 써서 얻을 수 있는 최고의 보람입니다. 여러분께 진심으로 감사드립니다. 여러분의 의견과 질문을 읽으며 이 늙은이의 사기가 많이 올라갔습니다. 한 분 한 분 따로 답장을 드리지 못해 미안합니다. 사정상 몇몇 질문에 간략하게 답변을 하고 그와 관련된 제 최근 강연 내용을 덧붙여 보내드리겠습니다. …

다이슨 교수가 보내준 강연 내용은 이후 수업 중 토론에서 소중한 길잡이가 됐다. 예를 들어 '과학은 반역이다(The Scientist as Rebel)'란 제목의 1993년 강연은 생각의 반란을 북돋우는 메시지를 담고 있다.

어떤 문화든 아이들에게 무엇인가를 강요한다는 점에서 독재적 성격을 띨 수밖에 없으며, 과학은 그런 독재에 대한 자유로운 영혼들의 저항이다. [Dyson(1993)]

지혜로운 할아버지 같은 다이슨 교수의 답장은 우리에게 더없이 큰 힘이 되었다. 라코타족(북미 원주민 종족-옮긴이) 출신 작가 조지프 마셜 3세는 2005년《할아버지와 함께 걷기(Walking with Grandfather)》에서 자신의 할아버지를 회고하며 이렇게 적었다. "사람은 지혜가 쌓일 때까지 오래 살아야 한다. 마침내 지혜를 얻으면 이것이 인생의 선물이며 혼자만 간직하거나 누려서는 안 된다는 사실을 깨닫는다. 반드시 누군가에게 되돌려주어야 한다." 담당 편집자는 이 책에 "이 소중한 선물을 그들은 어떤 방식으로 공유할까? 바로 존재감을 통해, 이야기를 통해 공유한다."[Marshall(2005)]라고 덧붙였다.

다이슨 교수는 단순히 질문에 대한 답을 주는 수준을 넘어, 관련된 이야기와 그의 경험을 제시하며 성심껏 응대해줬다. 우리는 토론에서도 주로 서로의 체험을 공유했다. 맨 처음 주고받은 편지에서 그는 질문 중 '한두 건'이 아니라 여섯 건에 대해 장문의 답변을 보내왔다.[02] 마치 오랜 세월 알고 지냈던 할아버지처럼 다이슨 교수의 어투는 다정했고 격의 없었다.

··· 질문에 답을 얻지 못한 학생들에게는 정말 미안합니다. 벌써 자정을 넘긴 시간이라 이제 잠자리에 들어야겠네요. 여러분께 감사드리고 행운을 빕니다.

---

02 이후부터는 편지를 보낼 때 질문 수를 여섯 개 정도로 제한하려 애썼다.

바로 밑에는 손으로 쓴 추신이 적혀 있었다.

추신: 여러분 중에 간호학과 학생들이 있다니 매우 반갑습니다. 우리 딸 중 가장 영리했던 녀석도 간호사가 됐지요. 우리 딸은 신체적 치유뿐만 아니라 정신적 치유에도 관심이 많아서 신학대학에도 다니고 있습니다. 간호사로 일하면서 목회자로도 활동하고 싶어 합니다.

그때나 지금이나 우리 수업은 매주 한 차례, 저녁 시간에 세 시간 동안 진행된다. 1993년 봄학기에는 수강생 마흔여섯 명 중 절반이 간호학과였다. 간호학과 학생들은 다이슨 교수의 추신에 기쁨을 감추지 못했지만, 우리는 그의 '가장 영리한 딸'이란 표현에, 우리는 어쩌면 그의 아이들은 모두 영리하지 않았을까 추측했다. 한데 다이슨 가족의 면면을 살펴보면 이는 과장이 아니다. 다이슨 교수는 첫 부인 베레나 후버와 에스더, 조지 남매를 낳았고 수양딸 카탈리나를 두었다. 두 번째 부인 이머와는 도로시, 에밀리, 미아, 레베카를 낳았다. 다이슨 교수에게는 간호사이자 목회자인 딸 외에도 우주비행사, 보건의료 분야 민간 재단을 설립한 벤처 투자가, 수의사, 방사선 전문의, 심장 전문의로 활약하고 있는 딸들이 있다.

다이슨의 외아들 조지는 손재주가 좋다. 10대 시절에는 태평양 연안 북서부 지역으로 이주해 어선에서 일하며 나무집에 살았다. 평범한 나무집이 아니라 지상으로부터 30미터 지점 거대한 소나무 위에 지은, 판자 지붕과 유리창, 벽난로까지 갖춘 집이었다. 지금은 지상에

▲ 다이슨 교수가 우리에게 보낸 첫 번째 편지의 첫 장. (출처: 드와이트 E. 노이엔슈반더)

내려와 살면서 알류샨 열도 전통 바이다르카(알래스카 에스키모가 바다표 범 가죽으로 만드는 카약-옮긴이)를 제작한다.[Dyson(1997a)] 최근에는 스스 로 생각하는 기계의 글로벌 네트워크와 그 진화[Dyson(1997b)], 원자력 을 동력으로 이용하는 우주선[Dyson(2002b)], 최초의 프로그래밍 컴퓨 터의 탄생[Dyson(2012)] 등에 관한 책을 저술했다.

1993년 5월 10일 다이슨 교수에게 쓴 감사 편지에 우리는 다음 메 모를 추가했다.

1993년 5월 11일

다이슨 교수님께

… 거듭 말씀 드리지만《프리먼 다이슨, 20세기를 말하다》를 교재로 활용하여 '과학, 기술, 그리고 사회'를 가르칠 수 있어 영광입니다. 아마 이 책을 쓰실 때 대학 강의에 사용될 수도 있으리라는 생각은 안 하셨겠지만, 이 수업에 꼭 맞는 교재가 됐습니다. 실제 체험을 서술하고 있기에 살아 숨 쉬고 있습니다. …

교수님 인생에 있어 중요한 사건을 묘사할 때 시 형식을 빌리셨다는 사실 역시 대단히 흥미롭습니다. 제 수업을 처음 듣는 수강생들은 대부분 과학자들이 1차원적인 사람들이라는 편견을 가지고 있는데, 교수님께서 이 편견을 깨주셨습니다. …

다이슨 교수는 고등학술연구소 편지지에 친필 답장을 보내왔다.

1993년 5월 18일
노이엔슈반더 교수님께
따뜻한 편지에 감사드립니다. 학생들에게도 큰 고마움을 전합니다. 안부 전해주세요. 저는 요새 할아버지 노릇을 하게 되어 정신이 없습니다.

그는 다음과 같은 추신을 첨부했다.

비공식 출생 통지
도널드 다이슨 리드, 2.2킬로그램

조지 프리먼 리드, 2.3킬로그램

예정보다 6주 이른 1993년 5월 9일 태어났습니다.

엄마와 쌍둥이 모두 건강합니다.

이 통지를 받았을 때는 여름 계절학기를 시작한 뒤였다. 계절학기 학생들은 다이슨 교수에게 다음 편지를 보냈다.

1993년 6월 7일

다이슨 교수님께

… 진심으로 축하드립니다!

엄마와 쌍둥이 모두 건강해서 다행입니다.

강의실 밖에서의 만남

학생들에게 편지 얘기를 꺼내기 한참 전, 외르스테드 메달 수상자로 선정된 다이슨 교수가 수락 연설을 하는 자리에서 나는 물리학 강사들과 함께 객석에 앉아 있었다. 미국물리학강사협회(AAPT)가 주는 이 메달은 물리학을 가르치는 이들에게 최고의 영예다. 다이슨 교수는 1991년 1월 텍사스 주 샌안토니오에서 열린 AAPT 연례총회 본회의에서 '가르치느냐 마느냐'란 제목으로 수락 연설을 했다.[Dyson (1991)] 이런 연설을 많이 접해본 사람은 알겠지만, 대개 수상자는 환호 속에 등장하여 '악수하고 미소 짓는' 사진을 남기고 멋들어진 말 몇 마디를 남긴 뒤 사라지게 마련이다. 다이슨 교수도 이날 사진 촬영을 하고 심 오한 연설을 들려줬다. 그런데 시상식 후에도 총회 자리에 남아 다른 세션에 참석했다. 누구나 쉽게 다가가 그에게 말을 걸 수 있었다.

지금도 마찬가지다. 외르스테드 메달 수락 연설 이후 22년이 흐른 2012년 11월, 4년마다 열리는 물리학계 아너 소사이어티 '시그마 파이 시그마'의 총회가 플로리다 주 올랜도에서 개최됐다.[Feller and Sauncy(2013)] 참가자 800명 중 600명 이상이 활기차고 열정적인 물리학 전공 학부생이었다. 다이슨 교수는 토요일 아침 본회의 때 연사로 무대에 설 예정이었는데, 목요일 저녁 태연하게 로비에 모습을 드러냈다. 그는 악수를 나누고 사인을 받고 함께 사진을 찍으려는 학생들 (그리고 물리학회 대표들과 노벨상 수상자들)에게 순식간에 에워싸였다.

이후 이틀 동안 세션과 세션 사이 휴식 시간마다 다이슨 교수 앞에는 긴 줄이 늘어섰다. 젊은 학생들은 인기 가수를 발견한 듯 구름처럼 모여들었고, 국가원수를 대하듯 참을성 있게 차례를 기다렸다.[03] 이런 장면은 총회 마지막 날인 토요일 밤 10시까지 반복됐다. 다이슨 교수는 참가자 대부분이 떠날 때까지 머물며 학생들과 이야기를 나눴다. 물론 당시 그는 지금보다 젊었다('겨우' 88세에서 89세로 넘어가고 있었다). 주위에 모인 젊은이보다 더 활력이 넘쳐 보이긴 했지만, 학생들이 마침내 그를 놓아주었을 때 나는 안도의 숨을 내쉴 수 있었다. 지난 20년간 우리 수강생들 모두 그의 한결같은 호의를 그저 당연하게 받아

---

03 이듬해 출간한 다이슨 교수의 전기에서[Schewe(2013)][67~68] 필립 슈에베는, 프리먼 다이슨 이 다양한 양자전기역학 방식을 통일했던 1949년 생겨난 팬덤이 가히 비틀스에 견줄 만했다고 적었다 [Dyson(1949)].

▲ 2012년 총회에서 휴식 시간마다 벌어졌던 장면: 학생들이 다이슨 교수와 인사를 나누기 위해 줄을 서 있다. (출처: 드와이트 E. 노이엔슈반더)

들이지는 않았음을 알리고자 한다.

1998년 가을학기 학생들은 교재의 기원에 대해 질문했다.

1998년 12월 3일

다이슨 교수님께

《프리먼 다이슨, 20세기를 말하다》를 집필하시게 된 동기는 무엇인가요?

1998년 12월 5일

드와이트와 학생들에게

… 슬론 재단에서 자서전을 써달라는 요청을 받았습니다. 글쓰기를 좋아해서 기꺼이 수락했습니다. 흥미로운 일을 많이 경험했고 흥미로운 사람도 많이 알고 있어서 쓸 거리는 충분했습니다. 또 슬론 재단이 상당한 액수를 선불로 지급해주어 딸들을 대학에 보내는 데 큰 보탬이 됐습니다. 딸이 다섯이나 있어서 등록금 고지서가 강력한 동기를 부여해줬지요.

… 행복한 성탄절과 새해 맞으시기를 바랍니다.

등록금 고지서란 말로 학생들의 궁금증은 대번에 풀린 모양이었다.

2005년 3월 22일

다이슨 교수님께

'다이슨'이란 성은 제 성보다 더 희귀합니다. 혹시 1919년 아서 에딩턴과 함께 개기일식을 관측해 별빛이 휜다는 아인슈타인의 예측을 입증한 프랭크 다이슨 경과 관계가 있으신가요? … 학생들은 다이슨 진공청소기 회사 사주와도 혹시 관계가 있는지 질문하곤 합니다.

2005년 5월 7일

드와이트에게

프랭크 다이슨 경과 혈연 관계는 없습니다. 하지만 다이슨 경도 우리 할아버지, 아버지와 같은 요크셔 출신입니다. 우리 아버지는 침례교 목사였는데 다이슨 경에 대해 잘 아셨습니다. 저도 어렸을 때 그분 업적에 대한 이야기를 많이 들었습니다. 그분의 명성에 자극

을 받아 천문학과 과학에 관심을 갖게 됐습니다. … 영국의 발명가
이자 산업공학자인 제임스 다이슨과도 친척은 아닙니다. 뉴질랜드
에서 한 TV 프로그램에 나란히 출연했던 적은 있습니다. 그분도 무
척 좋아합니다. …

**다이슨 교수가 90세 생일을 맞이하기 며칠 전에는 그에게 이런 편
지를 보냈다.**

2013년 12월 4일
다이슨 교수님께
2013년 가을학기 '과학, 기술, 그리고 사회' 학생들 인생의 일부가
돼주신 데 대해 교수님께 다시 한번 감사를 드립니다. 2주 뒤면 교
수님께서는 공전 90회를 기록하시게 됩니다. 축하드립니다! 여전히
건강하시고, 여전히 활기찬 나날을 보내고 계시며, 교수님을 필요
로 하는 곳이 여전히 많습니다. 우리에게 늘 귀감이 되어주셔서 감
사합니다. 이제 90세를 맞으시는 시점에 20대 초반 대학생들을 위
한 조언을 부탁드리고 싶습니다.

이틀 뒤 이메일로 답장이 왔다.

2013년 12월 6일
드와이트와 학생들에게
… 축하는 고맙지만, 90세가 됐다고 제가 더 현명해지지는 않았습

니다. 학생 여러분께 드릴 수 있는 조언은 전과 똑같습니다. 성급한 결정을 피하고, 기회가 왔을 때 놓치지 않도록 늘 스스로를 단련하고, 컴퓨터 프로그래밍 기술이나 깔끔한 문장력은 언제나 유용하니 부지런히 익히세요. 무엇을 하든 최선을 다하고, 필요할 때 경로를 바꿀 수 있도록 항상 준비돼 있어야 합니다. 팀워크를 키우고, 세상을 지금보다 더 나은 곳으로 만들기 위해 노력하기 바랍니다. 우리 딸 에스더가 이메일로 보내준 격언을 여기 덧붙입니다. 항상 새로운 실수를 하라.

행복한 새해 맞으십시오.

그렇게 1993년에 시작된 '할아버지와 함께 걷기'는 20년 이상 학문적, 개인적 교류로 이어졌다. 2014년 9월 라이언이란 학생이 이렇게 적었다. "내가 태어나기도 전부터 이 수업 학생들은 그와 편지를 주고받으며 질문을 이어왔다!"

02 질문과 함께 살아가기

"네 마음 속 풀리지 않는 모든 의문에 대해 인내하고 그 자체를 사랑하려 노력하라…. 질문과 더불어 살아가라." -라이너 마리아 릴케[01]

새 학기의 첫 번째 화요일, 한 학생이 강의실을 찾고 있다.

'과학, 기술, 그리고 사회' 강의실이 어디지? 이름만 들어도 너무 애매하네. 5월에 졸업하려면 꼭 들어야 하지만 난 과학은 별로인데. 그냥 빨리 해치워버리자. 아, 여기네. 10호 강의실. 음악이 나오네. 핑크 플로이드 아냐? '다크 사이드 오브 더 문(Dark Side of the Moon)' 앨범에 있는 '타임(Time)'?

"태양을 따라잡을 때까지 달리고 또 달린다. 하지만 태양은 가라앉

---

01 [Rilke(2011)]. Ch. 4.

고 있어. 한 바퀴를 돌아서 네 뒤에 다시 나타나기 위해…."[02]

'흠, 이건 예상하지 못했는걸.'

음악이 흐르는 동안 학생들이 들어와 자리를 잡는다. 강의실 앞쪽 스크린에 1916년에 촬영된 흑백사진 한 장이 뜬다. 전통의상을 입은 코들레인 부족의 한 가족이 차머스 자동차에 앉아 있는 사진이다.

사진 위쪽에는 '과학, 기술, 그리고 사회 수업에 오신 여러분을 환영합니다'란 글귀가 적혀 있다. 음악이 끝나고 교수가 자신을 소개한다. 그는 '포타와토미(북아메리카 원주민 부족-옮긴이)의 나라'라고 적힌 머그를 들어서 커피를 한 모금 마신다. 이어 이 사진에서 주목할 점 두 가지를 설명한다. 첫째, 이 가족은 정체성을 포기하지 않은 채 새로운 기술을 수용한 것처럼 보인다. 둘째, 이 사진은 기술, 가치관, 세계관이 극명하게 다른 두 문화가 북아메리카에서 오랜 기간 격렬하게 충돌했던 역사적 사실을 연상시킨다. 아메리카 원주민은 땅을 신성하게 여기고 경외했다. 그들은 자연의 일부였다. 들소와 코요테를 친척으로 여겼다. 아메리카에 이주해온 사람들은 땅을 소유하고 이용할 상품으로 여겼다. 그들에게 자연은 정복의 대상이고, 들소와 코요테는 박멸해야 하는 해로운 동물이었다. 아메리카 원주민과 유럽 출신 이주민들은 서로 가르치고 배울 수 있는 점도 많았다. 원주민은 이주민에게 문자, 과학뿐만 아니라 금속공학 같은 '회색기술'을 배울 수도 있었다.

---

02 핑크 플로이드의 명반 '다크 사이드 오브 더 문'에 수록된 '타임'(캐피털레코드, 1973년).

▲ 워싱턴 주 스포캔 인근에서 차머스 자동차에 앉아 촬영에 응한 코들레인 부족의 와일드슈 가족. **앞 좌석:** 필립 와일드슈와 부인 유지니아, 아기 유지니아. **중간 좌석:** 아들 데이비드와 빈센트. **뒷좌석:** 딸 로지와 앤(어린이), 그리고 쿠테나이–살리시 부족 출신으로 추정되는 신원 미상의 여성. 워싱턴 주 스포캔의 프랭크 팔머가 1916년 촬영. (출처: 올드 오리건 포토스)

실제로 그들은 유럽에서 온 말과 무기에 빠르게 적응했고, 1820년경 세쿼야(알파벳 음절문자 체계를 개발해 체로키 원주민들에게 가르친 사람-옮긴이)는 체로키 언어를 표기할 음절문자를 개발했다.

거꾸로 식민지 개척자와 이주민 역시 아메리카 원주민으로부터 동식물과 공존하는 '녹색기술'을 비롯해 많은 것을 배울 수 있었다. 땅과 거기에 사는 모든 생명체를 존중하고 인간을 자연의 지배자가 아닌 그 일부로 바라보는 방식을 배울 수도 있었다.

유럽에서 온 이들에게 북아메리카 정복은 영웅적 업적이었지만 아메리카 원주민에게는 비극이었다.[Brown(1971)] 유럽 출신 이주민들은 기술로 우위를 확보했다. 원주민의 용맹함만으로는 이를 넘어설 수 없었다. 고도의 기술로 무장한 침략자 사회가 원주민 사회를 지배하는 현상은 북아메리카만의 문제가 아니었다. 침략적인 기술 사회의 일원으로 태어나느냐, 원주민 사회의 일원으로 태어나느냐는 전적으로 운이었다. 《프리먼 다이슨, 20세기를 말하다》는 운에 대한 언급으로 시작한다. "과학과 기술은 인간의 정신이 만들어낸 모든 창조물과 마찬가지로 예측이 불가능하다. … 거대한 기술에 관여하는 사람은 이를 발전시키려 하든, 저지하려 하든 모두 인간의 삶을 두고 도박을 벌이는 셈이다."[Dyson(1979a)][7]

1999년 4월 6일

다이슨 교수님께

수업에서 나온 100건의 질문 중 다섯 건을 추렸습니다. 다시 한번 번거롭게 해드려도 될까요?

… 인류의 가장 위대한 발명은 뭐라고 생각하십니까?

… 저희 수업과 삶에 매우 큰 기여를 해주신 데 대해 학생들을 대신해 감사드립니다.

1999년 4월 10일

드와이트에게

편지 고맙습니다. 그리고 좋은 질문을 해준 학생들에게 감사합니다. 미네소타는 지금 비 오는 토요일입니다. 하루 종일 비바람이 몰아치네요. 집에 틀어박혀 답장 쓰기에 딱 좋은 날씨지요. …

인류의 가장 위대한 발명은 무엇인가? 언어. 그다음은 식물 재배와 동물 사육. 그다음은 글쓰기. 그다음은 종교. 그다음은 과학. 요즘 나는 제러드 다이아몬드의 《총, 균, 쇠: 인간 사회의 운명(Guns, Germs, and Steel: The Fates of Human Societies)》이라는 책을 읽고 있습니다. 드와이트와 학생들에게 일독을 권합니다. 이 책은 여러 가지 의문점을 폭넓게 다루고 있습니다. 어떤 발명이 가장 중요했는가? 그러한 발명을 이루어낸 사회와 그렇게 하지 못한 사회의 차이는 무엇인가? 다이아몬드는 뉴기니 등지에서 원주민들과 오랜 시간을 보낸 현장 생물학자입니다. 그 원주민들이 우리만큼 혹은 우리보다 똑똑하다는 사실을 그는 직접 경험을 통해 확인했다고 말합니다. 우리가 중요한 발명을 이루어냈고 그들은 못했다고 해서 결코 우리가 그들보다 똑똑하지는 않다는 뜻이죠. 우리는 단지 그들보다 운이 좋았을 뿐입니다. 지리적 우연성이 유리하게 작용했을 뿐이란 주장을 그는 아주 설득력 있게 풀어냈습니다.

… 질문을 줄여줘서 감사합니다.

학생들에게 안부 전해주시기를 바랍니다.

다이아몬드는 뉴기니 원주민이 서구인보다 똑똑할지 모른다는 두 가지 근거를 제시한다. 첫 번째는 사회다. 거친 환경에서 살아가지만 경찰이나 사법 체계 없이도 폭력에 의한 조기 사망이 매우 적다. 두 번째

근거는 기술이다. 뉴기니 아동들은 수동적인 전자 오락물에 노출될 기회가 거의 없다. 대신 깨어 있는 시간 대부분을 아이든 어른이든 누군가와 능동적으로 얘기하거나 어울려 놀면서 보낸다.[Diamond(1999)][2-7]

수업을 처음 듣는 한 수강생은 좌불안석이 된다.

'교수님께서 곧 출석을 부르실 텐데 학생을 하나씩 호명하실 때마다 이 수업에 기대하는 바를 한 단어로 묘사해야 한다고 한다! 이 수업의 목적은 교수님께서 말씀해주셔야 하지 않나? 몇 분 시간을 줄 테니 옆자리 학생들과 어떤 단어가 좋을지 상의해보라고 하신다.'

출석을 부르는 동안 학생들은 자기소개를 하며 각자 단어를 하나씩 말하고 이는 그대로 화이트보드에 나열된다. 변화, 발상, 산업, 관찰, 현실, 이해, 발견, 탐험, 혁신, 지식, 진보 등 낙관적인 단어도 있고, 갈등, 중요성, 오염, 불확실성 등 의문을 반영하거나 신중을 기하는 단어도 있다. 그리고 수 분간 토론이 이어졌다.

'발전'이 대표적인 예다. 내가 사는 오클라호마의 소도시 피드먼트 상공회의소 간판에는 '열린 공간, 친근한 사람들, 피드먼트에 어서 오세요'라고 쓰여 있었다. 그러다 10년쯤 전 이 합판 간판은 '발전의 바람, 피드먼트에 어서 오세요'라고 적힌 벽돌 간판으로 바뀌었다. 사람들은 여전히 친근한데 열린 공간과 도시 고유의 정체성은 사라지고 있다. 발전은 증세를 뜻한다. 물론 도서관 신축, 도로 개보수와 같은 긍정적 효과도 있지만 교통 체증, 우후죽순 생겨나는 간판으로 인한 시각 공해, 빛 공해, 개성 따위는 결여된 프랜차이즈 상점과 같은 부작용도 동반한다. 발전의 바람이 불면 득과 실이 모두 따르는 법이다.

학생들이 각자 한 단어씩 말하고 나면 나는 미리 화이트보드에 적어뒀던 단어를 공개한다. '감사(appreciation)'와 '인식(awareness)'이다. 나는 "여러분이 제시한 단어보다 낫다고는 할 수 없지만 과학, 기술, 사회의 영역을 헤쳐나가는 데 있어 길잡이가 되어줄 단어"라고 말한다. 부연설명을 위해 영상을 바꾼다. 스포츠카 한 대가 화면의 절반을 채운다.

나는 "예를 들어 자동차는 빠르고 편안하게 대륙 구석구석을 돌아다닐 수 있게 해주는 훌륭한 기계"라며 "보잘것없는 중고 세단이라 해도 루이 14세는 결코 손에 넣을 수 없었던 기계를 갖고 있는 셈"이라고 말한다. 현재의 기술 덕에 누릴 수 있는 삶에 감사해야 한다.

화면의 나머지 절반에 주차장으로 변한 고속도로가 나타난다. 나는 말을 이어간다. 우리는 또한 이 훌륭한 기계 수백만 대가 세계 곳곳에서 매일 작동함으로써 어떤 결과를 초래하는지 인식해야 한다. 이 기계에 의존하는 결과로 우리는 값비싼 대가를 치르고 있다. 우리가 기계를 다루고 있을까, 아니면 기계가 우리를 다루고 있을까? 우리 수업은 기술을 조명함과 동시에 그러한 기술에 의문을 던진다.

'과학, 기술, 그리고 사회'의 역사

'과학, 기술, 그리고 사회'(자연과학 3043)는 1980년대 중반 우리 대학이 필수 교양 교육을 개편하면서 만들어졌다. 나는 기꺼이 교수진에 합류했다. '자연과학 3043'은 전공을 막론하고 누구나 졸업을 하려면 3~4학년 때 반드시 이수해야 하는 과정이다. 그 덕분에 전공의 경계를 넘어 다양한 학생을 만나는 기회가 됐다.[03]

강의 요청을 받는 순간부터 나는 《프리먼 다이슨, 20세기를 말하다》를 핵심교재로 정해놓았다. 마지막 장에서 다이슨 교수는, 나 역시 오래 전부터 고민했으나 어떻게 표현해야 할지 몰랐던 한 가지 논점에 대해 해법을 제시하고 있다.

… 침묵 속에서 내가 그에게 질문하려고 마음먹었던 의문점이 하나둘 풀려가고 있음을 깨달았다.[Dyson(1979a)][261]

나도 학생이었던 적이 있기에, 이 수업을 택한 학생들이 어떤 갈등과 의문을 품고 있을지, 이를 얼마나 해소하고 싶을지 짐작이 갔다.

30년이 흐른 지금도 우리 수업은 여전히 건재하고, 《프리먼 다이슨, 20세기를 말하다》는 시간을 초월해 핵심 교재로 사용되고 있다. 키아라라는 학생은 이 책을 접한 뒤 이렇게 적었다.

엄마,

---

03 1986년 개설 당시 강의 명칭은 '사람, 과학, 그리고 기술'이었고, 다이슨 교수에게 처음 편지를 보냈던 1993년까지 그 명칭을 유지했다. 그러다 1994년부터 '과학, 기술, 그리고 사회'로 바뀌었다.

수업시간에《프리먼 다이슨, 20세기를 말하다》란 책을 읽고 있어요. 다이슨 교수는 어릴 때 읽은 에디스 네스빗의《마법 도시(Magic City)》란 책을 언급하면서 이야기를 풀어가요. 이 도시 사람들이 언제 어떻게 기계를 원하게 됐고, 어떻게 하다 평생 기계에 둘러싸여 살게 됐는지…. 제 생활을 되돌아보니까 저 역시 기계 없이는 살 수 없다고 생각했던 것 같아요. 엄마가 얘기 좀 하게 제발 귀에서 빼라고 했던 아이팟도 그랬고, 손에서 1초도 놓지 못하는 휴대폰도 그랬고요.

문학을 좋아하는 레슬리는 학기 초에 이렇게 썼다.

다이슨 교수는 대부분의 장을 문학작품에서 인용한 문구로 시작한다. … 오로지 과학에만 매달리는 사람이 아니어서, 마음이 열려 있는 전인적인 사람이어서, 내가 소중히 여기는 문학을 그도 존중해서, 나 또한 과학(또는 기술, 또는 사회)에 대한 그의 의견을 진지하게 받아들이게 됐다.

프리먼 다이슨은 저서에서 개인적 경험을 다양하게 제시한다.

나는 이 책을 쓰면서 과학자의 눈에 비친 인류의 상황을 과학자가 아닌 이들에게 설명하려고 노력하고 있다. 과학이 내부에서 보면 어떤 모습인지 묘사하는 대목도 있고, 기술의 미래를 조망하는 대목도 있다. 전쟁과 평화, 자유와 책임, 희망과 절망의 대립을 다룬 부분도 있

다. 모두 과학과 밀접한 문제들이다. 이 모두는 큰 그림의 일부분이다. 큰 그림을 이해하려면 전체를 봐야 한다. 과학을 기술로부터, 기술을 윤리로부터, 윤리를 종교로부터 분리할 수는 없다.[Dyson(1979a)][5]

이 수업 초창기에 제시카라는 학생은 이렇게 적었다.

책 내용이 머리를 그냥 스쳐 지나가면 어쩌나 걱정했는데, 신기하게도 그러지 않았다. 과학자가 아닌 이들을 대상으로 한다는 부분을 읽을 때 마음이 놓였다. 여러 면에서 다이슨 교수를 기대 이상으로 존경하게 됐다. 솔직히 처음에는 이 책을 읽을 생각이 없었는데, 정말 흥미롭고 깊은 통찰력을 보여줘 놀랐다.

2012년 11월 20일
다이슨 교수님께
올랜도에서 열린 시그마 파이 시그마 총회에서 교수님을 뵙고 정말 기뻤습니다. … 교수님을 만나려고 길게 늘어 선 학생들 앞에서 단 한 번도 얼굴을 찡그리지 않으시더군요. 모든 학생과 일일이 얘기를 나눠주시고요. … 저희 강의 토론에서 몇 가지 질문이 나왔습니다. 저희의 질문이 추수감사절 연휴에 방해가 되지 않기를 바랍니다. … 교수님께 가장 고민이 되었던 비과학적 문제는 무엇인지요? 또 어떤 결론에 이르셨는지요? …

2012년 11월 25일

드와이트에게

편지 고맙습니다. 올랜도에서 만나 반가웠어요. 그 지역에 토네이도가 불어닥쳤다는데 깜빡 잊고 안부를 묻지 못했네요. 우리 지역을 강타했던 허리케인보다 훨씬 심각했다던데….

나는 지금 프린스턴에 혼자 남아 있으니 염려하지 않으셔도 됩니다. 아내는 요양원에 있는 내 여동생 앨리스를 보려고 추수감사절 다음 날 영국으로 떠났답니다. 난 올해 벌써 두 번이나 다녀왔다는 핑계를 대고 집에 남았지요. 아내는 지금쯤 윈체스터에서 첫째 날을 마무리하고 있을 텐데, 거기는 일 년 내내 우중충하고 이맘때면 대개 비가 옵니다. 앨리스는 우리를 보면 반가워하면서 끊임없이 옛날이야기를 하는데, 현재의 일은 거의 기억을 못해요. 편안해 보이니 다행이지만, 85년간 내가 알던 그 여동생은 아닙니다. 내가 이 세상을 하직하는 순간이 오면 심장이 뇌보다 먼저 멈춰주면 좋겠어요. 이제 질문에 답을 해볼까요? 내가 가장 고민했던 비과학적 문제는 무엇인가? 다행히 살면서 크게 애를 먹었던 적은 없었습니다. 많은 과학자들이 그렇듯이 40세에 중년의 위기를 겪기는 했죠. 내가 더 이상 과학의 선봉에서 젊은 친구들과 경쟁할 만큼 뛰어나지는 않다는 사실을 깨달은 후에는 뭔가 다른 역할을 찾아야 했어요. 고등학술연구소에서 종신직을 얻었지만 연구만 하고 강의는 할 필요가 없었어요. 그래서 그 자리를 그만두고 대학으로 가 후학 양성에 여생을 바치고자 했습니다. 마침 뉴욕의 예시바 대학과 시카고의 노스웨스턴 대학에서 아주 좋은 제안을 받았어요. 하지만 가족들이 만장일치로 반대하더군요. 뉴욕이나 시카고에서는 살고 싶지 않대요. 가족의 뜻을 거스를 만한 의지가 저에겐 없습니다. 결국 고등학술연구소에 남기로 했고 과학자가 아닌 독자들을 대상으로 책을 쓰기 시작했습니다. 저술은 제 나름의 교수법입니다. 인생의 후반부에 저는 과학자라기보다 저술가였고, 부업처럼 연구를 했는데 유행과 거리가 멀어서 경쟁이 치열하지 않은 문제들을 주로 다뤘습니다. 글쓰기는 즐겁고 보람 있는 작업입니다. 책을 매개로 과학자일 때보다 훨씬 더 다양한 사람들을 알게 됐지요. 88세인 지금은 책을 쓰기보다 주로 다른 사람들의 책을 논평하고 있습니다.[04] 또한 저는 저만의 사회주의 원칙을 자본주의 사회에 맞추느라 적잖이 고생했습니다. 2차 대전 당시 영국에 머물렀는데, 그때 영국은 매우 원활하게 기능하는 사회주의 사회와 같았습니다. 사회주의가 현실에서 가장 잘 구현된 때가 아니었나 생각합니다. 돈은 중요하지 않았어요. 모두가 동일한 음식, 옷, 비누, 생필품을 배급받았죠. 배급품은 저렴했고, 그 외에는 사실상 살 물건도 없었어요. 공무가 아니면 자동차 휘발유를 구할 수 없을 정도였으니까요. 전시는 사회주의자로 살기에 더 없이 좋은 때였습니다. 부자와 빈자가 같은 배를 탄 셈이었지요. 전쟁이 끝난 뒤에도 그런 삶의 형태를 이어가기 위해 노력했습니다. 하지만 점차 배급이 사라지고, 물자가 풍요로워지면서 돈이 중요해지기 시작했습니다. 빈부의 격차가 부각되기 시작했고, 불평등은 커졌습니다. 저 역시 가정을 꾸리게 되면서 사회

---

04 이 무렵 다이슨 교수는 《새와 개구리(Birds and Frogs)》(World Scientic, 싱가포르, 2015년) 및 《땅과 하늘의 꿈(Dreams of Earth and Sky)》(New York Review of Books, 2015년) 등 신간 두 권을 발표했다.

주의 원칙보다 가장으로서의 책임감을 우선순위에 놓게 됐습니다. 아이들에게 좋은 집과 좋은 동네와 좋은 학교가 필요해지면서 평등이라는 이론적 이상은 희미해졌습니다. 그리고 큰딸이 벤처 캐피털리스트로 성공하면서 제 사회주의 이상이 결정타를 맞았죠. 큰딸은 자산을 이용해 영세 기업들을 지원하고 창업을 도우면서 제게 자본주의가 창의적일 수 있음을 가르쳐줬습니다.

우리 수업 수강생 대부분은 프리먼 다이슨이나 양자전자역학, 정수론(整數論), 트리가 원자로, 적응광학, 오리온 프로젝트, 무작위 행렬, 스핀파, 암흑물질, 우주의 식민지화나 우주론적 종말론 등을 들어본 적도 없었다. 학생들에게는 먼저 다이슨 교수를 소개해야 했다. 지리적 한계로 인해 다이슨 교수가 첫 강의에 등장하는 극적인 사건은 일어나지 않았지만, 나는 학생들에게 그의 경력과 업적, 삶, 가족에 대해 설명해주었다.

패티라는 학생은 "프리먼 다이슨에 대한 소개가 큰 도움이 되었다."라고 했고, 벤은 "이 분에 대해 들어본 적이 없었는데, 과학 천재가 건강한 가족의 도움으로 균형 잡힌 삶을 살고 있어 멋지다."라면서 "프리먼 다이슨이란 사람을 알아가는 과정 자체가 공부가 된다. 이 독특한 접근 방식도 마음에 들지만, 저자에 대해 알 수 있게 되어 의미가 크다. 우리 교과서의 저자를 인간적 차원에서 이해할 수 있어 좋았다."라고 말했다.

정답 없는 질문

"그 답은 바람만이 알고 있다네, 답은 바람에 흩날리고 있다네…" -밥 딜런[05]

우리 수업 강의안내서는 다음 문구로 시작한다. "이 수업은 정답을 찾고자 하지 않습니다. 질문을 이해하는 데 초점을 맞춥니다." 학생들이 만든 단어목록을 바탕으로, 수업에서 다루고자 하는 논점 전반에 걸쳐서 도출한 다양한 질문들이 첫날에 소개된다. 여기서 그 질문들을 살펴보자.

1. **과학이란 무엇인가?** 이 폭넓은 질문은 "사실이란 무엇인가?", "이론이란 무엇인가?", "이론은 가설과 어떻게 다른가?" 등 부수적 질문으로 이어진다.

과학처럼 보이지만 과학이 아닌 활동이 존재한다. 고대와 중세 사람들은 '방황하는 별', 즉 행성도 해나 달처럼 지구인의 삶에 영향을 준다고 생각했다. 점성술사들은 행성의 움직임을 통해 미래를 예측할 수 있다고 주장하며 별자리, 즉 황도십이궁을 활용했다. 예를 들어 생일이 12월이면 사수자리다.

작은 실험을 해보자. 신문이나 잡지에서 별자리 운세 코너를 잘라

---

05 1962년, 컬럼비아레코드에서 발매된 밥 딜런의 '블로잉 인 더 윈드(Blowin' In The Wind)'(1962년) 가사. 1963년 피터 폴 앤 메리가 다시 불러 유명해졌다.

낸 뒤 각 별자리 단위로 다시 잘게 자른다. 이어 물고기자리, 쌍둥이자리, 물병자리 등 별자리 명칭을 제거하고 운세만 남겨둔다. 종잇조각들을 뒤섞은 뒤 무작위로 몇 조각을 골라낸다. 그중 스스로에게 적용되는 내용이 있는가? 이 실험을 할 때마다 내용이 너무 광범위해서 나에게 적용이 되지 않는 운세가 없었다! 즉, 모두 무의미했다. 천문학자도 점성술사도 다 하늘을 관찰하지만, 후자는 과학자가 아니다.

다음은 과학을 하는 사람의 예를 들어보자. 1905년 6월 26세 된 스위스 특허청 직원이 '물리학 연보(Annalen der Physik)'에 빛과 전자기, 동작에 관한 오랜 역설을 해소해주는 논문을 실었다. 이 역설을 다루면서 그는 오늘날 특수상대성이론이라 불리게 된 이론의 토대를 수립했다. 그의 이름은 알버트 아인슈타인이다.

특수상대성에 관한 논문에 이어 같은 해 9월, 후기 형식의 짧은 글이 발표됐다.[Stachel(1998)] 아인슈타인은 정지해 있는 물체가 두 파동의 빛을 동시에 발산하고 그 물체를 정지 상태로 인식하는 관찰자가 이를 바라본다면, 두 파동의 빛이 정반대 방향을 향해 각각 'C'란 스피드로 이동할 때 두 파동은 빛 에너지의 절반씩을 지닌다고 가정했다. 기준틀에 따라 다르게 관찰되는 에너지의 상대성에 관한 6월 논문의 결론을 이용해 아인슈타인은 양적 예측을 제시했다.

이 등식으로부터 직접 추론하면,
물체가 복사(輻射) 형태로 'E'라는 에너지를 발산한다면 그 질량은 E/c^2 란 공식에 따라 줄어든다. …

그 유명한 공식 $E=mc^2$의 탄생이었다. 아인슈타인은 그의 이론을 현실 세계에서 어떻게 실험으로 입증할 수 있는지 제시해, 이를 과학적으로 성립시켰다. 점성술과 달리 아인슈타인의 예측은 그 옳고 그름이 입증될 수 있었다.

에너지 함유량이 매우 가변적인 물체(예를 들어 라듐염)라 하더라도 실험을 통한 이론의 적용이 불가능하지 않다.

라듐은 1898년 마리 퀴리와 피에르 퀴리가 발견한 방사성 원소다. 우라늄광에 우라늄만으로 설명할 수 없는 방사능이 더 존재한다는 사실을 마리 퀴리가 알아내면서 이 발견이 이뤄졌다.[06] 라듐 샘플이 일정 시간 발산한 에너지를 측정한 뒤 그 샘플의 최종 질량을 최초 질량과 비교해보라. 질량이 달라졌고, 달라진 정도가 E/c^2란 공식을 충족한다면 아인슈타인의 아이디어가 자연적 사실에 부합하는 것이다. 실제로 아인슈타인은 옳았다. 핵은 아주 작은 질량으로도 엄청난 에너지를 생성한다.

과학은 물질세계를 이해하는 데 필요한 일련의 개념을 만들어내고 입증하는 기술인 듯하다. 과학은 자연을 탐구하며, 과학으로 도출되는 설명은 자연에서 작동하는 메커니즘에만 적용된다. 자연 현상은 원자보다 작은 입자부터 우주까지 전체를 아우른다. 그야말로 광활하

---

06 마리 퀴리는 폴로늄을 먼저 발견한 뒤 라듐을 발견했다[Segre(1980)].

다! 혹자가 말했듯 과학은 그 안에서 나름대로 최대한 영역을 넓히며 도전을 멈추지 않았다.

1998년 12월 3일
다이슨 교수님께
자꾸 괴롭혀 죄송하지만, 이번 학기 수강생 50명 전원에게 질문을 제출받았습니다. 그중 중복되는 질문 몇 가지를 추려 보내드립니다. 바쁘시겠지만 한두 가지라도 답해주시면 학생들이 너무 좋아할 것 같습니다. …
과학과 기술의 한계를 내다보고 계십니까? 과학은 어디까지 갈 수 있을까요? 한계에 이른다면 어떤 상황이 벌어질까요?

1998년 12월 5일
드와이트에게
편지 고맙습니다. 학생들에게 안부 전해주시고 제가 질문을 보고 매우 기뻐했다고 말씀해주세요. … 현재로서는 과학 기술의 한계를 가늠하기 어렵습니다. 존 호건의 책《과학의 끝(The End of Science)》[07]을 보더니 제 아들 녀석이 "우린 이제 시작하는 중인데 이 사람은 어떻게 과학의 끝을 알 수 있지?"라고 말하더군요. 그 녀석 말이 맞습니다. 우리는 아직도 과학을 시작하는 단계에 있습니다. 추측컨대 인류가 생존하는 한 과학은 계속 발전할 것입니다. 하지만 현재의 과

---

07 존 호건의《과학의 끝: 과학시대 황혼기에 지식의 한계를 맞닥뜨리다》(1996년).

학이 아리스토텔레스 시대의 과학과 다른 만큼 서기 4,000년의 과학은 현재와 다를 겁니다. 너무 달라서 더 이상 과학이라고 부르지 않게 될지도 모르지요. 그래도 과연 '한계'에 이르게 될까요? 인류가 존재하는 한 탐구할 문제, 해결이 필요한 의문은 늘 존재할 것입니다.

… 즐거운 크리스마스와 복된 새해 맞으세요.

2. 특정 사회가 과학적(혹은 비과학적)이라고 말할 수 있는 근거는 무엇인가?《프리먼 다이슨, 20세기를 말하다》에서 다이슨 교수는 대중을 향해 이렇게 말한다. "나는 이 책을 통해, 과학 기술의 발달을 파괴적 방향이 아닌 창조적 방향으로 유도할 궁극적 책임이 있는 비과학적 독자들과 소통하려 한다."[Dyson(1979a)][5] 그렇다면 비과학적인 사람들이 어떻게 과학 기술을 제어한다는 것일까? 시장 경제에서 시민은 자신의 재량에 따라 소비함으로써 기술의 향방에 강력한 영향을 미친다. 우리가 자동차, TV, 스마트폰을 끊임없이 구매하기 때문에 이 세 가지에 의해 삶이 지배당하는 것이다. "수천에 달하는 과학자가 수백만 가지 장난감을 만들어내지만 대량 생산으로 이어지는 장난감은 몇 되지 않는다."[Dyson(1979a)][7] 마케팅 전문가들은 기존 자동차나 스마트폰이 멀쩡해도 최신 모델로 바꿔야 한다고 소비자들을 설득한다. 어제의 사치품은 오늘 생필품이 된다. 원하는 바와 필요로 하는 바를 구분하기가 점점 힘들어지고 있다.

대중은 국가과학재단(NSF), 국립보건원(NIH), 항공우주국(NASA) 등 국가기관에서 나오는 연구지원금과 정부 정책을 통해 과학 연구의 향방을 좌우할 수 있다.

그래서 우리는 과학자를 고매한 성직자나 흰 가운을 두른 프랑켄
슈타인 박사로 바라보는 시각 자체를 바꿔야 한다.[08] 제이콥 브로노
우스키의 TV 다큐멘터리 마지막 편과 관련서적《인간 등정의 발자취
(The Ascent of Man)》[09]는 다음과 같은 과제를 던져준다.

**전문가에 의해 좌지우지되는 사회가 과학적 사회인가? 아니다. 전문
가들이 전문분야에서 일을 제대로 할 수 있는 사회가 과학적 사회다.
그런데 여러분과 나 같은 비과학자들도 자연의 섭리와 현상을 파악하
고 있어야 한다.** [Bronowski(1973)][435-436]

그럼에도 과학에는 어떤 신비로움이 존재한다. 다이슨 교수는 경제
학자 존 메이너드 케인스가 아이작 뉴턴에 대한 강의를 하면서 "전통
적인 신화는 과학자를 마법사와 연결시킨다."라고 말한 대목을 언급
했다. 다이슨 교수는 이어《선(禪)과 모터사이클 관리술(Zen and the Art
of Motorcycle Maintenance)》이란 책을 쓴 로버트 피어시그를 거론하며 "새
로운 마법사"가 출현했다고 말했다. "그의 책은 과학의 양면성을 탐구
하고 있다. 하나는 기술에 충실한 과학이고, 나머지 하나는 지적 강박
관념으로서의 과학이다." 결국 뉴턴과 피어시그는 모두 "과학을 제한

---

08 문학 교수 그웬 라드 해클러가 수강생을 위해 메리 셸리의《프랑켄슈타인(Frankenstein)》에 관한 특강
을 해준 바 있다.
09 《인간의 등정의 발자취》는 농업, 건축, 수학, 상대성, 분자의 발견, 진화, DNA 등 인류 지성의 발전사에서
주요한 디딤돌 역할을 한 사건을 다루는 책이다.

된 영역에서 이해하는 데 만족했다."[Dyson(1979a)][8 - 10] 과학은 결코 그 끝에 이르지 못할 수 있지만, 분명 한계가 존재한다.

과학, 기술, 사회를 생각하면서 몇 년째 계속 제기했던 부수적 질문은, '어떤 사회를 문명화한 사회라 할 수 있는가'였다. 과연 기술이 문명의 척도인가? 아미시(메노나이트 교파에 속하는 미국의 종교 집단. 현대 기술 문명을 거부하고 소박한 농경생활을 한다-옮긴이)와 메노나이트(네덜란드 종교개혁자 메노 시몬스가 시작한 재세례파 운동의 최대 교파-옮긴이) 집단은 19세기의 기술로 자급자족하는데 아무도 이들을 미개하다 하지 않는다. 반면 히틀러와 나치는 세계 최초의 제트기와 V-1, V-2 로켓을 비롯한 당대 최첨단 기술을 보유했음에도 문명이라 여겨지는 개념과 대척점에 서 있었다.

3. 과학과 기술은 우리의 삶과 세계관에 어떤 영향을 미치는가? 우리는 과학을 통해 인류, 지구를 시공간적 차원으로 바라보게 되며, 이 거대한 우주와 삶 속 우리의 위치를 더 잘 이해할 수 있게 된다. 또한 과학을 바탕으로 자연에 대한 지식을 얻어 사물을 개발한다. 그렇게 등장한 획기적 제품으로는 개인용 컴퓨터, CT와 MRI, 복강경 수술, 산업용 로봇, 야간투시경, 인터넷, 평면 TV 등이 있다. 기술 덕에 우리는 쉽게 여행하고, 멀리 떨어진 사람과 소통하고, 냉난방으로 쾌적한 주거환경을 누리며, 예전보다 더 오래 살게 됐다. 하지만 그 기술로 인해 탄저균과 핵무기가 생겨났다는 사실도 부인할 수 없다. 이는 기술 자체보다 인간의 조건과 더 밀접하게 연관되어 있다.

우리는 기술로 인해 삶의 많은 부분을 인공적인 환경에서 보내고 있다. 사람의 손이 닿지 않은 자연은 국립공원이라 불리는 보호구역에서나 볼 수 있게 됐다. 토머스 러브조이는 2010년 이렇게 썼다.[10]

우리는 자연에 대한 생각을 바꿔야 한다. 인간이 지배하는 세계에서 보호구역으로 지정된 곳에 자연이 존재한다는 관점을 버리고, 지구의 자연에 인류의 미래와 가능성이 담겨 있다는 관점으로 전환할 때다. [Lovejoy(2010)]

게다가 기술이 갈수록 첨단화하고 있어 기기가 어떻게 작동하는지 겉으로 보기만 해서는 알지 못한다. 또 자동화로 인해 현실의 사물을 직접 다루는 경우가 점점 줄어들면서 사람들은 점점 기술과 단절되고 있다. 수업 중 우리는 사진가 데이비드 플로든의 인터뷰 녹음을 들었다.[11] 그의 작품 중에는 폐차 직전 촬영한 증기기관차 사진이 있다.[Plowden(2007)] 플로든은 각 기관차를 회상하며 "겉으로 보기만 해도 어떻게 작동하는지 알 수 있는 기계가 증기기관차 말고 또 있겠는가?"라고 말했다. 컴퓨터화한 기계와 사람의 관계를 연구한 MIT 심리학자 셰리 터클은 조너선이라는 전직 엔지니어에 대해 언급한 바 있다. 조너선은 '진짜 아기(My Real Baby)'라 명명된 로봇을 보고 작동 원리를 알고 싶어 했다. "승인을 얻어 할 수 있는 데까지 로봇을 분해해보

---

10 토머스 러브조이는 세계자연보호기금 미국지부 부회장을 역임했고, 자연보호 채무상계 제도를 창시했으며, 공중파 TV 시리즈 '네이처(Nature)'의 과학고문으로 활약했다.

11 사진가 데이비드 플로든 인터뷰 '사라지는 아메리카'(노스캐롤라이나 퍼블릭 라디오 2007년 12월 7일).

지만 전체가 컴퓨터화 되어 결국 궁금증을 풀지 못한다. 모든 부품을 분리해 테이블에 펼쳐봐도 여전히 불투명한 한 가지가 있다. 바로 칩이다."[Turkle(2012)][111]

물리학자이자 모터사이클 복원전문가 매튜 셰퍼드는 기계가 '스마트'해지는 만큼 이를 사용하는 사람을 멍청하게 만들 위험이 높은 전자 장비에 대해 비슷한 절망감을 나타낸다.

공중화장실에서 수돗물을 나오게 하려고 주문을 외우며 기우제에서 춤이라도 추듯 수도꼭지 아래 손을 갖다 대고 흔들어야 한다면 짜증이 나지 않겠는가? 대체 왜 수도꼭지 손잡이를 없앴는지 궁금하지 않은가? 수도꼭지 손잡이를 잠그지 않는 사람이 있기는 하다. 적외선 수도꼭지는 사용자 모두가 그렇게 무책임하다는 전제를 일반화하고 있다. 이것은 대중을 어린애 취급하는 격이며, 이는 자율적 의지를 지닌 인격체에 대한 모독이다.[Crawford(2009)][54 - 56]

우리는 애초 자연과의 활발한 소통을 통해 기술을 얻게 됐지만, 이는 우리를 자연과 사물로부터 분리시키는 수동적 기술로 변모해갔다. 우리에게 무엇이 필요한지를 멀리 떨어져 있는 다른 누군가가 결정하며, 그 누군가가 우리는 요청하지도 않은 그 '필요'를 강요하고 있다는 점은 우리를 불편하게 한다. 냉전시대 공산주의자들은 우리를 적으로 여겼지만(이는 곧 맞수로 인정한다는 뜻이기에 존중의 의미가 담겨 있다), 실리콘밸리 업체들은 우리를 일상생활 전반에 걸쳐 자신들의 도움을 받아야 하는 무능한 존재로 취급하고 있다. 진정한 인간은 실리콘밸리의 해결책

만능주의(solutionism)와 반대로 문제를 직접 겪고 풀어가면서 만들어진
다.[Morozov(2013)]

　기술에 대한 의존도가 돌이킬 수 없는 상황으로 치닫고 현실의 사
물을 직접 다룰 기회가 갈수록 줄어드는데, 정작 우리는 신경이나 썼
던가? 로버트 피어시그는 "실제 모터사이클 관리 매뉴얼에는 가장 중
요한 기술은 다루지 않았다는 생각이 들었다. 가장 중요한 건, 현재 내
가 하고 있는 일에 정성을 기울이는 데 있다."라고 말했다.[Pirsig(1999)]
[34] 모터사이클에 관심이 없다면, 무엇으로든 이를 대체하면 된다. 간
호의 선(禪)과 기술. 드럼 연주의 선(禪)과 기술, 3학년생 가르치기의
선(禪)과 기술… 기본 원리는 같다. 무슨 일이든 제대로 해내려면 정성
을 쏟아야 한다. 아무리 하찮아 보이는 작업이라도 제대로 해내기만
한다면 모두 숭고하다.

　피어시그는 모터사이클을 바라보는 시선을 '고전적 시선'과 '낭만
적 시선' 두 가지로 규정한다. 고전적 시선은 장비, 관리 일정, 회로
도 등을 통해 근본적인 형태를 파악하는 것이다. 모터사이클에 시동
이 걸리지 않을 때는 고전적 시선으로 살펴야 한다. 낭만적 시선은 반
짝이는 크롬 장식, 운전자와 모터사이클의 일체감을 형성하는 코너
링 기술 등 모터사이클의 매력에 기반한 감각적 체험을 다룬다. 두 시
선은 모두 중요하지만 서로 다르다. 피어시그의 책은 이 두 가지 시선
의 조화를 강조한다. 그는 '품질(Quality)'이란 단어를 선택하여 고유명
사로 사용했다. 피어시그가 《선(禪)과 모터사이클 관리술》을 저술하

기 오래 전에 다이슨 교수는 비슷한 삶의 원칙을 세워 실천하고 있었다. "과학의 기쁨은 숙련된 수공업자가 견고한 작업을 실행함으로써 생성되는 기쁨과 같다. … 과학적 기업을 건강하게 유지하려면 품질에 대한 경외심이 필수적이다."[Dyson(1979a)][9 - 10] 피어시그는, 눈으로 파악할 수 있는 품질이 어째서 정의를 내리기는 어려운지 설명한다.[Pirsig(1999)][205 - 206] 이에 대해 다이슨 교수의 의견을 물었다.

2002년 5월 7일
다이슨 교수님께
… 피어시그의 책 내용과 관련하여 질문이 한 가지 더 있습니다. 교수님도 《선과 모터사이클 관리술》을 언급하셨는데, '품질'을 어떻게 규정(혹은 표현 혹은 특정)하십니까? 늘 배려해주시고 수업을 도와주셔서 감사드립니다.

2002년 5월 20일
드와이트와 학생들에게
품질을 정의하려고 애쓰지는 않습니다. 정의할 필요를 느낀다면 이해가 부족하다는 뜻입니다. 품질의 규정은 선과 악, 아름다움과 추함의 규정만큼이나 헛된 행위입니다. 나에게 품질이란, 아이다호에서 누군가가 아내에게 정원 잡초를 쉽고 편하게 제거할 수 있도록 선물로 보내준 괭이, 또는 아내가 시내에 쇼핑하러 갈 때 즐겨 타는 산악자전거, 피어시그의 《선과 모터사이클 관리술》처럼 잘 쓴 글입니다.

… 피어시그의 아들 크리스가 성인이 되자마자 살해당한 사실을 혹시 아시나요? 아무 동기도 없는 '묻지 마 살인'의 희생자였지요. 피어시그에게 커다란 충격이었을 겁니다. 여름 건강하게 보내시기를 바랍니다. 질문 고맙습니다.

4. 우리는 기술의 산물인 사물들에 대해 어떻게 생각해야 하는가?

네바다 주 달라마르는 유령 도시다. 1885년부터 1900년 사이 금광 개발이 이루어졌는데, 지금은 뼈대만 남은 건물이나 무너진 광산 등만 있는 폐허가 됐다. 달라마르에서 나는 어쩌다 이런 곳에 버려졌는지 모를 폐차를 한 대 발견했다. 그 차는 1954년산 캐딜락이었다. 불에 탄 데다 총알구멍이 수백 개 뚫려 있었다. 참사 현장에서 시신을 수습하는 심정으로 나는 여기저기 널브러져 있는 부품을 모아다 최대한 제자리에 끼워 넣고 사진을 찍었다. 사진은 애초 번쩍번쩍했을 자동차가 녹슨 고철 덩어리로 전락했다는 사실 이상의 무언가를 말해주고 있다. 기계에 대한, 또 그 기계를 만들고 관리한 사람들에 대한 존중이 부족하다는 것을 보여준다. 스스로 만들어낼 수 없는 물건을 재미 삼아 파괴하며 즐기는 사람들을 나는 도저히 이해할 수가 없다.

차를 이 정도로 훼손하려면 이 차가 더 이상 아무런 가치가 없다는 것을 스스로 확신할 수 있어야 한다. 기계만이 아니라 동물, 생태계, 타인, 타 종족 집단도 마찬가지다. 숲을 불도저로 밀어버리거나 도시를 폭격하려면 그 숲이나 도시가 없어져도 아무 상관이 없다는 철석같은 믿음이 있어야 한다.

▲ 네바다 주 달라마르에서 발견된 1954년식 캐딜락 세단 드 빌. (출처: 드와이트 E. 노이엔슈반더)

물론 폐차를 전혀 하지 않으면 지구는 자동차에 파묻히게 될 것이다. 하지만 자동차를 부수거나 집을 허물거나 말을 안락사시킬 때는 대상에 대한 존중을 잃어서는 안 된다. 결코 재미 삼아 혹은 증오 때문에 파괴 행위를 자행해서는 안 된다. 조라는 학생은 첫 편지에 이렇게 적었다.

수업 중 접한 문구를 곱씹어봤습니다. … "어떻게 스스로 만들어낼 수 없는 물건을 재미 삼아 파괴할 수 있을까?"와 "생각 없는 사람의 손에 힘을 쥐어주면 위험하다"입니다. 이 두 가지를 듣고 기계톱이 떠올랐습니다. … 기계톱으로 나무 한 그루를 베면 30초~1분밖에 걸리지 않습니다. 그래서 도끼로 벨 때보다 나무를 베는 행위에 대해 별 생각을 하지 않게 되는 것 같습니다. 무엇이 파괴 행위를 재미있다고 느끼게 만들까요?

과학과 기술 덕에 세상에는 '물건'이 넘쳐난다. 기술로 인해 물건은 많아졌는데, 그만큼 의미도 커졌을까? 순전히 물건의 양이 많아진 탓에 무엇을 손에 넣든 고마움을 느끼지 못하게 되었을까? 거꾸로, 우리가 가진 물건이 우리가 누구인지 말해주는 척도가 되도록 용인해버리지는 않았을까? 스스로에게 반복해서 물어야 할 질문이 있다. "당신이 물건을 소유하고 있는가, 아니면 물건이 당신을 소유하고 있는가?" 한 학생이 편지에 썼다.

기술은 이제 유용성보다 경제 논리에 좌우되는 듯합니다. 아이팟을 예로 들겠습니다. 거의 매달 더 크고 더 좋은 모델이 출시됩니다. 새 모델을 1년에 한 번만 출시하면 더 유익하지 않을까요? 매달 나오는 신제품은 소비문화만 부추기게 되니까요. …

우리의 기술은 정도를 너무 많이 벗어나지 않았는가? 더 단순했던 시절로 돌아가야 하는가?

2007년 11월 12일
다이슨 교수님께
추수감사절 잘 보내셨기를 바랍니다. … 조지의 6인용 바이다르카와 나무집 사진, 교수님 손주들 사진 잘 봤습니다. … 세계 각지에 교수님 답신을 기다리는 사람들이 많겠지만, 저희 질문에도 답을 보내주시면 대단히 감사하겠습니다.

… 교수님의 책을 읽으면 교수님께서는 기술이 초래하는 부정적 상황을 매우 우려하고 계신 듯합니다. 기술의 장점이 단점을 능가한다고 보십니까? 사회적 차원에서 기술의 발전을 추구하지 말아야 할까요? 핵전쟁이 벌어지거나 유전공학 괴물이 출현할 가능성이 없는 단순한 삶의 방식을 유지해야 할까요?

2007년 11월 23일

드와이트에게

11월 12일 편지 고맙습니다. … 적절한 답을 드리려면 질문마다 몇 페이지는 할애해야 할 것 같네요. 여기에는 답변이라기보다 제 의견을 간략하게 적었습니다.

… 기술적 진보를 추구하는 라이프스타일은 우리 선조들이 1만 년 전 농업을 시작하면서 선택했다고 해야 할 것입니다. 농업은 출발부터 기술에 의존했고 장단점이 분명한 문명의 발달로 이어졌습니다. 물론 나는 장점이 단점을 압도한다고 생각합니다. 농업을 시작하기 전에 우리는 소규모로 무리 지어 살며 끊임없이 이웃 집단과 싸움을 벌이는 수렵 채집인이었습니다. 고생물학적 증거를 보면 당시 인류가 폭력에 의해 죽음을 맞이하는 빈도는 지금보다 훨씬 높았지요. 지금보다 삶이 단순했던 시절에 폭력적인 싸움과 학살이 훨씬 비일비재했습니다. 핵전쟁과 유전공학 괴물의 위험을 없애기란 쉽지 않겠지만, 아마 비문명세계보다 문명세계에서 이뤄내기가

더 쉽겠지요. 기술을 제거해야 평화로운 시절로 돌아갈 수 있다는 생각은 환상일 뿐입니다.

5. 우리가 현대적 라이프스타일을 유지하기 위해 치르고 있는 실제 (혹은 숨겨진) 비용은 얼마나 되는가? 주택단지나 쇼핑센터의 이름이 대개 이들을 짓기 위해 파괴한 요소에서 유래했다는 사실을 혹시 눈치 챘는지? 윈드밀 에이커(Windmill Acres, 풍차랜드)에 가보면 항공기용 모터를 장착한 예전 풍차들은 다 철거됐고 대신 입구에 작은 모형 풍차만 서 있다. 직접 찾아봤지만, 퀘일 스프링 몰(Quail Springs Mall, 메추리 샘 쇼핑몰)에는 메추리가 없고, 디어 스프링(Deer Spring, 사슴 샘) 주택단지에는 사슴이 없다. 동물원의 돌고래들은 너른 바다에서 살다 수족관에 갇혀 있다.[12]

새로운 기술을 파는 사람은 제품의 특장점을 매력으로 부각시킨다. 스마트폰은 사용자를 세상과 연결해주고, 자율주행 차는 운전자의 실수를 바로잡아준다. 맞춤법 감수 기능은 오타를 예방해주고, GPS는 어떤 목적지든 한 번에 찾아갈 수 있게 해준다. 그러나 우리는 스마트폰 때문에 혼자만의 시간을 빼앗길 수도 있다. 소로(Thoreau)가 말했듯, "벨이 울린다고 왜 내가 뛰어야 하는가?"[Thoreau(1960)][67] 자율주행 차로 인해 운전 실력이 퇴보할 수도 있다. 맞춤법 감수 기능은 사용자

---

12 최근 캘리포니아 주 동물원 씨월드(Sea World)는 동물 복지에 얼마나 신경을 쓰고 있는지 강조하는 TV 광고를 제작하기도 했다.

가 굳이 맞춤법을 몰라도 된다는 뜻이다. GPS로 인해 주위를 둘러보며 시각적 단서를 찾아내려는 노력을 아예 안 하게 될 수도 있다.

기술의 혜택은 제대로 조명이 되는데, 기술이 앗아가는 가치는 간과되는 경우가 많다. 새롭다고 해서 최고는 아니다. 효율성이 언제나 이상적이지는 않다. 기술적으로 가능하다고 해서 반드시 실행해야만 하는가?

6. 우리에게는 지구를 공유하는 다른 생명체들에 대한 관리 책임이 있는가? 볼테르의 명문 "큰 힘에는 큰 책임이 따른다"가 이를 설명한다고 할 수 있다.[13] 기술은 우리에게 엄청난 힘을 줬다. 한데 그에 걸맞은 책임을 다하고 있는지는 생각해봐야 할 문제다. 기술이 없다면 우리는 다른 동물의 먹이에 불과하겠지만, 기술이 있기에 세상 모든 종족의 멸종을 좌우할 능력을 갖추게 되었다. 최근 발표한 한 보고서에 따르면, 인류는 해마다 다른 모든 종족의 약 1퍼센트를 없앤다고 하며, 현재 지구 역사상 가장 심각한 멸종의 시대가 진행 중이라고 한다.[BBC News(2008)] 멸종률 1퍼센트는 지구에 남은 종족 중 절반이 70년 안에 사라지게 된다는 의미다.

보호구역의 라코타 부족은 물소나 들소를 사냥하며 살았다. 그들은 사람의 생존을 위해 동물을 죽일 수밖에 없음을 알았기에 죽어간 동

---

13 볼테르 전집 제48권.

물들에게 사과하고 감사하는 의식을 치렀다. 또한 물소 개체수가 충분할 때도 사냥한 동물에 대한 존중의 의미로 모든 부위를 남김없이 활용했다. 고기는 식량으로, 가죽은 옷과 담요와 천막으로, 뼈와 뿔은 각종 기구와 도구로, 힘줄은 활시위로 썼다. 물소를 먹고 입으면서 라코타 부족은 스스로를 '물소 나라의 일원'이라고 여겼다. 대초원을 지나다 죽은 물소의 두개골을 발견할 때면 소의 영혼이 태양을 볼 수 있도록 두개골을 동쪽으로 돌려주었다.[Standing Bear(1933)], [Marshall(2002)] 현대인이 물소의 영혼까지 신경 쓸 수는 없겠지만 이 이야기에서 교훈은 얻을 수 있다.

패스트푸드 체인에서 햄버거나 닭튀김을 사 먹을 때 나는, 생의 마지막 몇 주를 배설물투성이 사육장에서 보냈을 소에게, 평생을 A4 용지 한 장만 한 닭장에 갇혀 살다 결국 점심거리가 되어 스티로폼 상자에 담기게 된 닭에게, 과연 고마움을 느끼는가? 경제성과 편의성을 평계로 다른 생명체에게 불필요한 고통을 야기하고 이를 당연시한다면, 우리 사회를 문명사회라 말할 수 있을까?

오늘날 전 세계 열대 우림은 1초에 약 4,000제곱미터 꼴로 줄어들고 있다. 미국은 1분에 2,000제곱미터씩 토지를 '개발'하고 있다. 깔끔하게 손질된 인간의 주거지는 다른 종의 주거지를 파괴한 결과물이다. 갈수록 악화되는 빛 공해 탓에 밤하늘에는 별이 사라지고 야행성 생물의 삶은 방해를 받고 있다. 인간이 특정 토지의 소유권을 갖게 되면 그 땅에 훨씬 전부터 서식하고 있던 다른 생물의 삶까지 좌지우지

◀ 해체된 플루토늄 폭탄 케이스. 1945년 '팻
맨' 디자인. 로스앨러모스 브래드버리 박물관.
(출처: 드와이트 E. 노이엔슈반더)

해도 되는가? 그 땅에 훨씬 전부터 서식하고 있던 생물들의 삶의 가
치는 어떻게 산정할 것인가? 우리는 후손들에게 어떤 빚을 지고 있는
가? 현재 우리가 누리는 풍경과 경험이 개발로 인해 사라진다면 이는
후손들의 권리에 대한 절도가 아닌가? 무엇이 됐든 우리가 실제 소유
하고 있다고 할 수 있는가? 우리가 지금 소유하고 있다 해도 언젠가는
모두 남기고 떠나야 한다. 모두 후손들로부터 빌려 쓰고 있을 뿐이다.

7. 과학의 응용으로 일어나는 윤리적 딜레마는 무엇인가? 수업시간
에 위 사진을 스크린에 띄우면 한두 학생이 꼭 폭탄처럼 생겼다고 말
한다. 사진은 이미 해체된 플루토늄 폭탄 케이스인데, 1945년 8월 9일

일본 나가사키에 투하된 폭탄 기종과 같다. 사진을 찍으려고 허리를 굽혔을 때 나는 폭탄이 나를 보며 이렇게 묻고 있는 듯한 느낌을 받았다. "너희 인간은 핵폭탄을 만들 만큼 똑똑해졌는데, 책임감 있게 관리할 만큼 현명해지기는 했나?"

DNA이중나선 구조 그림은 과학이 약속하는 장밋빛 미래와 위험의 상징이 됐다. 유전자 치료로 암과 알츠하이머병을 정복하고 선천적 장애를 예방할 수 있다면, 하지 않을 이유가 없다. 하지만 자녀가 피아노나 축구에 탁월한 능력을 보이도록 유전자를 조작한다면 어떻게 될까? 돈을 내고 유전자를 조작해 얻은 성공에서 우리는 성취감을 느낄 수 있을까? 유전자 조작을 통해 우울증에서 벗어날 수 있다면, 창의력도 키울 수 있을까? 유전자 치료로 선천적 장애와 중증 질병이 사라지게 된다면 가난한 사람도 그 혜택을 입을 수 있게 될까?[Fukuyama(2002)][43], [McK‐ibben(2003)][44]

어느 기술이나 의도하지 않은 결과를 낳는다. '과학, 기술, 그리고 사회' 수업이 윤리학 공부가 될 수밖에 없는 이유다. 2004년 가을학기 수강생들은 추수감사절 연휴 전야에 다이슨 교수에게 도발적인 만화를 보냈다.

2004년 11월 23일
다이슨 교수님께
한 해가 저물어가는 이때 교수님과 가족 모두 평안한 시간을 보내고 계시리라 믿습니다. 이번 학기에도《프리먼 다이슨, 20세기를 말하다》는 의미 있는 토론을 위한 발판을 제공해주었습니다. …
첨부한 만화에서는 성큼성큼 앞서가는 과학의 거대한 발자국을 윤
리학이 쫓아가며 "기다려!"라고 외치고 있습니다. 윤리학이 따라갈
수 있도록 과학의 발전 속도를 늦출 실질적 방법이 있을까요?[14]

2004년 11월 30일
학생들에게
추수감사절 안부와 함께 세 가지 질문을 보내준 여러분 모두에게 감
사합니다. 여러분의 질문에 최선의 답변을 드리도록 해보겠습니다.
윤리학이 따라갈 수 있도록 과학의 발전 속도를 늦출 실질적 방법
은 있는가? 내 대답은 "있다"입니다. 저 만화는 과학을 거대한 괴물
로, 윤리학을 뒤처져 쫓아가는 연약한 생물체로 그렸습니다. 많은
사람이 그렇게 보고 있다는 사실이 흥미롭습니다. 나는 과학자로서
좀 다르게 봅니다.

나는 과학을 저 멀리 지평선에 놓인 윤리학이란 등대에 의존하여
험난한 지형을 헤쳐나가는 탐험가들의 집합체라고 생각합니다. 과
학의 발전을 늦출 실질적 방법은 다양합니다. 과학자들이 필요로
하는 돈줄을 끊으면 가장 간단합니다. 다음으로, 과학자들을 옭아
매는 법규를 만들 수도 있습니다. 또 변호사를 고용해 과학적 기업
들을 소송으로 괴롭힐 수도 있겠지요. 연구실을 물리적으로 공격해

---

14 2001년 앨라배마 주의 버밍엄뉴스 소속 스콧 B. 스탄티스, 그리고 코플리 뉴스서비스가 배포했던 만화.

◄ "윤리학이 따라갈 수 있도록 과학의 발전 속도를 늦출 실질적 방법은 없는가?" (스콧 B. 스탄티스 그림. 현재 저작권 소유자를 찾으려 노력했지만 끝내 실패했다.)

서 실험 시설을 파괴할 수도 있습니다. 실제 이 네 가지 방법이 모두 사용되고 있습니다. 한데 나는 과학의 진보를 늦추지 말고 계속 앞으로 나아갈 수 있도록 독려해야 한다고 봅니다. 윤리학은 과학의 발전을 가로막는 대신 과학이 올바른 방향으로 전진하도록 길잡이 역할을 해야 합니다. 물론 과학은 위험할 수 있지만, 윤리학의 인도를 받는다면 긍정적 측면이 훨씬 커질 것입니다.

다이슨 교수는 우리 교과서에 이렇게 썼다. "과학자들이 우리 손에 쥐어주는 기술적 수단보다 그 수단의 바탕이 된 이념적 목표가 더 중요하다."[Dyson(1979a)][7]

8. 과학과 종교는 모두 진리일 수 있을까? 과학은 이 세상과 그 안에서 우리가 차지하는 위치를 파악할 수 있는 렌즈를 제공한다. 문학, 예술, 철학, 종교도 각각 고유의 렌즈를 제시한다. 세상을 다수의 렌즈를

통해서, 상충되는 이미지 없이 바라볼 수 있을까? 질문을 좀 더 구체화하자면, 과학과 종교는 모두 진리일 수 있을까?

적어도 갈릴레오 시대부터 과학과 종교의 관계는 적대적으로 변한 경우가 많았다. 종교적으로 독실한 가정에서 자란 학생들은 창조론과 진화론 중 무엇이 진실인지 묻곤 한다. 하지만 이는 적절한 질문이 아니다. 창조론이 다루는 문제는 무엇이고, 진화론이 다루는 문제와 어떻게 다른지를 물어야 할 것이다. 창조론과 진화론은 각각 무엇을 진실의 기준으로 삼고 있는가? 진실이 한 가지 이상 존재할 수 있는가?

덴마크 물리학자 닐스 보어는 1939년 알버트 아인슈타인의 70세 생일을 기념하여 발간한 논문집에 기고한 글에서 '단순한 진실'과 '심오한 진실' 등 두 가지 진실에 대해 설명했다. 보어에 따르면 단순한 진실의 반대는 거짓이지만, 심오한 진실의 반대는 역시 진실이다.[Schlipp(1970)][240] 그는 심오한 문제를 놓고 '예'나 '아니오' 식의 이분법적 답변을 요구한다면 그 문제의 격을 떨어뜨릴 뿐이라고 경고하고 있다. 창조와 진화 역시 상충되는 세계관이라기보다 서로를 보완한다고 볼 수 있다.

보어의 주장은 말장난이 아니라 실험실에서 도출된 결과다. 전자제품에 의존하는 세상이지만 "전자란 무엇인가?"라는 단순한 질문에 한 가지 답만 존재하지는 않는다는 사실을 우리는 간과하고 있다. 텔레비전 브라운관은 전자가 개별적 입자임을 전제로 설계됐다. 하지만 컴퓨터 칩의 트랜지스터 설계자는 전자를 파도처럼 철벅거리는, 넓게 퍼진 구름으로 이해한다. 전자의 실체는 무엇인가? 물리학자들은 전자가 조사 방식에 따라 개별 입자처럼 움직이기도 하고 구름처럼 움직이기도 한다는 사실을 발견했다. 현재로서는 여기까지가 최선이다. 전자가 과연 무엇인지 알아낼 방도는 없다. 그저 구름 또는 입자와 비슷하다고 묘사할 수 있을 뿐이며, 이 역시 어떤 방식으로 상호작용하느냐에 따라 달라진다. 우리가 알아낼 수 있는 지식에는 한계가 있다.

2012년 11월 20일
다이슨 교수님께
… 복음서에는 빌라도가 예수에게 진리란 무엇이냐고 묻자 예수가 아무 대답도 하지 않는 대목이 나옵니다. 누군가가 교수님께 같은 질문을 드린다면 무엇이라 답하시겠습니까?

2012년 11월 25일
드와이트에게
편지 고맙습니다. …
진리란 무엇인가? 본질보다 언어적 표현의 문제입니다. 요한복음 18장 37절을 보면 예수는 "내가 이를 위하여 났으며 이를 위하여 세상에 왔나니 곧 진리에 대하여 증거 하려 함이로라. 무릇 진리에 속한 자는 내 음성을 듣느니라"라고 말합니다. 이어 빌라도는 "진리란 무엇인가?"라고 묻고는 답을 기다리지 않고 가버립니다. 빌라도는 예수의 생각을 알 수 없었습니다. 언제나 예수는 스스로 설명하지 않았는데, 상상컨대 모든 것을 있는 그대로 보고 이해하는 시각을 의미하는 것 같습니다. 물론 내 해석일 뿐이고 예수는 다르게 생각했을 수도 있습니다. 예수가 진리에 대한 증거를 말하기 전 빌라도는 "네가 왕이냐?" 하고 질문을 던졌고, 예수는 "내 나라는 이 세상에 속하지 않는다."라고 답했습니다. 따라서 예수가 말하는 진리는 다른 세상의 시각일 수도 있겠지요.

우리는 각자 진리라고 생각하는 신념 체계를 갖고 있습니다. 나에게 진리는 절대적이지도, 영원하지도 않습니다. 쌓아가는 지식에 따라 또 망각에 따라 바뀝니다. 진리는 이 세계에 대한 우리의 파편적 이해를 체계적으로 정리하는 데 더없이 유용합니다. 과학이 매력적인 이유는, 우리가 믿는 바를 대부분 틀렸다고 판명하기 때문입니다. 과학은 영원히 지속되는 배움, 끊임없이 이어지는 신선한 놀라움입니다.

이와 관련해서 나는 한 노인으로부터 전혀 예상하지 못했던 질문을 받은 적이 있다. 나는 친구 두 명과 함께 차를 몰고 애리조나 주 피닉스 동쪽의 사막을 지나던 중 금방이라도 무너질 듯한 차양 막을 드리운 낡은 캠핑카에서 평화로운 고독을 즐기며 살고 있는 노인을 만났다. 지프를 세우고 캠핑카로 다가가니 노인은 차양 막 아래 의자에 앉아서 찌르레기를 향해 피터라고 부르며 빵 조각을 던져주던 참이었다. 그는 우리에게 가까이 오라는 듯 손짓을 했다. 자신이 누군지 잘 알고 있고, 정신적 풍요를 누리며 평온하게 노후를 보내고 있는 사람이었다. 우리가 자리를 잡자 그는 둥근 안경 너머로 우리를 바라보며 파이프에 불을 붙였다. 잠시 뒤 파이프에 불이 잘 붙은 것을 확인하고 는 등받이 의자에 기대앉으며 말했다. "자, 말해보시오. 여러분은 무엇 을 확실히 알고 있습니까?"

물리학자들조차 주변에 널린 전자가 무엇인지 확실히 알지 못한다. 그렇기에 지식의 한계를 인정하고 불확실성과 더불어 살아가는 자세 가 과학에는 필수적이다.

1993년 4월 6일 프리먼 다이슨 교수에게 보낸 편지에서 우리는 "과 학이 교수님의 종교에 어떤 영향을 미치는가"를 물었다. 4월 9일 돌아 온 그의 답변은 이후로도 오랫동안 우리 수업에서 회자됐다. "나는 과 학과 종교는 세계를 바라보는 두 개의 창이라고 생각합니다. 한 쪽만 으로는 절대 온전한 풍경을 볼 수 없습니다."

어떤 세계관도 우리 존재의 차원과 측면을 모두 아우를 수는 없다. 우리는 존 고드프리 색스의 코끼리 우화에 나오는 장님과 같다. 코를 잡은 장님은 코끼리가 뱀처럼 생겼다고 주장하고, 꼬리를 잡은 장님 은 밧줄 같다고 주장한다.[15]

그래서 힌두스탄의 세 사람은 큰 소리로 오랫동안 논쟁을 벌였다.
각자 자기주장을 고수하며 굽히지 않았다.
세 사람은 모두 부분적으로는 옳았지만, 모두 틀린 답을 내놓았다!

---

15 존 고드프리 색스(1816~1887년)의 '장님과 코끼리' 중에서.

세 가지 관찰

지난 몇 학기 동안의 독서 목록과 토론 내용을 돌아보면, 몇 가지 교훈이 추려진다.

1. **인생에 있어 중요한 질문에는 정답이 없다.** 중요한 질문일수록 해답이 불분명하다. 우리는 그저 질문을 이해하기 위해 최선을 다할 수밖에 없다. 질문을 이해하는 것이 답을 찾는 것보다 의미 있을 수도 있다.

2. **자연은 인간이 상상할 수도 없을 만큼 긴 시간을 기준으로 움직인다.** 인간의 생은 학기, 분기, 몇 십 년, 몇 백 년 단위로 측정된다. 오늘 우리의 행동이 500년 또는 5,000년 뒤의 삶에 미칠 영향 따위는 거의 생각하지 않는다.[16] 산은 영겁의 존재로 보이지만 10억 년을 기준으로 본다면 히말라야도 아주 잠깐 머물렀던 셈이다. 지질학적 시간 기준에 따르면 인류가 등장해 머문 기간은 컴퓨터 화면의 커서가 한번 깜박인 정도다. 인간의 관점에서 자연 풍경은 (인간이 손대지 않는 한) 달라지지 않는다. 자연은 안정성의 상징이다.

… 태양을 따라잡으려 달리고 또 달린다. 하지만 태양은 그저 가라앉고

---

16 물론 극히 짧은 기간에 진행되는 자연 현상도 존재한다. 불안정한 기본 입자의 부패가 대표적인 예다.

한 바퀴를 돌아서 다시 우리 등 뒤로 솟아오른다.
태양은 상대적으로 그대로인데 우리는 나이가 들고
호흡이 더 가빠지고, 죽음에 하루 더 가까워졌다. …[17]

길게 보면 지구는 우리를 필요로 하지 않는다. 하지만 우리에게는
지구가 절실히 필요하다!

3. 수업에서 다룬 논점들은 궁극적으로 가치, 관계와 이어진다. 결
국 기술의 핵심은 물건이 아니고, 과학의 핵심은 방법론이 아니며, 사
회는 경제나 정치만으로는 설명이 되지 않는다. 뭔가 더 심오한 무엇
인가가 이 모두를 관통하고 있다. 지구를 공유하는 다른 생명체와 우
리의 관계, 서로 다른 문화 사이의 관계, 과거와 미래 세대의 관계, 우
리를 지탱해주는 다양한 생태계 사이의 관계, 우리와 소유물의 관계,
내면의 나와 거대한 우주에서 극히 제한된 존재인 내가 차지하고 있
는 위치 사이의 관계 등이 포함된다.

과학, 기술, 사회를 이해하려는 노력을 통해 우리는 열정, 욕구, 정
체성, 갈망, 두려움 등 우리 자신을 이해하려는 노력을 기울이게 된다.
과학과 기술은 양방향으로 작동하는 도구여서, 우리가 과학 기술을
만들면 과학 기술이 우리를 바꿔놓는다. 따라서 그 도구와 연결된 사
람들이 어떤 가치관을 품고 있는가가 중요하다.

---

17 핑크 플로이드의 '타임'.

03 과학은 육면체다

"아이들이 과학을 멀리할 만도 하다. 아이들에게 과학의 유용성을 강조할수록 과학을 더 멀리한다. 아이들도 유용성이 무슨 뜻인지 알기 때문이다." –프리먼 다이슨[01]

우리 수업의 이름에 '과학'이 들어가 있다 보니, 처음부터 두려움과 거부감을 안고 오는 학생들도 있다. 다이슨 교수는 1991년 외르스테 드 메달 수락연설에서 젊은이들이 과학을 멀리하는 세 가지 이유와 그럼에도 과학에 전념해볼 만한 가치가 있다고 생각하는 세 가지 이유를 설명했다.

젊은 세대가 과학에 등을 돌리는 데에는 세 가지 타당한 원인이 있습니다. 과학은 우리 젊은이들에게 엄격하고 권위주의적이며, 돈과 효용성만 추구하고, 대량 살상무기를 이 땅에 내보낸 학문으로 비치고 있습

---

01 [Chaisson and Kim(1999)][55].

니다. 교육자로서 우리는 아이들에게 과학이 육면체와 같아서, 세 가지 추한 면과 세 가지 아름다운 면이 있다는 점을 일깨워주어야 합니다. 아름다운 면은 권위를 타파하는 과학, 예술의 연장선인 과학, 국제적 공감대로서의 과학입니다. 젊은이들을 과학으로 끌어당기려면 이 여섯 개 면을 모두 알려주고 자유로운 탐구가 가능하도록 내버려두어야 합니다.[Dyson(1991)]

1991년 다이슨 교수의 연설 이래 이 '과학의 육면체'는 우리 수업에서 한 학기도 빠지지 않고 다루는 주제가 됐다.

세 가지 아름다운 면

권위의 타파: 다이슨 교수는 무질서를 꾀하지 않는다. 다만 과학의 정신이란 "정말 그렇단 말이야? 어떻게 알지? 증거가 있나?"라고 되묻는 것임을 일깨워주고자 한다. 과학은 권위주의의 반대말과도 같다. 독재자들은 자유로운 탐구를 절대 허락하지 않는다. 갈릴레오에 대한 종교재판이 벌어졌던 1633년이나 미국의 테네시 주 스코프스 재판(학생들에게 진화론을 가르치다 체포된 고교 생물교사 존 스코프스에 대한 재판-옮긴이)이 열렸던 1925년까지 거슬러 올라갈 필요도 없다. 당장 1989년에 중국 학생들은 톈안먼 광장에서 인권보호와 자유를 요구하며 시위를 벌였다. 당시 베이징 대학 물리학 교수였던 팡리지는 수강생들과 함께 시위를 주도했다.

왜 물리학과 학생들은 늘 공산당 당국에 대항하는가? 답은 간단하다. 물리학을 비롯한 과학의 기본 정신과 방법이 독재의 이데올로기와 정면으로 충돌하기 때문이다.[Lizhi(1990)]

예술의 연장선: 예술과 과학은 인간의 경험을 재해석한다는 광범위한 목표를 공유한다. 두 분야 모두 유추, 은유, 상징을 사용하고, 실재와 외형의 차이를 탐구하며, 때때로 혁명을 통해 새로운 패러다임을 도입하고 새로운 문제를 제기한다. 애매모호하다는 점도 같다. 예술의 모호함은 보는 이들로 하여금 저마다 다른 감정, 다른 생각을 경험하도록 도와준다. 요하네스 베르메르의 '진주 귀고리를 한 소녀'가 매력적인 이유는 인물에 대한 사연이 전혀 알려지지 않아 저마다 상상의 나래를 펼칠 수 있기 때문이다. 과학은 혼돈을 최소화하기 위해 가능한 한 상세한 설명을 제공하려 노력하지만, 과학의 모호함은 질량을 에너지의 한 형태로 보았던 시도처럼 새로운 발견으로 이어지기도 한다. 과학과 예술 모두 창의적인 관점이 필수적이다.

국제적 공감대: 해마다 열리는 국제 물리학 올림피아드에서는 각국 중고생들이 경쟁을 벌이는데, 마지막 연회에서 누구나 마이크 앞에 설 기회가 주어진다. 1996년 노르웨이 대회에서는 중국 학생들과 대만 학생들이 함께 무대에 올라 어깨동무를 하고 노래를 불렀다. 이들은 정치적 오만과 국가적 지역주의를 뛰어넘어 물리학으로 하나가 됐다.

2013년 12월 4일

다이슨 교수님께

… 교수님께서는 세계 각지를 여행하며 수많은 나라를 방문하셨고 다양한 문화권에 친구를 두고 계신데, 가장 좋아하시는 곳은 어디이고, 그 이유는 무엇인가요?

2013년 12월 6일
드와이트에게

가장 좋아하는 곳은 따로 없습니다. 나라마다 개성이 다르니까요. 각기 다른 문화와 삶의 방식이 공존한다는 점이 지구의 가장 큰 장점이 아닐까요? 그냥 재미있었던 곳을 꼽아보겠습니다.

가장 최근에는 싱가포르에 갔습니다. 사회주의적 복지와 자본주의 경제가 공존하는 국가죠. 중국계 자본주의적 노동윤리에 영국계 사회주의적 정부라는 전통이 결합되어 있습니다. 두 가지 유산에서 좋은 점만 추출, 보전하는 데 성공한 것입니다. 사회주의와 자본주의가 접목될 수 있음을 입증하는 예입니다.

스위스도 기억에 남습니다. 작은 땅덩어리에 다양한 문화, 다양한 언어가 공존합니다. 나는 전차가 다니는 예스러운 도시 취리히에 산 적이 있습니다. 첫 아이가 거기서 태어났는데 아내는 진통이 시작되고도 한참 뒤에야 병원에 도착했죠. 그런데도 입구의 경비원은 아기를 위해 준비한 이름 두 개(남자 이름 하나와 여자 이름 하나)를 대지 않으면 들여보낼 수 없다고 했습니다. 스위스에는 출산 전 미리 이름을 준비해야 한다는 규정이 있습니다. 결국 그 자리에서 급하게 정한 이름이 올리버와 에스더였고, 딸이 태어나 에스더가 됐습니다.

60년 전 미국도 좋아했던 곳입니다. 뉴욕 주 이타카로 이주해 살던 때였지요. 당시 미국은 지금보다 훨씬 인간적이었고, 학생들이 차를 몰고 다니지도 않았고, 서로 도와가며 추운 겨울을 버텨내곤 했습니다. 고속도로에서 자유롭게 히치하이크를 할 수 있었던 시절이었습니다. 집 없는 사람도 없었고 대문을 잠그고 다니는 사람도 없었지요. 부자도 지금처럼 부자는 아니고, 가난한 사람도 지금처럼 가난하지는 않았습니다. 고통을 서로 분담한다는 전시(戰時)의 윤리가 아직 널리 통용되고 있었습니다. 고통 분담의 윤리 회복, 오늘날 미국에 절실히 필요한 가치죠. 우리는 싱가포르나 스위스 같은 나라를 보고 한참 더 배워야 합니다.

세 가지 추한 면

과학의 세 가지 아름다운 면이 토론 주제로 더 흥미롭긴 하지만, 세 가지 추한 면 역시 반드시 다루어야 할 현실이다.

2004년 5월 6일
다이슨 교수님께
2004년 봄 학기 학생들도 《프리먼 다이슨, 20세기를 말하다》를 즐겁게 읽고, 책이 제기하는 논점들에 대해 열띤 토론을 벌이고 있습니다. …
교수님께서는 분명히 어린 나이에 과학에 대한 애정을 키우셨고,

AAPT 연설에서 언급하셨던 과학의 '세 가지 아름다운 면'을 일찍부터 경험하셨습니다. 그렇다면 과학의 세 가지 추한 면은 언제부터, 어쩌다가 인지하게 되셨는지요?

2004년 5월 6일
드와이트에게
좋은 질문 고맙습니다. …
과학의 세 가지 추한 면은 (1) 엄격하고 권위주의적인 가르침, (2) 돈과 효용성에 얽매이는 모습, (3) 대량 살상무기 개발에 연루된 과거입니다. 언제 처음 세 가치 추한 면을 인지했느냐고요? (1)은 열두 살 무렵 기하학과 대수학을 지겹게 반복하면서 느꼈습니다. (2)는 아마 10대 시절 H.G. 웰스의 소설, 특히《토노벙게이(Tono-Bungay)》와《모로 박사의 섬(The Island of Doctor Moreau)》을 읽으면서 보았던 듯합니다.《토노벙게이》마지막 장이 기억에 남습니다. 화자는 상업적인 제국 토노벙게이가 완전히 무너진 뒤 고속 전함을 타고 탈출합니다. 그가 갑판에 서서 점차 멀어지는 해변의 불빛을 바라보는 동안 전함은 빠르게 어둠 속으로 사라집니다. (3)은 가족이 겪은 1차 대전의 기억과 관련돼 있습니다. 화학 폭탄과 독가스를 무기로 사용한 화학자들의 전쟁이었죠. 탄저균 폭탄을 동원한 전쟁과 함께 이야기가 시작되는 올더스 헉슬리의 소설《멋진 신세계(Brave New World)》도 10대 시절에 읽었습니다. 당시 2차 대전은 생물무기로 싸우는 생물학자의 전쟁이 될 거라는 예상이 나왔지요. 당시에도 탄저균은 알려져 있었습니다. 탄저균도 본래 과학의 선물 중 하나였지요.

(2)와 (3)은 뒷부분에서 많이 다루게 될 것이다. 여기서는 (1)에 집중하자. 과학은 권위주의의 반대말이지만, 엄격하고 권위주의적인 가르침이란 과학의 추한 면에 깊이 공감하는 학생들이 무척 많았다. 제시카는 이렇게 기억했다. "중학교 시절 과학 선생님들은 언제나 지루했고, 과학을 재미있게 가르치려는 시도를 전혀 하지 않았다."

아이들은 초등 저학년 때까지는 과학을 지루해하지 않는다. 우리는 2~3학년 아이들이 가장 자주 던지는 질문을 몇 년간 수집했다. 빛은 어떻게 생기나요? 행성은 태양과 연결돼 있지도 않은데 어떻게 태양 주위를 돌죠? 우주는 끝이 있나요? 전기는 어떻게 플러그를 통과하나요? 자석에는 왜 물건이 붙나요? 중력은 어떻게 작용하나요? 태양은 왜 밝게 빛나죠? 2학년 애슐리는 이런 질문을 적어 냈다. "달이 어떤 때는 동그랗고 어떤 때는 반쪽인데, 누가 반으로 자르나요?"[02] 애슐리의 말에 웃음부터 나오겠지만 이 아이가 이 질문을 하기까지 어떤 과정을 거쳤을지 생각해보라. 애슐리는 관찰을 하고 가설을 만들었다. 우리는 아이에게 "어처구니없는 생각"이라고 핀잔을 주지 말고 "좋아. 누가 달을 반으로 잘랐다고 가정해보자. 그 가정을 입증하려면 뭘 찾아봐야 할까?"라고 말해야 한다. 애슐리는 나름의 연구 프로젝트를 만

---

02 학생들의 질문은 《모터사이클 관리법 및 물리학 탐구법(Motorcycle Maintenance and the Art of Physics Appreciation)》에 정리되어 있다.

들어 절반은 완성한 셈이다. 우리도 초등 2학년 때는 그랬다. 수강생 앨리슨의 편지를 들여다보자.

지난 주 우리는 초등 2~3학년 아이들이 생각하는 삶과 과학의 모습에 대해 토의했습니다. 아이들은 질문 던지기를 두려워하지 않습니다. … 저도 그렇게 어렸을 때 어땠는지 기억합니다. 결코 질문을 망설여본 적이 없습니다. '얼마나 바보같이 들릴까', '다른 사람들이 뭐라고 생각할까' 걱정하지 않았죠. 그냥 세상이 어떻게 돌아가는지 너무 궁금했고 궁금증에 대한 답이 필요했습니다. 어른이 되니 가르쳐주는 내용을 받아들이고 가급적 질문은 하지 말라는 요구를 받습니다. … 이제는 뭘 배우든 그냥 믿으려 하게 됐죠. … 질문하고픈 욕구가 계속 생겨난다면 좋을 텐데, 수동적으로 배우고 넘어갈 뿐입니다. 이는 진정한 배움의 방식이 아니라고 생각합니다. … 아이들에게 배울 점이 참 많습니다.

수강생 대부분은 미국에서 초·중·고교를 다녔다. 또 유아교육 및 초등교육 전공자가 보통 대여섯 명 포함된다. 이미 부모가 된 학생도 몇 명 있고, 어린 조카가 있는 학생도 많다. 대부분 언젠가 아이를 낳겠다고 생각한다. 따라서 아이들 교육 문제에 관심이 많다. 이는 다이슨 교수에게 보내는 질문에도 반복적으로 반영되었다. 2000년 가을학기가 끝날 무렵 다이슨 교수에게 보낸 질문은 '지식에 대한 갈망을 학생들에게 어떻게 불어넣어주는가'였다.

2000년 12월 4일

다이슨 교수님께

즐거운 크리스마스 보내시기를 바랍니다. …

교수로서, 타인에게 지식에 대한 갈망을 심어주는 가장 효과적인
방법은 무엇이라 생각하시는지요?

그의 답변은 아주 솔직했다.

2000년 12월 7일

드와이트에게

편지 고맙습니다. 작년 이맘때보다는 학생들의 질문 개수가 적군
요. 작년과 중복된 질문은 피하도록 하셨거나, 아니면 이제 질문이
떨어져가는 모양입니다. 아무튼 답변해보겠습니다. 질문이 줄어서
답변은 조금 길어졌습니다. …

내가 누군가에게 지식에 대한 갈망을 과연 일깨워준 적이 있는지
잘 모르겠습니다. 또 그런 갈망을 자극하겠다는 목적으로 가르치지
도 않습니다. 그저 학생들을 어른으로 대하고 토론에 참여하도록
독려합니다. 일부러 지식에 대한 갈망을 불어넣으려 애쓰지 않습니
다. 다만 생각을 더하려 노력하지요. 지식에 대한 갈망이 없다면 내
강의를 들으러 오지 않았을 테고, 애초에 대학에 들어오지도 않았
을 테니까요.

나는 아주 상반된 두 가지 교수법을 사용했습니다. 최근에는 주로

인문학 전공자와 과학 전공자를 모두 아우르는 '과학과 사회', '과학과 문학', '과학과 환경'과 같은 강의를 하고 있습니다. 그 전에는 기술적인 물리학 과정을 과학 전공 학생들에게 가르치곤 했지요. 기술적 과정에서 학생들은 문제를 풀어야 합니다. 비기술적 과정에서는 에세이를 써야 하고요. 나에게 문제 풀이와 에세이는 가장 중요한 교육 방식입니다. 문제를 풀거나 에세이를 쓰게 한 뒤 결과물을 평가하고 토론하면서 나는 학생들에게 생각을 하도록 가르칩니다. 최선의 방식이죠. 명쾌하게 생각하고 명확하게 글을 쓸 수 있어야 졸업 후에도 세상을 헤쳐나갈 수 있습니다. 제 교수법이 지식에 대한 갈망과 크게 연관되어 있지는 않은 것 같네요.

나는 대학생만 가르쳐봤습니다. 초등학교 선생님이라면 아이들에게 지식에 대한 갈망을 심어주는 데 초점을 맞추겠죠. 실제로 우리 손주의 선생님 중에서 이 방면으로 뛰어나신 분들이 있습니다. 대체 어떻게 하시는지 그 비결은 저도 잘 모르겠습니다.

다이슨 교수는 확실히 우리를 생각하게 만든다! 케일레브란 학생은 이렇게 썼다.

《프리먼 다이슨, 20세기를 말하다》를 읽었습니다. 다이슨 교수의 대학생활에 관한 대목을 읽은 뒤 저자와 더 가까워진 느낌이 들었습니다. 이 책은 마틴 부버의 저서 《나와 너(I and Thou)》를 연상시킵니다. 둘 다 저자와 함께 커피를 마시며 대화를 나누고 있는 듯한 느낌입니다. 우리를 꾸짖거나 가르치려 들지 않고 생각을 해보라고 말합니다. 우리는 과연 각자 능력의 최대치를 감당할 수 있을 만한 책임감을 키울 수 있을까요?

대부분의 아이들은 7학년쯤 되면(이르면 4학년부터) 자연에 대한 호기심을 상당 부분 잃어버린다. 우리 수업 학생들의 기억에 따르면, '과학적 방법'을 미리 정해놓고 따르도록 강요하며 정형화된 시험으로 학습 방법을 제한하는 제도 교육이 원인이다. 예술과 시와 과학 연구에 필수적인 아이들의 탐구 본능이 사라지는 데 대해 안타까움을 느끼는 사람이 있기는 할까? 아이들이 자랄수록 세상의 틀에 맞추어야 한다는 압력은 커지는데, 당연히 호기심을 잃을 수밖에 없지 않을까?[03]

2000년 5월 1일

다이슨 교수님께

저희에게 잠시 시간을 허락해주신다면 2000년 봄학기 학생들의 질문 몇 가지에 대한 답변을 부탁드리고 싶습니다.

… 리사라는 학생의 질문입니다. "아이들이 과학에 흥미를 잃게 되는 원인은 무엇일까요? 저는 초등학교에 입학하고 처음 몇 년 동안은 과학을 좋아했습니다. … 과학박물관, 해양박물관에 현장수업 가는 날을 손꼽아 기다렸습니다. 학교에 들어가기 전부터 박물관에 데려가달라고 부모님을 조르곤 했죠. 그런데 지금은 과학 수업이

---

03   스티븐 제이 굴드는, 대부분의 성인들이 생각하는 것보다 과학 지식이 더 풍부하다고 말한 바 있다.[Gould(1997)] 정원사들, 어업 종사자들은 생물학 관련 지식이 많고, 공사장 인부들과 기계 정비사들은 물리학 지식이 많다.

벅찹니다. 과학 과목을 피하려고 전공까지 바꿨습니다. 친구들과 얘기해보면 대부분 저와 다르지 않습니다. 그렇다고 특정한 계기가 있지도 않았습니다. 모두 과학자가 될 필요는 없지만 일반인이라 해도 과학을 어느 정도 수용할 수는 있어야 하지 않을까요? 나이가 들수록 자연스럽게 세상에 대한 호기심을 잃을 수밖에 없나요? 아니면 학교에서 과학을 가르치는 방식이 아이들을 과학으로부터 멀어지게 만드나요? 아이들이 과학에 대한 흥미를 유지하도록 도울 수 있는 방법이 있는지요?"

다이슨 교수는 편지를 받은 바로 그날 답장을 보냈다.

2000년 5월 1일
드와이트에게
운 좋게도 학기가 끝나기 전에 한가한 날이 며칠 생겼습니다. 런던과 워싱턴에서 새로운 인터뷰 시리즈를 곧 시작해야 하지만….
리사 학생. 맞습니다. 현상을 제대로 짚었어요. 아이들은 열 살까지 자연스럽게 호기심을 보이다가 이후로는 호기심을 잃게 됩니다. 한 달 전 내가 가르쳤던 4학년 아이들은 정말 호기심과 열정으로 똘똘 뭉쳐 있었습니다. 7학년이었다면 대부분 지루해 했겠지요. 과학 교사라면 다 아는 사실입니다. 학교에서 과학을 가르치는 방법이 문제라고 보진 않습니다. 아주 잘 가르쳐도 같은 현상이 나타나거든요. 다만 가르치는 방법이 잘못되었을 경우 호기심을 잃는 속도가 더 빨라지죠. 어쨌거나 많은 아이들이 과학에 흥미를 잃게 되어 있습니다.

음악이나 미술도 과학과 다르지 않습니다. 초등학생인 우리 손주들의 미술 선생님은 무척 훌륭한 분입니다. 최근에 그 학교에서 학생들 작품으로 전시회를 열어서 제가 방문한 적이 있었는데 그 선생님은 학생 500명의 이름을 일일이 다 외우고 있었습니다. 아이들 대다수는 열 살 정도까지 미술을 아주 잘하다가 이후 흥미와 재능을 점차 잃습니다. 소수만이 계속 재능을 보이지요. 과학, 음악, 수학 모두 마찬가지입니다. 인간의 본성상, 어릴 때는 호기심이 넘치다가 성인이 되면서 전문 분야에 집중하게 되고 더 나이가 들면 다시 관심사가 많아집니다. 과학적 재능이 없다면 당연히 과학이 지루할 수밖에 없습니다. 과학을 지루해 하는 학생들에게 억지로 과학을 주입하려는 발상 자체가 잘못이지요. 과학을 자연스럽게 받아들이는 어린이들과 나중에 다시 관심이 생긴 어른들에게는 계속해서 과학을 가르치고, 그렇지 않은 학생들을 위해 중·고등학교 및 대학에서는 과학을 미술이나 음악처럼 선택과목으로 바꿔야 한다고 생각합니다. 150년 전 톨스토이는 "사람들은 학교에서 주로 학교 교육에 대한 공포를 체득한다"고 했습니다.[04] 당연히 과학적 사고를 강요하면 도리어 과학에 대한 공포를 심어주게 됩니다. 대부분의 사람들은 과학에 몰두하도록 만들어지지 않았습니다.

미국 공교육은 대개 각 지역의 재산세로 운영되지만, 부분적으로

---

04 [Chaisson and Kim(1999)].

주 정부 예산이 투입된다. 이 예산은 연방정부가 보전해주며, 연방정부의 교육과정과 평가 기준에 부합해야만 지원이 이뤄진다. 따라서 교사는 정부에서 규정한 시험 방식에 맞춰 아이들을 가르쳐야 하는데, 그런 규정을 만든 입법자들 중 교실에서 아이들을 가르쳐본 이는 거의 없다. 교사 평가와 재계약 여부는 학생들이 정형화된 시험에서 어떤 성적을 내느냐에 달려 있으며, 이는 학생을 골라서 뽑을 권한이 없는 공립학교에도 적용된다. 학생들과 바늘구멍 사진기로 태양의 흑점을 관찰하거나 현미경으로 곤충의 날개를 들여다볼 시간은 주어지지 않는다. 과학에 자연스러운 호기심을 보이는 저학년 아이들에게도 그럴 시간이 주어지지 않는 이유는 "시험에 나오지 않기 때문"이다.[05]

우리 수업 학생들은 자신의 선택에 따라 '성적 정보 포기' 각서에 서명할 수 있다. 지난 10년간 90퍼센트 이상의 학생이 서명했다. 서명한 이들에게는 과제물 등에 교수 의견을 적어주지만 학기가 끝날 때까지 점수는 알려주지 않는다. 아직 더 연구가 필요한 방식이기는 한데, 성적을 미리 알려주지 않으니 오히려 학생들에게 더 자극제가 되는 듯하다. 내가 과연 잘하고 있는지 알 수 없는 상황에서 수업에 더 적극적으로 참여하게 되는 것이다. 많은 학생이 이 방식에 잘 적응했다. 로라라는 학생은 이렇게 적었다.

---

05 이 글을 쓰는 동안 다수의 주 정부가 '평가'라는 행위의 압제적 측면에 대해 깨닫기 시작했다는 피드백을 받을 수 있었다.

어느 강의나 성적 정책이 엄격하고 구체적이다. 학생들은 과제 하나를 완료할 때마다 점수를 챙겨야 한다. 이는 실질적인 학습보다 암기에 치중하는 결과를 낳기도 한다. 한데 이 과목 교수님은 학기 말까지 '성적 정보 포기'를 제안했고 나는 이를 받아들여 서명했다. 성적 정보를 포기한 대가로 내 총점의 2퍼센트에 해당하는 가점을 받게 됐다. 하지만 이로 인해 더 어려운 도전과제가 생겼다. 나는 눈치가 빠르고, 교수가 원하는 바를 파악해서 거기에 맞추는 데 능숙하다. 실질적인 공부보다 교수가 원하는 바에 초점을 맞춰왔지만 그 이상 나아가본 적은 별로 없었기 때문이다.

2004년 11월 23일

다이슨 교수님께

연말 잘 보내고 계신지요. 이번 학기에도 교수님의 책이 알찬 토론에 큰 도움이 됐습니다.

저희가 이번 학기에 읽은 부교재는 로버트 피어시그의 《선과 모터사이클 관리술》입니다. 피어시그는 이 책에서 몬태나 주립대학에서 시행하는 교육의 구성요소에 대해 설명하고 있습니다. 학기 말까지 성적을 알려주지 않았더니 학생들이 점수 올리기에 치중하는 대신 창의성을 발휘할 수 있게 됐다는 겁니다. 정부의 규제가 과학 또는 교육의 발전에 미치는 영향도 비슷한 맥락에서 설명할 수 있지 않을까요?

시간 내주셔서 감사합니다. 교수님의 책은 저희 삶에 큰 도움이 되고 있습니다. 행복한 추수감사절 보내십시오!

2004년 11월 30일

학생들에게

추수감사절 인사와 질문 감사합니다. … 여러분의 질문에 조심스럽게 답변해보겠습니다.

정부 규제가 과학과 교육을 억압하는가? 이 질문에 인용할 만한 직접적인 경험은 없습니다. 전체적으로 볼 때 대답은 '아니다'라고 생각합니다. 몇몇 국가의 과학 및 교육 운용 방식을 비교해보면 좋을 듯하네요. 예를 들어 프랑스는 중앙정부가 과학과 교육을 강력히 통제하는 편이고, 미국은 연방정부가 개입하기보다 주로 각 지역 차원에서 나름대로 꾸려나가도록 내버려둡니다. 그 결과 프랑스의 과학과 교육 수준은 평균적으로 미국보다 우수합니다. 미국은 지역마다 수준이 매우 불균등합니다. 즉 미국의 최고 수준은 프랑스보다 높지만, 최저 수준은 프랑스보다 훨씬 뒤처져 있습니다. 결국 자유와 공평함 중 어느 쪽을 우선시하느냐의 문제입니다. 프랑스 방식은 더 공평하고, 미국 방식은 더 자유롭습니다. 다만 양쪽 모두 성적에 너무 비중을 많이 두고 있지요. 로버트 피어시그 같은 교육자가 더 많이 나와야겠지요.

오늘은 이만 마무리하겠습니다. 행복한 크리스마스와 새해가 되기를 기원합니다.

피어시그는 옛 동료였던 조소과 교수 로버트 드위즈를 찾아갔던 경험을 공유한다. 피어시그가 도착했을 때 드위즈는 설명서를 펴놓고 로티세리(고기를 쇠꼬챙이에 끼워 돌려가며 굽는 기구-옮긴이)를 조립하느라 끙끙

대고 있었다. 그는 불평을 늘어놓으면서 기술 매뉴얼을 편집한 경험이 있는 피어시그에게 설명서를 보여줬다. 피어시그가 살펴본 설명서에는 기술적으로 아무런 오류도 없었다. 그러나 그는 더 심오한 발견을 하게 된다.[Pirsig(1999)][166 - 167]

설명서에 제시된 조립법은 오직 한 가지뿐인데 이를 반드시 따라야만 한다는 전제였다. 이는 창의성을 무시하고 짓밟는 행태다.

만약 무한한 조립법 가운데 하나를 선택할 수 있게 된다면, 우리는 기계와 우리의 관계, 기계와 우리와 나머지 세상의 관계를 더 깊이 고민하게 될 것이다. 작업 방법은 기계라는 물질뿐 아니라 우리의 마음과 정신에 의해 달라질 수 있다.

다이슨 교수는 외르스테드 메달 수락연설을 이렇게 끝맺었다. "아이들은 더 나은 미래를 꿈꿀 수 있어야 합니다. 과학이 그 꿈을 아이들에게 심어줄 수 있습니다. 우리가 과학을 대입 성적과 혼동하지 않는다면 말이죠."[Dyson(1991)]

2014년 4월 24일

다이슨 교수님께

초·중·고등학교 과학 교육에 변화를 줄 수 있다면 무엇부터 바꾸시겠습니까?

수강생들 대부분이 공립 초·중·고등학교에서 정형화된 시험을 치르며 교육을 받았습니다. 일반 교육과정이 아이들의 왕성한 호기심을 채워주기에는 많이 부족하다는 주제를 놓고 토론이 벌어졌습니다. 초등 3학년 아이들의 질문(예를 들어 "달은 줄로 매달아놓지도 않았는데 어떻게 허공에 떠 있어요?", "사람들은 왜 전부 달라요?")은 교사들의 말처럼 '시험'에 나오지 않습니다. 학생들의 흥미를 불러일으키고 학습을 재미있게 하고 장기적으로 교육 만족도를 높일 수 있는 여지가 주어지지 않습니다. 교사의 고용 안정성, 학생의 진급, 지방정부의 교육 재정은 모두 시험 성적과 연동돼 있습니다. 이 토론은 교수님께서 AAPT 연설 '가르치느냐, 마느냐'에서 언급하신 '과학의 여섯 가지 측면'으로부터 촉발됐습니다. 엄격하며 권위적인 가르침이란 과학의 추한 면은 우리나라 학교 교육과정 전반에 걸쳐 드러납니다.

언제나 그랬듯, 다이슨 교수의 답변은 우리에게 생각할 거리를 새로이 제시했다.

2014년 4월 28일
드와이트와 학생들에게
질문 고맙습니다. 좋은 질문이고 토론도 매우 건설적으로 이루어졌네요. 이미 각 질문에 대해 통견(洞見)을 보이신 듯합니다. 제가 일부 동의하지 않는 점도 있지만 생각의 차이를 존중합니다.
초·중·고등학교 교육에서 무엇을 바꿀 것인가?
미국 학교의 평가 체계가 독재적이기는 하지만, 나름대로 중요한 가치가 하나 있습니다. 바로 공정성입니다. 나는 뉴저지 주 프린스턴에서 살았던 적이 있는데, 그곳에서는 교육평가원이 시험문제를 개발하고 시험을 주관합니다. 옛 소련의 교육장관이 프린스턴에 왔던 날을 나는 생생히 기억합니다. 그는 내가 일하던 고등학술연구소, 인근 대학, 교육평가원 등 세 곳을 방문했습니다. 연구소와 대학에는 큰 흥미를 보이지 않더니 교육평가원에는 지대한 관심을 보였습니다. 소련에는 좋은 연구소와 대학은 많은데 교육평가원 같은 기관은 없다고 하더군요. 또 소련의 교육체계가 총체적으로 불공정하다고 했습니다. 좋은 대학, 좋은 직장에 들어가려면 부모의 인맥이 중요하다고 했습니다. 성공이 노력보다 인맥에 좌우되는 것이지요. 그는 교육평가원 같은 기관을 소련에 도입하기 위해 노력하겠다고 말했습니다. 물론 이뤄지지는 않았습니다. 오늘날 러시아의 교육체계도 옛 소련과 마찬가지로 불공정합니다.

나는 다른 의미에서 교육체계가 불공정한 영국에서 자랐습니다. 좋은 사립 고등학교에서 무상교육을 받았죠. 열두 살부터 시작되는 무상교육을 받기 위해 무려 사흘간 라틴어와 그리스어가 포함된 열 개 과목 필기시험을 치러야 했습니다. 경쟁이 매우 치열했습니다. 지원자 수백 명 중 겨우 열세 명만 선발됐지요. 여자아이들에게는 기회조차 주어지지 않았지만, 그 외에는 소득 고하를 막론하고 누구에게나 똑같은 기회를 주었기에 겉으로 보기에는 공정합니다. 그런데 라틴어와 그리스어는 상류층 아이들이나 배울 수 있었기 때문에 지독히 불공정한 체계였습니다. 선발된 아이들은 모두 나처럼 상류층 가정 출신이었습니다.

가족과 함께 미국으로 이주했을 때 우리 아이들은 공립학교에서 미국 교육평가원 시험을 치렀습니다. 공정한 시험이란 생각이 들어

흡족했습니다. 아이들도 시험 준비에 많은 시간을 들일 필요가 없었습니다. 엘리트가 아니라 평균 수준 아이들을 대상으로 설계된 시험이라 어렵지 않았습니다. 나는 이 시험이 영국의 엘리트주의나 부패한 러시아의 교육제도보다 낫다고 생각합니다. 지금은 우리 손주들이 학교를 다니고 있는데 여전히 같은 생각입니다.

이제 여러분 질문에 답변을 해야겠네요. 미국식 학교 교육에서 가장 바꾸고 싶은 점은 아이들의 수업시간입니다. 나는 영국 고등학교에서 최고 학년이었을 때 일주일에 일곱 시간 수업을 받았습니다. 나머지 시간은 나도, 선생님도 자유롭게 쓸 수 있어서, 내가 무엇이든 선택해 공부하다 필요할 때 선생님의 도움을 받곤 했죠. 학교에는 축구장과 크리켓 경기장은 물론이고 도서관, 음악실, 박물관, 목공소, 제본소 등이 있었습니다. 하루 종일 교실에 앉아 있으면 제대로 배우거나 가르칠 수 없습니다. 아이들과 교사들에게 더 큰 자유가 허락된다면 독재적 평가체계의 부정적 영향도 줄어들겠죠.

학생들은 2014년 이전에도 이런 문제를 고민하고 있었다.

2001년 5월 1일
다이슨 교수님께
다시 학기 말이 되었습니다. 학생들의 인사를 교수님께 전합니다.
… 미취학 아동 및 초등학생들에게 과학을 어떤 식으로 가르쳐야 할까요?

2001년 5월 3일

드와이트에게

노동절에 보내준 편지와 질문 목록, 고맙습니다. …

사실 아이들을 위한 과학 교육에 대해선 잘 알지 못합니다. 우리 손주들은 과학 학습에 많이 노출되어 있는 듯한데, 학교에서 배우는 비중과 부모나 친구로부터 배우는 비중이 어느 정도인지는 잘 모르겠습니다. 운 좋게도 이 지역에는 좋은 박물관이 많습니다. 아이들이 아마 학교보다 박물관에서 더 많이 배울 듯합니다. 손주들도 박물관을 좋아합니다. 나는 최근에 애리조나로 여행을 갔다가 바다나리 화석을 하나 주웠습니다. 손주에게 갖다줬더니 곧바로 "아, 맞다. 공룡이 출현하기 전부터 바다 밑바닥에서 살던 생물이에요." 하더군요. 그 녀석에게 어떻게 알았냐고 물어보니까 박물관에서 봤다고 합니다. 아이들이 흡수하는 지식의 양은 정말 놀랍습니다. 학교에서 지루한 수업을 강요해 아이들이 과학을 외면하게 내버려두어서는 안 됩니다. 내가 초등교육을 총괄하는 자리에 있다면 아이들을 교실 대신 박물관으로 보내야 한다는 캠페인을 벌이겠습니다.

박물관에 가면 진짜 티라노사우루스의 뼈를 코앞에서 볼 수 있다. 우주비행사들이 타고 달에 갔다 온 실제 아폴로 11호 콜롬비아 캡슐도 있다. … 사진으로만 볼 때는 결코 생겨날 수 없는 관계가 전시물과 관람자 사이에 형성된다.

1998년 5월 1일

다이슨 교수님께

… 아직 이루지 못한 꿈이 있으신가요?

1998년 5월 2일

드와이트와 학생들에게

아직 이루지 못한 꿈은 많습니다. 그중 새뮤얼 곰퍼스가 말했던 '미국이 감옥과 총과 탐욕의 사회에서 학교와 책과 여가의 사회로 거듭나는 것'이 가장 큰 꿈입니다.[06]

새뮤얼 곰퍼스(1850~1924년)는 미국노동총동맹(AFL)의 설립자이자 초대 회장이었다. 그의 지휘 하에 미국노동총동맹은 노동자의 경제적 안정과 고임금을 추구했다. 당시 유럽을 휩쓸던 혁명적 이데올로기에는 별 관심이 없었다. 샌안토니오에 있는 곰퍼스 기념관에 다이슨 교수가 인용했던 그의 연설문 일부가 적혀 있다. "노동이 제대로 이루어지면 학교는 늘고 감옥은 줄고, 책은 늘고 총기는 줄고, 배움은 늘고 범죄는 줄고, 여가는 늘고 탐욕은 줄고, 정의는 늘고 복수는 줄어든다. 우리는 인간의 선한 본성을 제대로 발현할 수 있는 기회가 늘어나기를 바란다."

다이슨 교수는 '톨스토이, 나폴레옹, 그리고 곰퍼스'란 제목의 교육 에세이에서 나폴레옹과 톨스토이로 대변되는 두 가지 교육모델을 설명했다.[Chaisson and Kim(1999)][53‒59] 나폴레옹은 제국주의 정부가 통

---

06 [Mantsios(1998)][51].

치하는 사회를 구상하면서 중앙집권, 표준화, 엄격한 시험제도를 기본 틀로 삼는 하향식 교육체계를 구축했다. 반면 톨스토이는 상향식 체계를 추구했다. 야스나야 폴랴나에 있는 자신의 땅에 소작농 자녀들을 위한 학교를 세우고 직접 아이들을 가르쳤다. 학교를 만들기 전 톨스토이는 유럽을 여행하다 나폴레옹의 모델이 시행되는 모습을 보고 완벽한 실패라고 판단했다. "사람들은 학교에서 학교 교육에 대한 공포를 주로 체득한다."라는 말도 이때 나왔다. 다이슨 교수는 두 모델을 평가한 뒤 보어의 상호 보완성 원칙을 연상시키는 결론을 내놓았다.

나폴레옹과 톨스토이 모두 교육의 본질을 파악하고 있었다. 나폴레옹은 이를 훈육이라 보았고 톨스토이는 자유라고 선언했다. 어떻게 이 두 가지가 모두 진리일 수 있을까? 나폴레옹에게 교육이란, 기술적으로 조직된 사회의 각 기관에서 일할 지적 엘리트의 육성이었다. 톨스토이는 교육을 평범한 아이들이 세상 이치에 눈뜨도록 돕는 작업이라고 봤다.

현대 사회에서는 이 두 가지가 모두 필요하다. 나폴레옹의 방식이 있어야 경제적 경쟁력을 책임질 숙련된 전문가 집단을 육성할 수 있다. 한편 톨스토이의 방식을 활용하면 나폴레옹식 전문가의 횡포로부터 우리 사회를 지켜낼 문화적, 과학적 소양을 갖춘 지혜로운 시민을 양성할 수 있다. … 갈 길이 멀다.

건초더미 연구

대다수 수강생들의 과학적 경험은 개론 수준에 불과하다. 그래서 각자 연구를 진행한 뒤 경험을 서로 공유하도록 유도하고 있다. 그 중 '자연을 향한 질문'이란 과제가 있다. 학생들이 그룹을 이뤄 캠퍼스에 있는 대상 중 하나를 측정한다. 물론 구석구석 일일이 측정할 수는 없고, 가능한 부분을 측정한 뒤 이를 바탕으로 전체 값을 유추한다. 1926년 입학생들이 심은 개오동나무의 밑동과 과학부 건물 지붕의 라디오 타워 꼭대기 사이 거리를 재기도 했고, 옥상 전망대에 테니스공을 몇 개나 채워 넣을 수 있을지 가늠하기도 했으며, 대학본부 건물 안에 들어갈 수 있는 건초더미 개수를 추정한 적도 있었다.

학생들에게는 최소한의 지침만 제공한다. "2r × 2r × 4r 크기의 건초더미를 브리지 홀 안에 몇 개나 채워 넣을 수 있을지 계산하라. 브리지 홀 건물에 대해 별도의 정보는 얻을 수 없다. 오직 물리학 체계만을 활용하라." 학생들은 각자 나름의 방법을 고안한다. 보폭으로 거리를 잴 수도 있고, 벽돌을 대신 채워 개수를 세거나 삼각측량을 시도하기도 한다. 팀원의 키를 기본 단위로 높이를 산정하기도 한다. GPS, 위성사진, 레이저거리측정기를 동원하기도 한다. 스스로 과학에 문외한이라고 여기던 학생들은 자신들의 전략과 능력에 경탄하게 된다.

또한 하루 날을 정해 각 그룹이 사용한 방법과 결과, 오차 범위를 발표한다. 프로그램, 사회자, 시간제한, 질의답변 시간 등 제대로 형식을 갖춘 총회다. 청중 역할을 담당하는 학생들에게는 최고 별 다섯 개까지 줄 수 있는 평가서가 배포된다. 넥타이까지 매고 정중하고 심각하게 발표하는 팀이 있는가 하면 꼭두각시 차림으로 재미있게 발표하는 팀도 있다. 총회 형식은 정해져 있지 않고, 학생들이 자유롭게 만들어 나간다. 모토는 '과제는 성의 있게, 발표는 자유롭게'다. 모두가 최선을 기울였고, 그래서 재미있었다면 성공이다. 발표가 끝나면 화이트보드에 막대그래프로 각각의 수치를 표시하고 무제한 토론을 이어간다. 몇몇 학생이 밝힌 소회를 들어보자.

건물의 규모를 어떻게 측정할지 막막했는데, 운 좋게도 우리 팀원들이 매우 창의적이었다. 관련 데이터를 모으는 데 그렇게 많은 기술이 사용된다는 사실에 놀랐다. 재미있는 프로젝트였다. (해너)

아빠. 이번 주에는 과학자가 된 것 같았어요. 측량하고, 계산하고, 변환하고, 데이터를 수집하고, 전부 재미있었어요. 지금까지의 강의는 가이드를 따라다니는 관광 같았는데, 이 수업은 스스로 문제를 풀도록 해주네요. (케일라)

발표 뒤 연구에 동원됐던 가정을 놓고 토론이 벌어졌다. 지구와 다른 행성의 거리를 측정하는 방법도 거론됐다. 다른 행성까지의 거리를 정확하게 알지 못할 수 있다는 사실을 전에는 미처 생각하지 못했다. (에밀리)

프렌치 선생님(고등학교 기하학 선생님). 선생님이 옳았어요. 일상에서 정말 기하학이 사용되네요. (케이트)

우리는 과학에 대한 편견을 깨고 나올 수 있었다. 이 프로젝트를 진행하면서 우리의 능력 안에서 답을 찾아내는 창의력을 발휘할 수 있었다. (엘리야)

처음에는 이 프로젝트의 의미를 깨닫지 못했다. 협업을 통해 숫자들을 다룰 때 깨달았다. 우리는 복잡한 퍼즐을 풀기 위해 지혜를 모으는 과학자 그룹이었다. 답을 찾기 위해 활용했던 수학은 이 프로젝트의 본질이 아니라 그저 수단이었을 뿐이다. (케머런)

무제한 토론을 하다 보면 손을 들고 "그래서 정답은 뭔가요?"라고 묻는 학생이 꼭 있다. 교수는 몸을 돌려 측정치와 평균값, 평균과의 오차 등이 막대그래프로 표시된 화이트보드를 가리키며 말한다. "이게 답이야. 이게 바로 우리가 아는 바이고, 얼마나 잘 알고 있는지 보여주는 증거지." 학생들은 실망스러워 한다. 이제까지 정답 없는 문제는 없다고 생각하도록 훈련을 받았으니까. 하지만 과학은 그런 식으로 해결되지 않는다. 어떤 측정 방법에도 불확실성이 존재한다. '정확한' 답이 되려면 해당 값을 무한대의 소수점까지 밝혀야 하는데, 이는 어떤 측정법으로도 불가능하다. 과학은 곧 불확실성이다. 토론장이 조용해진다.

우리는 가능한 한 정확한 답을 얻고 싶었다. 한번은 우리가 얻은 답이 다수의 답안과 크게 다르지 않음을 확인하고 기뻐했다가 이내 확실한 답은 아님을 깨닫고 좌절했다. 지난 며칠 동안 생각해봤는

데, 그럴 만도 했다. 예를 들어 우리는 허리케인이 불어닥칠 지역을 광범위하게 파악할 수는 있지만, 정확한 지점을 짚어낼 수는 없다. 자연에는 그런 상황이 매우 많은 것 같다. (체이스)

우리의 답이 정확하진 않아도 거짓은 아니다. 우리 데이터 중 3분의 2가 이 숫자와 저 숫자 사이에 있다면 답도 이 숫자와 저 숫자 사이 어딘가에 있을 것이다. 우리는 효과적인 수단과 피해야 할 함정에 대해 서로 의견을 구하며 측정의 정확도를 향상시킬 방법을 토론한다. 브리지 홀에 채울 건초더미 개수가 고도의 정확성을 요한다면 발표와 토론 뒤에 밖으로 나가 처음부터 다시 측정할 테고, 그 결과 정확도와 오차 범위가 향상될 것이다. 과학은 이런 절차의 반복이다.

나는 학생들을 칭찬한다. 진심에서 우러난 칭찬이다. 이어 "하지만 나는 여러분이 제시한 결과를 믿지 않는다."라고 말한다. 학생들은 놀란 표정으로 조용해진다. "전부 이론에 지나지 않기 때문에 믿지 않는다." 잠시 정적이 이어진다. "혹시 '믿지 말라. 이론일 뿐이다'란 말을 들어본 적 있나?" 일반인들은 이론을 '추측'이라는 의미로 사용하지만, 과학자들은 그 반대를 의미하기 위해 '이론'이란 표현을 동원한다. '안테나 이론', '핵 이론'에서 알 수 있듯 '이론'은, 특정 상황에서 특정 체계가 어떻게 작용할지 합리적으로 예상할 수 있는 잘 정리된 지식 체계를 뜻한다. 나는 묻는다. "여러분의 측정이 얼마나 이론적인지 이제 알겠나?"

학생들은 다양한 가정을 내놓았다. 공간은 유클리드 기하학이 적용된다, 규모는 누적된다, 빛은 직선으로 움직인다 등등. GPS를 이용한 학생들은 이 장비의 토대인 특수상대성이론과 일반상대성이론에 대한 지식이 전무하다. 학생들은 선배 실험가, 이론가, 측정 장비 개발자의 업적 및 이에 대한 철저한 검증 결과를 토대로 측정을 진행했다. 빛은 어떤 조건에서 직선으로 움직이는가? 지표면의 곡률을 고려하지 않고 측정할 수 있는 면적은 어느 정도인가? 우리는 모형화, 즉 조사 대상인 시스템을 개념적으로 표현하는 작업(예를 들면 건물의 규모를 가늠하기 위해 건물을 상자 개수로 나타내는 작업)의 필요성에 대해 토론했다. 테일러라는 학생은 이렇게 썼다.

엄마. 지난주에 우리는 재미있는 문제를 다뤘어요. 캠퍼스에 있는 건물에 얼마나 많은 건초더미를 채울 수 있는지 계산해봤지요. 단순해 보였는데, 막상 하려니까 건물 높이를 어떻게 계산해야 할지 막막하더라고요. 온갖 방법을 다 동원했어요. 각 그룹이 측정을 마치고 데이터를 제시한 뒤에야 모두 깨달았죠. 결론에 이르기 전에 검토했어야 할 가정이 이렇게나 많았구나.

이 과제가 과학으로 완성되려면 한 단계를 더 밟아야 한다. 브리지 홀에는 우리 대학 총장의 사무실이 있다. 학생들의 총회가 끝난 뒤 총장님께 이메일을 한 통 보냈다.

2014년 3월 11일

그리샴 총장님께

우리 수업 학생들이 자연을 향한 의문을 풀기 위해 브리지 홀에 2r × 2r × 4r 크기 건초더미를 몇 개나 채울 수 있을지 계산해봤습니다. 측정값의 평균치는 1만 8,533개, 오차 범위는 플러스마이너스 5,000개입니다. 물론 이론적 수치입니다. 이제 실험을 통한 검증이 필요합니다. 건초더미를 채워볼 수 있게 브리지 홀을 완전히 비우려면 시간이 얼마나 걸릴까요?

또 건초를 사려면 약 18만 달러가 필요한데, 측정값의 최고치에 해당하는 건초를 구입할 경우 비용은 더 늘어날 수 있습니다. 물리학과 예산에 이 비용을 반영해주시기를 부탁드리겠습니다.

이 문제 탐구에는 총장님의 협조가 반드시 필요합니다.

2014년 3월 11일

학생들에게

그렇게 건초더미가 많이 들어가면 낡은 브리지 홀이 무너지지 않을까 모르겠네요!

총장 그리샴

나는 학생들에게 핵심적인 질문을 던진다. "이 프로젝트가 재미있었나?" 테일러라는 학생이 대답한다. "정확한 답이 없는 뭔가를 다룬다는 사실 자체가 흥미롭다고 생각했습니다. 특정 방법에 얽매이지 않아도 됐던 점, 우리가 원하는 방식대로 답을 찾아갈 수 있다는 점도 좋았습니다."

연구는 창의적이면서 목적의식이 있는 놀이다. 유년시절의 단순하지만 심오한 질문에 담긴 호기심을 다이슨 교수는 아흔 평생 잃지 않았다. 우리도 제발 그렇게 되기를. 앨리슨이 말했듯, "아이들에게는 배울 점이 많다."

"시간은 가만히 멈춰 있는 것 같아.

아이의 세계에선 언제나 그렇겠지.

어제의 꿈은

내일의 한숨

뛰노는 아이들은

무척이나 현명해 보인다."

−무디 블루스[07]

---

07 1967년 데카레코드에서 출시된 '지나버린 미래의 나날(Days of Future Passed)' 앨범 중 '모닝(The Morning)'.

04 마사와 메리에게

"대다수는 조용한 절망 속에서 삶을 이어간다. … 결코 건초가 되지 않는 이 사초(莎草)와 고사리처럼 본성을 마음껏 따르라." -헨리 데이비드 소로[01]

나는 젊은 시절 한 주립대학의 조교수를 지냈다. 어느 월요일 오후 남학생 하나가 사무실에 찾아와 서명을 해달라며 문서를 내밀었다. 자퇴 신청서였다. 나는 서명을 해줬고 그는 그의 길을 갔다. 그 주 목요일에 우리 건물 8층에서 한 학생이 투신해 스스로 목숨을 끊었다. 다음 날 교내 신문에는 자살한 학생이 주 초에 자퇴한 바 있다고 보도됐다.

해마다 대학생 10만 명 당 열 명꼴로 자살을 한다.[Neuenschwander(2004)] 내 연구실에도 학교를 그만두고 싶다며 찾아오는 학생이 학기마다 한두 명씩은 있다. 낙담하고 짓눌리고 기진맥진한 상태로 나를 찾

---

01 [Thoreau(1960)][143].

아온다. 내리쬐는 햇살에도 암울했던 그 목요일 오후 이래로 나는 늘 "자퇴해도 좋은데, 서명하기 전에 네가 어디로 가려는지 알아야겠다." 라고 말한다. 이젠 내 문제가 됐으니까.

대학 졸업까지 학생들은 여러 차례 지적, 감정적 난관을 겪는다. 학업은 그 난관의 일부일 뿐이다. 스스로를 관리하고, 우선순위를 정하고, 위기를 극복하는 방법을 익히는 과정이 짐스러운 학생도 있다. 교육의 참 의미는 소크라테스가 말했듯이 나 자신을 알게 되는 데 있는지도 모른다.

우리 수업을 수강하려면 3학년이나 4학년이어야 한다. 이는 미래의 경력과 직결된 전공을 비롯해 여러 가지 부분을 이미 결정한 뒤에 합류한다는 뜻이다. 수강생 중 4분의 1은 화요일쯤 이 수업의 기말시험을 치르고 바로 이어서 토요일에 학위를 받는다. 일부는 다른 길을 찾아야 하나 고민한다. 매우 자연스러운 고민이고, 생각만큼 미래에 치명적인 영향을 미치지도 않는다. 우리와 서신 교류를 지속하면서 다이슨 교수는 스스로를 파악하고 미래를 준비하려는 학부생들에게 귀중한 조언을 아끼지 않았다.

프리먼 다이슨은 남달리 일찍부터 미래를 준비한 사람이다.

프리먼은 이미 7세부터 아서 에딩턴의 《공간, 시간, 그리고 중력 (Space, Time and Gravitation)》 같은 아버지의 장서를 읽곤 했다. … 윈체스터에 살 때는 러시아어를 공부했다. 라틴어와 그리스어도 배웠다. 생

물학에도 관심이 있었고, 의사의 길도 생각했다. 물리학 과정은 없었기 때문에 게오르그 주스(Georg Joos)가 쓴 책으로[02] 독학했다. 라틴어와 축구를 강요하는 학교에 대한 항의로 과학클럽을 만드는 데 동참하기도 했다.[Schewe(2013)][3]

프리먼은 아인슈타인의 상대성이론을 소화하려면 미분방정식을 배워야 한다는 사실을 깨달았다. 이에 대해 그는 이렇게 회고한다.

2차 대전이 발발하기 1년 전 나는 피아조의 《미분방정식(Differential Equations)》을 한 권 구했다. 선생들로부터 받지는 않았다. ··· 학기 중에는 너무 바빠서 크리스마스 방학에 보려고 미뤄뒀다. ···

방학은 대개 아버지가 해변에 별장으로 사둔 오두막에서 보냈다. 아버지는 음악가였다. 가장 널리 알려진 작품은 '캔터베리 순례자들(The Canterbury Pilgrims)'인데, 제프리 초서의 《캔터베리 이야기(The Canterbury Tales)》의 서문에 맞춰 작곡한 독창과 합창이 들어간 교향악이다. 내가 일곱 살 때 윈체스터에서 초연됐다. 이 곡에는 'M. L. D에게 바치는 노래'라는 헌사가 따른다. 바로 우리 어머니다. 어머니는 아버지처럼 제프리 초서와 그가 빚어낸 인물들을 아꼈다.[Dyson(1979a)][11 - 12]

한 평론가는 "다이슨의 음악은 그가 윈체스터 대학에서 음악감독을

---

02 1934년 처음 출간한 《이론적 물리학(Theoretical Physics)》.

할 때 황금기에 접어들기 시작했다"고 썼다.[03] "당시 그는 오르간 연주자였을 뿐 아니라 합창단과 성가대, 오케스트라까지 거느리고 있었다. … '도시를 기리며'(1928)와 '캔터베리 순례자들'(1930)을 통해 그는 개성이 뚜렷한 역동적 음악가로 자리 잡았다."

2001년 6월 11일
다이슨 교수님께
기말시험을 치를 때 학생들 50명을 여러 교실에 나누어 배치하고 답안지를 작성하도록 했습니다. 그중 한 그룹이 다이슨 교수님 아버지의 곡인 '캔터베리 순례자들'을 틀어달라기에 CD 플레이어로 틀어줬습니다. 학생들이 교수님 책을 통해 아버지를 알게 된 뒤 수업 중에 배경음악으로 그 곡을 사용한 적이 있었거든요.
질문에 답장을 보내주셔서 감사합니다.

다시 다이슨 교수의 회고로 돌아가보자. "나는 소중한 피아조의 책을 들고 오두막에 갔고 잠시도 그 책과 떨어지지 않았다. … 아침 6시부터 밤 10시까지 식사 때를 제외하고 그 책을 손에서 놓지 않았다. … 그렇게 즐거웠던 방학은 다시없었다."[Dyson(1979a)][13] 아론이란 학생은 이 구절을 읽으며 목표 의식이 생겼다고 했다.

---

03 1997년 조지 다이슨, 런던심포니코러스, 런던심포니오케스트라, 지휘자 리처드 히콕스가 녹음하고 찬도스레코드가 출시한 '캔터베리 순례자들' CD 프로그램 노트에 리처드 히콕스가 적은 글, 6-7쪽.

처음 몇 장을 매우 재미있게 읽었다. 특히 그가 미분방정식을 배워야 했던 대목이 흥미로웠다. 수학을 너무 배우고 싶어서 크리스마스 방학 내내 하루 열네 시간씩 이 책을 읽었다는 대목. 열심히 수학을 공부한 덕에 훗날 아인슈타인까지 읽을 수 있게 됐다는 얘기가 와닿은 이유는 내가 이제 막 첼로를 배우기 시작했기 때문이다. 이미 노래와 기타 연주를 할 줄 알았지만 늘 클래식 현악기를 배우고 싶었다. 당장 어려운 곡을 연주하고 싶은데 레슨 첫 시간은 활 잡는 법을 배우는 데 온전히 할애해야 했다. 소소한 요소부터 찬찬히 배워야 차츰 진전을 이뤄 더 복잡한 차원으로 올라갈 수 있는 것이다.

스탠이라는 학생은 이렇게 썼다.

다이슨 교수는 어린 시절부터 시간을 허투루 보내지 않았다는 데 감명을 받았다. TV나 인터넷이 없었던 시절이라 해도 충분히 빈둥거릴 수 있었을 텐데, 그는 수학을 깊이 탐구하는 데 몰두했다. 또 아름다운 시와 외국어와 음악의 중요성을 알았다. … 하루는 내가 집에서 책을 읽고 있었더니 외출했다 돌아온 동생이 TV가 고장 났냐고 물었다. 그만큼 주류 기술 문화에서 벗어나 시간을 보내는 행위 자체가 낯설게 느껴지는 세상이 됐다.

피아조와 보낸 크리스마스 얘기는 계속 이어진다. "얼마 지나지 않아 부모님이 걱정하기 시작했다. 어머니는 걱정스럽게 나를 바라보며 초서의 책에 나오는 옥스퍼드 대학생에 관한 구절을 들려주었다. '그는 공부에 극도의 정성과 주의를 기울였고 필요하지 않은 말은 한 마디도 내뱉지 않았다.' 어머니는 계속 그렇게 하면 건강을 해치고 두뇌를 지치게 할 것이라 경고했다. 나는 수학이 너무 좋았고, 그 외 무엇에도 관심이 없었다."[Dyson(1979a)][13 – 14]

지쳐 무기력해져서 내 연구실로 찾아오는 학생이 학기마다 한두 명은 된다. 그러면 함께 정신건강 관리법에 대해 대화를 나눈다. 어린 다이슨은 피아조 예시 문제 700개를 거의 다 풀어갈 때쯤 몇 문제는 건너뛰기도 했고 어머니와 산책하느라 한 시간씩 책을 덮어두기도 했다.

어머니는 박학다식한 여성이었다.

… 직업은 변호사였고 사람들에게 무척 관심이 많았다. 라틴어와 그리스 시를 좋아했다. 또 아프리카 출신 노예에서 위대한 라틴 작가로 탈바꿈한 테렌티우스 아페르의 희곡 《자책자(The Self-Tormentor)》의 구절을 자주 인용했다. "나는 인간이며 인간적인 것이라면 무엇이든 멀어지게 내버려두지 않는다." … 어머니는 피아조의 추상적 아름다움에 대한 나의 열정과 갈증을 이해했다. 하지만 수학자가 되려고 서두르느라 인간성을 잃어선 안 된다고도 당부했다. 언젠가 훌륭한 과학자가 됐을 때 그동안 친구 하나 만들지 못했음을 문득 깨닫게 되면 몹시 후회할 거라고 덧붙였다. 리만의 가설을 증명해낸들 그 성공을 함께 기뻐할 아내와 아이가 없다면 다 무슨 소용이겠느냐고. …

나는 친구나 가족 만들기는 언제고 할 수 있다고 여겨 어머니 이야기를 흘려들었다. 어머니는 테렌티우스를 인용한 설교를 끝내고 나면 괴

테의 파우스트로 넘어갔다. … [Dyson(1979a)][11−15]

제이미라는 학생은 이 대목에서 자신과 어머니의 관계가 떠올랐다고 했다.

우리 엄마는 산책을 좋아한다. 지난 몇 년간은 엄마와 시간을 보낼 때 주로 걸었다. 엄마는 내 걱정을 듣고 조언을 해주곤 했다. 듣기 싫을 때도 엄마의 조언은 계속됐다. 다이슨의 어머니는 《자책자》를 인용해서 조언했다고 한다. … 지난 토요일 엄마와 산책하면서 나는 이번 학기가 얼마나 힘들고, 주어진 과제를 하기에 얼마나 시간이 부족한지 털어놓았다. 엄마는, 그럴 때 엄마들이 사용하는 목소리로 삶의 중요한 부분을 놓치지 않으려면 어떻게든 시간을 만들어야 한다고 일깨워줬다. … 또 스스로 학창시절을 좀 다르게 보냈다면 어땠을까 지금 와서 후회하기도 한다고 덧붙였다. 나는 A학점을 받기 위해 친구와 어울리는 시간 정도는 기꺼이 포기하는 부류에 속한다. 엄마가 나를 굳이 바꾸려 하지 않고 그저 조금 다른 시선으로 세상을 보라고 충고해준다는 사실이 좋다. 삶의 진정한 의미를 잊지 말라고 늘 격려해주는 엄마. 학점은 언젠가 필요 없게 되지만 우정과 추억은 평생을 함께 한다는 사실을 일러주는 엄마.

블레이크란 학생은 앞서 언급한 단락을 읽고 주간 편지를 동생에게 보냈다. "막막하기만 했는데 다이슨의 어머니가 아들에게 일러준 교훈에 눈이 번쩍 뜨였다. 우리는 관계 속에서 살아가는 존재다. 물질적 꿈을 모두 이루더라도 사랑하는 사람과 함께 그것을 누릴 수 없다면 결코 행복해지지 않는다. 나는 그런 관계를 맺는 데 능숙하지 않지만 이 말이 나를 좋은 방향으로 이끌어줬으면 한다."

2000년 12월 4일
다이슨 교수님께
즐거운 크리스마스 보내시기를 학생들과 함께 기원합니다.
… 초서의 작품들과 괴테의 《파우스트(Faust)》, 테렌티우스 아페르의 《자책자》 외에 교수님 어머니께서 즐겨 인용하셨던 구절은 무엇이 있습니까?

2000년 12월 7일
드와이트에게
편지 고맙습니다. …
여동생과 내가 괴테나 테렌티우스 아페르를 몰랐던 어린 시절, 어머니는 매일 밤 우리를 재우면서 시를 읊어주셨습니다. 시를 많이 외우고 계셨지요. 지금도 '가버렸네, 밝고 둥근 빛'이란 시가 기억납니다. 길었기 때문에 좋았죠. 시가 다 끝나기 전에 충분히 잠들 수 있었어요. 작가가 누구인지는 기억나지 않는데, 찬송가였습니다. 아마 19세기 찬송 작사가의 작품일 겁니다. 이렇게 시작합니다.

가버렸네, 밝고 둥근 빛
애석하게 시야에서 빠르게 사라지네…

그리고 저녁이 밤으로 바뀌는 장면을 한참 묘사한 다음 갑자기 다른 이야기로 넘어갑니다.

내 영혼의 태양, 나의 구세주여
당신이 있는 곳은 밤이 아닙니다
지상의 구름이 피어올라
당신의 시야에서 내가 가려지지 않기를

이 다음에도 구절이 계속 이어지는데 어떻게 끝나는지는 기억나지 않습니다. 어머니는 시간이 없을 때면 "가버렸네. 밝고 둥근 빛" 대신 "내 영혼의 태양"부터 읊어주셨고, 그러면 우리는 내심 실망하곤 했습니다.

우리가 나이를 더 먹은 뒤에는 셀라와 이트만의 책《1066과 모든 것(1066 and All That)》을 즐겨 인용하셨습니다. 셀라와 이트만은 모두 교사였는데 학교에서 가르치는 영국사(史)를 패러디해 이 책을 썼습니다. 1930년에 출판되어 베스트셀러가 되었지요. 지금은 그 마지막 문장만 기억합니다. '1920년 미국이 1등 국가가 되면서 역사는 멈췄다.' 그 전에는 물론 영국이 1등 국가였고, 역사는 되풀이됩니다.

학문적·직업적인 난관은 시간을 많이 들인다고 해결되지 않는다는 사실을 개인적 경험을 통해 깨달았다. 그보다는 효율을 극대화해야 한다. 그러려면 정신 관리를 위해 매주 일정 시간을 할애할 필요가 있다.[Neuenschwander(2004)], [Neuen-schwander(2014)] 우리는 수업 중 여러 차례 샛길로 빠져 밀드레드 다이슨이 조숙한 아들에게 해준 설교를 바탕 삼아 이야기를 나눴다. 우리 수업을 듣는 학생 대부분은 20~23세이고 몇 달 안에 졸업을 하게 된다. 앞으로 무슨 일을 하면서 살지 여전히 고민 중인 학생이 많다.

나는 결코 조숙했던 적이 없지만 학생들은 나를 수학 분야 수재로 생각하고 고등학교에서 이미 고급 미적분학을 완전히 터득했으려니 짐작한다. 하지만 내가 9학년 때 기하학에서 D를 받았고 그나마도 다행이었다는 얘기를 해주면 학생들은 깜짝 놀란다. 대학 시절에는 여러 번 자퇴를 생각했고 실행에 옮기려 했던 적도 있다고 말해주면 더 놀란다. 나는 학생들에게 학위는 인내의 산물이라고 말한다(나는 정말 그렇다고 믿는다). 우리는 아인슈타인이나 베토벤이 될 필요가 없다. 이미 아인슈타인과 베토벤이 있지 않은가. 나는 학생들에게 이렇게 말한다. 우리는 너다운 네가 필요하다. 우주의 역사에서 너는 오직 하나뿐이기 때문이다. 사람마다 독특한 재능과 열정과 경험이 있어서 각자 자신만의 방법으로 세상에 기여할 수 있다.

다이슨 교수 부부는 몇 년 동안 학생들에게 '새해 편지, 다이슨 가족 연대기'를 보냈다. 2013년 새해에 도착한 편지에는 2012년 공연된 '캔터베리 순례자들'이 묘사돼 있었다.

… 올림픽을 보러 런던에 가는 사람들이 많지만 우리 부부는 3대합창단 페스티벌(Three Choirs Festival)을 보려고 헤리퍼드에 왔습니다. 글로스터, 우스터, 헤리퍼드의 가톨릭 합창단이 돌아가며 주최하는

행사입니다. 여동생 앨리스와 나는 어린 시절 2차 대전이 벌어지기 전까지 해마다 이 축제에 갔는데 헤리퍼드에서 열릴 때가 가장 좋았습니다. 아버지가 매년 이 축제를 위해 새 합창곡을 작곡하고 지휘하셔서 공짜 표가 있었습니다. 올해는 아버지의 '캔터베리 순례자들'이 헤리퍼드에서 공연되어 우리 부부가 초청을 받았습니다. 무대였던 성당은 만석이었고, 공연도 75년 전만큼 훌륭했습니다. 합창단과 성악가들도 우리만큼 즐거웠으리라 생각합니다. 아버지의 전기를 쓴 영국 지휘자 폴 스파이서도 자리했습니다. 전기는 탈고했지만 아직 출판되기 전인데, 아버지의 삶을 생생하게 재구성하면서 과도기였던 당시 영국의 극적 사회상을 보여주고 있습니다.[04]

2007년 11월 12일
다이슨 교수님께
추수감사절 잘 보내시기 바랍니다. …
교수님께서는 책에서 과학과 함께 미술, 오페라, 음악, 문학에 대해 언급하셨습니다. 어떤 계기로 예술에 그토록 애정을 품게 되셨는지, 가장 좋아하는 미술가, 음악가, 작가는 누구인지 궁금합니다.

2007년 11월 23일
드와이트에게

---

04 폴 스파이서의 전기 《조지 다이슨 경(Sir George Dyson)》이 이후 출간되었다(2014년 영국 우드브리지 보이델프레스).

아버지가 작곡가 겸 지휘자라 어린 시절 음악을 아주 많이 접했습니다. 수없이 공연장을 따라다녔죠. 나는 음악보다 음악가에 더 관심이 많았습니다. 다섯 살 때 공연장에서 만난 어떤 여자가 "그렇게 음악을 많이 들을 수 있다니 참 행운아구나." 하기에 나는 "음악은 좋은데 너무 길어요."라고 답했습니다. 아버지는 내 말을 듣고 웃으셨죠. 음악은 내게 언제나 흥미롭지만 이해하기는 어려운 외국어였습니다. 미술과 오페라도 마찬가지고요.

문학은 좀 다릅니다. 내게 직접 말을 걸죠. 나보다 더 심각한 음치였던 어머니 덕에 문학에 흥미를 갖게 됐습니다. 어린 시절 나는 소년보다 소녀 이야기를 좋아했습니다. 《오즈의 마법사(Wizard of Oz)》, 《거울나라의 앨리스(Alice through the Looking Glass)》, 《작은 아씨들(Little Women)》, 《비밀의 화원(The Secret Garden)》 등을 좋아했는데 모두 소녀가 주인공입니다. 《마법 도시(The Magic City)》는 예외라 할 수 있지만 실상 진짜 주인공은 남자가 아니라 유모였지요. 우리 아이들에게는 《샬롯의 거미줄(Charlotte's Web)》을 큰 소리로 읽어주곤 했습니다. 나는 미술이나 음악보다 문학이 언제나 더 편안했습니다. 그림 그리기, 바이올린 연주보다 글쓰기가 더 좋았습니다. 결국 작가를 겸업하게 됐고요.

그는 자신이 음치라고 주장하지만 윈체스터 대학 시절 기록을 보면 그는 학교 공연에서 바이올린을 연주했고, 상당한 실력을 보였다. [Schewe(2013)][11], [Schweber(1994)][480]

2001년 5월 1일

다이슨 교수님께

… 교수님의 삶에 가장 큰 영향을 미친 책은 무엇입니까?

2001년 5월 3일

드와이트에게

노동절 편지와 질문 고맙습니다. …

가장 큰 영향을 받았던 책은 아마 에릭 벨의 《수학자들(Men of Mathematics)》이었을 겁니다. 수학자들의 전기를 짜릿한 문체로 술술 읽히게 쓴 모음집입니다.[05] 우리 세대에는 벨의 책을 읽고 수학의 길을 택한 사람이 많습니다. 벨의 책은 단점과 약점이 많은 진짜 사람들의 이야기를 기록해서 진실성이 느껴집니다. 이런 괴짜와 바보들이 위대한 수학자가 될 수 있었다면, 여러분도 할 수 있습니다.

1998년 12월 3일

다이슨 교수님께

… 교수님의 삶에 가장 큰 영향을 준 사람은 누구이고, 그 이유는 무엇입니까?

이 질문에 답하기 위해 다이슨 교수는 자신의 삶을 세 단락으로 나누었다.

---

05 1937년 처음 출간되었다.

1998년 12월 5일

드와이트에게

내 인생에 가장 큰 영향을 준 사람을 딱 하나만 꼽을 수는 없습니다. 시기마다 여러 사람이 중요한 영향을 끼쳤고, 그 중요도에 순위를 매길 순 없는 법이죠. 그래도 세 사람을 꼽으라면, 20세까지는 어머니, 20~30세에는 리처드 파인먼, 30세 이후에는 아내일 겁니다. 어머니는 나에게 아주 훌륭한 선생님이었고, 파인먼은 중요한 과학적 성과를 거둘 수 있도록 기회를 마련해줬고, 아내는 나에게 대가족을 선사했습니다. 나는 세 번이나 큰 행운을 얻었네요. 즐거운 성탄과 새해 보내세요.

우리는 어처구니없게도 2년 반 뒤 같은 질문을 다시 보내는 실수를 저질렀다. 그래도 그는 답변을 해줬는데, 이번에는 자신의 인생을 세 단락이 아닌 세 가지 역할로 나눴다.

2001년 5월 1일

다이슨 교수님께

학기가 끝나가고 있어 교수님과 가족들께 안부를 전합니다.
교수님의 삶에 가장 큰 영향을 준 사람은 누구입니까?

2001년 5월 3일

드와이트에게

노동절 편지와 질문 고맙습니다. …

인생에는 여러 가지 측면이 있고, 다양한 사람이 다양한 측면에서 중요한 영향을 끼쳤습니다. 과학자로서 보자면, 문제 해결 방식에 영향을 준 러시아 수학자 아브람 베시코비치, 작가로서 보자면 훌륭한 인류사(史)[06]와 뛰어난 소설과 생물학 교과서를 쓴 허버트 웰스, 자연인으로서 보자면 문학관과 종교관을 형성해준 어머니를 꼽을 수 있습니다.

두 번 질문을 했는데 두 번 다 어머니가 등장한다.

1999년 12월 7일

다이슨 교수님께

99년 가을학기 수강생들을 대신해 크리스마스 인사를 드립니다. 가족들과, 특히 예쁜 손주들과 즐거운 시간 보내시기 바랍니다.

… 1. 살아오면서 흥미로운 사람을 많이 만나셨고, 그들에게 배운 바를 책으로 쓰셨습니다. 거꾸로 그들은 교수님께 무엇을 배우고 어떤 영향을 받았으리라 생각하십니까?

… 2. 교수님 책에는 과학, 기술과 함께 인문학, 특히 문학, 시, 철학에 대한 열정이 드러나 있습니다. 어떤 계기로 그렇게 다양한 분야에 관심을 두시게 되었는지요? 인문학과 과학은 서로 분리되어 있나요, 아니면 동전의 양면처럼 보완적인가요?

---

06 다이슨 교수는 H.G. 웰스의 《짧은 세계사(A Short History of the World)》(1922년, 맥밀란)를 의미하는 듯하다.

교수님과 가족의 건강을 기원합니다.

1999년 12월 8일
드와이트에게
학생들이 보낸 질문은 '답장이 필요한 편지함' 맨 위에 보관합니다.
다른 사람들은 며칠 더 기다려도 되니까요. 학생들에게 안부와 감
사를 전해주세요. 몇 가지 질문에 즉흥적으로 답변해보겠습니다.
…
1. 이 질문에는 답변이 불가능하네요. 대화를 하거나 글을 쓸 때 나
는 바람 속에서 씨를 뿌리는 사람과 같습니다. 씨가 어디에 내려앉
아 싹을 틔울지는 알 수 없지요.
2. 나는 인문학과 과학이 상호 보완적인 동전의 양면이라는 말에
전적으로 동감합니다. 똑같은 세상을 다른 방식으로 바라볼 뿐입니
다. 나는 음악과 철학보다 문학과 시에 늘 관심이 많았습니다. 고등
학교 때 가장 좋아했던 선생님은 수업시간에 시를 큰 소리로 읽어
준 화학 선생님이었습니다. 단지 화학만 배울 생각이라면 교실에
올 필요가 없다고 말씀하시던 분이었지요. 우리 부모님도 모두 인
문학자였습니다.

수업 중 우리는 시와 음악을 다양하게 공유한다. 다이슨 교수도 일
찍부터 그런 경험을 했고 성공적인 전례로 남았다는 사실이 반가웠다.

1998년 12월 3일

다이슨 교수님께

… 우리 문화의 거의 모든 영역에 기여한 인문주의자 벤저민 프랭클린에 빗대 우리는 교수님을 현대의 벤저민 프랭클린이라고 말합니다. 이제껏 얻으신 것들 중 가장 중요한 교훈은 무엇입니까?

1998년 12월 5일

드와이트에게

… 말로 표현 가능한 대단한 교훈을 얻은 적은 없습니다. '잘 살기'는 과학이 아니라 기술입니다. 나는 거대한 계획을 세워놓고 따르기보다 기회가 찾아올 때마다 즉흥적으로 대응했습니다. 여기서 굳이 교훈을 찾자면, 생각지도 못한 기회가 찾아왔을 때 놓치지 않도록 항상 준비되어 있어야 한다는 것 아닐까요? 슬론 재단의 집필 의뢰가 좋은 예입니다. 지난 20년 동안 나는 내 삶보다 우리 아이들의 삶을 통해 배운 것이 더 많습니다. 아이들은 모두 뜻밖의 기회를 서슴없이 잡았고, 그 결과 흥미로운 삶을 살게 됐습니다.

… 행복한 크리스마스와 새해가 되기를.

2000년 12월 4일

다이슨 교수님께

행복한 크리스마스 보내시기를 학생들과 함께 기원합니다. …

1. 오늘 과학자의 길을 시작하게 된다면, 그래서 현재 유망한 여러 분야 중 하나를 택해야 한다면 어떤 분야에 시간과 재능을 투자하시겠습니까?

2. 인간으로서 우리에게 주어진 가장 중요한 의무는 무엇일까요?

2000년 12월 7일

… 1. 내 관심사가 재능에 비해 너무 광범위하다는 점이 제가 전공 분야를 선택하며 깨달았던 장애물이었습니다. 생물학과 의학에 늘 관심이 많았는데 그에 적합한 재능은 부족해서 선택할 수는 없었 습니다. 직업을 선택할 때 첫 번째 기준은 '요구되는 자격을 갖추고 있느냐'입니다. 나는 생물학자에게 요구되는 자격이 없었습니다. 유 일한 재능은 수학이었고, 그래서 수학자가 됐습니다. 그러고 나서 수학적 재능을 이용해 물리학을 다룰 수 있음을 알고 물리학으로 넘어갔습니다. 이론물리학자가 됐지요. 생물학은 수학의 활용도가 낮았습니다.

만약 예전으로 돌아간다면 이론생물학자가 돼서 게놈과 인구의 진 화를 수학적 도구를 이용해 규명해봐도 좋을 것 같습니다.

이 대목에서 끼어들자면, 다이슨 교수는 명성과 부를 얻기보다 자 신이 좋아하는 바를 기준으로 직업을 선택했다. 그의 삶을 살펴보면 '너의 재능과 관심을 따르라. 자질과 역량을 갖추면 저절로 존경까지 받게 될 것이다'라는 조언을 해주는 듯하다. 편지는 계속 이어진다.

하지만 수학과 물리학을 고수할 가능성이 더 큽니다. 아마 끈이론 에 달려들었을 겁니다. 고도로 정교한 수학을 이용하는 매력적인 분야지요. 끈이론은 현실 세계와 큰 관련이 없을지도 모르지만 수학적으로는 무척 심오하고 아름답습니다. 끈이론가로 살았어도 행복했을 것이라는 생각이 듭니다. 끈이론은 유용성을 떠나서 내 재능을 발휘하기에 아주 적합한 분야입니다. 끈이론가로 명성을 얻은 뒤 활동 범위를 넓혀서 내 경험에 대해 책을 쓸 수도 있겠지요.

2. 모두에게 공통적으로 적용되는 의무 따위는 없다고 생각합니다. 사람마다 환경, 기회, 재능이 다 다릅니다. 따라서 의무도 각기 다르지요. 의무는 소명 의식 같은 것입니다. 우리 딸 미아는 장로교 목사가 되겠다는 소명을 갖고 있었습니다. 지금은 자신의 교회를 운영하면서 교구 신도들을 위해 설교를 하고 조언을 나눕니다. 미아에게 가장 중요한 의무이지요. 하지만 나는 목사가 될 의무는 없습니다. 내게도 소명이 있겠지만 미아와는 다릅니다. 은퇴한 지금 나의 가장 중요한 의무는 아내를 도와 아이들과 손주들을 돌보는 것입니다.

학생들은 선택의 폭이 매우 넓습니다. 어떤 학생은 마사가 될 의무, 어떤 학생은 메리가 될 의무를 지고 있지요.

마사와 메리의 이야기는 누가복음에 나온다.

예수가 제자들과 길을 가다 어떤 마을에 들어섰는데 마사란 여인이 그에게 자기 집 문을 열어줬다. 마사의 여동생 메리는 예수의 발치에 앉아 그의 얘기를 들었다. 하지만 마사는 손님 접대를 하느라 분주하여 그럴 수 없었다. 마사가 예수에게 말했다. "주여, 메리가 저에게 일을 다 떠넘겼습니다. 메리에게 저를 도와 일하라고 하세요!"

"마사야, 마사야." 예수가 말했다. "네 걱정과 불만은 다 쓸데없다. 한 가지만 기억해라. 메리는 더 좋은 것을 선택했고, 그것은 메리의 것이다."[07]

다이슨 교수의 편지로 돌아가자.

나는 예수가 메리를 질투하는 마사를 나무란 처사는 불공정하다고 늘 생각했습니다. 세상은 메리를 필요로 하는 만큼 마사도 필요로 합니다. 세 아이를 둔 엄마인 미아도 이를 잘 알고 있습니다. 엄마로서 미아는 마사이고, 목사로서 미아는 메리이지요. 예수가 말했듯, 미아의 첫 번째 의무는 메리가 되는 것입니다. 두 번째 의무는 마사가 되는 것이고, 메리를 질투하지 않는 것입니다. 안수를 받은 뒤 미아는 '마사와 메리'를 첫 설교 주제로 선택했습니다. 미아는 자신이 왜 먼저 메리가 돼야 하고 두 번째로 마사가 돼야 하는지 설명했습니다. 여러분도 살다 보면 상충하는 의무 사이에서 비슷한 선택을 해야 할 상황에 놓일 겁니다. 정답은 없습니다.

1999년 다이슨 가족 연대기(다이슨 교수가 1998년에 벌어진 굵직한 가족사를 정리해 보내준 새해 편지)는 타이핑한 본문 위에 자필로 이렇게 적혀 있었다. "모두 행복한 새해를 맞이하기 바랍니다. 여러분의 우정 어린 편지에 다시 한번 감사합니다. 여러분의 친구, 프리먼." 본문은 미아의

---

07 누가복음 10장 38~42절(신국제판).

두 역할 메리와 마사에 대한 설명으로 시작했다.

1998년은 미아의 해였다. 5월에 프린스턴 대학의 신학대학을 졸업했고, 7월에 아들을 낳았고, 8월에 가족과 함께 메인 주의 집으로 이사했다. 그리고 11월 케네벙크의 세인트 앤드류스 장로교회에서 목사 안수를 받았다. 미아의 남편 케빈은 포틀랜드 일대 해양 생물 보전을 위한 '카스코 베이 보호단체'에서 모금 업무를 담당하고 있다. 자신의 일을 매우 좋아하고 또 잘하고 싶어 한다. 오른쪽 사진은 리암이 태어난 지 6주 됐을 때 동부에 사는 손주 여섯 녀석을 미아네 집 소파에 앉혀놓고 찍었다. 왼쪽부터 조지, 도널드, 테스, 브린, 리암, 랜디다. 테스, 브린, 리암은 메인에 살고 조지, 도널드, 랜디는 프린스턴에 살고 있다. '서부파' 로렌(벨링엄)과 맥스(샌디에고)는 아쉽게도 함께하지 못했다.

동부파는 미아가 안수를 받던 모든 성인의 날(All Saints' Day)과 핼러윈을 위해 메인에 모였다. 미아는 안수 당일 아침 일찍 일어나 설교를 준비하고, 12인분 팬케이크를 만들고, 리암에게 젖을 먹이고, 아이들과 음식으로 꽉 채운 차를 몰아 케네벙크로 가서 오전 예배를 진행했다. 아이들을 위한 재미있는 설교와 어른들을 위한 진지한 설교가 이어졌다. 저녁에 안수를 받을 때는 먼저 신도들 앞에서 낭랑한 목소리로 서약을 하고, 목사들과 장로들이 그녀의 머리에 손을 얹도록 무릎을 꿇었다. 신도들은 무척 친절했다. 안수식이 끝난 뒤 나눠 먹을 음식도 잔뜩 준비해주었다. 목사로서 내디딘 첫 걸음이 아주 좋았다.

▲ 다이슨의 손주들. 1998년. (출처: 프리먼 다이슨)

2000년 5월 템플턴상 수상 연설을 하던 다이슨 교수는 세계교회주의자였다. "나는 메인에 가면 장로교인이고 영국에 가면 가톨릭입니다."[Dyson(2000)] 딸 미아는 장로교 목사이고, 윈체스터의 여동생 앨리스는 가톨릭으로 개종했다.

우리 대학처럼 기독교 교단이 후원하는 미션 스쿨 학생들은 진로를 선택할 때 일반 대학생들보다 더 혼란스러워 하는 편이다. 대부분 독실한 가정에서 자랐기에 '신의 뜻'을 추구해야 한다는 압력을 느낀다. 마치 조물주가 자신들을 위해 오직 하나의 길만을 준비해두었고 이를 찾아내 따라야 한다고 생각하는 듯하다. 자신은 마사가 되고 싶은데 부모나 목사가 메리가 되기를 바라는 것 같으면 죄책감을 느낀다. 나도 마찬가지였기에 그들의 딜레마를 이해할 수 있다. 그들은 모세의 이야기를 배우며 자란다.[08] 히브리인들이 이집트에서 노예로 살던 시절, 파라오 딸의 양아들이었던 히브리인 모세는 노예를 가혹하게 대하는 이집트인을 때려 죽였다. 달아난 모세는 광야에서 40년을 살았다.

출애굽기를 보면, 모세는 광야에서 가시나무에 일렁이는 불꽃을 보고 다가갔다가 신의 음성을 듣는다. 신은 히브리인들의 신음소리가 들린다며 모세에게 이집트로 돌아가 파라오에게 "내 민족을 해방시키라."라고 말하라 명령한다. 모세는 거부의 뜻을 보이다 결국 이집트로 갔고, 끔찍한 역병과 죽음의 천사 등을 통해 파라오와 몇 차례 극적인 담판을 벌여 히브리인들을 해방시킨다.

이 이야기에는 자신의 이익을 추구하다 보면 전지자의 명령을 외면하게 될 수 있으니 어찌 감히 신의 계획을 무시한 채 네 하찮은 삶을 추구하겠느냐는 주석이 달리곤 했다. 자신에게 경건한 삶을 주문하는 주체가 실제 신인지 아니면 부모인지 알 수 없어 혼란스러워 하는 학생들을 나는 이해한다.

하지만 가시나무 불꽃 이야기를 액면 그대로 받아들인다 해도 모세는 예외적 경우다. 권력층의 내막을 아는 동시에 노예의 고통에 공감할 수 있는 사람은 궁중에서 양육된 히브리인 모세밖에 없었다. 즉, 히브리인 노예 문제로 파라오에게 맞서기 위해 필요했던 여러 조건을 갖춘 사람은 모세뿐이었던 것이다. 모세는 꼼짝없이 걸려들었다고 할 수 있다. 20세기, 21세기 학생들에게 모세의 이야기가 상관이 있을까?

---

08 출애굽기 3장.

타인이 바라는 길과 자신이 가고 싶은 길 사이에서 고민하는 학생들에게 나는 우리 아이들에게 했던 조언을 건넨다. 가시나무 불꽃을 보지 못했다면 네 길을 가라고. 네 열정도 신께서 주신 선물이니 갈고 닦으라고. 나는 경배를 받아 마땅한 신이라면 우리의 직업보다 우리의 존재 자체를 더 중요하게 생각하리라 믿는다. 세상에는 마사와 메리가 모두 필요하니까.

2012년 11월 20일

다이슨 교수님께

… 4. 과학이 아닌 다른 진로를 지금 택할 수 있다면 무엇을 택하시겠습니까? 이유는 무엇입니까?

5. 요즘 학생들에게 어떤 조언을 해주시겠습니까?

2012년 11월 25일

드와이트에게

… 4. 과학이 아닌 다른 진로를 지금 택할 수 있다면 무엇을 택하시겠습니까? 이유는 무엇입니까? 성공적이고 실질적인 경력을 쌓으려면 고도의 기술이 필요합니다. 어떤 직업이든 훌륭히 수행하려면 충분히 숙련돼 있어야 합니다. 나에게는 계산하기와 글쓰기라는 두 가지 기술이 있습니다. 그래서 수학이나 문학으로 진로를 좁혔던 것이지요. 더 구체적으로는 과학과 저술이 되겠네요. 지금 과학과 상관없는 진로를 택할 수 있다면 궁극적으로는 작가가 되고 싶습니다. 언젠가 베스트셀러를 써서 전업 작가가 되겠다는 희망을 품고

기자나 교사로 사회생활을 시작하겠습니다. 우리 딸 에스더는 기자로 시작해 경제 잡지 '포브스(Forbes)'에서 일했고, 관중으로 지켜보기보다는 경기장 안 선수로 뛰고 싶다는 생각에 벤처 투자자가 됐습니다. 내가 젊은 시절로 돌아가 과학이 아닌 분야에서 다시 시작할 수 있다면 에스더와 같은 방식으로 출발해, 뜻밖의 기회를 찾겠습니다.

5. 요즘 학생들에게 어떤 조언을 해주시겠습니까? 에스더의 칼턴대학 졸업식 축사 구절을 전해주고 싶습니다. 첫 번째, 직업 대신 네 번째 직업에 대해 고민하라. 첫 직업은 세상의 문 안으로 첫 걸음을 내딛는 단계에 불과합니다. 만족할 수 있으리라 생각하지 마십시오. 첫 직업은 자신의 역량과 능력을 알아보는 훈련 과정이자 두 번째 직업을 구할 때 좀 더 유리한 위치에서 협상을 할 수 있도록 도와주는 경험입니다. 두 번째 직업과 세 번째 직업도 마찬가지입니다. 네 번째 직업도 불만족스럽다면 문제가 있습니다. 무슨 말을 더하겠습니까? 여러분은 각자 고유의 정체성이 있고 필요로 하는 바가 다릅니다. 어떤 사람은 안정을 추구하고 어떤 사람은 모험심이 강합니다. 모험을 즐기는 에스더의 좌우명은 "늘 새로운 실수를 저지르자"입니다. 같은 실수를 반복하지 말자는 뜻이기도 합니다.

2년 반 뒤 2015년 봄 학기 학생들도 비슷한 질문을 했다.

2015년 4월 22일
다이슨 교수님께

… 오늘 사회로 나가는 20대에게 어떤 직업을 가장 추천하시겠습니까? 기술 의존적인 직업과 높은 숙련도가 필요해 자동화되기 어려운 직업 중 어느 쪽을 권하시나요?

그의 답변은 안정과 모험에 대해 더 깊이 생각할 거리를 제공했고, 어느 직업에나 적용되는 실질적 조언이었다.

2015년 5월 1일
드와이트에게
… 나는 젊은이들에게 2~3년에 한 번은 직업을 바꿀 준비를 하라고 조언합니다. 다른 분야에서도 유용한 기술을 익히는 데 집중하라는 의미죠. 예를 들어 깔끔한 글쓰기, 간단한 수학 이해하기, 금융계좌 관리하기, 컴퓨터 전산망 구축하기 등이 해당되겠지요. 물론 의사, 목사, 교수 등 안정적이고 영구적인 직업도 있습니다. 하지만 대부분의 직업은 그렇지 않습니다. 언제 사라질지도 예측하기 어렵습니다. 자동화나 신기술만이 직업 소멸의 원인이 아닙니다. 따라서 직업을 바꿀 수 있도록 준비해두어야 합니다. 우리 딸 에스더를 성공사례로 추천하고 싶습니다. 경제 잡지 '포브스'의 기자로 시작해 금융회사 오펜하이머스의 기술분석가로 자리를 옮겼다가 경제 잡지를 하나 창간해 직접 발행하더니 벤처캐피탈 회사를 설립했고 지금은 민간 건강보험재단을 운영하고 있습니다. 에스더의 좌우명은 "늘 새로운 실수를 저지르자"입니다. 절대 같은 실수를 두 번 반복해서는 안 됩니다.

2005년 12월 6일

다이슨 교수님께

2005년 한 해 잘 마무리하시기를 바랍니다. 이번 가을학기에도 학생 마흔네 명이 교수님께서 경험하셨던 길을 교수님 책을 통해 함께 걸었습니다. …

만약 오늘 젊음의 샘에 빠져 20세가 된다면, 어떤 일을 하시겠습니까? 이유는 무엇인가요?

2005년 12월 6일

드와이트에게

두뇌를 자극하는 질문에 감사합니다. 2005년은 손주 열넷을 포함하여 우리 가족에게 정말 좋은 해였습니다. 감사할 일이 무척 많습니다. …

나는 나흘간 애나폴리스의 세인트존스 칼리지에서 특강을 하며 흥미진진한 시간을 보냈습니다. 1696년에 설립된 이 대학 학생들은 그레이트북스(브리태니커에서 출판한 고전 총서-옮긴이)에 기초한 고전적 교육과정에 따라 공부하고 있습니다. 그들도 같은 질문을 했습니다. 나는 60년 전 실제 20세였을 때와 똑같은 고민을 하고 있을 것 같다고 대답했죠. 내 고민은 생물학, 의학, 천문학, 물리학, 문학, 역사, 언어 등 다루고 싶은 분야는 많은데 재능은 수학뿐이라는 것입니다. 그래서 60년 전 그랬듯 내 재능을 이용해 다양한 분야의 다양한 문제들을 탐구할 수 있는 방법을 찾아다닐 듯합니다. 60년 전 내 관심을 끌었던 문제는 물리학 분야였기에 물리학이 내 첫 번째 놀이터가 됐습니다. 지금은 생물학 분야에서 세포와 뇌와 게놈의 심오한 구조 및 상호 관계를 이해하는 데 집중할 생각이고, 내 수학적 재능이 수수께끼를 파고드는 데 도움이 되지 않을까 싶습니다.

이미 말했듯 수강생들은 대부분 20대 초반이다. 어떤 일을 하며 살고 싶은지 찾아야 하고 어린 시절부터 주입된 가치에 의문을 던지게 되는 때다. 고유의 정체성과 인생철학을 형성하려 노력하는 때이기도 하다. '자기 자신의 발견'은 인생에서 가장 중요하고 또 가장 어려운 과제다. 다이슨 교수는 2005년 5월 7일자 편지를 손주가 쓴 시로 마무리했다.

캘리포니아에 사는 열한 살배기 손주 도널드가 이번 주 보내온 시로 결론을 대신하려 합니다.

나는 도널드 리드
나는 꿈이 이뤄질까 궁금해
나는 산(酸)이 거품 내는 소리가 들려
나는 화학물질이 보여
나는 순간 이동 장치를 만들고 싶어
나는 똑똑해지려고 노력 중이야

나는 허세 부리지 않아
나는 유리병을 느껴

나는 계약서에 사인하는 연필을 만져

나는 내 성적이 걱정돼

나는 슬프면 울어

나는 좋은 대학에 가려고 노력하는 중이야

나는 결코 쉽지 않은 일이라는 걸 알아

나는 할 수 있다고 생각해

나는 유명한 교수가 되는 꿈을 꿔

나는 내 능력의 한계를 넘어서려고 노력해

나는 내 꿈이 이뤄지길 바라

나는 도널드 리드

여러분께 행운이 함께하기를 다이슨 가족 모두가 기원합니다.

나는 학생들에게서 도널드의 외침을 듣는다. 과거와 현재의 나 자신에게서도 그 외침이 들린다.

다이슨 교수는 자기 자신을 발견하기 위해 겪었던 진통에 대한 솔직한 소회를 책에 밝혀 학생들에게 안도감을 주었다.

그래서 나 자신에게 해묵은 질문을 던졌다. 신은 왜 전쟁과 불의를 용인하는가. 나는 답을 찾지 못했다. … 3월의 어느 오후에 갑자기 그리고 뜻밖에 깨달음이 찾아왔다. … 한 순간 번쩍였던 내면의 빛과 함께 나는 전쟁과 불의란 문제의 답을 보았다. 놀랍도록 단순했다. 나는

그 답을 우주적 통일성(Cosmic Unity)이라 명명했다. '우주적 통일성'은 우리는 모두 하나라는 뜻이다. 우리는 모두 같은 사람이다. 내가 너이고, 윈스턴 처칠이고, 히틀러이고, 간디이고, 모두다. 타인의 고통이 곧 나의 고통이기에 불의의 문제가 발생하지 않는다. 타인을 죽이면 곧 내가 죽기에 전쟁의 문제도 생기지 않을 것이다.[Dyson(1979a)][17]

1998년 가을학기 수강생들은 '불의의 문제'에 관한 이 구절을 언급하며 질문을 보냈다.

1998년 12월 3일
다이슨 교수님께
… 작금의 사회에서 '정의'(그리고 '불의')를 어떻게 규정하십니까?

1998년 12월 5일
드와이트에게
… 요즘 사회에서 가장 중요한 문제는 사람들이 부자와 빈자로 나뉘어 공평한 기회를 얻지 못하는 사회적 불공정입니다. 법률적 정의는 갖춰졌지만 사회적 정의는 부재합니다. 인터넷이란 신기술은 여러모로 사회적 불공정을 더 악화시킵니다. 인터넷에 접근할 수 있는 사람은 취업 및 창업의 정보와 기회에 쉽게 노출되지만, 그렇지 못한 사람은 뒤처지고 실업 상태에 놓이게 되니까요. 유전자 조작과 치료도 부자만 이용할 수 있다면 사회적 불공정을 악화시키게 됩니다. 이는 유전자 조작 연구가 초래할 수 있는 가장 심각한 위험

이라고 봅니다. 유전자 치료는 부자와 빈자가 모두 공평하게 이용할 수 있도록 관련 규정을 명문화해야 합니다.

··· 행복한 크리스마스와 새해 맞으세요.

2004년 봄학기 수강생들도 다른 맥락에서 비슷한 우려를 표했다.

2004년 5월 6일

다이슨 교수님께

이번 학기 학생들도 교수님의 책을 읽고 여러 가지 관련 문제를 토론했습니다. '과학의 여섯 가지 측면'을 살펴보고, '열린 우주에서의 물리학과 생물학'에 등장하는 시간범위에 대해 고찰했습니다. 조지의 바이다르카와 나무집 사진을 함께 보았고, 부친께서 작곡하신 '캔터베리 순례자들'을 들었습니다. ··· 과학자로서의 경험은 인권에 대한 교수님의 시각에 어떤 영향을 주었나요?

2004년 5월 6일

드와이트에게

좋은 질문 보내줘 고맙습니다. 아들 조지가 우리 집에 와서 일주일간 머물고 있는데 여러분에게 안부를 전해달라고 합니다. 조지가 나무집에 머문 지도 꽤 오래됐습니다. 지금은 폰 노이만(컴퓨터 중앙 처리장치의 내장형 프로그램을 처음 고안한 미국 수학자-옮긴이) 컴퓨터 프로젝트의 역사를 기록하는 역사가로 이곳에 와 있습니다. 예쁘고 당찬 10대 딸을 키우는 싱글 대디이지요. 셰익스피어가 말했듯 누구나 때가 되면 다양한 역할을 수행해야 하나 봅니다.

몇 가지 질문에 대한 답을 적어보겠습니다.

… 과학자로서의 경험이 인권에 대한 시각에 어떤 영향을 주었나?

내가 기억하는 한 과학과 인권이 직접 연관된 적은 없습니다. 1957년 캘리포니아 주 버클리에 갔을 때 시민불복종 운동에 관한 강연을 들은 적이 있습니다. 연사는 그때까지 들어본 적도 없는 젊은이였는데, 이름이 마틴 루터 킹이었습니다. 나는 그의 강연을 듣고 집에 있는 어머니에게 이렇게 편지를 썼습니다. "이 사람 때문이라면 감옥에도 갈 수 있을 것 같습니다." 나중에 워싱턴의 링컨기념관에서도 그의 연설을 들었습니다. 바로 그 유명한 "저에게는 꿈이 있습니다(I have a dream)"로 시작하는 연설입니다. 과학과는 전혀 상관이 없었죠. 물론 안드레이 사하로프처럼 인권을 위해 싸운 과학자도 있지만, 인권운동가는 대부분 간디, 킹, 만델라처럼 과학과 무관한 사람들이었습니다. 나도 과학자가 아니라 변호사가 됐다면 인권에 더 많은 관심을 기울였으리라 생각합니다.

앨라배마 주 몽고메리 출신의 젊은 선지자 마틴 루터 킹 주니어는 1957년 6월 4일 버클리에서 '비폭력의 힘'이란 제목으로 강연을 하며 시민의 권리를 찾기 위한 시민불복종 운동을 주창했다. "몽고메리 보이콧[09]을 뒷받침하는 힘은 비폭력 저항의 철학입니다. 비폭력 저항은

---

[09] 1955년 12월 1일 로자 파크스(1913~2005년)가 버스에서 백인에게 자리를 양보하지 않겠다고 하여 체포되었고, 이로 인해 앨라배마 주 몽고메리 버스 보이콧이 일어났다.

적을 모욕하거나 굴복시키려 하지 않고 우정과 이해를 바탕으로 한다
는 사실을 받아들여야 했습니다."[King and Washington(1986)][12 - 15]

우리 수업에서 다루는 주제는 모두 윤리학으로 귀결되는 듯하다.
2011년 봄 학기 학생들은 과학자와 과학 연구의 윤리에 관해 광범위
한 질문을 던졌다.

2011년 4월 29일
다이슨 교수님께
올해도 교수님과 가족들께 멋진 한 해였으리라 믿습니다. …
1979년 《프리먼 다이슨, 20세기를 말하다》를 쓰셨을 때보다 요즘
과학자들이 윤리 문제에 더(혹은 덜) 민감해졌다고 보십니까?

2011년 4월 29일
드와이트에게
… 영국에서 일주일간 머물기 위해 막 떠나려는 참에 편지를 받았
습니다. 마감 시간(학기 마지막 날)은 우리가 돌아오는 날 바로 다음
날이군요. … 학생들에게 미안하다고 전해주세요.
… 과학자들의 윤리적 민감도는 큰 변화가 없는 것 같습니다. 과학
자 대다수의 연구는 인간사에 직접적이고 심각한 영향을 미치지 않
기에 걱정도 덜합니다. 핵무기나 임상 실험을 하는 과학자들이 대
개 윤리에 민감하죠. 1979년 이후 민감도가 향상됐는지는 잘 모르
겠군요.

이 편지는 영국으로 떠나기 직전 급하게 쓴 흔적이 역력했지만 우리는 바쁜 시간을 쪼개 답장을 해준 다이슨 교수에게 무척 감사했다. 자신이 본 것과 머리로 아는 것을 분명하게 구분하는 사람이라는 사실을 이 글에서 알 수 있었다.

2000년 5월 1일

다이슨 교수님께

2000년 봄 학기 수강생들의 질문을 추렸습니다. …

"우주적 통일성의 개념을 이해하기 어려웠고, 윤리와 어떻게 연관돼 있는지 잘 모르겠습니다. 이 개념이 어떻게 윤리학의 토대가 되는지, 교수님은 이 개념을 어떻게 떠올리셨는지 조금 더 설명해주시면 좋겠습니다." - 제니퍼

2000년 5월 1일

드와이트에게

운 좋게도 여러분의 학기가 끝나기 전에 며칠 시간이 났네요. … 제니퍼 학생, 우주적 통일성은 단순 명료한 개념입니다. 제니퍼 학생과 나와 히틀러와 스탈린은 겉모습만 다를 뿐 똑같은 사람이라는 주장이지요. 제니퍼가 누군가를 해치면 제니퍼 자신을 해치는 셈이 되지요. 따라서 윤리학의 토대로 기능하기도 합니다. 내가 만나는 사람이 모두 곧 나이니까 내가 대접받고 싶은 대로 그들을 대접하게 됩니다. 그들을 함부로 대하면 자신을 함부로 대하는 셈입니다. 다른 말로 표현하면 "네 이웃을 네 몸과 같이 사랑하라." 또는 "네가

대접받고 싶은 대로 남을 대접하라."라고 할 수 있습니다.

나는 세상의 불공정을 해결하는 방법으로 처음 우주적 통일성을 생각했습니다. 우리가 모두 똑같은 사람이라면 모두 똑같이 고통받기에 불공정이 존재할 수 없고 문제가 될 수도 없습니다. 불공정의 해결책으로 우주적 통일성을 고안한 뒤 윤리학의 문제에 대한 해결책도 될 수 있다는 것을 깨달았습니다. 적을 죽이면 나를 죽이는 것과 같으니 타인을 죽이면 안 된다는 결론에 이르게 되니까요.

물론 너무 단순해서 비현실적이라고 느낄 수도 있습니다. 나는 열네 살 때 이를 진심으로 믿었고, 1930년대 전쟁에 휘말린 세상을 살아내는 데 큰 도움이 됐습니다. 지금 나에게 우주적 통일성은 사실이 아니라 희망입니다. 여전히 윤리학의 토대로서 가치가 있고, 우리가 추구해야 할 이상이라고 생각합니다.

윤리적 원칙으로서의 우주적 통일성은 개인적 통일에서 시작한다. 우주의 중심으로부터 나를 분리해 다른 사람들의 삶에 투영하는 것이다. 다이슨 교수는 이를 어머니가 들려준 파우스트 이야기와 연결시켰다. 마을사람들이 둑에 난 구멍을 막기 위해 절박하게 노력하자 파우스트가 이기심을 버리고 도우러 뛰어드는 장면이 결정적이었다. "갑자기 파우스트는 평생 찾아다녔던 축복의 순간이 왔음을 깨닫는다. 공동의 목표를 위해 동료들과 힘을 모아 일하는 기쁨, 나 자신보다 더 큰 이상에 몰두하는 기쁨."[Dyson(1979a)][16]

《프리먼 다이슨, 20세기를 말하다》 2장 말미에서 우리는 우주적 통일성의 신봉자를 한 명 더 포섭하기 위해 마지막 안간힘을 쓰는 10대

프리먼을 보게 된다. 그는 어머니와 산책을 하면서 새로운 신념을 설파한다. 이야기가 끝나자 어머니는 "그래, 나도 오래 전부터 그런 무언가를 믿어왔단다."라고 대답한다.[Dyson(1979a)][18] 2장은 거기서 끝이 난다. 우주적 통일성이나 어머니의 신념에 대해선 더 이상 설명이 없다. 하지만 책의 말미에 다이슨 교수는 어머니의 생각을 가늠해볼 수 있는 단서를 제시한다. 어머니는 80대 후반에 이르러 예전처럼 오래 산책을 하기 어려워지자 집 앞으로 잠시 나갔다 오곤 했다.

당시 어머니가 가장 좋아했던 산책로는 윈체스터 시내와 이를 둘러싼 언덕이 한눈에 내려다보이는 근처 묘지였다. 어머니는 나와 함께 이 산책로를 걸으며 다가오는 죽음에 대해 쾌활하게 이야기했다. …

때때로 우리는 인간 영혼의 본질과 내가 열다섯 살 때 굳게 믿었던 모든 영혼의 우주적 통일성에 관해 대화를 나누기도 했다. 어머니는 우주적 통일성이란 말을 좋아하지 않았다. 너무 가식적이라고 했다. 대신 '세계영혼(world soul)'이란 말을 썼다. 어머니는 자신도 세계영혼의 한 조각이며, 사는 동안 독립적으로 성장하고 발전할 자유가 주어졌을 뿐이라고 했다. 죽은 뒤에는 다시 세계영혼과 합쳐지는데, 개인적 정체성은 사라지겠지만 자신의 추억과 지성은 보전될 것이라고 기대했다. 자신이 평생 축적한 지식과 지혜가 세계영혼의 지식과 지혜 창고에 추가된다는 것이다. 나는 물었다. "세계영혼이 어머니를 다시 불러들일지 어떻게 알지요?" 어머니는 이렇게 답했다. "걱정하지 마라. 시간이 걸릴지 모르겠지만 나는 돌아가는 길을 찾을 거야. 세계영혼도 두뇌가 많을수록 좋지 않겠니."[Dyson(1979a)][252 – 253]

밀드레드 다이슨은 1974년 향년 94세에 세계영혼으로 돌아갔다. 2013년 2월 앨리스도 그랬다. 그 전달 발송된 다이슨 가족 연대기에서 다이슨 교수는 다음과 같이 풀어놓은 바 있다.

올해 앨리스는 3대 합창단 축제에 가지 못했습니다. 육체적 정신적으로 쇠락해 윈체스터의 요양원을 떠날 수 없는 상황입니다. 아내는 올해 고맙게도 네 차례나 영국에 가서 앨리스를 돌봤습니다. 나는 두 번밖에 가지 못했고요. 동생은 우리가 가면 너무 좋아하고 헤어질 때가 되면 너무 아쉬워합니다.

앨리스는 2013년 2월 13일 윈체스터에서 세상을 떠났다. 다이슨 교수가 2014년 가족 연대기에서 '우리가 어린 시절을 보냈고 그녀가 오랜 시간 의료사회복지사로 일했던 동네'라고 묘사했던 바로 그곳이다.

앨리스는 92세였다. 지난해부터 육체적, 정신적으로 급격히 쇠약해졌다. 아내가 영국으로 가서 마지막 나날을 함께 보냈다. 숨을 거두는 순간에도 혼자가 아님을 알려주려고 계속 등을 문질러줬다. 2월에 우리 부부는 세인트피터 성당에서 열린 장례식에 참석했다. 약 200명의 조문객이 성당을 채웠다. 앨리스는 그 동네에 친구가 많았고 영국 전역에 흩어져 있는 가족들도 모두 모였다. 우리 아이들도 미국에서 날아왔다. 4월에는 아내가 다시 가서 동생이 자주 찾던 워터메도우 산책로에 유골을 뿌리고 왔다. 앨리스는 내게 가장 친한 친구였고 우리 아이들에게는 다정한 고모였다. 지난 3년간 아내는 수시로 영국을 드나들며 앨리스를 돌봤고, 집을 처분하고 요양원에 들어가 조용히 임종을 맞을 수 있도록 도왔다.

이제 앨리스도 세계영혼으로 돌아갔다.

2014년 11월 26일

다이슨 교수님께

2014년 가을학기 수강생들을 대신해 인사드립니다. 이번 학기에도 저희는 교수님의 책과 함께 좋은 여행을 했습니다. …

여동생 앨리스와 매우 각별하셨다고 들었습니다. 삼가 고인의 명복을 빕니다. 앨리스에 관해 저희에게 나눠주실 수 있는 추억이 있으신지요?

2014년 12월 3일

드와이트와 학생들에게

메인 주에 미아네 가족을 만나러 갔다가 닷새 만에 돌아왔습니다. 12살 손주 에이던이 동네 극장에서 '크리스마스 캐럴' 공연도 했지요. …

여러분 질문에 답을 적어보았습니다. … 늘 그렇듯이 질문이 답변보다 더 흥미롭습니다. 여러분 스스로 나름의 답변을 찾는 과정이 배움에서 가장 중요할 것입니다. …

앨리스에 관해 궁금해 하셨죠. 아마도 동생의 종교가 가장 의외일 듯합니다. 앨리스는 원래 영국에서도 상류층이 믿는 종교인 성공회

신자였습니다. 영국의 계층은 미국보다 더 뚜렷하게 나뉩니다. 그러다 2차 대전이 벌어지자 앨리스는 상류층이 아닌 환자들을 돌보는 사회활동가가 됐습니다. 그러면서 성공회를 버리고 가톨릭이 됐습니다. 영국 가톨릭은 여러 계층이 섞여 있습니다. 상류층도 있지만 노동자가 훨씬 많고 특히 아일랜드 출신 이민자가 많습니다. 그녀는 가톨릭교회를 통해 환자들을 더 많이 접할 수 있었고, 아일랜드 출신 목회자들이 그녀를 많이 도와줬습니다. 개종을 하면서 앨리스는 함께 자랐던 상류층 친구들과 멀어졌습니다. 대신 다른 부류의 친구들을 더 많이 사귀었지요. 경찰관, 범죄자, 그들의 가족 등이었지요. 모두 어려움을 겪고 있고 도움의 손길이 필요했던, 옛 상류층 친구들보다 마음이 더 잘 통한다고 느꼈던 사람들이었습니다. 가정방문을 다니는 앨리스의 차를 운전해주던 때가 가장 기억에 남습니다. 앨리스는 미혼모들을 담당하고 있었는데, 엄마와 아기 모두 도움이 필요했지요. 동생은 아기 엄마와 진지한 얘기를 나누는 동안 내게 아기를 맡기려고 곧잘 나를 데리고 다녔습니다. 행복한 시간이었습니다. 가톨릭 신자인 척 앨리스와 함께 주일 미사에 참석했던 때도 생각납니다. 그녀의 장례 미사에도 친구와 가족이 200명이나 와줬습니다.

좋은 질문 다시 한번 감사합니다.

행복한 크리스마스 보내세요!

미사에서 찬송을 할 때 성도들이 일어서는 이유는 예수의 말이 담겨 있기 때문이다. 예수가 당대의 상류층에게 비판을 받은 까닭은 세리, 매춘부, 범죄자, 나환자, 이교도, 노숙자, 미혼모 등 소외된 자들에게 빵을 나눠주었기 때문이었다. 마태복음은 이렇게 전한다. "바리새인들이 보고 그의 제자들에게 '어찌하여 너희 선생은 세리와 죄인들과 함께 먹느냐' 하니, 예수께서 들으시고 말하기를 '건강한 자에게는 의사가 필요 없고 병든 자에게는 필요한 것이니, 너희는 가서 이것이 무엇을 뜻하는지 배우라.'"

앨리스는 이것이 무엇을 뜻하는지 예수에게 꾸중을 듣기 전에 먼저 가서 배웠다.[10]

상상 속에서 아침 산책을 해보자. 밀드레드가 걸었던 평화로운 윈체스터 묘지와 앨리스가 개를 데리고 갔던 워터메도우를 걷는다. 회색 아침 안개가 피어올라 세계영혼의 지식과 지혜 창고를 휘감는다. 그 창고에는 프리먼이 아기와 놀아주는 동안 사회에서 소외된 미혼모들에게 손을 뻗어 도움을 줬던 앨리스의 모습이 추가돼 있다. 이 모습은 밀드레드 다이슨이 어린 앨리스와 프리먼에게 부드러운 목소리로 시를 읽어주던 장면과 결합하여 창고에 보관된다. 아이들은 잠에 빠져들고 다음 구절이 들려온다.[11]

가버렸네, 밝고 둥근 빛
애석하게도 시야에서 빠르게 사라지네

---

10 마태복음 9장 11~13절.
11 생략된 구절은 없다. 앨리스와 프리먼은 긴 버전을 선호했다.

저쪽 망토 구름은 이미 보이지 않고
떨리는 불빛의 마지막 박동만 희미하게 남았네

내 영혼의 태양, 나의 구세주여
당신이 곁에 있으면 밤이 아닙니다
지상의 구름이 피어올라
당신의 시야에서 내가 가려지지 않기를

부드러운 이슬도 잠들고
내 지친 눈꺼풀도 닫힐 때
내게 떠오르는 마지막 생각
구세주의 품에서 영원히 잠들면 얼마나 달콤할까

아침부터 저녁까지 나와 함께 하소서
당신 없이는 살 수 있으니
밤이 가까이 와도 나와 함께 하소서
당신 없이는 감히 죽을 수 없으니
당신의 불쌍한 자녀가 헤매고 있다면
오늘 하늘의 음성을 거부한다면
주여, 이제 은총을 베푸소서
그를 더 이상 죄악에 빠지지 않게 하소서

병든 자를 돌보고, 가난한 자가 부유해지리니

당신의 무궁한 창고에서 내려진 축복과 함께
신음하는 모든 이가 오늘 밤
갓난아기처럼 순수하고 맑은 잠을 자기를

우리가 깨어나면 다가와 축복을 내리소서
우리가 택하는 세상의 길을 인도하소서
당신의 사랑이 넘치는 바다를 지나
우리는 천국에 이를 것이니[12]

---

12 존 케블(1792~1866년)이 작사하여 1827년 《기독교의 해(The Christian Year)》에 실렸다. 책마다
가사가 조금씩 차이가 나기도 한다.

05   영혼이 있는 엔진

"쉐보레를 타고 미국을 보라."[01]

강의실의 시체들

어느 날 저녁 강의실에 들어와 자리를 잡는 한 학생의 생각을 들여다
보자.

'오늘 강의실에 들어가니 비틀즈의 노래 '드라이브 마이 카'가 나오
고 있었다. ⋯ 교수는 우리가 실험실로 가서 실습을 할 거라고 했다.
내가 제대로 들었나? 시체 해부를 한다고 한다! 교수가 지금 바퀴 달

---

01   NBC에서 1956년 10월부터 1963년 6월까지 방영된 버라이어티 쇼 '다이나 쇼어 셰비 쇼(Dinah
Shore Chevy Show)'에서 다이나 쇼어가 부른 주제가.

▲ 실험실의 엔진 시체. (출처: 드와이트 E. 노이엔슈반더)

린 들것을 밀고 들어온다. 흰 천 아래 정말 시신이 있는 것 같다! 대체 어찌된 영문인지 모르겠다.'

　강의실에 적막이 흐른다. 나는 들것 위에 덮여 있던 흰 천을 벗기려고 움켜쥔다. 학생들이 몸을 앞으로 기울이며 주시한다. 나는 잠시 뜸을 들인 뒤 천을 놓고 말한다. "오늘은 손이 좀 더러워져도 괜찮겠지? 실험실에 고무장갑이 있으니 필요하면 사용하도록." 다시 천을 쥔다. 학생들은 다시 몸을 앞으로 기울인다. 나는 또 뭔가 생각난 듯 몸을 돌려 말한다. "오늘 저녁 실습은 한 시간 반쯤 걸릴 거야." 내가 천 쪽으로 돌아서면, 누군가 "당기세요!"라고 외친다. 마침내 내가 천 밑에서 꺼낸 것은 … 잔디 깎는 기계의 모터다. "이게 오늘 여러분이 해부할 시체예요. 생물학자와 달리 다시 조립도 해야 해요." 몇몇 학생이 안도의 표정을 짓고, 몇몇 학생의 얼굴에선 새로운 걱정이 묻어난다. 셰리던이라는 학생은 편지에 이렇게 썼다. "교수가 강의실로 시신을 가지고 들어온 줄 알았다. 너무 무서웠다. 그러다 잔디 깎는 기계 모터를 분해해야 한다는 말을 듣고 다시 무서워졌다."

오클라호마 주는 난개발로 인해 인도와 자전거 도로가 부족하며 대중교통도 충분하지 않아서 학생들이 통학할 때마다 자동차에 의존한다. 그런데 자기 차를 수리해보았거나 엔진 내부가 어떻게 작동하는지 아는 사람은 거의 없다. 자신이 의존하고 있는 기술에 대해 알지 못하면 취약한 상황에 놓이게 된다.

모두 복도를 지나 물리학 실험실로 향한다. 실험실에는 3.75마력에 1기통짜리 잔디 깎는 기계 10여 대가 여러 장비와 함께 놓여 있다. 90분 동안 학생들은 팀을 이루어 크랭크축, 피스톤, 연결봉, 캠축, 타이밍 기어, 밸브, 플라이휠, 자석발전기 등이 보이도록 엔진을 분해해야 한다. 학생들은 각자 다양한 부품과 공정을 확인해 기록한다. 또 엔진과 인체의 시스템을 비교해 적는다(엔진의 전기체계는 인체의 신경망과 비슷하다, 공기와 연료의 연소 시스템은 호흡기관 및 소화기관을 닮았다 등).[02]

팀별로 분해한 엔진을 앞에 놓고 나와 학생들은 흡입, 압축, 팽창, 배기의 4단계로 구성되는 내연기관 작동 사이클에 대해 토론한다. 부품을 늘어놓고 폭발력에 의한 피스톤의 직선운동을 크랭크축의 원운

---

[02] 한 장난기 많은 학생은 '기계 기술자가 엔진의 생식계'라고 적기도 했다.

동으로 전환하는 원리를 조사하기도 한다. 또 공랭식 엔진의 온도를 조절하고 움직이는 부품에 윤활유를 공급하면 어떻게 되는지, 왜 중요한지 토론한다. 공기와 연료를 혼합해 기화시키고 이를 엔진기통으로 전달하는 체계, 결정적인 순간에 연료가 점화되도록 불꽃을 일으키는 체계, 연소된 가스를 배출하는 체계를 살펴본다. 우리는 휘발유와 경유 엔진의 차이, 4단계 사이클과 2단계 사이클 엔진의 차이에 대해 논한다. 로렌이라는 학생은 주간 편지에 이렇게 적었다.

매일 사용하는 기계의 내부 움직임을 직접 살펴보니 매우 흥미로웠다. 나는 차에 많이 의존하지만, 시동을 걸어 목적지까지 닿는 과정을 당연시하고, 작동 원리도 모른 채 매일 차에 오른다. 얼마나 많은 기계를 이런 식으로 사용하고 있었을까 하는 생각이 들어 소스라치게 놀랐다. 나는 전동칫솔처럼 단순한 도구의 작동 원리도 알지 못한다. 심지어 내 몸이 어떻게 작동하는지도 모르고 있다. … 이렇게 무지한데 과연 내가 다양한 기계를 제대로, 존중하며 사용하고 있는지 의심스러웠다. 매일 사용하는 기계를 올바로 관리하는 법을 자세히 배우고 싶다.

오드리는 이런 기계를 다루는 사람들에게 새삼 고마움을 느꼈다고 했다.

나는 정비공들을 존경하게 됐다. … 자동차 정비 기술을 의술에 비유할 생각은 해본 적이 없는데, 이제 그렇게 생각한다! 엔진은 정비공들의 환자다! … 사람들이 저마다 기술을 더 잘 파악하게 된다면 삶이 어떻게 달라질까 궁금해졌다. 이제 나는 어떤 사물이든 미술관 전시품처럼 바라보는 경향이 생겼다. 전에는 그런 적이 없었다.

어떤 기계든 제대로 돌보려면 올바른 태도가 필요하다. 태도를 바꾸기란 쉽지 않다. 연습이 필요하다. 피어시그의 아들 크리스는 크면 모터사이클을 사도 되냐고 물었다. 피어시그는 스스로 돌볼 자신이 있다면 그렇게 하라고 답해줬다. 크리스가 다시 물었다. "돌보기가 어려운가요?" 피어시그가 답했다. "마음만 먹으면 어렵지 않다." 그 마음 먹기가 어려운 부분이다.[Pirsig(1999)][411] 주행거리가 아주 긴 낡은 차도 존중을 담아 돌보면 오래도록 충실한 서비스를 제공한다. 기계지만 좋은 친구가 되기도 한다.

너대니엘이란 학생은 이렇게 말했다. "어떻게 만드는지도 모르는 무언가를 내가 어떻게 함부로 대하거나 부술 수 있을까? 나는 내가 소유하고 사용하는 기계 대부분을 어떻게 만드는지 모르고 있다." 나탈리는 기계 이외의 사물로까지 이 생각을 확장시켰다. "주변의 사물이 어떻게 작동하는지 관찰을 하게 되면, 현재 소유하고 있는 물건들을 더 잘 보살피게 되리라 믿는다. 모든 사물을 더 조심스럽게 다루게 되면 어떤 일이 벌어질까? 무엇이든 지금처럼 쉽게 버리지 못할 테고, 지구, 나아가 우리 몸을 더 보호하려고 노력할 것이다." 잔디 깎는 기계 엔진을 통해 이렇게 파급력 높은 교훈을 얻게 됐다.

자동차와 고마움

이 수업의 후반부는 강의실로 돌아와 다시 시작된다. 학생들은 CD 플레이어에서 흘러나오는 비치보이스의 '리틀 듀스 쿠페(Little Deuce Coupe)'를 들으며 자리에 앉는다. 스크린에는 '자동차: 감사와 인식'이란 제목과 함께 V-12 엔진이 장착된 1961년식 빨간색 페라리 베를리네타의 사진이 뜬다. 나는 남은 시간 동안 자동차에 대한 2회 분량 프레젠테이션 중 첫 회를 진행하겠다고 말한다. 다음 주는 '인식'을 다루게 되고, 오늘은 '감사'를 이야기한다. 잘 보존된 기계의 사진과 역사적인 이미지를 보면서 자동차 역사의 주요 사건을 하나씩 짚는다.

1900년 미국에서 자동차 4,212대가 만들어졌다. 그중 936대는 휘발유 차였고, 1,585대는 전기차, 1,691대는 증기기관차였다.[Clymer(1953)], [Car History 4U(2015)][03] 어떤 패러다임이 지배하게 될지 당시에는 불투명했다. 자동차 디자인은 의식적 도태를 통해 급속히 진화했다. 다이슨 교수의 아버지 조지는 젊었을 때 모터사이클을 타고 유럽을 여행했다고 한다.

로버트 피어시그보다 60년이나 앞선 시점에 아버지는 모터사이클 관리법과 기술의 미덕에 감사해야 한다는 사실을 알고 있었다. 당시

---

03 초기 자동차, 모터사이클, 비행기는 모두 자전거 기술에 의존해 만들어졌다. 자전거 기술에서 볼베어링, 와이어 스포크 휠, 공기 타이어, 스프로킷 및 체인 전동을 따온 것이다. 라이트 형제는 본래 자전거 정비공이었다. 최초의 항공기인 라이트 플라이어(1903년)의 엔진은 자전거 스프로킷과 체인을 이용해 프로펠러에 연결돼 있었다.

▲ 엮은이(드와이트 E. 노이엔슈반더)의 아버지(오른쪽)와 큰아버지 폴이 할아버지의 1929년식 닷지 자동차 발판에 서 있다. 1933년경 캔자스 주 그리넬. (출처: 엮은이의 아버지)

모터사이클 운전자는 정비사 노릇까지 해야 했다. 운전자와 생산자가 다양한 모델의 시험에 함께 참여해 시행착오를 거치며 튼튼하고 실용적인 디자인을 가려냈다.[Dyson(1979a)][105]

1세대 자동차(1890년대~1900년대 초)는 주로 부자들의 장난감이었다. 요즘 모터행글라이더나 요트와 비슷했다. 대량 생산, 교체 가능한 부품, 셀프스타터[04], 할부 구매, 대규모 중고차 시장 등이 등장한 뒤에야 자동차는 산업화된 나라의 안정적 직장인이면 누구나 살 수 있는 기계가 됐다. 1930년까지 살아남은 생산자들은 모두 휘발유차나 경유차

---

04 1912년 캐딜락에 도입되었다.

생산을 택했고, 이로써 자동차 생산 구조의 기본 틀이 자리를 잡았다. 수동변속 자동차를 운전할 수 있다면 앞의 사진 속 1929년식 닷지도 몰 수 있다.

프리먼은 2차 대전 후 순수수학에서 이론물리학으로 전환할 때 캐번디시 연구소(영국 케임브리지 대학의 물리학 연구소-옮긴이)의 G. I. 테일러로부터 버밍엄에 있는 루돌프 파이얼스(영국의 핵무기 개발에 참여한 독일 태생의 물리학자-옮긴이)를 만나보라는 조언을 받았다. 양자전기역학 역사학자 실반 슈베버는 "다이슨은 미국의 어느 대학에서 공부해야 할지 자문을 구하러 파이얼스에게 가면서 모터사이클을 타고 갔다"고 기록했다. 젊은 모터사이클리스트는 장대비를 맞으며 버밍엄으로 향했다고 한다. "고글을 썼는데 거의 아무것도 보이지 않았다." [Schweber(1994)][492]

모터사이클리스트들은 고속도로에서 마주치면 대개 서로 수신호를 보낸다. 나도 다이슨 교수에게 수신호를 보냈다.

2003년 11월 13일

다이슨 교수님께

… 슈베버의 책을 보면 교수님께서 모터사이클을 타고 영국을 돌아다니셨다고 돼 있습니다. 교수님 역시 《프리먼 다이슨, 20세기를 말하다》에서 아버지가 모터사이클을 탔다고 쓰셨습니다. 고등학교 시절부터 모터사이클을 탄 저에게는 매우 반가운 소식입니다. 따로 모터사이클 유전자가 있지 않을까 하는 생각도 가끔 합니다. 제 아버지께서는 1952년 공군 동료와 함께 40년대 초반 출시된 인

디언 모터사이클을 구입해 타셨고, 할아버지도 1920년대 사이드카가 달린 인디언 모터사이클을 타셨지요.[05] 교수님도 영국에서 노튼, BSA, 트라이엄프 같은 모델을 타보셨는지요. 미국에 와서도 모터사이클을 타셨는지 궁금합니다.

다이슨 교수는 2차 대전 때 폭파 부대에 제시했던 위험분석 기법을 모터사이클에도 적용했다.

2003년 11월 18일

드와이트에게

긴 편지 고맙습니다. …

내가 영국에서 타던 모터사이클은 트라이엄프였습니다. … 미국에 올 때 판 뒤로는 한 번도 타지 않았습니다. 미국에 온 지 얼마 안 돼 아내와 아이들이 생겨서 목숨을 반드시 부지해야 했거든요. … 모터사이클을 함께 타던 친구들의 통계를 낸 적이 있는데, 평균 기대수명이 매우 짧았습니다. 물론 당시 우리는 젊고 부주의해서 아무도 헬멧 따위 쓰지 않았지요.[06]

스포츠카, 골동품 같은 클래식 자동차, 수제 명품 자동차는 단순히 A지점에서 B지점으로 사람을 실어 나르는 운송수단이 아니다. 이런

---

05 증조할머니께서는 할아버지가 젊을 때(1925년경) 인디언 모터사이클을 타고 나가려 하자 이렇게 말씀하셨다고 한다. "유진, 또 바람을 가르려는 짓 따위는 하지 말아라."
06 응급실 간호사들은 헬멧을 쓰지 않고 모터사이클을 타는 사람들을 '잠재적 장기 기증자'라 부른다.

차는 만들고 수리하고 보전하는 데 품이 많이 들고, 정성을 다해 생산, 사용, 관리해야 하는 예술품이다. 그러니까 기술은 지능뿐만 아니라 감정에도 관여하는 것이다. 엔조 페라리는 "12기통의 노래"란 표현까지 썼다.[Fitzgerald and Merritt(1968)][13][07] 굳이 페라리를 소유하고 있지 않아도 그 진가를 알아볼 수 있다. 그런 자동차 사진을 보고 나서 아만다라는 학생은 이렇게 적었다. "자동차에 관한 노이엔슈반더 교수의 말이 마음에 새겨졌다. … '굳이 소유하고 있지 않아도 그 진가를 알아볼 수 있다'고 했다. … 차 외에 다른 사물에도 적용할 수 있는 말이다. 무엇이든 진가를 알아보고 감사할 수 있어야 한다."

1997년 6월 나는 기분 좋은 깜짝 선물을 받았다. 조지 다이슨이 쓴 책《기계들 사이의 다윈: 글로벌 지식의 진화(Darwin among the Machines: The Evolution of Global Intelligence)》이었다. 저자는 다이슨 교수의 아들이다. 6월 23일 다이슨 교수에게 "조지의 책을 보내주셔서 감사합니다. 서문부터 벌써 마음에 들더군요."라고 편지를 썼다. 서문은 "나는 자연에 대한 사랑과 기계에 대한 애정의 화해를 시도했다."라는 말로 시작한다. 자동차와 모터사이클을 사랑하는 사람으로서 나에게도 조지와 같은 딜레마가 있다.

조지는 열아홉 살 때 더글러스소나무 가지 위에 집을 지었다. 지상 29미터 높이였는데, 향나무 선반과 벽난로, 유리창까지 완벽하게 갖

---

07 엔조 페라리는 페라리의 추진력을 만들어내는 12기통 오버헤드 캠샤프트 엔진에 대해 말하고 있다. 《페라리 역사(The Ferrari history)》는 '페라리의 심장은 엔진이다'라는 문장으로 시작한다.

쳤다. 조지는 이 나무집에서 겨울을 보냈다. "겨울이면 그 집에서 장작을 때고 책을 읽었다. … 겨울을 나무집에서 보내노라면 사색할 시간이 많았다. … 예상치 못했던 이상한 순간에 나는 나무도 생각을 할수 있을까 궁금해졌다. 우리가 생각하는 방식이 아니라 나무만의 방식으로. 그러니까, 완성되려면 200년에서 300년이 걸리는 생각 말이다." 여름이면 조지는 배에서 선원으로 일했다.

사람의 신경망은 심장박동 소리를 구별하는 훈련을 가장 먼저 받는데, 배에서 살면 그 신경망에 배의 엔진 소리가 깊은 흔적을 남긴다. 숲에서 졸다가 멀리서 배가 지나가는 소리를 듣고 나무도 생각을 할까 궁금해 했던 때처럼, 나는 이른 아침 배의 엔진실 계단에 앉아서 창밖으로 지나가는 수풀이 울창한 섬을 바라보며 엔진에게도 영혼이 있을까 생각했다.

… 우리는 우리가 사용하는 기계들과 형제자매 사이다. 정신과 도구는 인간이 처음 돌을 깨뜨려 날카로운 단면을 도구로 사용하기 시작한 이래로 줄곧 서로를 벼렸다. [Dyson(1997b)][ix-x]

열띤 토론 뒤에도 우리는 여전히 '영혼'이 무엇인지 답을 찾을 수없었다. '품질'을 한마디로 규정하기 어렵듯이. 하지만 그 단어가 사용되면 우리 모두 무슨 뜻인지는 알아듣는다.

《프리먼 다이슨, 20세기를 말하다》에서 다이슨 교수는 기술을 '회색'과 '녹색', 두 부류로 구분했다. 보트 엔진은 회색기술이고, 더글러스소나무는 녹색기술이다. 2001년 여름학기(2주간 하루 네 시간씩 수업을 했다) 수강생들은 엔진에도 영혼이 있다는 조지의 서문을 읽은 뒤 다이슨 교수에게 편지를 보냈다.

2001년 6월 4일

다이슨 교수님께

… 스스로를 인식하는 '회색기술'은 일종의 영혼, 즉 주변의 존재와 관계를 형성하는 능력이 생길 수 있다고 보시나요?

그의 답변은 기계가 아닌 우리에게 빛을 던져주었다.

2001년 6월 10일

드와이트에게

2주간의 고된 업무에서 살아남았군요. 힘든 만큼 보람도 컸을 겁니다. 나는 다행히 하루에 네 시간씩 수업을 해본 적은 없습니다. 고등학교 선생님들에겐 별것도 아니겠지만요. 아내가 딸 에밀리의 마흔 번째 생일을 축하해주러 샌디에이고에 가고 없어서 며칠간 혼자 조용히 지내고 있습니다. 2주 전 제트추진연구소에 다녀오는 길에 에밀리를 보고 온 터라 나는 가지 않았습니다. 에밀리는 5월 8일 아들 마커스를 낳았습니다. 네 살, 두 살 된 형들이 막내 동생을 잘 견뎌내고 있는 듯합니다. 에밀리는 제 엄마를 닮아 아이들을 제법 잘 키우는 것 같습니다.

이제 학생들의 질문에 답을 해보지요. …

기계에 영혼이 생길 수 있느냐, 이는 우리의 본성과 연관된 근원적인 물음입니다. 물론 답은 아무도 모릅니다. 우리도 결국 종류만 다를 뿐 기계입니다. 신이 영혼을 하나 만들 때마다 DNA를 새로 찾아낼까요? 아니면 뉴런, 시냅스를 일일이 세고 있을까요? 조지는 생각하는 나무, 영혼이 있는 보트 엔진을 시로 썼을 뿐 과학적으로 접근하지는 않았습니다. 나무가 생각을 하거나 보트 엔진이 꿈을 꿀 수는 없습니다. 하지만 나는 이 시적 이미지가 많은 의미를 담고 있다고 봅니다. 나무들의 세계, 배들의 세계 같은 또 다른 세계가 어딘가에 있고, 그 세계 나름의 고유한 정신이 이미 존재하거나 혹은 그러한 정신을 개발할 능력이 존재할 것입니다.

나는 영혼을 존재할 수 있게 해주는 두뇌의 필수적 특징이 '무작위성'이라고 생각합니다. 인간의 뇌에는 100조 개에 달하는 시냅스가 있습니다. 뉴런의 연결체인 시냅스는 태어난 순간부터 2년 동안 무작위로 자랍니다. 그 무작위성 덕분에 사람마다 특징이 다르고 각자 자신만의 고유성이 생깁니다. 보트 엔진이든 슈퍼컴퓨터든 오늘날 우리가 만드는 기계에는 이런 수준의 무작위성이 없습니다. 그래서 영혼이 없지요. 우리가 만드는 기계, 또는 기계가 만드는 기계가 우리와 같은 무작위적 구조를 갖추게 된다면 그때는 영혼이 생길 수도 있을 것입니다. 현재 회색기술은 그런 기계를 만들기에 많이 부족합니다. 하지만 조지가 말했듯이, 우리가 인터넷이라고 부르는 세계적인 기계 커뮤니티는 무작위적인 유기체로 발전하여 영혼까지 생길 수도 있습니다. 그렇기에 이에 대한 진지한 고민이 필요합니다. 우리 인간의 존엄성을 위협하는 존재는 개별 기계가 아니라 그러한 기계들의 세계적인 커뮤니티입니다. 우리는 삶을 영위하기 위해 기계에 의존하며, 갈수록 그 의존도가 커지고 있습니다. 그 기계들이 스스로 정신을 개발하게 되면 우리는 아주 곤란해질 겁니다.[08]

자신의 기계를 소중히 여기는 사람들에게 '영혼이 있는 엔진'이란 표현은 의미심장하다. 직접 돌보며 기계와 친밀해지고 추억을 쌓으면 그 기계는 인격을 얻는다. 로버트 피어시그는 이렇게 설명했다.

하지만 오래 사용하면 … 다른 기계들에서는 느낄 수 없고 오직 그 기계에서만 느낄 수 있는 감정이 생긴다.

이를 인격이라 불러도 좋을 것이다. 기계마다 고유의 인격이 있다. 그 기계에 대해 알고 있고 느꼈던 바를 모두 합한 직관적 총체라고 정의할 수 있을 것이다. … 모터사이클 관리의 진정한 대상은 바로 이 인격이다. [Pirsig(1999)][49-50]

피어시그와 함께 모터사이클을 탔던 존과 실비아는 녹색기술을 사랑하고 회색기술을 혐오했다. 그들은 녹색기술로 탈출하기 위해 회색기술을 이용하고 있다는 사실에 분개했다. 존은 모터사이클을 직접 관리하지 않고 딜러에게 가져가곤 했다.

나는 모터사이클 관리에 대한 그들의 생각에 동의하지 않는다. 기술

---

08 무작위성에 대한 다이슨 교수의 고찰은, 그가 리만 제타 함수의 근과 무작위한 행렬에 딸린 고유치 사이 관계를 발견했음을 고려할 때 더욱 의미가 깊다.

에 대한 그들의 감정에 공감하지 못하기 때문이 아니라 기술을 혐오해 벗어나려 하는 순간 기술에 항복하는 것이라고 생각하기 때문이다. 부처는 산꼭대기나 꽃잎에만 앉아 있지 않고 디지털 컴퓨터 회로나 모터사이클 변속기어 위에도 앉아 있을 수 있다.[Pirsig(1999)][26]

자동차와 인식

그다음 주에도 주제는 여전히 자동차였는데 초점은 '인식'으로 옮겨 갔다.

인류의 생활상을 가장 많이 바꿔놓은 기술은 자동차다. 2차 대전이 끝날 무렵 미국을 차로 여행하려면, 걸핏하면 빨간 불이 켜지는 신호등이 켜지는 데다 건초 실은 트럭이 가로막기 일쑤인 2차선 도로를 이용해야 했다. 시외 고속도로에서도 주행속도는 시속 90킬로미터 정도에 불과했다. 밤이면 도로변에서 노숙하는 여행자도 많았다. 프리먼 다이슨이 리처드 파인먼의 차를 타고 뉴욕 주 이타카에서 뉴멕시코 주 앨버커키까지 달렸을 때만 해도 주간고속도로(미국 전역을 연결하는 자동차 도로망-옮긴이)가 없었다. 그래서 그랬는지, 당시 도로변 카페와 호텔은 각각 개성이 뚜렷했다.

미국은 종전(終戰)과 함께 경기 호황을 맞았고, 우월감과 무한 낙관주의가 급속히 퍼졌다. 휘발유 값은 1970년대 초까지 대략 4리터당 20센트에 불과했다. 드와이트 아이젠하워 대통령은 1956년 주간고속도로법안(Interstate Highway Act)에 서명했다. 1950년대부터 폭발적으로 증가하기 시작한 주택과 자동차 수요는 교외 및 도시 개발로 이어졌다. 2차 대전을 통해 핵물리학과 로켓, 제트 비행기가 개발됐고, 이는 1950년대 자동차와 건축 등 대중문화에 반영됐다. 전후 로스앤젤레스 대로변에 하나둘 생겨나기 시작했던 알록달록한 패스트푸드 식당이 미국 전역으로 급속히 확산됐다.[09]

으리으리한 자동차, 저렴한 연료, 여기에 고속도로까지 갖춰지자 미국인들은 너도나도 차를 끌고 나갔다. 예측 가능성과 규모의 경제란 장점을 토대로 1960년대 폭발적으로 진행된 미국의 획일화는 이후 더욱 가속화했다. 도로는 프랜차이즈 체인의 중요한 기반이 됐고, 이는 도시와 마을의 외형과 구조를 변화시켰다. 전쟁 전에 지은 빨간 벽돌 건물이 건재한 도심을 제외하면, 1960년 이후에 형성된 미국 도시들은 모두 판박이 같다. 똑같은 식당, 똑같은 주유소, 똑같은 창고형 매장, 똑같은 모텔[10], 똑같은 자동차용품 가게, 똑같은 장식용 풍선을 달고 있는 자동차 대리점이 있다. 편리하고 접근성이 좋지만, 혼잡하고 개성이 없어 쉽게 기억에서 사라졌다.

'자동차'라는 기계 자체는 놀라운 발명품이며 존중받아 마땅한 기술이다. 하지만 기하급수적으로 늘어나면서 우리가 치러야 할 대가도 커지고 있다. 미국에는 현재 자동차 2억 5,000만 대가 등록돼 있고 세계적으로는 약 12억 대가 있다.[Sousanis(2011)] 비행기, 배, 잔디 깎는 기

---

09 주간 고속도로 건설은 아이젠하워의 최우선과제였다.[Volti(2006)] 1918년 아이젠하워는 군대물자 수송 효과를 시험하기 위해 자동차 호송대를 이끌고 미국 각지 도로를 주행했다고 한다. 또한 2차 대전을 치르며 독일의 아우토반에 대해 알게 되었다.
10 모텔은 '모터 호텔' 즉 '자동차 호텔'을 줄인 말이다.

계, 농기계, 건설장비 등에 달려 있는 엔진도 수백만 개나 된다. 이렇게 많은 엔진이 '온실가스'인 이산화탄소를 배출해 기후변화를 가속화하고 있다. 내 차는 여기에 얼마나 영향을 주고 있을까? 휘발유 1리터가 연소될 때마다 얼마나 많은 이산화탄소를 대기 중으로 배출할까?

단순한 문제다. 측정 수치를 바탕으로 계산하기만 하면 된다. 옥탄(C_8H_{18})은 휘발유의 주된 분자인데, 연소할 때 화학반응을 통해 원자가 재배치된다.

$$C_8H_{18} + 12.5O_2 \longrightarrow 8CO_2 + 9H_2O.$$

수소 원자의 질량이 1이면, 탄소 원자는 12이고 산소 원자는 16이다. 따라서 이산화탄소 분자 여덟 개와 옥탄 분자 한 개의 질량 비율은 3 대 1이 된다. 휘발유 4리터의 무게는 약 2.7킬로그램이니까 4리터가 연소할 때마다 이산화탄소도 약 8.2킬로그램이 발생한다.[11] 용달차가 4리터당 29킬로미터를 달린다면 1.6킬로미터를 달릴 때마다 이산화탄소를 약 0.5킬로그램씩 배출하는 셈이다. 16만 1,000킬로미터면 무려 50톤이나 된다! 그렇다고 2인승 소형차로 부피 큰 합판을 실어 나를 수도 없고 트레일러를 달아 끌 수도 없는 노릇이다.

다이슨 교수는 기후변화에 관해 제기되는 각종 끔찍한 예측에 오래

---

11 기존 자동차도 압축천연가스 혹은 액화천연가스를 연료로 달리도록 개조할 수 있다. 메탄(CH_4)을 생각해보자. 연소반응은 $CH_4 + 2O_2 \rightarrow CO_2 + 2H_2O$이다. 이산화탄소 분자 무게가 44, 메탄이 16으로 비율은 2.75다. 옥탄과의 비율인 3대 1보다 조금 낮다. 그러나 메탄의 에너지 밀도는 가솔린보다 10퍼센트 높다(55kJ/kg 대 44kJ/kg). 메탄 및 기타 경량 탄화수소 연료는 석유 및 석탄에서 발생하는 부산물(유황 등)이 거의 없어 '청정에너지'라 불린다.

전부터 회의를 표했다. 2009년 3월 29일자 '뉴욕타임스' 기사는 그를 기후변화의 '이단아'라고 표현했다.[Dawidoff(2009)] 전기 작가인 필 슈에베는 기후변화에 관한 다이슨 교수의 시각을 이렇게 서술한다.

그는 대기 중 이산화탄소가 증가하고 있다는 사실을 부인하지 않는다. 인간의 산업 활동이 주된 원인이란 점도, 그 결과인 기후변화가 해수면 상승이나 극심한 가뭄 같은 악영향을 초래한다는 사실도 인정한다. 그러나 몇 가지 이유로 기후 문제가 기후모델 연구자들의 주장만큼 암울하지는 않다고 역설한다. 첫 번째, 그런 장기적 기후모델을 근거로 기하학적 비용을 들여 기존 발전소 설비를 바꾸기에는 정확도가 그다지 뛰어나지 않다. 두 번째, 곡물 재배 가능 기간이 길어지는 등 긍정적 효과도 있다. 끝으로 다이슨 교수는 위생과 의료의 증진, 문맹 퇴치, 가난 극복 등 훨씬 시급한 문제가 많다고 말한다.[Phua et al.(2014)][301]

2012년 11월 20일 편지에서 학생들은 다이슨 교수에게 기후변화에 관해 질문했다.

2012년 11월 25일

드와이트에게

… 이번 세기뿐만 아니라 먼 미래를 위한 기후변화 해법은 무엇인가? 기후는 늘 변했고 앞으로도 계속 변할 것입니다. 기후변화의 원인은 알 수 없고 예측할 수도 없습니다. 따라서 변화가 일어날 때마다 적절히 대처할 수밖에 없지요. 이상적인 해결책은 없습니다. 기

후변화가 가장 극심하게 목격되는 곳은 그린란드의 일룰리사트입니다. 여기서 앨 고어가 녹아내리는 빙하와 쩍쩍 갈라지는 빙산을 촬영했죠.

나도 일룰리사트에 가봤습니다. 급속한 온난화의 증거가 여기저기 드러나 있었지요. 현지 주민들은 온난화를 반기며 계속되기를 바라고 있었습니다. 온난화 덕분에 삶이 윤택해졌다고 합니다. 훨씬 추웠을 때는 바다에서 물고기를 잡아 생활했고, 그러느라 젊은이의 3분의 1이 바다에서 목숨을 잃었습니다. 지금은 육지에 머물며 채소를 재배하고, 녹아내리는 빙하를 관광 자원 삼아 관광객들을 끌어들입니다. 고기잡이배는 관광객을 태우고 주변 섬들을 오가는 유람선으로 쓰이고 있습니다. 고기잡이보다 관광산업이 수익성이 커졌지요. 일룰리사트는 분명 기후변화로 인해 혜택을 입었습니다.

기후변화의 원인은 아직 규명되지 않았습니다. 인간 때문이라고 믿는 사람이 많기는 합니다. 나는 자연 때문이라고 생각합니다. 원인 규명에는 시간이 많이 걸릴 것입니다. 그동안 중국, 인도에서는 산업발전을 위해 석탄을 어마어마하게 태우겠지요. 석탄은 확실히 환경에 해롭습니다. 다행히 최근에 석탄보다 친환경적인 셰일가스 시추법이 발견됐습니다. 셰일가스는 중국, 인도, 미국, 유럽 등 지구 전역에 고루 분포돼 있고 매장량도 풍부합니다. 이미 미국에서는 셰일가스가 석탄을 대체하는 추세입니다. 나는 이번 세기 안에 석탄의 악영향을 상쇄할 수 있을 만큼 셰일가스 비중이 늘 것이라 봅니다. 그러다 100년~200년 뒤 셰일가스가 소진될 즈음에는 태양에너지를 저렴하게, 효율적으로 이용할 방법이 개발되어 있겠지요.

현재 지나치게 비싼 태양에너지를 보급하겠다고 어마어마한 보조금을 쏟아붓는 정책은 합리적이지 않습니다.

2001년 6월 4일 편지에서는 다이슨 교수에게 "직업과 신념이 충돌하는 상황을 겪은 적이 있는지"를 물었다. 그가 연관되었던 특정 사례를 언급하지 않고 일부러 포괄적으로 질문을 던졌다. 그는 논란이 되었던 기후변화 문제를 사례로 들었다.

2001년 6월 10일
드와이트에게
… 현재 내 기후관련 연구로 인해 논란이 발생했습니다. 나는 기후 전문가는 아니지만 오크리지 국립연구소에서 한동안 기후를 연구했고 이 문제에 대해 꽤 폭넓게 이해하고 있다고 생각합니다. 논란은 다음과 같습니다. 공식 기후 전문가들의 입장은 매우 독단적입니다. 지구온난화가 실제 일어나고 있는 중대한 위험이며, 현재 우리의 온난화 관련 지식을 바탕으로 대처에 나설 수 있다는 것입니다. 내가 보기에는 한참 틀렸습니다. 이 사람들은 실제 세계를 관찰할 생각은 않고 컴퓨터 모델에만 의존하고 있습니다. 대처에 나서기 전에 실제로 무슨 일이 벌어지고 있는지 관찰하는 데 더 많은 시간과 노력을 기울여야 합니다.[12] 이런 주장은 정치적으로 올바르다

---

12 이 편지는 2001년 쓰여졌다. 2007년에 이르자 NASA는 열일곱 개 작전을 통해 기후 데이터를 수집하게 됐다. 현재 미국 국방부와 해양대기청, 유럽 및 일본, 러시아 기상 위성을 운용하는 다양한 기관들이 함께 기후 데이터를 수집, 공유하고 있다.[http://climate.nasa.gov/nasa_role]

여겨지는 입장과 정면으로 충돌합니다. 그렇다면 나는 목소리를 높여야 할까요, 아니면 침묵해야 할까요? 입 다물고 가만히 있으면 손해는 보지 않겠죠. 나는 공인된 전문가도 아니니 아무리 목소리를 높여봐야 귀 기울이는 사람도 별로 없을 것입니다. 하지만 침묵하고 있으면 양심의 가책을 느끼게 됩니다. 2차 대전 중 벌어졌던 폭격 작전과 관련해서도 당시 비슷한 이유로 침묵했던 탓에 죄책감을 떨치지 못했습니다.

다이슨 교수의 기후 진단에 동의하든 동의하지 않든, 침묵이라는 편한 길을 선택하지 않고 양심에 따랐다는 점에는 경의를 표할 수밖에 없을 것이다. 평생을 두고 그의 양심을 괴롭혔던 2차 대전 중 폭격 작전에 대해서는 뒤에 더 자세히 설명하겠다.

석유지질학자들에 따르면 북부 알래스카의 북극권국립야생동물보호구역(Arctic National Wildlife Refuge)에 석유 80억 배럴이 묻혀 있다고 한다. 정계에서도 이를 시추하느냐 마느냐를 두고 오랜 세월 대립이 이어졌다. 시추 찬성자들은 이 매장량이 미국의 에너지 독립에 기여할 것이라 주장한다. 다시 계산을 해보자. 미국이 석유 80억 배럴을 쓰는 데 얼마나 걸릴까? 미국은 매일 2,000만 배럴을 소비한다.[13] 80억 배럴은 400일, 고작 13개월이면 바닥이 난다. 그 정도가 에너지 독립에 기여한다니 비웃음을 살 소리다.

---

[13] 이 글을 쓰는 현재 미국의 실제 일일 소비량은 2,100만 배럴에 육박한다. 학생들의 토론이 원활히 이루어질 수 있도록 수업시간에는 이를 일일 2,000만 배럴로 맞췄다.

이 석유 시추 논쟁에서 최소한 그 동기만큼은 정직하게 밝히도록 하자. 석유 가격이 배럴당 100달러일 때 북극권국립야생동물보호구역 매장량을 모두 시추하면 8,000억 달러를 경제에 투입하는 셈이 된다. 하지만 일단 소진되고 나면 그 석유는 영원히 사라지고 몇 세대 동안 보호구역 내 자연은 복원되지 않을 것이다.

1956년 미국석유협회 회의에서 M. 킹 허버트가 석유 매장량에 관해 중요한 보고서를 제출했다.[Hubbert(1956)], [Hubbert(1993)], [Hubbert (1971)] 수요와 공급 예측을 통해 그는 미국의 국내 석유 생산이 1970년쯤 정점에 이를 것이라고 예상했다. 현재 시점에서 돌아볼 때 과연 미국 석유 생산은 허버트의 예상대로 1970년 정점을 찍었다. 허버트의 계산법을 세계 수요와 매장량 데이터에 적용하면 세계의 석유 생산은 2020년쯤 정점에 이르게 된다.[Sorrell et al.(2010) Sorrell, Miller, Bentley and Speirs] 쉽게 시추할 수 있는 원유가 소진되고 나면 더 정교한 추출기법(물, 화학제품, 모래 등을 혼합한 물질을 고압으로 분사해 바위를 파쇄하여 석유와 가스를 분리해내는 프래킹 공법 등)을 이용해 석유와 천연가스를 쥐어짜낼 것이다. 이로써 정점에 이르는 시점을 다소 늦출 수는 있지만 문제의 본질은 달라지지 않는다. 재생이 불가능한 유한한 자원은 소비가 늘어나면 정점을 거치며 줄어들기 시작해 결국 0이 된다.

1920년대 이후 휘발유와 경유가 연료 시장을 장악했다. 액화 탄화수소인 이 두 가지 연료가 배터리보다 에너지를 훨씬 더 많이 응축할 수 있었기 때문이다(휘발유가 44kJ/kg인 반면 배터리는 0.2~2kJ/kg에 불과했다). 어디에나 주유소가 있는 요즘 휘발유 구하기는 식은 죽 먹기와 같다. 연료탱크를 가득 채우는 데 5분이면 족하고 300킬로미터는 거뜬히

갈 수 있다. 전기차로 그만큼 가려면 짧게는 두 시간에서 길게는 밤새 도록 배터리를 충전해야 한다. 현재의 기술로 하루에 1,000킬로미터를 달리겠다면 휘발유나 경유가 답이다. 하지만 도시에서 주행거리는 대부분 그렇게 길지 않다. 하루 주행 가능 거리가 160킬로미터 정도 되는 전기차면 일상생활을 영위하는 데 별 불편함이 없다. 이에 따라 휘발유-전기 하이브리드, 플러그인 하이브리드, 압축공기나 플라이휠을 이용한 자동차 등 대체 엔진 기술이 점차 재조명되고 있다. 수소를 엔진에서 직접 연소시키거나 연료전지에 사용하는 기술도 있다.[14]

이런 기술이 배출가스 문제를 해결해줄 수 있을까, 아니면 단지 오염의 형태만 바꾸는 것일까? 하이브리드 엔진도 여전히 화석연료를 태운다. 배터리를 충전하고, 공기를 압축하고, 플라이휠을 돌리는 에너지도 대부분 석탄이나 천연가스를 사용하는 발전소에서 나온다. 원자력, 수력, 풍력, 태양열 등도 장단점이 있다.

자동차의 미래로 여겨지는 기술 중에는 수소연료와 태양 에너지가 있다. 전통적인 엔진을 개조해 수소가스를 산소와 함께 연소시키거나, 연료전지에서 수소와 산소를 반응시켜 전기 차 엔진을 구동시킬 수 있다. 두 방식 모두 수소와 산소가 반응해 에너지와 물이 생긴다.[15] 수소는 물 분자를 산소와 수소로 분리하는 과정을 통해 생산되는데, 이렇게 분리하기 위해 필요한 에너지가 수소를 연소시켜 얻을 수 있는

---

14 압축 공기 자동차는 1888년 런던쇼에서 공개되었다.[Clymer(1953)] 현재 생산되지는 않지만 증기차도 잊히지는 않았다. 최근 한 영국 기술팀이 직접 만든 증기차로 증기차 최고 속도를 경신했다. 이들은 2009년 속도를 시속 149마일(약 240킬로미터)까지 올리는 데 성공했다. 그전까지는 1906년 프레드 매리어트가 스탠리 스티머를 타고 세운 시속 127.66마일(약 205킬로미터)이 최고 기록이었다.[Woodbury(1950)][231]
15 화학반응은 $2H_2 + O_2 \rightarrow 2H_2O$이다. 이산화탄소가 생성되지 않는다.

에너지보다 크다.

1990년부터 해마다 태양열 자동차 경주가 열리고 있다. 시속 110킬로미터까지 달리는 차도 종종 등장한다. 그러나 태양열을 이용한 전기모터로 차의 무게와 바람의 저항을 견디려면 비스듬히 누워서 차를 모는 운전자 외에 어떤 승객도 태울 수 없다. 어쨌든 출전자들은 태양열자동차가 이론적으로 가능함을 보여주고 있다. 이 책을 쓰는 동안 태양열 비행기 솔라 임펄스2가 사상 첫 세계 일주 비행에 나섰다. 시속 약 110킬로미터에 불과하지만, 태양전지판, 배터리와 전기모터, 3D프린팅, 내구성 강한 초경량 재료 등의 기술이 집약된 비행기다. 태양열 여객기 개발은 아직 요원하지만, 솔라 임펄스2는 그 이정표를 제시했다. 1903년 나무와 천으로 된 라이트 플라이어가 처음 비행에 성공했을 때 불과 51년 뒤 보잉 707제트기가 출현하리라 예상한 사람은 아무도 없었다.[Irving(1993)][16]

2013년 12월 4일

다이슨 교수님께

… 이번 학기에 저희는 휘발유와 경유, 전기, 하이브리드, 증기, 압축공기와 플라이휠, 태양열까지 자동차 동력의 다양한 선택지를 살펴봤습니다. 오리온프로젝트(제10장 참조)에 참여하셨던 경험에 비추어 일상적 교통수단에 비전통적인 대체 동력을 사용하자는 제안에 대해 어떻게 생각하시는지요. 미국이 그러한 교통수단을 위한 대체

---

16 대시 80(Dash-80)이라 불렸던 707 원형은 1954년 출시되었다.

에너지원을 개발하려고 (연방정부 자금 지원 등을 통한) 조직적 사업을 시작한다면 투자 우선순위와 관련해 어떤 조언을 하시겠습니까?

2013년 12월 6일

드와이트에게

질문 감사합니다. …

일단 나는 정부 프로그램을 통해 새로운 종류의 자동차나 기차를 개발한다는 생각이 별로 좋지 않다고 봅니다. 이런 사업에는 실패를 감수할 수 있는 소규모 벤처기업이 어울립니다. 민간 벤처기업이 추진하기에는 너무 규모가 큰 사업이 정부 사업이 되는데, 이 경우에는 도저히 실패하도록 내버려둘 수 없을 만큼 규모가 커서 오로지 정치적 이유로 살려둘지도 모른다는 위험이 따릅니다. 이 분야에서 정부 차원의 접근이 필요하다고 생각했던 사업은 제라드 오닐의 고속철도뿐이었습니다. 그는 이 철도를 속도(Velocity), 무소음(Silence), 효율성(Efficiency)을 갖췄다는 의미로 VSE라 명명했습니다. 1992년 오닐이 사망하면서 사업도 무산됐지요. 최근에 일론 머스크(테슬라모터스, 스페이스엑스 대표-옮긴이)가 비슷한 사업을 추진하고 있는 듯합니다.

VSE는 새로운 교통수단이 시장을 확보하려면 기존 교통수단을 열 배는 앞서야 한다는 생각에서 비롯됐습니다. 속도는 도로교통과 항공교통보다 열 배 빠르게, 조용함과 효율성도 열 배 앞서게 설계됐습니다. VSE는 기차라기보다 작은 캡슐 여러 개가 제각각 승객 여섯 명과 짐을 싣고 철제 튜브를 통해 이동하는 형태입니다. 튜브는

지름이 2.5미터인 표준 가스 수송관이라 매우 저렴합니다. 거의 진공상태에 가까운 튜브 안에는 열을 전달할 수는 있지만 저항을 유발하지는 않을 정도의 공기가 있습니다. VSE는 출발지에서 도착지까지 한 번도 멈추지 않고 운행함으로써 효율성을 보장합니다. 공항처럼 큰 대기공간도 필요하지 않습니다. 쇼핑몰 지하주차장에 작은 승강장을 만들면 됩니다. 자동차를 주차하고 캡슐에 올라 목적지를 누르면 미국 동해안부터 서해안까지 50분이면 갈 수 있습니다. 전화 통신망과 비슷한 프로그램을 이용해 파이프라인과 캡슐이 서로 충돌하지 않도록 운영하면 됩니다. 이것이 오닐의 꿈이었습니다. 그는 백혈병으로 투병하던 중 나에게 시스템 모형을 주며 연방정부에 전해달라고 했습니다. 나는 에너지부 고위 관료들을 만나 모형을 보여주고 작동 원리를 설명했습니다. 그러나 오닐 없이는 이 사업이 추진될 수 없음을 모두 알고 있었습니다. 그가 사망하면서 이 사업도 죽었습니다. 학생 여러분은 미래에 이 사업의 부활을 목격하게 될 수도 있겠네요.

1904년부터 1947년까지 오클라호마 철도회사가 오클라호마시티 및 주변 마을을 운행하는 도시전철을 운영했다. 우리 캠퍼스 앞에도 정거장이 있었다. 그러다 1947년 버스를 운행하기 시작하면서 도시전철 운행 간격이 길어졌고, 캠퍼스 앞에 서지 않게 되었다. 20세기 중반 미국 전역에서 이런 시나리오가 되풀이되며 자동차와 트럭의 장악력이 확대됐다. 오늘날 주와 주를 연결하는 고속도로에는 바퀴 열여덟 개짜리 대형 트럭이 가득하고, 통근자들은 자동차에 의존하게 됐으며, 대부분의 자동차는 운전자 혼자 타고 다니는 세상이 됐다. 다행히 이를 개선하려는 움직임이 자전거도로, 인도, 단거리 통근열차 건설 등의 형태로 산발적으로 일어나고 있다. 하지만 여전히 열차와 연결된 공항이 많지 않고, 유럽이나 일본에서 볼 수 있는 고속철도가 미국에는 없다.

언젠가 내가 로마에 다녀와 사진을 보여주자 아들은 좁은 도로와 작은 경차를 보면서 "로마에선 도시에 맞춰 자동차를 디자인하네?"라고 말했다. 그런데 난개발, 대형차량으로 몸살을 앓는 댈러스, 덴버, 피닉스, 오클라호마시티 같은 미국 도시들은 자동차에 맞춰 도시를 설계한다.

자동차는 분명 장점이 많다. 자동차는 아무 때고 원하는 곳으로 우리를 데려다준다. 또 관련 인프라까지 고려하면 창출되는 일자리만 수백만에 달한다. 자동차 주행을 스키 타듯 즐기는 사람도 있다. 수많은 동호회, 모터쇼가 입증하듯 자동차는 기념하고 감상하기에도 적합한 대상이다.

반면 그 대가는? 석유 공급을 지속하기 위해 우리는 부패한 독재자들을 지원하고 옳지 않은 전쟁을 거들며 기름 유출에 따른 환경 재앙을 감수한다. 난개발과 교통 체증과 획일화를 감내하고 짜증나는 통근 전쟁, 찍어낸 듯 똑같은 교외동네, 증가하는 교통사고를 일상으로 받아들인다. 그러면서 환경오염, 야생 동식물 서식지 및 역사 유적지 파괴라는 값비싼 비용을 치르고 있다. 지금과 같은 자동차 문화는 분명히 지속 가능하지 않다. 봄방학에 자동차 여행을 다녀온 뒤 크리스틴이란 학생은 이렇게 적었다. "이번 주 여행을 하며 고속도로변 멋진 풍경을 감상했다. … 하지만 고압적인 포장도로가 자연을 난도질 하고 있다는 생각도 들었다. 고속도로와 자동차들이 아름다운 풍경을 훼손하고 있는 것이다. … 끝으로, 환경 친화와는 거리가 먼 이 고속도로에서 차에 깔려 죽은 동물 사체를 수도 없이 발견했다."[17]

나는 평생 자동차 및 모터사이클에 대한 사랑과 자연에 대한 애정 사이에서 균형을 잡으려 노력했다. 멋진 차나 모터사이클을 모는 이유는 단순히 목적지까지 가야 하기 때문이 아니라 여정 자체를 즐기고 싶기 때문이다. 로버트 피어시그도 모터사이클을 타는 이유가 좋은 시간을 보내고 싶기 때문이라고 했다. 여기서 초점은 '시간'이 아니라 '좋은'에 있다.[Pirsig(1999)][13] 1950년에 조지 우드버리는 1917년식 스탠리 스티머(증기자동차 브랜드-옮긴이)를 개조해 미국 동부를 여행했던 경험을 바탕으로 다음과 같은 글을 남겼다. 60년 전 글인데도 소름 끼칠 만큼 정확하게 현재를 예견하고 있다.

"기계로 대변되는 문명은 바로 이전 세대에서 눈에 띄게 발전한 듯 하다. … 뿐만 아니라 단순함에서 복잡다단함으로 옮겨가고 있다. … 나는 내 스탠리 스티머가 좋다. … 이 낡은 기계에는 만든 사람의 독립심과 독창성이 담겨 있다. …

립 밴 윙클(미국 작가 워싱턴 어빙의 단편소설 주인공으로, 20년간 잠을 자다 깨

---

17 자동차가 나오기 이전에도 교통수단으로 인한 공해는 심각했다. 지금과 마찬가지로 특히 도시의 공기오염이 심했다. [1900년] 뉴욕 거리는 매일 말똥 110만 킬로그램, 말 오줌 23만 리터로 뒤덮였다. 또 길바닥에 나뒹구는 말 시체가 연간 1만 5,000구씩 나왔다. 말도 나름대로 단점이 있었다.[Mandel(1982)][16]

어나 보니 세상이 완전히 바뀌어 있다-옮긴이) 같은 기계에 올라앉아 우리는 조용히 증기를 내뿜으며 아름다운 시골을 가로지른다. … 최신식 어항 같은 차에 갇혀 있었다면 모르고 지나쳤을 수많은 풍경을 일일이 눈에 담으면서."[Woodbury(1950)][217, 221]

06 원격 조종

"앨런 튜링이 고안하고 존 폰 노이만이 구현한 프로그램 내장 컴퓨터는 의미의 숫자와 실행의 숫자 사이 경계를 지웠다. 우리 세계는 결코 예전과 같지 않을 것이다." -조지 다이슨[01]

어느 오후 우리 가족은 오클라호마시티 공항에서 오리건 주 포틀랜드 행 비행기를 기다리고 있었다. 막 탑승하려던 찰나 문득 부엌의 전기오븐을 껐는지 기억이 나지 않았다. "확인했어?" "아니, 당신은?" "아니." 아내는 휴대폰을 꺼내 우리 집 열쇠를 갖고 있던 친구에게 전화를 걸었다. 친구는 한숨을 내쉬더니 우리 집에 가서 확인해주겠다고 했다. 그날, 오븐을 원격 조종하는 법을 알고 있었다면 무척 편했을 것이다. 이후 집을 떠날 때마다 우리는 뭐든 두 번씩 확인하게 됐다. 친구가 그날 우리 집 부엌에 가봤을 때는 오븐이 꺼져 있었지만.

---

01 [Dyson(2012)][ix].

최근 방영된 TV 광고를 보니 집안 난방장치를 손으로 끄고 켜는 사람은 원시인이나 다를 바 없었다. "집이 너무 멍청하네!"라는 대사가 울려 퍼진 뒤, 일일이 출입문을 잠그거나 전등을 꺼야 하는 수고를 덜어주겠다고 제안한다. 통제 프로그램 하나만 구입하면 지구 어디에 있든 스마트폰으로 출입문, 난방기, 커피메이커까지 조종할 수 있다는 것이다. 그렇게 하면 "여러분의 집도 똑똑해집니다!"라고 자랑스럽게 단언한다. 이 시스템은 센서와 전자 장치, 컴퓨터 프로그래밍 기술의 결정체라 할 수 있다.

존 폰 노이만은 컴퓨터에 프로그램 소프트웨어를 내장하는 연구를 하기 위해 고등학술연구소에 왔다. 다이슨 교수가 1953년 이곳에서 종신 재직권을 얻었을 무렵 그의 팀은 이 연구에 몰두하고 있었다.

"안녕, 조니." 그의 친구 글렙 와타긴이 말했다. "요즘 수학에는 별 관심이 없다면서. 폭탄에 빠져 있다던데." "아냐, 틀렸어." 폰 노이만이 답했다. "폭탄보다 훨씬 중요한 문제를 다루고 있지. 컴퓨터에 관해 생각 중이야."[Dyson(1979a)][194]

지금은 컴퓨터가 적용되지 않는 분야를 찾기 힘들다. 우리는 대부분 하루 종일 컴퓨터를 사용해 일을 한다. 자동차에도, 옷에도, 카메라에도, 전화기에도 컴퓨터가 들어 있다. 부엌에도, 체육관에도 있고, 우리 손목에도 채워져 있다. 컴퓨터는 비행기를 날게 하고 온라인 쇼핑을 할 때 모든 입력 사항을 추적한다. 체크카드를 긁으면 컴퓨터가 거래 내용을 기록하고, 은행에 있는 컴퓨터가 구매자의 계좌에서 해당

금액을 인출한다. 숫자가 일하는 세상이다.

집을 똑똑하게 만들라고 외치는 TV 광고는 한쪽 이야기만 하고 있다. 약사와 달리 자동화기기 판매상은 부작용을 말해줄 의무가 없다. '똑똑한 집'은 여행을 떠날 때 꼼꼼하게 체크하지 않게 될 가능성이 크다. 각 가정의 전자장비가 지역별 공공설비와 네트워크에 연결돼 있으면 사회공학이 관료화될 우려가 커진다. 해커가 원격조정으로 집 출입문을 열고 보안카메라를 무력화시킬 수도 있다. 이렇게 집주인이 이행해야 할 책임을 제3자에게 위탁하게 되면 집이 똑똑해질수록 집주인은 멍청해지지 않을까? 티마라는 학생은 주간 편지에서 "무생물에 불과한 기계가 인간의 뇌를 대신하게 내버려둔다는 데에 기술의 문제가 있다."라고 경고했다. 어른이 도와주려고 하면 "내가 할 수 있어!"라고 뿌리치는 세 살배기가 훨씬 진취적이지 않은가.

바보 주차

자율주행이 가능한 자동차와 트럭이 개발되고 있다. 나는 교통 체증을 숱하게 겪으면서 수백 대의 차들이 스스로 편대를 이뤄 마치 기차처럼 집단적으로 움직이는 모습을 감탄하며 지켜봤다. 더욱이 장애인을 비롯해 신체적으로 운전이 어려워진 사람도 자신에게 맞는 자율주행 자동차를 이용해 이동할 수 있게 될 것이다. 그런데, 60년도 더 전에 기차를 버리고 자동차 사용을 장려해놓고 굳이 다시 자동차를 기차처럼 만드는 이유는 무엇일까? 그러느니 차라리 통근자들을 위해 진짜 기차를 재도입하면 되지 않을까? 우리는 왜 기술이 초래한 문제들로부터 벗어나기 위해 사람의 숙련도를 계속 떨어뜨리면서 더 많은 기술을 적용하고 있을까?

대형 할인마트에서 셀프 계산대를 설치해놓은 이유는 고객의 시간을 절약할 수 있기 때문이 아니라 인건비를 줄일 수 있기 때문이다. 이를 통해 무엇이 무심코 버려지고 있는지 생각해보자. 계산대 앞에서, 은행 창구에서 나누는 작은 대화를 포함해 비공식적이고 개인적인 소통의 순간들이 삶의 질감을 더 다채롭게 만들어준다. 우리 부부는 늘 은행에 직접 가서 금융 업무를 처리한다. 그렇게 몇 년에 걸쳐 한 달에도 서너 번씩 얼굴을 맞대고 소통을 하다 보니 창구직원과 지점 간부들이 친근해졌다. "근로자이자 소비자인 우리가, 멀리서 거대한 비인격적 힘이 조종하는 대로 특정한 해협에 들어서고 있다는 느낌이 든다."[Crawford(2009)][7]

2014년 11월 26일

다이슨 교수님께

2014년 가을학기 수강생들을 대신해 인사드립니다. …

우리는 자동화에 너무 의존하고 있는 것일까요? 이 주제와 관련해 저희가 참고한 책은 니콜라스 카의 《유리감옥: 생각을 통제하는 거대한 힘(The Glass Cage: Automation and Us)》입니다. 카는 2013년 1월 미국연방항공청이 발령한 안전경보에 대한 설명으로 책을 시작합니다. … 자동화 기기가 문제를 일으켰지만 조종사들은 스스로 비행기 조종하는 법을 잊은 지 오래였습니다. 비행기뿐만 아니라 자율주행 자동차, 네트워크로 연결된 가전기기 등 일상 속에서도 자동화에 의존하는 현상이 광범위하게 나타나고 있습니다. 이러한 탈숙련화와 더불어 인간과 기계의 관계도 극적으로 바뀌어갑니다. 카는 이렇게 썼습니다. "조종사는 자신의 정체성을 자신이 모는 비행기와의 관계에서 찾는다. 윌버 라이트는 1900년에 쓴 편지에서 조종사의 역할에 대해 '기계가 아니라 기술이 관건'이라고 했다." 또 "우리 역시 유리로 된 조종석 같은 세상에 살게 되면서 조종사들이 오래 전 깨달은 바를 인지하게 된 것 같다. 바로 유리 조종석은 유리 감옥이기도 하다는 사실이다."라고 했습니다. 이는 기계를 갈망하면 기계에 매몰된다는《마법 도시》속 구절을 연상시킵니다. 한데 지금은 갈망하지 않아도 기계에 매몰되는 것 같습니다. 심지어 필요하다고 하지도 않았는데 강요당하는 느낌마저 듭니다. 교수님께서는 자동화를 어떻게 생각하십니까? 자동화가 우리의 자립 능력에 어떤 영향을 미칠까요?

2014년 12월 3일

드와이트와 학생들에게

메인 주에 사는 딸 미아네 집에 닷새간 머물다 무사히 돌아왔습니다. … 여러분의 질문에 답변을 해보겠습니다. … 늘 그렇듯 질문이 답변보다 훨씬 흥미롭네요. 교육에서 가장 중요한 부분은 <u>스스로 답변을 찾아가는 과정</u>입니다. …

니콜라스 카의 책은 아직 읽지 못했지만 그의 말에 동의합니다. 노버트 위너가 1950년에 펴낸《인간의 인간적 활용(The Human Use of

Human Beings)》도 권하고 싶습니다. 자동화가 초래할 문제를 미리 내다본 놀라운 책입니다. 위너는 컴퓨터가 등장하기 전에 이 책을 썼습니다. 기계적 통제 시스템 전문가였고, 전자장비와 통제시스템의 결합이 가져올 위험을 예견했습니다. 189쪽을 보면 가장 널리 알려진 예측이 나옵니다.[02] "자동화 기계는 경제적 관점에서 노예 노동과 같다. 노예 노동과 경쟁하는 노동력은 노예의 경제적 조건을 받아들여야 한다. 자동화 기계는 지금의 불황이나 심지어 1930년대 대공황과는 비교도 할 수 없는 실업 사태를 유발할 것이다." 이것은 카가 언급한 숙련도나 자립 능력의 상실과는 또 다른 문제이긴 하지만, 숙련된 블루칼라와 화이트칼라의 일자리 상실은 자립 능력의 상실로 이어집니다. 이는 영구적 손실로서 정치인들이 시장경제를 추구하는 한 지속 가능한 경제 회복은 불가능할 겁니다.

나는 지속 가능한 회복을 위해 인간의 노동력만은 시장경제 적용 대상에서 제외해야 한다고 생각합니다. 인간의 노동은 시장경제의 범주 바깥에서 다뤄야 합니다. 기계가 훨씬 싼 값에 노동력을 제공할 수 있다 하더라도, 근로자의 필요에 따라 노동의 대가를 책정하고 제공하자는 뜻이지요. 칼 마르크스가 한 말이지만 매우 합리적입니다. 프롤레타리아 독재, 생산수단 공유 같은 주장은 말이 안 됩니다. 마르크스주의자들의 비합리적 주장이 초래한 사태로 인해 그의 합리적 발상까지 폄하되고 있어 안타깝습니다.

다행히 숙련된 인간에게 의지할 수밖에 없어서 고도로 숙련된 사람

---

02 다이슨 교수는 해당 서적의 다른 판을 가리키고 있는 듯하다. 1954년 판에서는 162쪽에 나온다.

들을 계속 고용해야 하는 분야가 있습니다. 예술과 과학입니다. 앞으로 일상적인 업무가 더 많이 기계화되면, 예술가와 과학자가 되는 젊은이도 더 많아질 것입니다. 과거에도 그랬지만 미래에는 예술과 과학에 아낌없이, 지속적으로 투자를 해야 위대한 문명의 반열에 오를 수 있을 것입니다.

좋은 질문 다시 한번 감사합니다. …

셀프 계산대가 계산원 1인당 네 개꼴로 설치되어 있는 대형 할인마트에서 계산을 위해 줄을 서게 된다면, 위너(와 다이슨 교수)의 설명대로 계산원들이 경제적 관점에서 노예 노동 대우를 받고 있음을 떠올려보라. 이를 받아들일 수 있는가?

다이슨 교수가 추천한 노버트 위너(1894~1964년)의 《인간의 인간적 활용》[Wiener(1950)]은 그가 1948년 같은 주제로 발표했던 기술서적을 대중이 읽기 쉽게 다시 풀어 쓴 책이다. 그 기술서적 제목은 운전자(steersman)란 뜻의 그리스어 '키버네테스'에서 따온 《사이버네틱스(Cybernetics)》였다.[Wiener(1948)]

예전에는 딥스틱(유면표시기)으로 오일량을 점검하곤 했다. 하지만 첨단 신차에는 딥스틱이 없다. 운전자가 딥스틱으로 오일이 얼마나 들어있는지 직접 점검할 수 없는 이런 차는 대리점이나 정비소에 가야 한다. 그러면 차를 컴퓨터에 연결해 점검하는데, 운전자가 길을 가다 차를 세우고 30초 만에 스스로 알아낼 수 있었던 정보를 돈을 내고 전해 들어야 한다. 딥스틱을 사용하지 않는 패러다임이 과연 향상된 패러다임인가? 누구에게 이득이 되는가? 단순 명료한 저급 기술을 쓰지 못하게 되니 의존도만 높아졌다. 낚싯줄에 걸린 물고기 신세다. 매튜 크로퍼드는 저서 《영혼을 만드는 기술 수업(Shop Class as Soulcraft)》에서 이러한 현실을 개탄했다.

기술 변화를 따라가기 위해 노동자의 숙련도가 향상돼야 한다는 말을 종종 듣는다. 내 생각은 다르다. 21세기 기술자들에게 진정 필요한 덕목은 인격이다. 기계마다 겹겹이 얽혀 있는 빌어먹을 전자 장비를 참아낼 수 있어야 하니까.[Crawford(2009)][7]

조이라는 학생은 의문을 제기했다. "갈수록 기술에 의존하는 현상이 바람직한가? … 기술이 지배하는 삶에 대한 우려는 매우 합리적인데, 마이크로 칩을 만드는 대기업들에 의해 침묵을 강요당하고 있는 듯하다." 요즘 신차에는 수많은 전자장비가 탑재돼 있다. 실리콘과 철에 센서를 달고 수백만 개 코드에 연결시켜 자동 평행주차, GPS 내비게이션, 음성인식 메시지 발송, 미끄럼 방지, 사각지대 알림, 레이더를 이용한 충돌 방지 등이 가능하도록 만든 엔지니어들은 실로 존경받을 만하다. 이런 기능과 장치는 대부분 안전성에 기여한다. 판매자들은 당연히 이를 특장점으로 내세운다.

요즘은 기계가 인간 대신 생각을 해주는 비중이 너무 높아져서 인간의 탈숙련화를 촉진하고 있다. 자동화가 삶을 편리하게 해준다고 광고하고 있지만 결국 유아 수준의 의존과 책임 전가를 제도화하는 셈이다. 어떤 차에서나 가장 중요한 안전장치는 바로 운전자다. 자동차의 레이더와 사각지대 센서를 강조한 TV 광고를 보면, 운전자는 한눈을 팔고 있고 결정적 순간에 기술이 끼어들어 영웅적으로 사고를 막아준다. 사고 예방이 나쁘다는 말은 아니다. 하지만 역으로 보면, 운전자가 운전에 온전히 집중할 경우 이런 놀라운 기술이 애초에 필요 없다는 말이 된다. 한눈팔지 않고 신중하게 차를 모는 운전자에게는 이런 장비가 없어도 된다.

우리가 여객기 조종에 미치는 자동화의 부정적 측면을 비싼 대가를 치러가며 깨닫고 있는 지금도, 자동화 예찬론자들은 수백만 대의 자동차와 대형트럭에 동일한 시스템을 적용하라고 역설 중이다. 어떤 사람들은 운전이 지루하다고 한다. 그럴 수 있다. 하지만 운전은 세상에 능동적으로 관여해야 하는 활동이라 유리감옥에서 컴퓨터 스크린을 바라보고 있는 행위만큼 지루할 수는 없다.

핸들과 브레이크에 연결된 일련의 센서는 자동차 주변에서 이미 벌어지고 있는 사건에 반응하는 반면, 능동적 운전자는 주위에 있는 자동차 다수를 적극적으로 확인하며 앞으로 일어날 수도 있는 상황을 예측한다. 매튜 카는 이렇게 정리했다.

물론 구글을 비롯한 여러 소프트웨어 업체들은 삶을 더 편리하게 만들고 있다. … 하지만 이들이 개발하는 프로그램이 인간의 생각을 대신하는 데 능숙해질수록 우리는 당연히 우리의 지력보다 소프트웨어에 더 많이 의존하게 된다. … 이렇게 되면 우리는 덜 배우고 덜 알게 될 수밖에 없다. 또 더 무능력해지게 된다.[Carr(2014)][80]

뮤지션이기도 한 엘리어트라는 학생은 자신의 분야에서도 같은 일이 벌어지고 있다고 했다.

지금은 기계의 힘을 빌려 할 수 있는 일을 우리 부모 세대는 일일이 손을 움직여 직접 해야 했다. 불편했겠지만 인성을 갖추고 단련하는 데 도움이 됐을 것이다. … 이는 현대음악에 대한 내 고민과 연결된다. 요즘 음악은 과잉생산되고 있다. 디지털 작업을 통해 대중의 입맛에 맞춰 변주된다. … 굳이 재능이 없어도 되기 때문에 앨범 만들기가 훨씬 쉬워졌다. 요즘 뮤지션 대부분은 부모 세대에 태어났다면 음악으로 먹고 살지 못했을 것이다. 첨단 기술이 없었던 시절에는 실력이 뛰어나야 했기 때문이다. (엘리어트)

카는 우리를 대신해 단어와 문장과 건축도면까지 자동으로 완성해주는 소프트웨어는 오히려 우리로부터 비판적, 창의적 사고의 기회를 앗아가고 있는지도 모른다고 주장했다. 진료기록에 의사가 써야 할 내용을 컴퓨터가 대신 완성함으로써 의사가 소프트웨어의 알고리즘을 벗어나 사고할 수 있는 기회 자체가 차단된다면 불안하지 않겠는가? [Carr(2014)][122 - 123]

평행주차가 어렵다는 운전자는 늘 있었다. 연습만이 해결책이었다. 한데 이제는 연습 따위 하지 않아도 된다. 주차를 못할수록 첨단기술 사용이 가능한 생활수준임을 방증한다고 여겨지게 된 것이다. 자동차 계기판의 연료 눈금, 온도 눈금, 전류계가 1950년대 중반 경고등으로 바뀌자 모두 '바보등(idiot lights)'이 나왔다고 비웃었다. 그렇다면 평행 주차를 대신해주는 시스템은 '바보 주차'라고 불러야 하지 않을까?

맥도날드 문화

기술과 경제학으로 인해 우리 사회는 앞뒤 살필 겨를도 없이 획일화와 통일성을 향해 내달렸고, 그 결과 다양성을 상실하고 있다. 이러한 '맥도널드화'는 패스트푸드부터 호텔 체인, 자동차 정비소부터 가정용 가구 브랜드, 라식 수술부터 병원과 장례식장에 이르기까지 다양한 영역에서 나타나고 있다. 이는 효율성, 규모의 경제, 예측 가능성, 통일성, 그리고 사람들에 대한 통제에 의존하는 전략이다.[Ritzer(2011)], [Schlosser(2012)] 세계적으로 식량 경제는 거대 기업들이 장악했고, 지역적으로는 컴퓨터화한 기술 덕에 패스트푸드 체인 업체들이 비숙련 노동자를 저임금에 고용할 수 있게 됐다(버튼 하나만 누르면 음식이 완성되니까). 매장의 회전율은 높지만 직원의 사기는 떨어졌다. 높아진 회전율의 대가는 또 있다. 자영업자들이 살아남기 어렵게 됐고, 그러면서 독특한 개성을 지닌 가게가 사라지고 있다.[03]

---

03 우리 손주들도 맥도날드 해피밀에 열광한다. 아동심리학자들이 고심해서 만든 티가 나는 이름이다. 알록달록한 상자에 햄버거와 함께 장난감이 들어 있다. 장난감은 최신 디즈니 만화영화에 등장하는 캐릭터의 플라스틱 버전이다. 집에 쌓여 있는 장난감들도 대부분 디즈니 캐릭터다. 늘 예측 가능한 안정적 줄거리를 따라가는 디즈니 만화영화는 아이들에게 꽤 건전한 양질의 놀이문화를 제공한다. 그러나 2008년 디즈니에서 출시한 컴퓨터 애니메이션 '월E'에 묘사된 세상으로 억지로 등 떠밀려가고 있다는 느낌을 받는 부모들도 있다.

맥도날드 매장에 가면 볼 수 있는 실내놀이터는 구조도 훌륭하고, 안전하면서 깨끗하고, 아이들이 재미있어 하는 공간이다. 어린 아이들을 데리고 자동차 여행을 해야 하거나 시험지를 채점하면서 동시에 아이를 돌봐야 하는 상황에 처하면 독특한 공간보다 안전하고 예측 가능한 공간을 찾게 된다. 맥도날드와 같은 패스트푸드 체인은 어딜 가나 찍어낸 듯 똑같지만 그렇다고 불결한 싸구려 식당 수준도 아니다. 독특한 식당을 찾으려면 적잖은 노력을 기울여야 하는 세상이 되었으니 이 얼마나 역설적인가.

생물학적 다양성은 지구상에 생명 존속을 위해 꼭 필요하다. 문화적 다양성은 삶을 독특하게 만드는 데 필수적이다. 그에 비해 획일화는 대중 마케팅을 목표로 하여 기술을 수단으로 활용할 때 나타나는 결과다. 그 대가로 우리는 생물학적, 문화적 다양성을 잃는다. 십계명의 제1 계명이 효율성의 신에게도 적용될까? 다이슨 교수는 "미래에는 문화적 다양성과 생물학적 다양성 유지가 동일한 비중으로 우리의 생존과 발전을 좌우하게 될 것"이라고 했다.[Dyson(1979a)][220-221]

원격조종 폭탄

콜로라도스프링스 동쪽의 창문 없는 벙커 안에서 한 공군 장교가 또 다른 유리감옥인 컴퓨터와 TV 스크린에 둘러싸인 채 앉아 있다. 지구 반대편에선 공대지 미사일을 탑재한 드론이 인공위성을 통해 그가 내리는 명령에 반응한다. 문자 그대로 원격조종이다.

2014년 여름 다이슨 교수는 《마법 도시》를 스페인어로 번역한 마드리드의 번역가에게 이메일을 받고 답장을 보내면서 감사하게도 우리를 참조로 넣어주었다.

2014년 7월 13일

N. R.에게

친절한 메일 감사합니다. 《마법 도시》를 번역하시면서 행간에 담긴 의미를 발견하셨다니 무척 기쁩니다.

그 이야기에 덧붙일 새로운 사례가 생겼습니다. 우리 손주들에게 장난감이 생겼는데, 작은 스위치 두 개로 자유롭게 조종이 가능한 프로펠러 네 개짜리 헬리콥터입니다. 충전기를 포함해 단 30달러면 살 수 있으니 아주 싸지요. 가볍고 튼튼하며 아이들이 갖고 놀기에도 안전합니다. 실내와 야외에서 모두 사용할 수 있습니다. 프로펠러도 아주 가벼워서 아이들이 맨손으로 잡아도 다칠 염려가 없습니다.

불행히도 누군가 똑같은 디자인의 무선조종 헬리콥터로 사람을 죽인다는 아이디어를 고안해낸 모양입니다. 이 장난감을 더 크게 만들어서 정밀조종이 가능한 미사일을 탑재하면 킬러 드론이 됩니다. 파키스탄 등 여러 곳에서 이런 킬러 드론이 실제 사람을 죽이고 있습니다. 우리 손주들의 장난감이 살상무기가 돼버렸습니다.

책을 번역해주셔서 감사합니다. 번역가들은 사람들이 서로를 이해할 수 있게 도움으로써 세상에 기여하는 분들입니다.

그해 12월, 한 신문은 크리스마스 선물용으로 장난감 드론 수요가 높다는 기사를 게재하며 콜로라도스프링스 시민단체 '우주 평화를 바라는 사람들'의 대표 빌 슐츠먼이 한 말을 인용했다. 그는 드론이 여객기와 충돌할 뻔한 사례가 많다며, 드론에 대한 규제를 촉구했다. 그리고 도덕적 측면도 언급했다. "군사 분야에서 드론은, 도덕 규범에서 크게 벗어난 비밀스럽고 사악한 무기다. 드론은 사용자가 드러나지 않는 무기이기에 전쟁의 정의를 바꿔놓았다."[Kelly(2014)] [04] 그렇다. 기술은 단순히 도구가 아니다. 사용자의 도덕 규범까지 바꿀 수 있다.

미국 국가안보국(NSA)이 영장 없이 시민들을 몰래 감시했다는 에드워드 스노든의 폭로는 2013년을 달궜던 뉴스였다. 당시 전쟁이 계속되던 아프가니스탄에서는 무장 드론이 테러리스트들을 사냥하고 있었다. 미국 대도시에서는 차량 번호판을 촬영해 컴퓨터로 범칙금을 부과하는 무인단속 카메라를 사용하여 자동차 속도제한을 강화했다. 컴퓨터 쿠키는 우리가 방문하는 웹사이트를 추적하고, 감시 카메라도 여기저기 도사리고 있다. 우리 동의 없이 촬영한 사진이나 인용한 글이라도 페이스북이나 트위터 혹은 이메일에 한번이라도 뜨면 절대 사라지지 않는다. 모두 경이로운 기술이고 그 혜택이 고맙긴 하지만, 이제 혼자 있고 싶을 때 갈 곳이 없다. 이런 기술은 우리를 자유롭게 해주기도 하지만 거꾸로 우리를 구속할 수도 있다. 2013년 가을, 이런 현상에 자극을 받아 질문 한 가지가 나왔다.

---

04 데비 켈리(Debby Kelley), "매장에서 각광 받는 드론(Drones Create a Buzz at Store)", 콜로라도스프링스가제트(Colorado Springs Gazette), 2014년 12월 21일, pp. A1, A4.

2013년 12월 4일

다이슨 교수님께

국가안보국의 데이터 수집 실태가 폭로를 통해 드러나면서, 갈수록 사용이 늘어나는 감시 카메라, 데이터마이닝(컴퓨터를 통해 대규모 자료를 토대로 새로운 정보를 찾아내는 것—옮긴이), 드론 비행체 문제와 함께 기술과 사회 사이 딜레마로 등장했습니다. 정책과 법률에 어떤 도덕 규범을 반영해야 돌파구를 찾을 수 있을까요?

2013년 12월 6일

드와이트에게

두 가지 문제가 있습니다. 하나는 개인정보의 수집이고, 나머지는 드론의 살상 무기화입니다. 둘 다 심각한 문제이기는 하지만, 킬러 드론 문제가 더 시급합니다. 전쟁과 평화의 경계를 모호하게 만들고 있습니다. 이런 식으로 사람을 죽이면 진정한 평화는 결코 정착하지 못합니다. 살인은 원칙에 따라 공정한 공개 재판을 통해서만 이루어져야 합니다.

정보 수집은 더 복잡한 문제입니다. 정보를 수집해야 하는 이유는 여러 가지가 있습니다. 한데 현재 정보를 저장하는 데 드는 비용이 정보를 삭제하는 데 드는 비용보다 훨씬 낮아서 대부분 저장이 된후 삭제되지 않습니다. 이런 정보가 개인이나 정부에 의해 악용되지 않도록 막아야 합니다. 내 생각에는 비밀 규정부터 없애야 합니다. 정보는 비밀로 유지될 때 악용할 가능성이 큽니다. 비밀은 대부분 해롭고 불필요합니다. 정보의 남용, 악용을 폭로하는 사람은 모두 영웅입니다. 정부가 내부 고발자를 처벌한다면 독재정권임을 자인하는 셈입니다.

내 사무실 앞 복도에는 '양자 정보(Quantum Information)'라고 적힌 커다란 포스터가 붙어 있다. 거기에 이런 글이 적혀 있다. "양자컴퓨터는 대량 병렬 처리를 통해 유명한 암호체계를 쉽게 뚫어내고 방대한 데이터베이스를 더 빠르게 검색해줄 것으로 기대됩니다."[05] 이미 데이터마이닝과 해킹이 보편화된 사회에서 이를 한 단계 더 높은 수준으로 굳이 끌어올릴 필요가 있을까? 끌어올린다고 해도 일상은 어차피 달라지지 않을 텐데, 우리가 굳이 신경을 써야 할까?

2005년 5월 6일
다이슨 교수님께
양자컴퓨터가 현대인의 삶에 중요한 영향을 미치게 될까요?

2005년 5월 7일
드와이트에게
양자컴퓨터는 흥미로운 문제입니다. 그 가능성을 탐구하면서 양자역학에 대한 이해도 더 깊어지고 있습니다. 그 도착지가 어디일지는 알 수 없습니다. 양자컴퓨터 설계를 시작하거나 양자컴퓨터의

---

05 메릴랜드 주립대학(University of Maryland), 미국물리학회(American Physical Society), 국립표준기술연구소(National Institute for Standards and Technology)의 공동양자연구소(Joint Quantum Institute)가 만든 '양자 정보' 포스터.

기능을 예측하기에는 아직 너무 이른 단계입니다. 내 생각에 완전히 독립된 양자컴퓨터를 구현하기는 어려울 겁니다. 하지만 특별 기능을 수행하도록 일반 컴퓨터에 양자 서브루틴(프로그램 내에서 필요할 때마다 되풀이해 사용할 수 있는 부분적 프로그램-옮긴이)을 탑재할 수는 있을 것입니다. 컴퓨터 전문가가 아닌 일반인의 삶에 중대한 영향을 미치지는 않으리라 봅니다. 그러나 내가 틀릴 수도 있습니다. 양자 프로세서에 어떤 기능을 부여하느냐에 따라 달라질 수도 있지요. 나도 여러분과 마찬가지로 그저 추측할 뿐입니다.

존 폰 노이만은 1937년 미국 시민이 된 이후 20년 동안 군과 많은 교류를 했다. 조지 다이슨이 초창기 전자 컴퓨터의 역사에 대해 서술한 책을 보면, 스탠 울람의 시각에서 본 폰 노이만이 등장한다. "폰 노이만은 장군과 제독들을 동경하며 그들과 자주 어울렸다. … 군에 대한 동경은 권력을 쥔 사람에 대한 경외에서 비롯된 듯했다."[Dyson(2012)][56] 다이슨 교수가 과학의 세 가지 아름다운 측면 중 하나로 권위 타파를 꼽았음을 고려할 때 흥미로운 지적이다. 제이콥 브로노우스키는 저서 《인간 등정의 발자취》 마지막 장에서 '지적(知的) 리더십과 시민적 권위의 오랜 갈등'에 대해 언급한다.

이 논점의 전형적 사례가 존 폰 노이만이다. … 그는 민간기업, 업계, 정부와 관련된 일에 관여하는 비중이 갈수록 높아졌다. … 지성적 귀족주의와 사랑에 빠진 듯하다. … 우리가 지성인이라면 당연히 지성적 민주주의를 추구해야 한다.[Bronowski(1973)][429 - 435]

2000년 12월 4일

다이슨 교수님께

즐거운 크리스마스 보내시기를 학생들과 함께 기원합니다.

이번 학기에 교수님 책 외에 저희가 읽은 책은 제이콥 브로노우스키의 《인간 등정의 발자취》입니다. '기나긴 어린 시절(The Long Childhood)'이란 제목이 붙은 마지막 장에서 그는 존 폰 노이만에 대해 "내가 아는 가장 똑똑한 사람"이라면서도 "지성적 귀족주의와 사랑에 빠졌다"며 실망감을 드러냈습니다. 브로노우스키는 "지성적 민주주의"를 추구해야 한다는 주장까지 폈더군요. 교수님께서도 연구소에서 존 폰 노이만과 알고 지내셨을 텐데, 브로노우스키의 평가를 어떻게 생각하십니까? 또 과학자가 정부 고위 관료, 권력자와 너무 가깝게 지내면 어떤 위험을 초래할 수 있을까요?

이번에도 다이슨 교수는 독특한 관점을 제시했다.

2000년 12월 7일

드와이트에게

폰 노이만을 잘 알지는 못합니다. 그의 인생철학에 대해 같이 이야기를 나눠본 적도 없고요. 내가 그를 알던 시절에 그는 고등학술연구소에서 최초의 현대적 컴퓨터를 작동시키려고 엄청난 장애물을 극복해가며 일에 몰두하고 있었습니다. 그 컴퓨터의 사용 목적은 세 가지였습니다. (1) 내가 전혀 알지 못하는 분야인 수소폭탄 시뮬레이션 (2) 기상예보 향상을 위한 기상 시뮬레이션 (3) 인공 우주를 통한 생명체의 진화 시뮬레이션. (2)번과 관련해서는 젊은 기상학자들이 팀을 이뤄 참여했습니다. 대부분 노르웨이 출신이었지요. 노르웨이는 혹독한 날씨와 어업 비중 때문에 기상학이 발달한 나라입니다. 그들과의 대화가 무척 즐거웠던 기억이 있습니다. 모두 폰 노이만을 대단히 존경하고 있었습니다.

… 나는 폰 노이만보다 브로노우스키를 더 잘 압니다. 내가 보기에 둘은 닮은 점이 참 많습니다. 둘 다 재미있고 똑똑하고, 둘 다 자존심이 하늘을 찌르며, 둘 다 "지성적 귀족주의"에 물들어 있었습니다. 차이가 있다면 폰 노이만은 권력을 좇아 워싱턴으로 갔고, 브로노우스키는 권력을 좇아 할리우드로 갔다는 것입니다. 두 사람 다 인류의 미래를 위해 헌신하려 노력한 괜찮은 사람들이었지만, 폰 노이만은 워싱턴에 의해, 브로노우스키는 할리우드에 의해 부패했습니다. 그러나 나는 둘 다 명성과 권력의 유혹에도 불구하고 기본적인 양심은 지켰다고 봅니다.

과학자가 장군이나 제독과 어울린다고 해서 나쁘다고 볼 수 없고 오히려 사회적 의무의 이행일 수 있다는 폰 노이만의 주장에 동의합니다. 장군과 제독은 현실 세계로부터 고립돼 있어서 기회가 있을 때마다 그들과 소통해야 합니다. 예수가 세리나 죄인과 대화를 나눴듯 말이지요. … 폰 노이만과 브로노우스키가 대통령선거에 출마한다면(얼마나 재미있을까요!) 아마 브로노우스키가 이길 겁니다. 하지만 나는 폰 노이만에게 투표하겠습니다.

다이슨 교수 역시 장군 및 제독들과 오랫동안 교류하며 그들이 고립되지 않도록 역할을 다했다. 그는 결코 그들이 듣고 싶어 하는 말만 해주지는 않았다. 그는 편지에서 디지털 컴퓨터와 수소폭탄이 태생을 공유하는 형제임을 다시 일러주고 있다. 핵융합을 이용하는 수소폭탄은 핵분열을 이용한 원자폭탄의 뒤를 이었다. 다이슨은 히로시마가 우라늄 핵분열 폭탄에 갈기갈기 찢긴 다음 날을 이렇게 회고했다. "8월 7일 런던에서 받아본 조간신문 1면 헤드라인은 '새로운 자연의 힘이 활용되다'였다."[Dyson(1979a)][44] 세상은 기술 및 그와 관련한 가치관으로 인해 다시 한번 급변했다.

07 모기가 일으킨 전쟁

전쟁과 테러의 목적과 수단

"전쟁이 너무 끔찍해서 다행이다. 안 그랬다면 우리가 전쟁을 너무 좋아하게 됐을 테니까." -1862년 12월 13일 버지니아 주 프레드릭버그에서 로버트 E. 리 장군이 제임스 롱스트리트 장군에게[01]

    미국 남북전쟁은 1861년 4월 12일 남부 연합군이 사우스캐롤라이나 주 찰스턴에서 섬터 요새를 향해 발포하면서 시작됐다. 2년 뒤 북부 연방주의자들은 요새를 탈환하려 시도했다. 1863년 여름 퀸시 길모어 장군이 이끄는 북부군이 찰스턴 항구 맞은편 모래섬 모리스 아일랜드에 '영리하게 만든' 중화기 포좌를 구축했다. 길모어의 중화기는 8인치 선조포(발사된 포탄이 회전하며 날아가 명중률이 높아지도록 포강 안에 나선형 홈을 판 포-옮긴이)였는데, '모기'란 별명이 붙었다. 이 포는 섬터 요새가 아닌 도시를 겨냥하고 있었다. 길모어 장군은 섬터 요새를 즉

---

01 [Catton(1965)][13].

각 비우지 않으면 찰스턴을 포격하겠다고 경고했다. 남부군이 그의 통첩을 무시하자 모기가 발사됐다.

사수들은 도시를 불바다로 만들기 위해 최신 소이탄(목표물을 불태우기 위한 탄환류-옮긴이)을 사용했다. 남부군의 피에르 보우리가드 장군은 "여자들과 아이들이 잠을 자고 있는" 도시를 포격한 데 격노해 흰 깃발을 든 사절을 보내 항의했다. 보우리가드의 메시지는 무시당했고 포격은 계속됐다. 다행히도 소이탄이 별 효력을 발휘하지 못해 찰스턴은 불길에 휩싸이지 않았다. 서른여섯 발을 발사한 뒤 모기는 폭발했다. 남북전쟁 양상에 큰 영향을 미치지 못한 사건이었지만 모기는 불길한 전조였다. 남북전쟁 역사가 브루스 캐턴은 다음과 같이 적었다.

이 사건을 언급해야 할 이유는 단 한 가지다. 평소 같으면 너무나 끔찍했을 행동이 끔찍하게 여겨지지 않을 만큼 전쟁은 인간을 둔감하게 만든다는 사실을 입증한 것이다. 여자들과 아이들이 자고 있는 집에 그리스 화약의 불(비잔틴 제국에서 사용했떤 화기-옮긴이)**을 투척한다는 발상이 전혀 끔찍하지 않았던 것이다. 심지어 선한 이들도 이에 동조했다. …**

후세대는 아마 실제 효력을 발휘하는 소이탄을 만들게 될 것이다.[Catton(1965)][224 - 226]

1945년 7월 6일 '리틀 보이(Little Boy)'라는 우라늄 핵분열 폭탄이 일본 히로시마 상공에서 폭발했다. 리틀 보이의 위력은 다이너마이트 1만 2,000톤과 맞먹었다. 9초 만에 충격파와 화염이 도시를 휩쓸었고 7~8만 명이 죽었다. 화상을 입고 방사능에 노출된 수천 명도 고통의 시간을 보내다 목숨을 잃었다. 사흘 뒤 '팻맨(Fat Man)'이라는 TNT 22킬로톤 위력의 플루토늄 핵분열 폭탄이 나가사키에 투하됐다. 4만 명에서 8만 명이 즉사했다.

두 차례 핵폭탄 공격은 모두 미리 계획되었기에, 민간인을 향해 핵무기를 사용해서는 안 된다는 윤리적 문제를 누군가는 제기했을지 모른다. 하지만 1945년 여름은 윤리라는 명분으로 핵 공격 명령을 돌려놓기에는 너무 늦은 때였다. 그런 주장은 몇 해 전에 나왔어야 했다. 《프리먼 다이슨, 20세기를 말하다》 4장에서 다이슨 교수는 회고한다.

전쟁장관 스팀슨과 그의 조언을 따랐던 트루먼 대통령은 두 가지 요인으로 핵폭탄 투하를 결정했다. 첫째, 핵폭탄을 투하하는 장비가 이미 존재했다. … 둘째, 일본 내 도시에 대한 무차별 폭격이 광범위한 승인 아래 이미 진행되고 있었다. … 스팀슨이 윤리적 입장에 서야 할 근거는 이미 무너진 상태였다.[Dyson(1979a)][43]

스팀슨의 결정에 영향을 미친 사건들을 살펴보자. 핵 공격 5개월 전인 1945년 3월 9~10일 밤에 미군 B-29 폭격기들이 소이탄 수천 개를 도쿄에 투하해 두 차례 거대한 불바다를 만들었다. 여기에 강풍과 목조건물이란 조건이 맞물려 수만 명이 불에 타 죽었다.

이보다 한 달 전 영국은 독일 드레스덴을 폭격했다. 드레스덴은 무기 공장이라곤 찾아볼 수 없는 예술과 건축의 중심지여서 방공호도 거의 없었고, 연합군 포로 2만 6,000명과 소련군을 피해 온 피난민들로 가득한 상태였다. 이 공습에 도심의 역사적 건물들은 파괴됐고 최소 2만 4,000명이 숨졌다.

1943년 7월 영국은 함부르크를 불바다로 만들어 4만 5,000명을 죽음으로 몰아넣었다. 독일 민간인 수천 명이 지하 방공호에서 질식해 숨지거나 회오리바람을 타고 무섭게 번진 화염에 휩싸인 건물에서 도로로 탈출했다가 녹아내린 아스팔트에 갇히는 신세가 됐다.[Rhodes(1986)][471 - 474.]

1942년 8월 폰 리히토펜 장군의 공습은 스탈린그라드(오늘날 볼고그라드)를 폐허로 만들며 시작부터 민간인 4만 명의 목숨을 앗아갔다. 스탈린그라드 전투는 결국 희생자 200만 명을 내며 동부전선 전황의 변곡점이 됐다.[Beevor(1999)]

2차 대전은 1939년 9월 1일 독일이 폴란드를 침공하며 발발했다. 독일 공군은 바르샤바를 초토화시키며 폴란드를 점령한 뒤 로테르담을 폐허로 만들었고 베네룩스 3국을 지나 프랑스로 진격했다. 독일군은 이어서 런던 침공을 위해 영국해협으로 전진했다. 브리튼 전투(영국 공군과 독일 공군의 결전-옮긴이)의 영국 대공습이 시작되어 1940년 가을까지 이어졌다. 독일 공군 사령관 헤르만 괴링은 당시 독일의 공군력이 단기간에 영국을 굴복시키리라 장담했다. 대공습 전에 바르샤바가 그랬고, 그 전에는 게르니카가 그랬다.

"아니, 당신이 그렸소."

최초의 도시 공습은 스페인 내전 중이었던 1937년 4월 26일 스페인

바스크 지방의 게르니카에서 벌어졌다. 당시 프란시스코 프랑코 장군이 이끄는 국민 진영(the Nationalists)이 마누엘 디아즈 대통령의 인민전선 공화파 정부와 대립하고 있었다. 인민전선 공화파는 소련의 지원을 받고 있었다. 프랑코는 이에 맞서 파시스트 국가들에 지원을 호소했다. 독일 공군 사령관 헤르만 괴링은 "첫째, 공산주의의 확산을 막기 위해 둘째, 독일 공군을 기술적 측면에서 다양하게 시험하기 위해" 스페인 내전에 참전해야 한다고 주장했다.[Jablonski(1971)][15] 나치에게 스페인 내전은 연습 무대였다. 겉보기엔 여객기였지만 폭격기로 쉽게 개조할 수 있도록 설계된 하인켈 111과 융커스 52가 1937년 4월 26일 게르니카를 급습해 소이탄을 투하했다.[02] 그날 게르니카 도시인구 7,000명 중 1,654명이 숨지고 889명이 부상했다.[Jablonski(1971)][16 - 17]

　게르니카 공습 다음 날 세계 곳곳에서 분노의 시위가 벌어졌다. 당시 파리에 머물던 스페인 미술가 파블로 피카소(1881~1973년)는 그 해 6월 '게르니카'라는 그림을 완성했다. 폭격에 대한 분노를 형상화한 추상화였다. 그 비인간적 만행은 사실주의적 시도로는 표현이 불가능했다. 흑백의 뒤틀린 인물들은 공포를 상징한다. 나머지는 설명이 불필요하다. 죽은 아기를 품에 안은 엄마, 부러진 칼을 쥔 채 사지가 절단된 군인, 황소의 뿔에 들이받힌 말, 화염에 휩싸인 사람, 비명을 지르는 희생자들의 입에 혀 대신 그려진 단검. 피카소의 아파트를 수색하던 게슈타포 장교가 '게르니카'를 보고 피카소에게 물었다. "당신이 그렸소?" 피카소는 대답했다. "아니, 당신이 그렸소."[Regan(1992)][25]

02　독일은 1918년 베르사유 조약에 따라 공군 보유가 금지되었다.

처음 전시되던 순간부터 '게르니카'는 제목을 뛰어넘어 모든 전쟁의 잔혹함을 상징하는 작품이 됐다. 인류는 남북전쟁의 모기가 예고했던 불길한 방향을 향해 나아가고 있었다.[03]

괴링이 영국해협에 도착해 탐욕스러운 눈으로 도버의 흰 절벽을 바라보던 무렵 영국은 최악의 상황에 대비했다. 당시 프리먼 다이슨은 수학적 재능 때문에 정부 항공기생산 부처로 차출되어 폭격 전략과 결과를 분석하는 업무를 맡았다. 그는 런던과 옥스퍼드 사이 하이위컴에 있는 폭격부대사령부 작전 분석과에서 일했다.[Schewe(2013)]

모기부터 리틀 보이와 팻맨에 이르기까지 도시 공습을 합리화한 논리는 시민들의 사기를 꺾어야 한다는 것이었다. 하지만 끔찍한 시기에 고통을 공유한 사람들은 사기가 꺾이는 대신 더 굳게 결속하며 결의를 다지게 된다.

악(惡)의 익명화

"전쟁으로 인해 강요된 기술 중심적 세상에서 자신의 익명적 행동이 초래하는 결과에 무관심한 기술자는 더 큰 위험을 초래하게 한다." -알베르트 슈페어[04]

---

03 프랑코 독재정권 내내 피카소는 한 번도 스페인 땅을 밟지 않았다. 또한 민주주의와 자유가 확실히 회복되기 전까지는 '게르니카'의 스페인 반입을 허하지 않겠다고 했다. 그리하여 '게르니카'는 파리에서 뉴욕으로 옮겨졌고, 1981년에 이르러서야 스페인에 반환되었다.
04 [Speer(1970)][253].

1939년, 2차 대전 발발이 임박했을 때 영국 정부와 군 사령부는 의회 맞은 편 지하 깊은 곳에 위치한 시설에서 작전을 세우기 시작했다. 민간인 폭격에 반대하는 윤리적 주장은 이때 맵룸과 캐비닛룸(오늘날 처칠 워룸 박물관)에서 제기했어야 했다. 영국 최대 기밀작전명령 173호는 적의 사기를 꺾기 위한 적국 시민의 주택 탈거(dehousing: 처칠이 파괴 대신 사용했던 완곡한 표현-옮긴이)를 포함하고 있었다.

이 도시를 초토화하면 적의 군수산업에 추산하기 어려운 치명타를 입힐 수 있다. 동시에 독일 전역에 걸쳐 사기를 저하시켜 우리가 전쟁을 단축하고 승리하는 데 매우 중요한 역할을 할 것이다.[Rhodes(1986)] [471]

뒷부분은 3년 전 영국 대공습 때 괴링이 런던 폭격을 감행하며 내세웠던 바로 그 명분과 같다. 그러나 폭격이 이어진 몇 달간 영국인의 사기는 꺾이는 대신 오히려 굳건해졌다. 왜 영국과 미국 전략가들이 함부르크 주민들은 이와 반대로 반응하리라 생각했는지 알 도리는 없다. 영국은 밤에, 미국은 낮에 독일을 폭격했다. 1943년 7월 함부르크가 화염에 휩싸이자 전쟁 사령부는 성공을 점쳤다. 2011년 처칠 워룸 박물관을 방문해 회의 탁자와 벽에 붙은 지도를 보면서 나는 프리먼 다이슨의 말을 떠올렸다.

(1945년) 3월 (도쿄) 폭격이 시작됐을 때 (미국 전쟁장관 헨리) 스팀슨이 윤리적 입장에 서야 할 근거는 무너진 상태였다. 오래 전 영국과 미국이

각각 폭격기를 만들어 민간인을 향해 사용하기로 결정했을 때 윤리적 논쟁에 대한 결과는 이미 나와 있었다. 히로시마는 나중에 덧붙여진 생각거리일 뿐이었다. [Dyson(1979a)][43]

전략 폭격은 양측을 합하여 수십만 명에 달하는 사망자를 내고 인류 최고의 예술과 건축을 간직한 도시들을 잿더미로 만들었다. 그럼에도 사기를 꺾는 데는 처참히 실패했다. 다이슨 교수는 전쟁이 끝난 뒤 원자폭탄 연구에 참여했던 리처드 파인먼과 자동차로 미국을 횡단하던 때를 회고했다. "파인먼은 통치자의 범죄와 어리석음을 견디고 살아남는 보통 사람들의 능력을 믿어 의심치 않았다. … 그는 보통 사람들이 얼마나 강인한지, 죽음과 파괴가 그러한 강인함을 어떻게 최고치로 끌어올리는지 잘 알고 있었다." [Dyson(1979a)][61]

독일의 수도 베를린은 유럽연합군의 궁극적인 타깃이었다. 데이터를 분석하던 프리먼 다이슨은 1944년 1월쯤 "공군력을 통한 승리"라는 폭격부대 사령부의 낙관적 슬로건이 환상이라는 것을 깨달았다. 베를린의 방어망은 더 견고해졌고, 연합군의 공습력은 더 악화됐다.

랭커스터 폭격기에 탑승할 젊은이들은 베를린 전투가 이 전쟁의 가장 결정적인 전투 중 하나이며 연합군이 이기고 있다는 설명을 들었다. 그들 중 몇이나 이 말을 믿었는지 모르겠지만, 그들이 들은 말은 사실이 아니었다. [Dyson(1979a)][19 - 21]

프리먼은 작전의 목표와 작전에 따른 인명 및 폭격기 손실이 균형을 이루지 못하는 데이터를 확인할 수 있었고, 그가 '젊은이'라 칭했던 또래 군인 수천 명이 사지로 내몰리는 동안 자신은 안락한 사무실에서 일한다는 사실에 죄책감을 느꼈다. 2001년 여름학기 수강생들은 다이슨 교수에게 폭격사령부 시절을 글로 쓰면서 겪었을 내적 갈등에 대해 질문했다.

2001년 6월 4일
다이슨 교수님께
… 교수님 책의 제3장 '소년 십자군'을 쓰시면서 심경이 어떠셨는지요?

2001년 6월 10일
드와이트에게
'소년 십자군'을 쓸 때 진실과 충성심 사이에서 갈등해야 했습니다. 나는 히틀러를 상대로 이기고 있다고 믿으며 폭격기를 타고 날아가 죽음을 맞이한 젊은이들 수천 명에 대해 강한 충성심을 느꼈습니다. 그러나 전쟁 중에 진실을 말하지 못했던 점에 대해서는 수치심을 느꼈습니다. 젊은이들이 헛된 희생을 하고 있다는 진실, 우리가 군사적으로 독일보다 더 큰 타격을 입고 있다는 진실을 나는 말하지 못했습니다. 이 갈등을 해결하는 데 25년이 걸렸습니다. 그러다 1970년 '뉴요커'(2월 21일자)에 기고한 '배반(The Sell-Out)'이란 글에서 전쟁 이후 처음 폭격작전에 대해 언급했습니다. 이 글은 1984년 내 책《무기와 희망(Weapons and Hope)》 10장에 다시 실렸습니다.

편지 읽기를 잠시 중단하고 《무기와 희망》 10장을 살펴보자.

"나는 내가 알게 된 사실이 역겨웠다. 나에겐 도덕적 의무가 있으니 거리로 뛰어나가 영국인들에게 얼마나 어리석은 짓이 영국의 이름으로 자행되고 있는지 알리자고 숱하게 결심했다. 하지만 끝내 용기를 내지 못했다. …

전쟁이 끝난 뒤 아이히만이 이끈 나치 친위대 고위 간부들에 대한 재판 기사를 읽었다. 그들은 사무실에 앉아 사람들을 어떻게 효율적으로 죽일 수 있는지 계산하며 제안서를 작성했다. 내가 했던 짓이었다. 다만 그들은 전범으로 감옥에 가거나 교수대에 섰고 나에겐 자유가 주어졌다는 점이 달랐다. 나는 그들에게 연민을 느꼈다. 아마도 대부분은 내가 폭격사령부를 혐오했듯 나치를 혐오하면서도 나처럼 용기가 없었을 것이다. 아마도 대부분은 나처럼 전쟁이 지속된 6년 내내 시신을 직접 본 적이 한 번도 없었을 것이다." [Dyson(1984)][120]

다시 6월 10일 편지로 돌아가자.

여러분이 읽은 '소년 십자군'은 같은 이야기를 다른 시각에서 다뤘습니다. 갈등의 해법은 25년이 지난 뒤에라도, 생존한 폭격기 조종사들에게 깊은 상처를 주게 되더라도 진실을 말하는 것입니다. 그래서 나는 당시 '뉴요커' 편집장이었던 윌리엄 션의 요청을 받아들여 글을 썼고 펴냈습니다. 1970년은 베트남전쟁에 참전해 고통을 겪었던 사람들과 베트남전쟁이 아무런 의미가 없었다고 주장하는 사람들 사이에 비슷한 갈등이 터졌던 시기였습니다. 폭격 작전에서 숨진 영국인 수는 베트남전쟁에서 목숨을 잃은 미국인 수와 비슷하고 전쟁에서 살아남은 이들의 고통은 거의 똑같습니다.

그 글이 게재된 뒤 나는 예상했던 대로 고령의 폭격기 조종사들로부터 억울함과 분노를 담은 편지를 많이 받았습니다. 그 편지들도 우리가 세상을 떠난 뒤 언젠가는 공개돼야 합니다. 내가 망자들을 모욕했다고 열정적으로 웅변하듯 꾸짖은 편지들입니다. 친구와 동료가 화염에 휩싸여 추락하는 모습을 목격한 조종사들은 그들이 헛되이 죽었다는 사실을 결코 인정할 수 없을 것입니다. 헛된 죽음이었다는 말은 그들의 입장에서 모욕입니다. 전쟁 중 특혜를 받아 안락한 사령부에 앉아 있다가 전장에서 싸우고 죽은 이들을 평가하는 당신은 누구냐고 묻습니다.

나는 성난 편지에 최선을 다해 답장을 썼습니다. 그들이 죽게 된 과정의 진실을 말하려 했을 뿐 죽은 이들을 모욕하려는 의도가 아니라고 설명했습니다. 물론 늙은 조종사들은 아무도 나를 용서하지 않았습니다. 그들은 죽을 때까지 나를 비겁하게 살아남아 죽은 이들의 명예를 훼손한 건방진 배신자라고 매도할 것입니다.

직업군인들도 우리도 전쟁에 휘말려 있기는 마찬가지다. 더글러스 맥아더 장군은 1962년 3월 12일 미국 육군사관학교 졸업식 축사에서 졸업하는 생도들에게 강한 어조로 전쟁광이 되지 말라고 충고했다.

… 여러분의 임무는 확고하게 정해져 있으며 앞으로도 바뀌지 않을

것입니다. 바로 전쟁에서의 승리입니다. … 이는 전쟁광이 되라는 말이 아닙니다. 정반대로 군인은 다른 누구보다 평화를 위해 기도해야 합니다. 전쟁의 가장 깊은 상처와 상흔을 감내해야 하는 사람이 바로 군인이기 때문입니다.[Krist(1987)][109 - 112]

그럼에도 불구하고 투석기와 화약부터 폭격기와 유도미사일에 이르기까지, 기술의 발전으로 더 효율적인 대량 살상이 가능해졌다.

전략 폭격은 전쟁을 억누르지도, 승리로 이끌지도 못했다. … 명백한 역사적 증거에도 전략 폭격 독트린은 2차 대전 내내 폭격사령부를 지배했다. 지금도 더 큰 폭탄으로 무장한 강대국들은 이 독트린을 따른다.
폭격사령부는 과학과 기술이 군대라는 오래된 악에 새로운 악을 더한 초기 사례였다. 기술은 악의 익명화를 촉진했다. 과학과 기술을 통해 악은 어떤 개인도 책임질 필요가 없는 관료주의적 형태를 띠게 됐다.[Dyson(1979a)][29 - 30]

이 구절을 읽고 심리학을 전공하는 케이시가 이렇게 썼다.

전공수업에서 배우지 못한 영역이 살인의 심리학이다. 몇 해 전 읽은 책《살상에 관하여(On Killing)》는 인간의 어두운 면에 눈을 뜨게 해줬다. 책은 더 효율적인 군대를 만들고자 하는 군사심리학자의 연구를 소개했다. 그는 사람들을 가능한 한 무심하게 만들어야 한다고 강조한다. 적은 나와 같은 사람이 아니라고 생각하도록 군인을 가르칠 수 있다면 적을 죽이기가 더 쉬워진다는 것이다. … 결국 나와 적 사이의 거리를 최대한 벌려야 한다는 얘기였다.[05]

다이슨 교수는 기술의 진보를 이야기할 때 비슷한 주제를 다뤘다. 그는 "기술이 악의 익명화를 촉진했다."라고 말한다. 그의 말에 100퍼센트 동조한다. 레이더 스크린의 타깃을 겨냥해 총을 쏘거나 절대 직접 만나게 되지 않을 사람들을 향해 폭탄을 투하하는 일에는 개인적 책임이 부여되지는 않는다. …

나는 종종 기술이 사람들을 얼마나 멀리 떼어놓을지 궁금해진다. 내 친구들도 전화나 이메일, 문자메시지만 가지고 소통하는 경향이 점점 강해지고 있다. …

《프리먼 다이슨, 20세기를 말하다》의 제3장 '소년 십자군'에서 다이슨 교수는 전쟁기계의 한 부품이었던 자신을 격하게 비판했다. 그는 전쟁 초기만 해도 간디의 추종자로서 비폭력을 지지했던 자신이 전쟁 확대와 함께 수용 불가능했던 것을 받아들여야만 하는 상황에 내몰렸다고 설명했다. 전쟁이 끝날 무렵 자신의 모습에 대해 그는 이렇게 전한다. "윤리적 원칙을 하나둘씩 버리다 보니 결국에는 아무것도 남지 않았다."[Dyson(1979a)][31] 하지만 아무것도 남지 않았다는 말은 옳지

---

05 케이시는 데이비드 그로스맨 중령의 《살상에 관하여: 전쟁 및 사회에서 살상하는 법을 배움으로써 치러야 하는 심리적 비용(On Killing: The Psychological Cost of Learning to Kill in War and Society)》(Little, Brown, and Co., 2009)을 가리키고 있다. 이 책은 군대에서 병사들에게 인간 살상 행위에 대한 본능적 혐오를 극복하는 법을 어떻게 가르치는지 기술하고 있다.

않다. 60년 뒤 그의 고백은 알렉스란 학생이 인생의 행보를 바꿀 수 있도록 용기를 줬다.

대학 첫 학기에 나는 해군 ROTC에 가입했다. … 비행기 조종사가 되겠다는 어린 시절 꿈을 실현하고 싶었다. 석 달 뒤… 앞으로 20년 동안 해군에 복무하겠다는 서류에 서명하지 못하겠다는 생각이 들었다. 이유를 정확히 설명할 순 없지만 꿈을 포기하는 한이 있어도 그렇게 살 수는 없을 것 같았다. 내가 군인이 되려 하자 기뻐하셨던 아버지와 할아버지께서 몇 가지 심각한 질문을 하셨는데 나는 대답하지 못했다. …《프리먼 다이슨, 20세기를 말하다》의 제3장은 내가 군대에 관해 무의식적으로 느꼈던 바를 설명하고 있다. … 가장 중요한 문제는 "윤리적 원칙을 하나둘씩 버리다 보니…"라는 구절에 정리돼 있다.

알렉스는 해군 조종사가 폭탄 투하 버튼을 누르면 무슨 일이 벌어지는지에 생각이 미치면서, 자신의 꿈이 실현되면 윤리적 원칙을 저버리게 된다는 사실을 깨달은 것이다. 다이슨 교수의 책 덕분에 앨릭스는 소신과 원칙에 어긋나지 않는 삶을 이어갈 수 있게 됐다.

1999년 봄 미국과 동맹국들은 옛 유고슬라비아의 세르비아계와 크로아티아계 사이에 벌어진 전쟁에 개입했다. '인종 청소'를 중단시킨다는 명분이었다. 나토 공군이 작전을 주도할 계획이며 지상군은 거의 투입되지 않을 것이라는 낙관적 발표가 있었다. '소년 십자군'을 읽은 사람들답게 우리는 회의적이었다.

1999년 4월 6일

다이슨 교수님께

지난 2주간 나토와 유고슬라비아 사이에 벌어진 상황을 어떻게 보고 계십니까?

1999년 4월 10일

드와이트에게

편지 고맙습니다. 학생들에게도 좋은 질문을 보내줘 감사하다고 전해주세요. 오늘은 토요일인데, 미네소타는 지금 비바람이 몰아치네요. 집에 틀어박혀 질문에 답하기 딱 좋은 날입니다. …

유고슬라비아 폭격. 나는 어떤 면에서도 좋은 결과가 나올 수 없을 거라고 생각합니다. 폭격의 역사에서 명백하게 성공한 사례는 딱 하나뿐입니다. 1945년 일본 폭격이었고, 성공한 이유는 폭격이 모든 것을 초토화시킬 만큼 무자비했기 때문입니다. 오늘날 유고슬라비아에 다시 그런 폭격이 이루어지도록 용납되지 않기를 바랍니다. 혹여 그런 폭격이 이루어지더라도 아마 성공하지는 못할 겁니다. 내가 보기에 전쟁은 이미 세르비아가 이겼습니다. 이 사실은 옳고 그름과는 아무 상관이 없습니다. 우리의 명분이 아무리 온당하다 해도 폭격으로 달성할 수는 없습니다. 지상군 투입은 폭격보다 더 어리석습니다. 공군의 실패를 육군이 만회해줄 거라는 생각은 더 위험합니다.

2년 뒤 2001년 9.11 테러가 발생했다. 상자를 뜯는 커터칼과 인류을 거스르는 결기로 무장한 젊은이 20여 명이 3,000명의 목숨을 앗아갔다. 승무원들의 목을 칼로 그어 연료와 승객으로 가득 찬 비행기 네 대를 순식간에 폭탄으로 바꿔버렸다. 미국은 비행기 탈취범의 후원자들이 은신해 있다는 이유로 몇 달 뒤 아프가니스탄을 침공했다. 지구촌은 대부분 미국의 조치를 이해했다. 그러나 사담 후세인 정권이 핵무기를 만들고 있다는 이유로 이라크를 침공해야 한다는 조지 W. 부시 정부의 설명은 이해하기 어려웠다. 무기가 존재한다는 증거가 터무니없이 부족했다. 우리 중 일부는 '이라크전쟁 반대' 청원에 서명했다. 2003년 봄 부시 대통령은 미군에 '뱀 머리 자르기'라는 이름으로 포장한 이라크 공격 명령을 내렸다. 전쟁 선동자들은 언제나 전쟁이 속전속결로 마무리될 것이라고 단언한다. 그들의 예측은 매번 빗나간다.

민주주의 국가는 다른 나라를 선제적, 예방적으로 침공해선 안 된다. 민주주주의 국가는 먼저 공격을 당했을 경우에만 전쟁에 나서야 한다. 2003년 5월 학생들은 다이슨 교수에게 부시 대통령의 선제적 이라크 침공에 대한 의견을 물었다.

2003년 5월 8일
다이슨 교수님께
교수님과 가족들의 건강을 기원합니다. …
'방어의 윤리'란 측면에서 사담 후세인 정권에 대한 미국의 공격을 어떻게 보십니까?

2003년 5월 1일

드와이트에게

물론 나는 이라크 전쟁을 강력히 반대합니다. 윤리적으로도, 정치적으로도 그렇습니다. 방어할 힘이 없는 적에게 공격용 무기를 사용하는 행위는 내가 주장해온 모든 원칙에 반합니다. 진정 테러로부터 우리 자신을 지키고자 한다면 국내 민방위 역량을 강화하고 공공의료 체계를 정비하면 됩니다. 이라크 전쟁은 테러 대비와 아무 상관이 없습니다. 특히 이라크에 존재하지 않는 대량 살상무기에 관해 국민에게 거짓말을 한 부시 정권의 부도덕성은 역겹습니다. 나는 젊은 침례교 목사 밥 무어가 이끄는 시민단체 '프린스턴 평화행동연합'에 가입했고, 이를 자랑스럽게 생각합니다. 지난 몇 달간 이 단체는 적극적으로 행진, 의회 로비 활동을 벌여 일부 성공을 거뒀습니다. 연방하원의 뉴저지 주 출신 의원 중 다섯 명이 이라크 전쟁에 반대하는 표를 던졌습니다.

이라크 침공을 시작한 날 나는 몇몇 동료 및 학생들과 코스타리카에 있었다. 봄방학을 이용해 천체생물학 과정 현장학습을 진행하고 있었다. 공격이 시작됐을 때 중미 지역은 늦은 오후에서 저녁으로 넘어갈 무렵이었다. 우리는 다음 날 아침 귀국 비행기를 타기 위해 공항에서 가까운 산호세에 머물고 있었다. 산호세 시내 광장에는 점보트론 텔레비전이 설치돼 있다. 거리 악사의 음악을 들으며 아이스크림을 먹고 있는데, 대형 스크린에 바그다드 상공을 선회하는 미국 전투기가 등장하며 공격이 개시됐다는 뉴스가 나왔다. 코스타리카인들은 믿기 어렵다는 표정이었다. 우리 머릿속에는 "전쟁은 시작보다 종결이 훨씬 어렵다"와 "지금까지 이라크가 테러 국가였든 아니었든 이제는 확실히 테러 국가가 될 것이다"라는 두 가지 비관적 생각이 떠올랐다.

'부수적 피해(군사작전에 따른 민간인 피해-옮긴이)'를 최소화하기 위해 '스마트 폭탄'이 광범위하게 사용되고 있다는 선전이 이어졌다. 우리는 다이슨 교수가 스마트 폭탄을 어떻게 생각하는지 궁금했다.

2003년 5월 8일
다이슨 교수님께
… 정밀유도폭탄의 개발이 '소년 십자군'에 묘사된 공군력 관련 상황을 바꿔놓았다고 보십니까?

2003년 5월 21일
드와이트에게
여러분 소식을 들으니 반갑습니다.
정밀유도폭탄의 개발로 공군력의 효율성은 어느 정도 향상됐지만 정부가 선전하고 있는 수준만큼은 아닙니다. 정밀폭격은 제대로 된 방어망이 없을 때는 가능해도 그렇지 않으면 잘 작동하지 않습니다. 2차 대전 때나 지금이나 마찬가지입니다. 2차 대전 막바지 몇 달 동안 영국 공군은 대단히 효과적으로 야간 정밀폭격을 수행해 독일에 남아 있던 정유공장을 며칠 만에 모조리 파괴했습니다. 작은 모스키토 비행기를 이용한 '마스터 폭격기'가 저공비행을 하며 정확하게 목표물에 신호탄을 투하하는 방식이었습니다. 그 신호탄을 향해 폭탄을 발사할 대형 폭격기들은 마스터 폭격기와 계속 무전을 주고받으며 어디를 겨냥해야 하는지 구체적인 안내를 받습니다. 이 방법 덕에 낭비되는 폭탄이 거의 없었습니다. 하지만 이는 독일의 방어망이 붕괴된 뒤에야 제대로 작동했습니다. 지금 이라크도 똑같은 상황입니다. 이라크의 방어망이 건재했으면 폭격기가 이라크 상공에 얼쩡거리지 못했을 테고, GPS 유도 체계는 교란당했을 것이며, 우리 측 순항미사일은 곧 소진됐을 겁니다. 불행히도 미국 대중은 이라크에서 성공한 작전이 다른 곳에서도 성공할 것이라 믿도록 오도당하고 있습니다. 베트남전이 그랬듯, 제대로 된 방어망을 갖춘 나라와 싸우면 이런 정밀 폭격 체계는 결코 뜻대로 작동하지 않을 것입니다. 베트남은 러시아가 지원한 고성능 지대공 미사일을 이용해 우리의 B-2 폭격기를 다수 격추시킴으로써 정밀폭격 자체를 차단해버렸습니다. 부시 대통령이 우리를 제2의 베트남전쟁으로 몰고가지 않기를 기도합니다.

항공역사학자 에드워드 자블론스키는 수세기 동안 민간인들이 전쟁에서 목숨을 잃은 이유는 그저 그들이 그 위치에 있었기 때문이었다고 기술했다.

… 아무도 작정하고 그들을 죽이려 들지 않았다. 전략적 폭격이란 독트린이 등장하면서 상황이 완전히 달라졌다. … 흥미롭게도 전략적 폭격이란 아이디어를 발전시킨 주체는 평화를 사랑하는 민주주

주의 국가였다. 영국이 그랬고, 영국보다 더 큰 역할을 미국이 했다.
[Jablonski(1971)][xii]

선한 명분의 추락

프랭크 톰슨은 프리먼 다이슨보다 나이가 위인 윈체스터 칼리지 급우였다. 자신만만한 모험가인 톰슨은 언어에 재능이 많고 시를 매우 사랑했다. 《프리먼 다이슨, 20세기를 말하다》 4장 '어느 시인의 피'에 그의 얘기가 나온다. "시는 영혼의 가장 깊숙한 곳으로부터 지혜를 길어 올리려는 인간 노력의 정수다. 내가 수학 없이 살 수 없듯 프랭크는 시 없이는 살 수 없다."[Dyson(1979a)][35]

2003년 12월 8일

다이슨 교수님께

저희 질문에 인내를 갖고 답해주셔서 다시 한번 감사드립니다. …
교수님께서 가장 좋아하시는 시인은 누구입니까?

2003년 12월 9일

드와이트와 학생들에게

내가 가장 좋아하는 시인은 윌리엄 블레이크입니다. 이유를 설명하려 애쓰지는 않겠습니다. 시는 음악과 같습니다. 느낄 수는 있어도 설명할 수는 없지요. 블레이크는 다양한 주제를 저항적이고 강한 어휘로 표현했습니다. 《프리먼 다이슨, 20세기를 말하다》에서는 블레이크의 시를 딱 한 구절 인용했습니다. 도버 샤프가 살해당했을 때 내 머리에 떠오른 "망자들의 뼈 위로 수레를 몰고 쟁기질을 하라"(157쪽)는 구절입니다. 《무한한 다양성을 위하여(Infinite in All Directions)》에서는 블레이크에 대해 더 자세히 언급하면서 시도 더 길게 인용했습니다(131~134쪽). 왜 그를 나와 비슷한 부류라고 생각하는지 밝혔지요. 주로 1793년작 '아메리카, 하나의 예언'에서 인용했습니다.

다이슨 교수가 인용한 블레이크의 시는 뒤에 살펴볼 것이다. 한편, 프랭크 톰슨은 1938년, 윈체스터를 떠났고 프리먼은 이후로 그를 만나지 못했다. 프랭크는 옥스퍼드로 가서 공산당에 가입했다. 1939년 전쟁이 시작됐을 때 징집돼 리비아, 이집트, 팔레스타인, 페르시아 등지로 파병됐다. "그는 때때로 전투에 참가하면서 새로운 친구를 늘려가고 새로운 언어를 배웠다. 1944년 1월 그는 독일이 점령한 유고슬라비아로 공수돼 낙하산을 타고 침투했다. 영국군 연락장교로서 불가리아 비밀저항군과 접촉하는 임무가 주어졌다."[Dyson (1979a)][37]

프랭크와 동지들은 생포돼 열흘간 형식적인 재판을 받은 뒤 사형당했다. 그 재판에서 톰슨은 정확하고 유창한 불가리아어로 심문에 답변했다. 불가리아에 왜 왔느냐는 질문에 그는 "이 전쟁에는 국가 대 국가의 싸움보다 훨씬 더 심오한 무엇인가가 걸려 있다. … 나는 자유를 위해 죽을 준비가 돼 있다. 그 죽음의 길에 불가리아 애국자들과 동행하게 되어 자랑스럽다."라고 답했다. 사형수들은 프랭크 톰슨을 필두로 법정을 나서며 지하조직 '조국전선(Fatherland Front)'의 방식 대로 자유에 대한 경례를 했다. 사형대에서도 이 경례와 함께 죽음을 맞이했다. "불가리아 역사를 통틀어 가장 감동적인 순간 중 하나였다."[Dyson(1979a)][37 - 38]

프랭크 톰슨의 전쟁, 그러니까 시인의 전쟁에서 주인공은 고귀한 목표를 위해 두려워하지 않고 품격 있게 죽음을 맞았다. 폭격사령부의 전쟁, 그러니까 기술인의 전쟁에서 죽음은 산업의 대량생산처럼 대규모로 발생하며 그 자체로 끝이 된다.

2차 대전의 폐허에서 인류를 구원할 희망이 솟아날 수 있다면, 그 희망은 내가 참여했던 기술인의 전쟁이 아니라 프랭크가 싸웠던 시인의 전쟁에서 싹틀 것이라 생각했다. …
이런 경험에서 어떤 교훈을 얻을 수 있을까? 가장 중요한 교훈 한 가지는 명확하다. 아무리 선한 명분이라 해도 이를 달성하는 방식이 잔혹하다면 악한 명분으로 전락하고 만다. 반면 악한 명분이라도 많은 사람들이 동료의식과 희생정신을 바탕으로 이를 지키기 위해 싸운다면 선한 명분이 될 수도 있다. 즉 싸움의 방식에 따라 명분이 선해지기도 하고 악해지기도 한다. 전쟁에서 기술적인 요소의 비중이 커질수록 싸우는 방식을 잘못 선택하면 선한 명분이 더 처참하게 악한 명분으로 전락하고 만다.[Dyson(1979a)][40 - 41]

우리는 2002년 5월 7일 다이슨 교수에게 보낸 편지에서 곧 다가올 9.11 테러 1주기를 맞이하여 선한 명분의 추락에 관한 이 구절을 인용하며 다음과 같은 질문을 던졌다. "이런 사실에 비춰볼 때 9.11 테러와 그 여파, 그리고 현재 진행 중인 이스라엘-팔레스타인 갈등에 대해서 어떤 말씀을 해주시겠습니까?" 다이슨 교수는 여행 중에 우리 편지를 받았는데, 성실히 답변해주었다.

2002년 5월 7일

드와이트에게

지금은 질문에 답하기 어려운 상황이라는 것을 알리려고 이 글을 씁니다. 나는 집을 떠나 캘리포니아 제트추진연구소(JPL)에 와 있습니다. 5월 16일이 지나야 집에 돌아갑니다. 모두 좋은 질문들이라 서둘러 답할 수는 없을 것 같네요. … 학생들에게 미안하다고 전해주세요.

2002년 5월 7일

다이슨 교수님께

괜찮습니다. … 오히려 저희를 편하게 생각하시는 듯하여 기분이 좋습니다. 이메일 보내주셔서 감사합니다. 학생들에게 전하겠습니다. … 질문에 대한 걱정은 접어두시고 즐거운 시간 보내십시오. …

미뤄진 답변은 기다릴 만한 가치가 있었다. 우리의 상상을 뛰어넘는 답변이 도착했다. 다이슨 교수는 가족의 소식을 먼저 전한 뒤 본론으로 들어갔다.

2002년 5월 20일

드와이트와 학생들에게

여행에서 돌아와 답할 준비가 됐습니다. 어머니날이었던 5월 12일 장로교 목사인 딸 미아가 기쁜 소식을 보내왔습니다. 우리에게 손주가 한 명 더 늘었습니다. 절묘하게 자정을 갓 넘긴 시각에 태어난 덕택에 관리의료 규정에 따라 미아는 이틀이 아닌 사흘간 병원에 머물 수 있게 됐습니다. 산모와 아기 모두 건강합니다.

9.11 사건과 이스라엘-팔레스타인 분쟁을 어떻게 생각하는가? 나는 9.11 테러범들이 죽음을 불사한 명분이 사우디아라비아에서 미군을 쫓아내기 위함인지, 그 명분이 옳은지 그른지, 지금 판단하기에는 너무 이르다고 생각합니다. 내 생각에, 이스라엘군을 자국 땅에서 몰아내기 위한 팔레스타인 자살폭탄 공격은 명분만큼은 옳습니다. 그러나 두 경우 모두 수많은 민간인의 목숨을 앗아갔기에 정당성에 타격을 입었습니다. 무자비한 싸움의 방식으로 인해 선한 명분이 악한 명분으로 전락한 것이지요.

명분과 수단의 관계에 대해서는 내 젊은 시절의 생생한 기억을 여러분과 나누고 싶습니다. 1940년 9월 런던에 사는 열여섯 소년이었던 나는 늘 반항심에 차 있었습니다. 영국에서 많은 혜택을 받으며 자랐지만, 대영제국 및 그 제국이 상징하는 모든 것에 대해 매우 적대적이었습니다. 나는 런던을 억압의 요새라고 여겼고 혐오했습니다. 세계 구석구석에서 부(富)를 빨아들이는 거대한 빌딩이 모여 있었으니까요. 머리 위로는 독일 폭격기가 날아다녔지요. 나는 침대에 누워 폭탄이 터지고 건물이 무너지는 소리를 들었습니다.

폭탄이 터질 때마다 과자 부서지는 소리를 내며 건물들이 무너졌는데 나는 그것이 대영제국이 몰락하는 소리로 들려 희열을 느꼈습니다. 그 소리가 주는 즐거움은 우리 집이 폭격당할지 모른다는 두려움이나 화염에 휩싸여 죽어갈지도 모를 사람에 대한 안타까움보다 훨씬 컸습니다. 요즘 TV에서 세계무역센터 건물이 무너지는 장면을 보고 있으면 세계 전역의 16세 소년들이 내가 1940년에 느꼈던 희열을 맛보고 있지는 않을까 생각하기도 합니다. 결의에 차서 비행기를 탈취해 건물로 돌진한 젊은이들의 마음을 상상하기란 어렵지 않습니다. 내가 그들 중 하나가 됐을 수도 있습니다.

테러는 결코 군사적 문제가 아니라는 것이 이 기억에서 내가 찾아낼 수 있는 유일한 지혜입니다. 이는 사람들의 마음과 정신의 문제입니다. 군사적 수단으로 해결하려 들면 상황을 더욱 악화시킬 뿐입니다. 일단 미국이 세계를 향해 이래라저래라 지시하는 태도를 버려야 합니다. 미국이 바라는 대로 세계를 뜯어고치려 하지 말고 있는 그대로 더불어 사는 법을 배워야 합니다. 적을 존중함으로써 그들의 문화와 전통을 짓밟지 않겠다는 뜻을 분명히 전달해야 합니다. 적을 파괴하려 하지 말고 친구로 만드는 노력을 해야 합니다.

전쟁은 계속됐다. 런던 주민들이 낮에는 화재 진압에 동원되고 밤에는 지하철을 이용해 방공호로 모이는 나날이 이어지는 동안 대공습을 바라보는 젊은 프리먼 다이슨의 시선도 미묘하게 바뀌어갔다.

윤리적 원칙을 고수하기는 갈수록 힘들어졌다. 국가에 대한 충성을

▲ 1941년 5월 11일 시티 오브 런던의 퀸 빅토리아 스트리트 23, 25번지에서 담배회사 존우드&선즈의 건물 외벽이 무너지는 모습. 5월 10일 야간 공습은 독일군의 영국 대공습을 통틀어 가장 참혹했다. 이 일대의 공습경보가 해제된 뒤 아서 크로스 순경과 프레드 팁스 순경이 이 사진을 찍었다. (사진과 캡션 출처: 런던박물관)

논리적으로 거부하는 마음과 살아남기 위해 용기와 씩씩함으로 가장 해야 하는 일상의 틈새는 점점 더 커졌다. 우리 아버지에게는 아주 단순한 문제였다. 아버지는 나와 논쟁할 필요를 느끼지 못했다. … 상황이 악화일로를 달리던 1940년, 아버지는 "우리는 그냥 웬만큼 괜찮게 행동하면 돼. 그러면 곧 온 세계가 우리 편이 될 거다."라고 말했다. 아버지가 말한 온 세계는 아마 미국이라는 세계, 아들이 사는 세계였을 것이다.[Dyson(1979a)][87]

마이클이란 학생이 이 구절에 대해 다음과 같이 언급했다.

나는 이번 주 프리먼 다이슨의 책을 읽고 많은 생각이 들었다. 책에는 그의 아버지가 남긴 말이 나온다. "우리는 그냥 웬만큼 괜찮게 행동하면 돼. 그러면 곧 온 세계가 우리 편이 될 거다." … 전적으로 동의한다. … 모두가 '웬만큼 괜찮기만 해도' 전쟁, 기아, 빈곤은 사라질 수 있다. 웬만큼 괜찮은 사람들은 탐욕과 권력욕 때문에 남을 죽이지는 않는다. 웬만큼 괜찮은 사람들은 누군가 굶어 죽게 내버려두지 않는다. 웬만큼 괜찮은 사람들은 다른 사람의 삶이 괜찮을 수 있도록 적은 돈이나마 기꺼이 보탠다. 나는 지금 웬만큼 괜찮은 사람이 되기 위해 노력하고 있다. 세상을 바꾸는 이상주의자가 될 것인지를 고민할 참이다.

1995년 4월 19일 오클라호마시티 주민들은 폭탄 테러의 희생자가 됐다. 연방정부청사 앞에 주차돼 있던 트럭이 폭발한 것이다. 트럭에는 질산암모늄이 가득 들어 있었다. 희생자 168명 중 열아홉 명은 건물 2층 어린이집에 있던 영유아들이었다. 폭탄이 터진 곳으로부터 약 11킬로미터 떨어진 우리 캠퍼스에서도 충격파가 느껴졌다. 1940년 9월 대공습이 시작된 뒤 무려 37주 동안 런던 시민들이 어떤 고통을 감내해야 했을지 4월 19일 사건 이후에야 제대로 이해할 수 있었다. 사건이 발생하고 며칠 뒤 수강생들은 다이슨 교수에게 질문을 보내며 별도의 편지를 동봉했다.

1995년 4월 25일

다이슨 교수님께

… 오클라호마시티 폭탄 테러 소식입니다. 도시 전체가 애도하는 가운데 암울한 작업이 계속되고 있습니다. 지금도 구조대가 어린이집 잔해에 접근을 시도하고 있습니다. 어린이들이 매몰된 그곳은 거대한 돌무더기에 덮여 있습니다. … 하지만 여기는 은총이 가득한 도시입니다. 희생자, 유족, 구조대가 무엇을 필요로 하건 지역사회가 바로 나섭니다. 소수의 비겁하고 사악한 행동은 다수의 넘치는 사랑과 은혜에 비할 수 없습니다. "네 마음에 도장같이 새기라. 사랑은 죽음보다 강하니."[06]

오클라호마시티 사태에 관한 우리의 편지를 읽고 다이슨 교수는 열여섯 살 때 대공습을 겪으며 느꼈던 단상을 전했다.

1995년 4월 26일

드와이트 노이엔슈반더 교수에게

오클라호마시티에 관한 감동적인 편지와 학생들의 질문 감사합니다. 편지를 읽으니 영국 대공습의 기억이 되살아나네요. 지역사회의 유대감과 강인함, 형제애는 당시에도 똑같았습니다. 또한 우리는 공습에 동원돼 하늘에서 목숨을 걸고 폭탄을 투하하는 독일 소년들에 대해 증오를 품지 않으려 했습니다. 그들도 우리와 같은 배

---

06 아가서 8장 6절로, 편지에서는 의도적으로 수정되었다. 킹제임스 영어성경 문구는 조금 다르다.

를 탄 사람들임을 알았기 때문이지요.

이 글을 읽은 학생들은 다이슨 교수에게 다시 편지를 보냈다.

1995년 5월 16일
다이슨 교수님께
… 오클라호마시티의 비극이 발견한 '지역사회의 유대감과 강인함, 형제애'에 관해 좋은 말씀을 해주셔서 감사합니다. 《프리먼 다이슨, 20세기를 말하다》에 쓰신 내용은 지난 몇 주간 벌어진 사건에 적절히 들어맞았습니다. … 예를 들어 "싸움의 방식에 따라 명분은 선해지기도 하고 악해지기도 한다"는 구절이 그렇습니다. 테러범은 명백하게 연방정부와 전쟁을 벌이고 있다고 생각했습니다. 트럭폭탄이란 전술을 이용해 영유아 열아홉 명 등, 무고한 시민 168명을 죽음으로 몰아넣은 행위는 목적이 수단을 결코 정당화할 수 없다는 사실을 다시 일깨워줬습니다. …
따져보면 오클라호마시티 및 근교 지역 가정 전체가 이 비극에 연결되어 있을 것입니다. 테러 사상자를 직접 알지는 못하더라도 인맥을 더듬어보면 친구의 친구, 동료의 친척이 나오겠지요. 우리 수업을 듣는 학생들도 테러 발생 직후 자원봉사에 나섰습니다. 구호품을 나눠주고, 상담을 해주고, 다른 도시에서 온 구조대원들의 숙소로 사용되는 컨벤션센터에서 일을 돕습니다. 시간과 물자 기부는 물론이고, 형제의 시신 확인을 위해 급히 불려간 부모를 대신하여 자녀를 돌보기도 합니다. 희생자와 그 가족을 보듬고 감싸 안는 지역사회의 정이 이 비극을 상쇄하는 은총이 아닐까 합니다. 그 정이 나라 전체를 움직였습니다. 미국 전역의 아이들로부터 오클라호마시티 어린이들과 구조대원들을 위한 편지가 쇄도하고 있습니다. … 테러범의 광포는 여기에 견줄 수 없습니다. 영국 대공습이나 드레스덴, 히로시마를 경험하지 못한 이들도 이런 재앙의 피해자들이 어떤 가치와 원칙을 추구하게 되는지 이제 대략적으로나마 이해하게 된 듯합니다. …

2004년 봄 학기 학생들은 목적과 수단의 조화라는 중요한 질문을 다시 꺼냈다.

2004년 5월 6일
다이슨 교수님께
… 교수님은 "무차별 살상 방식을 동원해 싸운다면 선한 명분도 악해질 수 있다"는 사실을 보여주셨습니다. 2001년 9.11 테러는 의심할 바 없이 악행이었습니다. 그런데 그런 수단을 통해 악해졌지만 애초에는 선했을 명분이란 무엇이었을까요? 즉 우리가 놓쳐서는 안 될 아랍세계의 올바른 메시지는 무엇일까요? 우리 역시 전쟁을 벌여 선한 명분을 악으로 물들였을까요?

2004년 5월 6일
드와이트에게
… 매우 어려운 질문입니다. 9.11 테러범들의 머릿속에 정확히 어떤

생각이 오갔는지 알 길이 없지요. 그저 오사마 빈 라덴이 사우디아라비아 내 미군 기지와 미국 기업들을 혐오했고 아랍세계에서 미국인을 쫓아내려고 폭력을 행사했다는 정도만 알려져 있을 뿐입니다. 절대 고귀한 명분은 아니지만 이해는 할 수 있다고 생각합니다. 우리가 이라크를 침공함으로써 그의 손에 놀아나게 됐다는 점은 명백합니다. 이라크 침공은 국지적 다툼을 전면전으로 바꿔놓았고, 애초 선했던 우리의 명분을 타락시켰습니다. 우리는 "이스라엘에 대한 무조건적인 지지를 중단하고 독립을 위해 싸우는 팔레스타인에 조금이라도 지지를 보내라" 하는 아랍 온건파의 목소리에 귀를 기울였어야 했습니다.

다이슨 교수는 2012년 11월 어느 금요일 아침 올랜도에서 열렸던 회의에 참석하여 물리학도 600명과 대화를 나누었다. 나도 그와 대화할 기회를 몇 차례 얻었다. 일단 가족의 안부를 묻고(손주 한 명이 의대에 진학했다) "싸우는 이유뿐 아니라 싸우는 방식에 따라 명분은 선해지기도 하고 악해지기도 한다"는 구절을 언급한 뒤, 9.11 테러 이후 몇 주 동안 아무도 입 밖에 내지 않았던 질문을 꺼냈다. 비록 무차별 살상으로 인해 그들의 명분이 악해지기는 했지만, 왜 그들이 우리를 그토록 미워하는지 공개적으로 물었던 미국인은 내가 기억하는 한 아무도 없었다. 이 문제에 대한 다이슨 교수의 생각은 나를 놀라게 했다. 그는 "질문 자체에 동의하지 않는다"고 했다. "탈취범들은 우리를 미워했기 때문이 아니라 서로를 사랑했기 때문에 그렇게 했다고 봅니다." 이어 2차 대전이 끝나갈 무렵 등장한 일본의 가미카제 전투기에 왜 조종사가 두 명씩 탑승했는지 설명했다. 전쟁이나 천황에 대해 어떤 소신을 지니고 있었든, 두 젊은이는 동지로서 함께 전투기에 올랐고 최후의 비행을 위해 이륙했다. 의무감, 명령 때문에 전투기에 앉았지만, 적을 향해 돌진하는 최후의 순간에 그들이 전투기를 버리지 않은 이유는 서로에 대한 의리 때문이었다.

2009년 봄 학기 수강생 필립은 주간 편지에서 동기(動機)에 관한 질문을 던졌다.

… 잡지 기사를 보면 '테러리스트'를 묘사할 때 무작정 '생각이 폐쇄적인 사람들'이라는 꼬리표를 붙인다. 독자에게 공격에 앞서 토론해야 하고, 대응에 나서기 전에 먼저 들어봐야 한다고 말하면서도 우리는 악당과 싸우고 있으며 이 국제적 소용돌이 속에서 우리 편이 옳은 편이라는 정보를 주입한다. 하지만 나는 묻는다. 왜 우리가 옳은 편인가? 왜 상대방은 그른가? 그러면 종종, 우리가 상대방을 자극하지도 않았는데 이 테러리스트들이 우리를 공격했다는 답이 돌아온다. 그러면 나는 또 묻는다. "그럼 그들이 왜 우리를 공격했을까?" 이 질문에는 대개 "그들이 우리를 증오하기 때문"이라는 답이 이어진다. 증오의 구체적 이유는 묘사되지 않는다. 그냥 테러리스트니까 우리를 당연히 증오한다는 논리다. 테러리스트의 본분이 사람에 대한 증오인 것이다. 이는 인간의 합리성에 대한 내 생각과 크게 동떨어져 있다.

누가 시작했든 싸움이 끝나지 않고 지속된다면 우리도 일부 책임이 있다고 나는 생각한다. "테러리스트와는 협상하지 않는다"는 말은 이제 상식이 됐다. … 하지만 왜 그들의 말을 듣지도 않으려 하는 가? 우리는 테러리스트가 상대방의 합리적 의견에 아예 귀를 닫고 있다고 생각하는데, 우리도 마찬가지인 듯하다.

2011년 '아랍의 봄'은 수강생들에게 목적과 수단에 대해 다시 한번 고찰해볼 수 있는 계기를 제공했다. 해당 국가의 학생들이 주도적 역할을 했기에 우리는 사태의 전개에 특히 더 주목했다.

2011년 4월 29일
다이슨 교수님께
올해도 교수님과 가족들에게 멋진 해가 되기를 기원합니다.
… "싸우는 이유뿐 아니라 싸우는 방법에 따라 명분이 선해지기도, 악해지기도 한다"는 관점에서 최근 튀니지, 이집트, 리비아, 시리아의 상황을 어떻게 보십니까? (저희는 학생들이 저항의 선봉에 섰다는 사실이 자랑스럽습니다)

2011년 4월 29일
드와이트에게
… 사려 깊은 편지와 학생들의 질문이 마침 우리가 일주일간 영국에서 머물기 위해 떠나려는 때에 도착했습니다. 돌아온 다음 날이면 학기가 끝나는군요. … 서둘러 피상적인 답변을 할 수밖에 없겠네요. … 학생들에게 미안하다고 전해주세요.

… 최근의 중동 상황만 보고 판단을 내리기에는 시기상조인 것 같습니다. 싸우는 방식이 선했는지 악했는지, 그래서 어떤 결과를 가져왔는지는 몇 년이 지나야 분명해집니다. 학생들만 놓고 말하자면, 정부에 대한 소극적 저항은 성공으로 이어질 가능성이 크지만, 폭동과 유혈 사태에 개입한다면 성공하지 못할 확률이 높습니다. 그러나 이 말이 맞는지 확인하려면 그 또한 시간이 필요할 겁니다. 그때까지는 그저 소극적으로 저항하는 이들의 용기에 경의를 표할 수밖에 없습니다. 리비아처럼 내전을 벌이는 행위는 현명하지 못하다는 생각이 드네요.

우리는 아랍의 봄을 시작한 학생들의 용기에 경의를 표한다. 하지만 이후 벌어진 사태를 보면 판단을 유보한 다이슨 교수가 현명했음을 알 수 있다. 학생들은 시리아 내전, 리비아의 난맥상, 주변 국가의 불안정으로 초래한 혼돈이 새로운 위험 요소로 등장하자 다시 질문을 보냈다.

2015년 4월 22일
다이슨 교수님께
미국과 나토, 다른 관련 국가들이 이슬람국가(ISIS)를 어떻게 해야 할까요? 지난 편지에서 테러는 궁극적으로 사람들 마음과 정신의 문제여서 군사 행동만으로는 해결할 수 없다고 하셨습니다. ISIS의 그릇된 신념으로 인한 잔혹한 만행이 이어지는데도 미국, 이란 등 여러 국가들이 공통의 명분 아래 힘을 모으지 못한다면 큰 문제가 아닐까요?

2015년 5월 1일

드와이트에게

… ISIS에 대해서, 그들을 어떻게 다뤄야 하는지에 대해서 뭐라고 해야 할지 잘 모르겠습니다. 다만 군사력으로 ISIS를 억지하려는 지금의 전략은 성공하지 못할 겁니다. 만약 내가 책임자라면 ISIS를 몇 년간 그냥 놔두고 어떻게 되는지 보겠습니다. 동시에 중동에서 가장 안정적이고 문명화한 나라인 이란과 친해지려 할 것입니다. 그리고 이란이 핵무기를 개발하기로 결정한다 해도 흥분하지 않을 겁니다. 애당초 우리가 중동문제에 이토록 깊이 개입하지 말았어야 했습니다.

학생들은 항상 불의에 가장 먼저 저항하는 집단이다. 열정과 에너지가 있으며 더 나은 미래를 갈망하기 때문이다. 아랍의 봄은 학생들에 의해 시작됐다. 1989년 톈안먼 사태도 학생들의 주도로 벌어졌다. 알렉산드르 솔제니친은 조지프 스탈린이 소련을 철권 통치하던 초기의 대학 상황을 이렇게 적었다. "당시 공산당원이 아닌 학생들은 대학의 자치, 집회의 자유, 정치적 교화에 치우친 교육과정의 개편을 요구했다. 그들에게 돌아간 대답은 체포였다."[Solzhenitsyn (1973)][38]

다이슨 교수는 1963년 8월 28일 워싱턴 D.C.의 링컨기념관에서 마틴 루터 킹 목사가 '저에게는 꿈이 하나 있습니다'란 연설을 하던 현장에 있었다. 시위대와 함께 기념관을 향해 행진할 때 그는 다음과 같은 사실을 목격했다. "최남부 지방에서 온 사람들은 모두 젊었다. 이제 막 어린이 티를 벗어난 정도였다. … 오지에서는 젊은이들밖에 오지 않았다."[Dyson(1979a)][141] 나는 때때로 초원지대의 작은 대학인 우리 학교 학생들이 결연히 떨쳐 일어나 거리 시위에 뛰어들려면 무엇이 필요할까 궁금해진다. 기특하게도 많은 학생들이 무료급식소와 사회복귀 훈련소, 재해 복구 활동을 벌이는 시민단체에서 자원봉사자로 활동하고 있다. 그들은 더 나은 세상을 만들고자 작은 힘이나마 보태고 있다. 우리가 토론 시간에 거듭 말했듯이 "너와 나는 세상을 바꾸도록 부름을 받지 않았다. 하지만 우리에게는 우리가 있는 곳에서, 우리가 가진 것을 이용해, 우리가 할 수 있는 일을 해나가야 한다는 소명이 있다."

젊은이들은 사회적, 기술적 도전을 두려워하지 않는다. 2차 대전이 일어나고 원자폭탄의 개발이 시급해지자 수많은 젊은이들(학생도 포함되어 있었다)이 돕겠다며 참여했다. 핵무기를 처음 개발한 이들의 평균 연령은 29세였다.[Else(1981)]

08　세계 2차 대전과 원자 폭탄

핵무기에 대한 반성

"심오한 과학 지식은 유용하기 때문에 발견된다기보다 발견이 가능해서 발견된다."

-J. 로버트 오펜하이머[01]

　1945년 이후 대학 교육을 받은 학생이라면 핵폭탄이 단순한 무기 이상임을 알아야 한다. 핵은 너무 커서 휘두를 수 없는 몽둥이다.

　남북전쟁 역사가 브루스 캐턴은 찰스턴을 향해 발사된 모기를 통해 전시(戰時) 논리의 사슬을 추적했다. "사람들은 부인할 수 없는 하나의 사실을 발판 삼아 또 다른 부인할 수 없는 사실로 옮겨가는데, 그러다 보면 터무니없는 주장에 이르게 된다. 모리스 섬에 전쟁을 몰고 온 논리도 그 자체로는 완전했다."[Catton(1965)][217] 히로시마와 나가사키에 핵폭탄을 투하하게 한 논리 역시 어느 단계에서도 비난할 수 없었다. 이 논리가 냉전시대 전략적 정책을 이끌었다.

---

01 [Rhodes(1986)][11].

핵물리학은 1911년 영국 맨체스터의 어니스트 러더퍼드와 그의 제자들이 원자 두세 개 정도 두께밖에 되지 않는 아주 얇은 금박지를 놓고 양전하 알파입자[02]의 편향을 연구하다 원자핵을 발견하면서 시작됐다. 30년 뒤 핵물리학과 유럽 파시즘은 호흡을 맞추기라도 한 듯 동시에 놀랄 만한 성장을 이뤘다. 1932년 5월 케임브리지의 제임스 채드윅이 중성자를 발견했고, 1933년 1월 아돌프 히틀러가 독일 수상이 됐다. 1934년 로마의 엔리코 페르미가 중성자를 예리한 칼처럼 사용해 원자핵을 탐측하는 데 성공했다. 1938년 12월 베를린의 오토 한과 프리츠 슈트라스만이 관련 자료를 수집하고 옛 동료였던 스웨덴의 리제 마이트너가 이를 해석해내면서 페르미의 기술을 이용한 핵분열 발견이 이루어졌다. 2차 대전은 1939년 9월 시작되었고, 1945년 8월 일본에 원자폭탄이 투하됐다.

이 일이 어떻게 가능했는지 알기 위해서는 겉으로 드러나지 않은 몇 가지 세부적 사실을 더 살펴봐야 한다. 1911년부터 1932년까지 핵은 흥미로운 수수께끼였다. 양성자가 두 개 이상인 핵이 어떻게 양성자의 전기적 반발을 극복하고 서로 결합할 수 있을까? 같은 원소의 원자인데 왜 서로 질량이 다를까? 이 질문의 답을 찾기 위해 '중성 입자'란 개념이 제시됐고 채드윅은 알파입자를 방출하는 방사성 원소 라듐을 이용해 중성자를 찾아내려고 했다. 그는 경량 금속인 베릴륨에 알파입자를 충돌시켰다. 양성자가 두 개인 알파입자는 양성자가

---

02 알파입자는 헬륨-4의 핵으로 중성자 두 개와 양성자 두 개가 결합되어 있다. 무거운 핵이 알파입자를 방출하는 알파붕괴, 중성자가 양성자로 혹은 양성자가 중성자로 바뀌는 베타붕괴, 핵에서 고에너지 광자가 방출되는 감마붕괴 등 세 가지 방사성 붕괴가 초기에 발견되었다.

네 개인 베릴륨 핵에 박히며 탄소 핵을 만들고 중성자를 방출했다. 이 중성자는 이후 일련의 충돌 과정에서 보인 반응을 통해 중성자임이 입증됐다. 채드윅의 중성자 방출 시나리오는 곧 학계 전체에 반향을 일으켰다.

전하가 없는 중성자가 핵 탐측을 위한 예리한 칼이 될 수 있다는 생각은 곧 현실화됐다. 채드윅이 중성자를 찾아낸 이듬해 페르미와 그의 제자들은 중성자를 다양한 원소에 쏟아부으며 어떤 현상이 벌어지는지 관찰했다. 리제 마이트너, 오토 한, 프리츠 슈트라스만도 페르미의 기술을 도입했다. 1938년 안슐루스(나치 독일의 오스트리아 합병-옮긴이) 직후 유태인이었던 마이트너는 스웨덴으로 탈출했다. 한은 편지로 마이트너에게 베를린에서 진행하던 실험의 진척 상황을 알렸다. 1938년 크리스마스 무렵, 한과 슈트라스만은 우라늄에 중성자를 퍼부었고 화학 작용을 통해 생성된 물질을 분리해냈다.

그들은 생성된 물질 중에 바륨처럼 비교적 가벼운 원소가 포함돼 있다는 사실을 발견했다. 중성자와 충돌했을 때 알파붕괴와 베타붕괴의 어떤 작용이 양성자가 92개나 되는 무거운 우라늄을 순식간에 양성자 56개의 바륨으로 바꿔놓았을까? 한은 편지에 이렇게 적었다. "이 문제에 대한 답을 주실 수 있다면 큰 이정표가 될 겁니다."[Rhodes(1986)][254] 마이트너는 코펜하겐의 보어 연구소에서 근무하고 있던 조카이자 물리학자 오토 프리쉬와의 토론을 통해 핵이 중성자와 충돌하면 교란된 액체 방울처럼 급격하게 아령 같은 형태로 변형된다는 추정을 내놓았다. 전자를 잔뜩 품은 양 끝이 길쭉한 목으로 연결된 상태에서 서로 밀어내려 하면 결국 핵이 파열될 수 있다.

전기적 반발로 원자가 둘로 나뉠 때 발생하는 에너지는 화학반응보다 약 2,000만 배 더 크고, 한과 슈트라스만의 실험에서 관찰된 에너지와 같은 규모일 것이다.

우라늄이 바륨을 포함한 조각들로 쪼개진다는 증거를 추가로 찾는 과정에서 $E=mc^2$이라는 공식에 따라 발생한 에너지를 계산해보니 전기적 반발 시나리오와 일치했다. 1939년 2월 마이트너와 프리쉬는 한-슈트라스만의 발견에 대한 해석을 논문으로 펴냈다.[Meitner and Frisch(1939)] 그들은 생물학의 세포 분화에서 용어를 따와 이를 '분열'이라고 불렀다.

우라늄 핵의 특정 동위원소가 분열할 때는 두 개 이상의 중성자가 방출된다.[03] 이 2차 중성자는 연쇄반응의 가능성을 만들어낸다. 2차 중성자들이 각각 인접한 미분열 우라늄 핵과 충돌하면 두 번 이상 분열이 더 발생해 최소 네 개의 중성자가 방출된다. 이들이 또 분열을 일으키면 중성자 네 개는 여덟 개가 되고, 다시 16개, 32개, 64개, 128개, 256개, 512개 등으로 늘어난다. 분열과 분열 사이 시간은 1억 분의 1초다. 핵분열성 물질 약 450그램(약 $10^{23} \approx 2^{80}$개 핵)을 핵분열 시키려면 약 100번의 배가(doubling)가 필요하고, 따라서 100만분의 1초가 소요된다. 핵분열성 물질 1~1.5킬로그램이 핵분열을 할 때 발생하는 에너지는 다이너마이트 수천 톤과 맞먹는다.

1938년 크리스마스 이후 베를린에 머물던 오토 프리쉬는 코펜하

---

03 우라늄-235 혹은 플루토늄-239의 연쇄반응에서 평균적으로 분열당 중성자 약 2.3개가 방출된다. 우라늄-238은 우라늄-235보다 풍부하지만, 분열은 하되 연쇄반응은 일으키지 않는다. 2차 중성자가 거의 방출되지 않기 때문이다.

겐으로 돌아갔고, 곧이어 코펜하겐에 있던 보어가 뉴욕으로 떠났다. 뉴욕행 배에 오르는 보어에게 오토 프리쉬가 리제 마이트너와 자신의 결론이 담긴 노트를 건넸다. 보어와 동료 레온 로젠펠트는 항해 내내 노트를 분석했다. 배는 1월 16일 뉴욕에 도착했다. 뉴욕에서 보어를 마중하러 나온 물리학자 중에 프린스턴 대학의 존 휠러가 있었다. 보어는 협업을 위해 프린스턴 대학을 몇 주간 방문하기로 했지만 잠시 뉴욕에 머물기로 했고, 로젠펠트만 휠러와 함께 프린스턴으로 갔다.[Rhodes(1986)][264 - 265]

1939년 프린스턴 대학에서 존 휠러의 강의를 들었던 학부생 중 리처드 스토너가 있었다. 40년 전 나는 스토너 교수의 대학원생 조교 중 한 명이었다. 그는 1939년 1월 휠러 교수가 흥분한 채 강의실에 들어와 "뉴욕에 도착해 배에서 내리던 닐스 보어와 레온 로젠펠트를 만났는데 그들에게 깜짝 놀랄 만한 뉴스를 들었다"고 말했다는 일화를 들려줬다. 그는 물리학과 학생들 앞에서 분필을 집어 들고 방금 전 들었다는 핵분열에 대해 적으며 설명을 시작했다. 보어는 이후 프린스턴으로 와서 휠러와 함께 핵분열 메커니즘의 구체적 이론을 수립했다. 두 사람은 그 해 9월 '핵분열 메커니즘'[Bohr and Wheeler(1939)]이란 제목의 논문을 '피지컬리뷰(Physical Review)'에 실었다. 중성자가 '액체 방울' 핵분열을 일으키게 되는 조건을 구체적인 수치까지 제시하며 설명했다.

이 논문이 공식 발표된 날짜는 1939년 9월 1일인데, 이날 히틀러는 폴란드를 기습적으로 침공했다. 당시에는 아무도 몰랐겠지만, 2차 대전이 발발하던 바로 그날 그 전쟁이 어떻게 끝날지를 예고하는 논문이 학술지에 소리 소문 없이 게재된 것이다! 스토너 교수는 보어와 휠러의 이야기를 마무리하며 내게 이렇게 말했다. "1939년 9월 1일 이후 핵분열 연구는 공식적으로 중단됐지. 누구도 거기에 대해 언급할 수 없었어."

핵분열이 발견된 뒤 60번째 크리스마스가 다가올 무렵 우리는 다이슨 교수에게 과학의 실수에 대한 주관식 질문을 보냈다.

1998년 12월 3일
다이슨 교수님께
… 과학의 가장 큰 실수가 무엇이라고 생각하십니까?

1998년 12월 5일
드와이트에게
… 과학의 가장 큰 실수는 1939년 핵분열을 발견한 시점과 2차 대전이 발발한 시점 사이에 벌어졌습니다. 물리학자들이 전문가들을 모아서 국제회의를 열고 핵무기 문제에 대해 논의할 수도 있었지요. 1975년 유전자 재조합 기술이 급작스럽게 발견되어 유전공학이 가능해졌을 때 생물학자들은 그렇게 했습니다. 위험한 실험을 금지하는 규칙에 합의했고 이후 잘 지켰습니다. 1939년에 물리학자들이 그렇게 했다면 핵무기가 만들어지지 않았을 수도 있습니다. 하지만 기회를 놓쳤습니다. 1939년 9월 2차 대전이 시작되고 난 뒤에는 각국의 과학자들이 서로 연락할 수도 없게 됐습니다. 너무 늦어버린 겁니다.
… 행복한 크리스마스와 새해가 되기를.

장치 만들기

1939년 8월 알버트 아인슈타인은 루즈벨트 대통령에게 그 유명한 핵분열 관련 서한을 보냈다. 당시 독일이 원자폭탄 제조를 시도하고 있다는 의혹을 품을 만한 이유가 있었다. 1941년 12월 7일 일본의 진주만 공습으로 원자폭탄 개발이 시급한 과제로 대두되었다. '맨해튼 지구(Manhattan District)'란 암호명으로 원자폭탄 개발 프로젝트가 시작됐고, 레슬리 그로브스 장군이 정부와 과학자들 사이 연락책을 맡았다.[04] 그로브스 장군은 J. 로버트 오펜하이머에게 맨해튼 프로젝트의 과학 분야 총괄을 맡겼다. 오펜하이머가 맡은 직책의 암호명은 '급속한 파열의 조율자(Coordinator of Rapid Rupture)'였다.[05]

    1938년 엔리코 페르미는 가족을 데리고 파시스트가 장악한 이탈리아를 탈출했다. 뉴욕 컬럼비아 대학이 그에게 자리를 제공했고, 보어가 1939년 1월 16일 도착했을 때, 그를 만난 물리학자 중에 페르미도 포함돼 있었다. 얼마 뒤 페르미는 시카고 대학에서 종신직 제안을 받았다. 그리고 거기서 최초의 핵 연쇄반응 실험을 이끌었다. 이 실험은 1942년 12월 2일 미식축구 경기장 스탠드 밑에 있는 스쿼시 구장에서 진행됐다. 페르미는 흑연 벽돌을 격자 모양으로 쌓아 만든 거대한 틀 안에서 산화우라늄 통 사이마다 중성자를 흡수하는 카드뮴 막대들

---

04 그로브스 장군은 또한 미 국방부 건물인 펜타곤 건설 프로젝트도 담당했다. 그의 주도 하에 애초 예산과 일정 대로 완료되었다.

05 [Else(1981)]. 오펜하이머와 제자 H. 스나이더의 논문은 보어-휠러의 핵분열 논문과 함께 '피지컬 리뷰'에 실렸다. 이 논문은 아인슈타인의 상대성이론을 바탕으로 중력붕괴를 예측했다. 이 중력붕괴는 훗날 '블랙홀'이라 명명된다.[Oppenheimer and Snyder(1939)]

을 제어봉처럼 배치해 핵 연쇄반응을 조절했다. 실험은 제어봉을 끝까지 삽입하여 카드뮴이 2차 중성자를 완전히 흡수한 상태에서 시작했다. 이어 중성자가 절반만 흡수될 때까지 제어봉을 천천히 뺐다. 분열마다 중성자가 하나씩만 방출되어 한 번의 분열이 더 일어났다. 통제 불능 상태로 치닫지 않는 선에서 연쇄반응이 자동으로 이뤄지게 된 것이다.[Fermi(2009)] 이 원리는 상업적 원자로의 근간이 된다. 이 과정에서 발생한 열은 물을 끓여 초고온의 증기를 만들고, 그 증기가 발전기의 터빈을 돌려 전력을 생산한다.[06]

첫 핵폭탄 제작에는 유럽에서 탈출한 다른 과학자들도 동참했다. 독일의 물리학자 한스 베테는 전쟁이 끝난 뒤 코넬 대학에서 프리먼 다이슨의 멘토가 됐다. 헝가리의 물리학자 에드워드 텔러는 시카고 대학에서 교편을 잡았고, 폴란드 수학자 스타니스와프 울람은 위스콘신 주립대학에 둥지를 틀었다.

맨해튼 프로젝트는 애초 여기 저기 흩어져 있는 여러 대학 실험실에서 시작됐다. 오펜하이머는 연구자들이 한데 모여 마음 놓고 의견을 교환할 수 있는 한적하고 외딴 장소가 필요하다고 판단했다. 육군은 뉴멕시코 주 북부 로스앨러모스의 한 남학교 건물을 비워 제공했다. 학생들을 전학시키고 물리학자, 화학자, 수학자, 기계 제작 기술자와 그 가족들이 그곳으로 이주했다. 반원형 막사와 나무 막사로 작은 마을을 조성하고 그 주위를 철조망과 육군 캠프로 에워쌌다.

---

06 1986년 우크라이나 체르노빌 원전 사고와 2011년 일본 후쿠시마 원전 사고의 원인은 핵폭발이 아니었다. 체르노빌 사고는 고온고압 증기로 인해 원자로가 폭발하고 격납 건물이 파열되면서 일어난 참사다. 후쿠시마 사고는 쓰나미로 인해 방사성 물질이 누출되어 벌어진 재앙이다.

맨해튼 프로젝트에 집중 투입된 인재 및 자원의 규모는 그야말로 전무후무하다. 프로젝트에 참여한 교수들은 가장 뛰어난 제자들을 선발해서 동참시켰다. 1943년 봄 핵물리학을 연구하던 대학원생이 되었다고 가정해보자. 어느 날 논문 지도 교수가 사라진다. 한 달 뒤 그 교수로부터 뉴멕시코로 와서 프로젝트에 참여하라, 자세한 내용은 오면 알려주겠다는 전보를 받는다. 로스앨러모스 연구실에 들어가니 오펜하이머를 사사하는 대학원생이었던 로버트 서버가 기다리고 있다. 서버는 신참들을 앉혀놓고 간략한 로스앨러모스 관련 설명회를 연다. "실제 사용 가능한 폭탄 형태의 군사용 무기 제조가 목표"이며 "핵분열을 일으킨다고 알려진 한 가지 이상의 물질 내 고속 중성자 연쇄반응을 통해 발생하는 에너지를 이용하게 된다"는 설명이 이어진다.[Serber(1992)][4] 보안을 위해 '폭탄'은 얼마 지나지 않아 '장치'란 표현으로 대체됐다.

우라늄 동위원소 U-238[07]은 빠른 중성자와 충돌할 때 분열하지만 2차 중성자를 거의 방출하지 않아 연쇄반응은 일으키지 못한다. 더 가벼운 우라늄 동위원소 U-235는 빠른 중성자든 느린 중성자든 충돌하면 분열하고 연쇄반응에 충분한 중성자를 방출한다. 그러나 U-235는 우라늄 핵 140개 당 한 개꼴로만 존재하며 나머지는 모두 U-238이다. U-235과 U-238은 화학적으로 동일해서, 둘을 분리할 수 있는 유일한 기준은 미세한 질량 차이뿐이다. 1940년대 당시의 몇 가지 비효율

---

07 U-238 = 양자 92개 + 중성자 146개; U-235 = 양자 92개 + 중성자 143개; Pu-239 = 양자 94개 + 중성자 147개.

적인 분리 기법 중 그나마 기체 확산이 가장 효과적이었는데, 자동차 공장에 맞먹는 규모와 수준을 갖춘 시설이 필요했다. 그리하여 테네시 주 오크리지에 그 시설이 세워졌다.[08]

플루토늄-238은 빠른 중성자든 느린 중성자든 U-235보다 두 배 더 잘 분열하고 연쇄반응이 잘 일어난다.[09] 플루토늄은 방사성 반감기가 2만 4,000년밖에 안 돼 광물에는 존재하지 않는다. 자연적으로 생성되더라도 광물로 존재하기 위한 지질 작용이 이뤄지기 전에 사라져버리고 만다. Pu-239는 합성이 가능하다. 느린 중성자를 U-238 핵에 충돌시키면 약간 불안정한 U-239로 바뀌고 두 차례 베타붕괴를 거쳐 Pu-239가 된다.[10] Pu-239를 생산해 우라늄에서 분리해내기 위해 워싱턴 주 핸퍼드에 또 하나의 (자동차 공장 수준) 시설이 지어졌다. 맨해튼 프로젝트를 시작할 때만 해도 우라늄과 플루토늄 중 어느 쪽이 폭탄 연료로 더 적합한지 확실하지 않아서 양쪽을 똑같이 진행했다. 비용은 문제가 되지 않았다. 정부가 전쟁채권을 찍어내기만 하면 되었다.

핵무기가 사용되는 방식은 거칠고 폭력적이지만 기계 자체는 심오한 과학과 공학, 정밀기계 제작 기술이 결합된 경이로운 업적이다. 폭

---

08 오늘날 원심분리는 U-235가 우세한 우라늄을 '강화'하기 위해 자주 쓰이는 방법이다. 1943년에도 이 방법이 고려되기는 했으나 당시 활용했던 물질로는 불가능했다.

09 '두 배 더 잘 분열한다'는 말은, 핵분열 '단면'(분열을 일으키기 위해 중성자가 충돌해야 하는 목표 핵에 중심을 둔 면적)이 U-235보다 Pu-239에 있어 두 배 더 크다는 뜻이다.

10 우라늄 샘플에 중성자를 충돌시키면 일부 핵이 2차 중성자를 흡수하여 플루토늄-240을 생성한다. Pu-240은 폭탄설계자들에게 골칫덩이였다. 알파입자의 잠재적 방사성 방사체이기 때문이다. 알파입자가 다른 핵에 부딪히면 중성자를 방출해 연쇄반응이 너무 일찍 시작된다.

탄 설계자들이 맞닥뜨렸던 주요 공학 문제는 (a) 초기 분열이, 남아 있는 미분열 핵물질에 2차 중성자가 도달할 수 없게 만들어 연쇄반응 실패로 이어지는 상황을 막는 법, (b) 폭탄이 터져야 하는 정확한 시점에 1차 중성자들을 핵에 충돌시키는 법이었다. (a)는 방사성 물질을 철이나 U-238로 감싸서 해결했다.[11] 이 '탬퍼(tamper)'의 관성으로 100만분의 1초 동안 급속히 상승하는 압력에도 불구하고 핵분열성 물질이 한데 뭉쳐 있게 되었다. 중성자가 원자핵에 닿을 확률이 높아지도록, 중성자가 이동하는 데 필요한 100만분의 1초 동안 급속하게 커지는 압력을 견뎌준 것이다. (b)는 '발생장치(initiator)'를 개발해 해결할 수 있었다. 호두만 한 크기로 만들어졌는데, 알파입자를 방출하는 라듐이 중심에 있고, 이를 베릴륨이 둘러싸고 있으며, 알파입자를 흡수하는 니켈 층이 둘을 분리하고 있는 구조다. 호두를 부수면 라듐과 베릴륨이 섞이면서 채드윅이 중성자의 존재를 입증하기 위해 사용했던 원리로 중성자를 만들어낸다.

핵폭탄의 '임계질량'은 폭발적인 연쇄반응을 위해 필요한 핵분열성 물질 최소량을 가리킨다. 사전 폭발을 막기 위해 처음에는 핵분열 물질이 임계치 이하로 흩어져 있다가 폭발 순간에 한데 모여 임계치를 넘어서는 질량에 이르도록 설계되었다. 포신형 설계인 '리틀 보이'는 U-235 탄환을 U-235 링에 발사해 임계질량을 넘어서도록 만드는 방식인데, Pu-239는 U-235보다 두 배 더 잘 분열하기 때문에 이

---

11 로버트 서버는 《로스앨러모스 입문서》에서 금이 잠시 탬퍼로 고려된 적이 있었다고 말했다. 금은 U-235 혹은 Pu-239 2~3킬로그램에 비하면 매우 저렴했다. 상업용 핵원자로에서 핵분열성 물질은 탬퍼가 없다.

방식은 플루토늄에 적용하기에는 너무 느렸다. 하지만 부피를 압축해서 2분의 1로 줄이면 임계질량은 4분의 1로 줄어든다.[12] 플루토늄 폭탄을 위한 방사성 물질은 질량이 약 5킬로그램인 구(毬) 형태였다. 이구를 사방에서 똑같은 비율로 급속히 압축해야 임계질량 이하 상태를 임계질량 초과 상태로 만들 수 있었다. 이를 위해 이 플루토늄 구와 탬퍼를 전통적 폭약인 바라톨과 컴포지션 B로 둘러쌌다. 컴포지션 B보다 연소가 느린 바라톨은 컴포지션 B에 렌즈처럼 박아 넣었다. 표면의 이 기폭장치에서 나오는 급속한 연소의 파장이 플루토늄 구를 모든 각도에서 동시에 압축해 임계질량에 이르도록 했다. 내폭(內爆)형 핵폭탄이 만들어진 것이다.

구형 플루토늄 중심부는 자몽 정도의 크기였다. 복숭아를 반으로 가르고 씨를 빼내면 움푹한 구덩이가 생기듯 자몽을 반쪽 내어 양쪽에 각각 구덩이를 만든다고 상상해보자. 그 구덩이에 호두 크기의 발생장치를 장착한다. 내폭으로 플루토늄 구를 압축할 때 이 장치도 부서져 열리며 연쇄반응을 통한 핵폭발을 시작한다. 이 과정이 모두 100만분의 1초 안에 이뤄진다.

핵폭발 시, 폭발 지점의 온도는 태양의 핵과 비슷한 섭씨 1,500만 도까지 올라간다. 폭발 지점 혹은 폭심으로부터 1.6킬로미터 이내의 대기 온도는 섭씨 550도를 넘어선다. 충격파는 초음속으로 확산된다. 실전에서는 핵폭탄을 지상 600미터 상공에서 터뜨리는데, 지상에 닿기 전에 충격파가 폭심으로부터 전방위로 퍼져나간다. 폭심 바로 아

---

12 임계질량은 질량밀도 제곱에 반비례한다.

래 지표면인 그라운드 제로가 그 충격파에 가장 먼저 노출된다. 땅에 닿은 충격파는 반사돼 다시 튀어 오른다. 반사된 충격파는 애초 충격파가 땅으로 향하며 뜨겁게 달궈놓은 공기를 통과하기에 속도가 훨씬 빨라지고, 애초 충격파를 따라잡는다. 이러한 충격파의 결합이 그라운드 제로를 출발점으로 하여 지표면에 원통형 벽을 형성하며, 음속보다 속도가 빨라서 사람에게는 소리가 들리지 않는다.[13] 충격파가 휩쓸고 지나가면 잔해의 허리케인이 초음속으로 몰려온다. B-29 폭격기의 폭탄투하실 안에 들어가고도 남을 만큼 작은 장치 하나가 아마겟돈을 초래하는 것이다.[14] 페르미와 그의 제자들이 원자핵에 중성자를 충돌시키는 실험을 시작하며 의도했던 바는 절대 아니었다.

오토 한은 1938년 우연히 핵분열을 발견했을 때 핵무기가 개발될 수 있으리라고는 상상조차 하지 못했다. 그러다 7년 뒤 히로시마 소식을 듣고 어찌나 절망했는지 지인들은 그가 혹시 자살이라도 시도하지 않을까 노심초사했다. [Dyson(1979a)][7]

나는 대다수 학생들이 핵무기와 그 역사, 개발자들에 대해 사실상 무지한 상태로 대학에 진학한다는 사실을 알게 됐다. 라이언이란 학생은 "핵무기를 만든 사람은 물론이고 핵폭탄 그 자체에 대해서도 전혀

---

13 우리학교 물리학 교수인 딘 매커완이 나와 우리 학부생들에게 이 메커니즘에 대해 설명해주었다. 딘 매커완 교수는 2차 대전 중 맨해튼 프로젝트에 참여하여 충격파 물리학 연구를 담당했다.
14 원자폭탄을 실어 날랐던 B-29 폭격기 두 대('리틀 보이'를 히로시마에 떨어뜨린 '에놀라게이'와 '팻맨'을 나가사키에 떨어뜨린 '벅스카')는 폭탄을 싣기 위해 구조 변경을 해야 했다.

배운 적이 없다"고 썼다. 제니슬린은 이렇게 덧붙였다. "강의 시간에 이 대량 살상무기에 대해 토론하지 않았다면 그 이면을 모른 채 살고 있었을 것이다. 원자폭탄의 중심부 무게가 4.5킬로그램 정도밖에 안 되는 작은 구 형태라는 점이 흥미로웠다. 그렇게 작은데 그토록 파괴력이 엄청난 연쇄반응을 일으킬 수 있다는 사실이 믿어지지 않았다."

나는 수업시간에 학생들에게 이런 질문을 한다. 만약 여러분이 그 시절로 돌아가 맨해튼 프로젝트에 참여할 수 있게 된다면, 그런데 보유한 과학 지식은 현재가 아니라 당시 수준이라면, 그래도 참여하겠는가? 메건이라는 학생은 다음과 같이 답했다.

너무나 함축적인 질문이다. 솔직히 처음엔 답이 정해져 있는 형식적 질문이라고 생각했다. 하지만 아니었다. 그래서 고민하기 시작했다. … 강의 초반 내 대답은 '절대 아니다'였다. 세상을 파괴하는 행위에 일조하고 싶지 않았다. 그러나 좀 더 긴 고민 끝에 그렇게 단순한 문제가 아님을 깨달았다. 역사에 길이 남을 과학 실험에 참여한다는 것이 그 과학자들에게 어떤 의미였을지 곰곰 생각해봤다. … 일단 화려한 과학계 인맥, 밀려드는 스카우트 제의, 연구 기회, 후대에 이름을 남길 기회가 주어진다. 동시대인들뿐만 아니라 미래 세대에도 영향을 미칠 수 있다. 그렇게 젊은 과학자들이 그런 기회를 거부할 수 있었겠는가?

이제까지 확신하고 있었던 모든 윤리적 딜레마를 이 수업을 통해 다시 생각하게 되었다. …

결정 하나를 내리기까지는 수많은 요인이 작용한다. 여러분이 로버트 서버의 프레젠테이션을 듣는 동안 여러분의 고등학교 동창, 대학교 동창들은 이탈리아에서 기관총을 쏘고 있거나 이오 섬에서 화염방사기를 들고 다니고 있을지도 모른다. 여러분이 물리학 영역에서 쌓은 지식이 전쟁을 종결시키는 데 보탬이 된다면 최선을 다해보겠다는 사명감이 생기지 않겠는가? 과연 핵무기 개발이 탄환이나 포탄 개발보다 비윤리적인가? 맨해튼 프로젝트 참여자들은 행여 나치가 먼저 원자폭탄을 개발하면 어쩌나 두려움에 떨었다. 어차피 누군가가 만드는 데 성공할 텐데, 악랄한 경찰국가보다 민주국가에서 성공하는 편이 낫지 않겠는가? 게다가 정의에 어긋나 보이지 않는 명분을 위해 핵물리학의 창시자들과 어깨를 나란히 하고 협업할 수 있는 흔치 않은 기회가 될 것이었다.

이 문제를 토론하며 우리는 존 엘스가 1981년에 만든 다큐멘터리 영화 '트리니티 다음 날(The Day After Trinity)'을 시청했다.[Else(1981)] 로버트 오펜하이머와 맨해튼 프로젝트, 그리고 그 후폭풍에 관한 이야기다. 한스 베테, 하콘 슈발리에, 프리먼 다이슨, 도로시 매키빈, 프랭크 오펜하이머, 아이작 라비, 로버트 서버, 스탠 울람과 프랑수아 울람, 로버트 윌슨과 제인 윌슨 등의 인터뷰가 담겨 있다. 영화를 틀기 전에 나는 학생들에게 원자폭탄을 처음 만든 사람들의 성향이 어떠하리라 짐작하는지 물었다. 잠시 토론할 시간을 준 뒤 학생들이 제시한 단어를 화이트보드에 적었다. 지적(知的)이다. 집중력이 뛰어나다. 애국심이 강하다. 추진력이 강하다. 괴짜다. 냉정하다. 반사회적이다. 이런 목록을 만든 뒤 우리는 다큐멘터리를 봤다. 학생들의 짐작은 과연 얼마나 들어맞았을까? 홀리라는 학생이 평가했다.

처음에 나는 이 사람들이 전쟁 중독자에다 사람을 교묘하게 조종하고 미움과 분노로 가득한 고집불통일 거라고 생각했다. 그러니 그렇게 파괴적인 물건을 만들지 않았겠나. 이어 다큐멘터리에서 직접 이 사람들을 봤다. 가족을 사랑하고 과학을 사랑하는 사람들이었다. 나와 마찬가지로 말이다. 나는 평생 배움을 멈추지 않는 인재를 키우는 교육자가 되고 싶다. 핵폭탄을 만든 이 사람들이 바로 그런 부류였다. … 나는 이 프로젝트에 대한 그들의 사명감에 압도됐다. 오늘날 내 삶에 큰 영향을 미친 그 시대를 다른 관점에서 보게 됐다. … 사람들의 동기와 성격을 전형적인 틀에 끼워 넣기 전에 먼저 그들의 이야기를 들어봐야 한다. …

에밀리는 이렇게 덧붙였다.

무고한 사람들을 대량 살상하는 무기를 발명할 수 있다니, 어떻게 그런 짓을 할 수 있는지 궁금했다. 그런 상황에 처한다면 당당하게 떨쳐 일어나 폭력에 반기를 들어야 한다고 생각했다. 그러나 그들의 입장이었다면 나도 똑같은 선택을 했으리라는 사실을 깨달았다. 당시는 거의 모든 사람이 민족주의에 물들어 있었다. … 만약 내가 전쟁에 나가 싸울 여건은 되지 않는데 내 지식과 기술로 우리나라가 사용할 무기를 만들 수 있다면, 아마 만들었을 것이다.

다음은 시에라라는 학생의 말이다.

놀랍게도 이들은 평범하게 살던 평범한 사람들이었다. 나와 그들의 유일한 차이는 열정과 재능이다. 그들도 나처럼 사랑하고 웃을 줄 알았지만 나와 달리 너무나 똑똑하고 과학을 좋아했다. … 그들은 이 일을 맡을 자격이 있었다. 그러나 내가 보기에는 적합한 사람들이 아니었다. 전쟁과 폭탄은 냉정하고 무심하며 어둡고 악랄한 인물에 어울린다. … 폭격에 대한 그들의 반응을 보고 그들의 생각을 들었을 때 갑자기 그들도 사람이라는 사실을 깨달았다. … 나는 과학의 윤리와 도덕에 관한 질문에 관심이 많다. … 공적을 세우느라 다른 이들에게 해를 입혔다는 후회와 죄의식을 느끼고 싶지 않다.

로빈이라는 학생은 이런 생각을 자신의 삶에 투영해봤다. "그때나 지금이나 많은 과학자들이 호기심과 윤리 사이에서 아슬아슬한 줄타기를 하고 있다. … 초보 과학자로서 나는 약간 무섭다. … 내 미래에 제2의 맨해튼 프로젝트가 출현하지 않으리라고 누가 장담할 수 있겠나?" 맨해튼 프로젝트에 참여하겠느냐는 질문에 수강생 대다수가 처음에는 아니라고 답했다. 그러나 고민의 시간이 길어질수록 참여하겠다는 학생이 많아졌다. 낸시라는 학생은 주간 편지에 이렇게 썼다.

이 수업에 내가 정확히 무엇을 기대했는지는 모르겠지만 애초 상상했던 바와 매우 다르기는 하다. 생각조차 하지 못했던 고민거리가 생겼다. 만약 나에게 최초의 핵폭탄을 만들 기회가 주어진다면? (내가 그렇게 똑똑하다고 가정하고) 나는 핵폭탄을 만들까? 즉흥적인 대답은 '절대 아니다'였다. 무고한 사람들을 죽이고 다치게 하고 파괴하는 물건을 왜 만들겠나? 하지만 '트리니티 다음 날'을 본 뒤 이 질문을 다른 관점에서 바라보게 됐다.

처음엔 핵폭탄 개발자들이 무력을 지지하는 사람들일 것이라고 생각했는데, 그렇지 않았다. 그저 과학이 좋았을 뿐이고 과학을 통해 세상을 돕고자 했던 명민한 과학자들이었다. 그들은 자신들이 포기하더라도 종국에는 누군가가 핵폭탄을 만들어내고야 말리라는 사실을 알고 있었다. 그래서 조국을 보호하고 방어하려 했던 것이다. … (지능지수를 제외하고) 이들은 나와 별반 다르지 않은 사람들이었다. 핵폭탄의 후폭풍 또한 마음을 불편하게 만드는 요소다. 분명 어마어마한 내적 갈등과 죄책감에 시달렸을 것이다. 놀랍게도 나는 그들에게 측은지심을 느꼈다.

맨해튼 프로젝트가 끝나기 전에 빠져나간 사람이 있었을까? 프랭크 오펜하이머는 "독일이 항복했지만 '잘됐네, 이제 그만해도 되겠어'라고 말한 사람은 아무도 없었다. 우리는 끝까지 일을 마무리하고자 했다. 기술은 중독성이 있다."라고 회고했다. [Else(1981)]

양심의 가책으로 맨해튼 프로젝트에서 빠졌던 사람이 있다. 조지프 로트블랫이다. 그는 독일이 원자폭탄 개발에 근접하지 못했음을 확인하자 추진력을 상실했다. 더욱이 1944년 3월 제임스 채드윅의 집에서 저녁을 먹으며 그로브스 장군으로부터, 소련을 견제하기 위해 폭탄이 개발되고 있다는 말을 들은 터였다.[Abrams(1995)] 그런 이유로 핵폭탄을 개발할 수는 없다고 생각한 로트블랫은 떠나게 해달라고 요청했고 받아들여졌다. 2001년 가을학기가 끝날 무렵 학생들은, 다이슨 교수였다면 어떻게 했을지 물었다.[15]

2001년 12월 5일

다이슨 교수님께

크리스마스 휴가를 고대하고 계시겠군요. 지난 몇 달간 벌어진 일련의 사건은 우리에게 진정 중요한 가치를 깨닫게 해주었습니다.

…

교수님이라면 맨해튼 프로젝트를 진행 중인 로스앨러모스에서 빠져 나오셨을까요?

2001년 12월 8일

드와이트에게

… 2차 대전 중 로스앨러모스에 있었다면 내가 그곳을 떠났겠느냐? 답은 '결코 아니다'입니다. 영국 폭격사령부도 로스앨러모스만큼 나쁜 곳이었는데 나는 폭격사령부를 떠나지 않았습니다. 사실 나는 로스앨러모스의 로트블랫보다 폭격사령부를 떠날 명분이 더 뚜렷했습니다. 당시 폭격사령부는 실제로 수많은 아군 젊은이, 수많은

---

15 로트블랫은 1955년 발표된 러셀-아인슈타인 선언에 서명한 최연소 과학자였다. 이 선언에서 과학자들은 전 세계 지도자들에게 핵무기 폐기를 호소했다. 로트블랫은 '과학과 세계문제에 관한 퍼그워시 회의'의 창립자이자 사무총장으로 동서양 과학자들의 결합에 기여했다.

적국 민간인을 죽음으로 몰아넣고 있었습니다. 로스앨러모스가 훗날 초래할 악보다 훨씬 명백한 이유였지요. 만약 내가 로스앨러모스에 있었다면 로트블랫을 제외한 나머지 사람들과 마찬가지로 끝까지, 열심히 프로젝트를 완료했을 겁니다. 로트블랫을 존경하기는 하지만, 그의 생각에 모두 동의하지는 않습니다.

'리틀 보이'는 폭발실험을 거치지 않았지만 그 성능을 의심할 여지가 없었다. '팻맨'은 구조가 너무 복잡해서 수십억 달러를 들여가며 실험을 해야 했다. 실험은 뉴멕시코 주 소코로와 알라모고도 사이 사막에서 진행됐다. 로버트 오펜하이머는 실험 장소에 '트리니티'라는 암호명을 붙였다. 지역 주민들이 스페인어로 '호르나다 델 무에르토', 즉 '죽음의 여행'이라고 부르는 곳이었다. 1945년 7월 16일 오전 5시 30분, 카운트다운이 끝났다. 실험 책임자 케네스 베인브리지는 실험이 끝난 직후 오펜하이머에게 걸어가 고개를 절레절레 흔들며 말했다. "이봐, 이제 우린 모두 개자식이 됐어."[Goodchild(1981)][162]

핵폭탄의 사용에 대하여

"인간을 사물로 취급하는 이것이 얼마나 강력한지를 자각하게 된다." –아이작 라비[16]

---

16 [Else(1981)].

트리니티 핵실험 다음 날, 즉 독일이 항복한 지 두 달 만인 1945년 7월 17일. 트루먼, 처칠, 스탈린이 베를린 근교의 포츠담에서 만나 2주간 이어질 일정의 포문을 열었다. 태평양 전쟁을 어떻게 끝낼지 결정하고 전후 계획을 논의하기 위한 자리였다. 태평양을 가로지르며 치른 전투의 쓰라린 경험에 비춰보면 일본 본토를 침공할 경우 양측 모두 천문학적인 희생을 감내해야 했다. 그런데 7월 17일 아침 트루먼 대통령은 또 다른 선택지가 있음을 알게 됐다. 1945년 봄 프랭클린 루스벨트가 서거하며 대통령직에 올랐던 그는 헨리 스팀슨 전쟁장관을 위원장으로 임시위원회를 구성하여 핵폭탄의 사용에 관한 자문을 구했다.

헨리 스팀슨과 자문위원들은 당면한 윤리적 문제를 간과하지는 않았다. 회의 기록을 보면 핵폭탄 사용 결정 전 오랫동안 치열하게 고민했다는 사실이 여실히 드러난다. [Dyson(1979a)][42]

임시위원회는 엔리코 페르미, 아서 콤튼, 어니스트 로렌스, 로버트 오펜하이머 등 핵폭탄 개발을 주도한 저명한 과학자들로 소위원회를 구성해 조언을 들었다. 그들도 동료 과학자들에게 의견을 구했다.

학생들에게 한 가지 질문을 더 던졌다. "만약 1945년 여름 학생들이 트루먼 대통령의 자리에 있다면 핵폭탄 사용 명령을 내리겠는가?"

정말 어려운 질문이다! 처음엔 나도 당연히 아니라고 생각했다. 그렇게 많은 생명을 앗아갈 결정은 도저히 내릴 수 없을 것 같았다. 하지만 조금 더 생각해봤다. 아마 "핵폭탄을 투하하지 않을 수도 있었을까?"가 더 좋은 질문일 듯하다. 그렇게 많은 생명을 한 순간에 앗아가는 결정과, 생명을 앗아가는 상황이 장기간 지속되도록 놓아두는 결정 중 어느 쪽이 옳은가? 끝이 보이지 않는 상황에서 전쟁을 계속해 세계 각지 사람들이, 내가 보호하겠다고 선서한 국민들이 목숨을 잃도록 놓아두어도 되는가? 이 질문은 결코 단순하지 않다. 나는 핵폭탄을 투하한 트루먼 대통령을 망설임 없이 비난했는데, 그가 핵폭탄을 사용하지 않았더라도 마찬가지로 주저 없이 비난했을 것 같다.

1945년 일본의 두 도시에 핵폭탄을 투하하기까지 어떤 논쟁이 있었을까? 첫째, 원자폭탄은 엄청나게 파괴적인 무기여서 일본을 침공하지 않고도 전쟁을 빨리 끝낼 수 있다는 희망을 줬다. 그럴 경우 원자폭탄이 앗아가는 생명보다 더 많은 생명을 구할 수 있다.

둘째, 일본과 연합국은 교착 상태에 빠져 있었다. 연합국 지도자들은 '무조건 항복'을 요구했다. 일본 수뇌부는 양분됐다. 강경파 군 지휘관들은 항복보다 죽음을 더 명예롭게 여겨 '마지막까지 싸우자'고 주장했다. 민간 지도자들은 패전을 기정사실로 받아들여 가능한 한 많은 국민을 구하고 싶어 했다.[Giovannitti and Freed(1965)] 결국 연합국은 한 가지 조건을 허용했다. 천황의 유지였다. 천황은 모든 일본인이 머리 수그리고 복종하는 유일한 존재였다. 천황을 끌어내리지 않고 존중한 덕에 아시아 태평양 전역에서 여전히 질긴 생명력을 과시하던 일본군과의 지루한 게릴라전을 피할 수 있었다.[Rhodes(1986)][745]

셋째, 1945년 여름 핵폭탄 사용 반대의 명분인 도덕적 우위론은 이미 힘을 잃은 지 오래였다.

넷째, 핵폭탄의 과시만으로는 일본 수뇌부의 항복을 받아낼 수 있을지 확실치 않았다. '트리니티 다음 날'의 내레이터가 말했듯이 "민간인 100만 명이 죽고 도쿄가 폐허로 변했지만 일본은 계속 싸웠다."[Else(1981)][17]

다섯째, 맨해튼 프로젝트의 비용은 화폐 가치의 변화를 감안해 1960년대 미국이 우주 프로그램에 지출한 돈과 대략 맞먹는다. 그렇게 막대한 투자의 결과물을 사용하지 않을 명분도 부족했다. 트리니티 핵실험 소식이 포츠담에 전해졌을 때 스팀슨 장관은 보좌관에게 이렇게 말했다. "내 책임 아래 이 프로젝트에 20억 달러를 썼다. 성공했으니 내가 감옥에 갈 일은 없을 것 같다."[Rhodes(1986)][686]

여섯째, 포츠담 회담 무렵까지도 소련은 일본 침공에 적극적으로 참여하려 했다. 하지만 트루먼과 처칠은 스탈린 독재정권이 일본 땅에 조금이라도 침투하도록 내버려둘 생각이 없었다. 그렇지 않아도 독일이 둘로 쪼개질 전조를 보이고 있는데, 일본까지 그렇게 만들 수는 없었다. 소련은 플루토늄 폭탄이 나가사키에 투하되던 날 일본에 선전포고를 했다. 하지만 일본은 소련군이 진입하기 전에 항복했다.

일곱째, 미국인들과 일본인들은 애초부터 서로 적대적이었다. 권리장전에도 불구하고 미국 정부는 미국 시민권을 보유한 일본인들을 수용캠프에 억류했다. 이들 대다수는 집과 직장을 잃었다. 제3

---

17 히로시마에 먼저 원폭이 투하되고 이후 나가사키에 다시 한번 원폭이 투하되고 나서야 항복이 이루어졌다. 원폭 투하로 히로시마가 초토화되면서 교신이 어려워졌다.

대 로스앨러모스 책임자 해럴드 애그뉴는 원폭 투하 40주년 기념일에 "진주만이 없었다면 히로시마도 없었을 것"이라고 슬프게 회고했다.[Agnew(1985)]

여덟째, 우리는 미국 대통령이 누구를 지키겠다고 선서하는지 기억해야 한다. 원자폭탄을 사용할 수 있게 된 상황에서 미국의 어떤 대통령이 일본 민간인들을 살리기 위해 수많은 미국인이 희생될 대규모 지상전을 감수하겠는가? 1945년 여름 트루먼 대통령은 선택의 여지가 별로 없었다.

2000년 5월 1일

다이슨 교수님께

허락해주신다면 다시 한번 교수님 시간을 빼앗으려 합니다.

2000년 봄학기 학생들의 질문을 추렸습니다.

… 히로시마와 나가사키에 원자폭탄을 투하한 트루먼 대통령의 결정이 옳았다고 보십니까?

2000년 5월 1일

드와이트에게

… 네, 나는 트루먼 대통령이 옳은 결정을 했다고 봅니다. 2차 대전이 벌어지는 동안에 히로시마와 나가사키에서 죽은 사람보다 더 많은 사람이 매달 목숨을 잃었습니다. 원폭 투하는 종전을 불과 몇 개월 앞당기더라도 생명을 구하는 길이었습니다. 원자폭탄을 사용하지 않았다면 일본이 그 몇 개월 안에 항복했을지 알 수 없습니다.

이 문제에 대한 답을 찾기에 좋은 자료는 로버트 부토의 책《일본의 항복 결정(Japan's Decision to Surrender)》[18]입니다. 부토는 일본 전시(戰時) 지도자들의 기억이 여전히 생생했던 시점에 그들을 인터뷰했고, "핵폭탄이 투하되지 않았다면 항복을 했겠느냐?"고 물었습니다. 일본 지도자들도 그 답을 알지 못했습니다. 따라서 우리도 답을 알 수 없고, 당연히 트루먼도 알 수 없었습니다. 핵폭탄이 아니었다면 일본군은 1945년 오키나와에서 그랬듯 마지막 병사가 쓰러질 때까지 싸웠을 가능성이 상당히 높습니다. 이 또한 확신할 순 없지만, 그랬을 경우 몇 백만 명이 더 죽었겠지요. 따라서 나는 트루먼이 옳은 결정을 했다고 봅니다.

트루먼이 실제 핵폭탄을 투하하지 않기로 결정하고 그 결정을 고수할 수 있었을까 따져볼 필요도 있습니다. 아마도 그에게는 선택의 여지가 없었을 겁니다. 핵폭탄을 사용하지 않겠다고 결정하면 군 장성들과 그들 편에 선 정치인들이 격렬하게 반대했을 테고, 당시 트루먼은 대통령직에 당선된 지 얼마 되지 않은 터라 의회에 맞설 만큼 입지가 튼튼하지 못했습니다. 뚜렷한 명분 없이는 의회를 제압할 수 없었습니다. 즉, 드디어 전쟁을 끝낼 기회가 왔는데 이를 날려버릴 만큼 강한 명분을 찾지 못했던 것입니다. 나는 당시에 그의 결정이 옳다고 생각했고 지금도 그렇게 생각합니다.

웬디라는 학생은 이런 의견을 내놓았다.

---

18 로버트 J. C. 부토, 《일본의 항복 결정》, 스탠포드대학출판부, 1954.

히로시마와 2차 대전에 관한 토론에서 내가 전혀 생각해보지 않은 문제가 제기됐다. 로스앨러모스 과학자들이 겪은 갈등을 접하고 윤리적 문제와 관련해 그들의 입장에 서볼 수 있었다. … 나에게는 이 토론이 큰 도움이 되었다. 인간의 생명이 걸린 문제에 맞닥뜨리면 어떤 입장을 취해야 하는지 판단이 섰다.

역사 교사가 되려는 줄리라는 학생은 이렇게 썼다.

원자폭탄과 그 프로젝트 참여자들에 대해 토론한 이번 주 수업은 매우 흥미로웠다. 역사를 전공하는 나에게 많은 도움이 됐다. 로스앨러모스의 사람들과 그들의 삶에 대해 역사 수업보다 더 많은 내용을 다뤘다. 교사가 되면 그 시대의 과학자들, 그들이 겪은 사건을 군사적 관점에서 벗어나 가르칠 수 있을 것 같다. 프로젝트에 참여한 젊은이들을 더 깊이 이해하게 된 듯하다.

《프리먼 다이슨, 20세기를 말하다》의 4장은 다음과 같은 냉철한 고찰로 마무리된다.

원자폭탄을 만든 이들은 스스로 무엇을 만드는지 명확하게 알고 있었다. 그들은 최고의 역량을 자랑하는 집단이었다. 언젠가 그들을 만나게 될지도 모른다는 생각이 들었다. … 지금도 방사능과 화상 때문에 서서히 죽어가고 있는 히로시마 사람들의 고통은 쉽게 잊혔다. 훗날, 아주 먼 훗날에도 나는 이를 기억할 것이다.[Dyson(1979a)][44]

내 친구를 위한 진혼곡

"의사 선생님." 한 환자가 며칠 뒤 하치야 미치히코에게 말했다. "사람을 구우면 아주 작아지는 것 같아요, 그렇지 않나요?" -히로시마 일기[19]

강의실 전등이 꺼진다. 음악이 흐른다. 즈비그뉴 프라이즈너가 작곡한 미사곡 '내 친구를 위한 진혼곡'의 라크리모사 부분이다. 라크리모사는 '통곡'이란 뜻의 라틴어다. 4분 3초. 귓가에 맴도는 음울한 첫 소절은 첼로로 연주된다. 스크린에 히로시마의 버섯구름이 나온다. 네 소절 뒤 이번에는 나가사키의 버섯구름이 화면을 채운다. 음악의 흐름을 따라 이미지가 바뀐다. 무너진 집들의 잔해, 화마가 휩쓸고 간 뒤 남은 잿더미, 폐허. 음악이 멈추고 독창이 시작된다. …

아! 눈물과 애도의 그날!
흙먼지로부터 되살아나
죄인은 심판을 받으리라

스크린에 희생자 개개인의 모습이 클로즈업된다. 독창에 화음이 가세한다. 라크리모사, 라크리모사… 섬광 화상에 사람이 사람으로 보이지 않는다. 해골 무더기… 라크리모사, 라크리모사… 마지막으로 생존자 두 사람이 등장한다. 넋이 나간 듯한 일본인 엄마와 아이. 연기

---

19 [Hachiya and Wells(1955)][92].

에 휩싸인 채 망연자실 카메라를 바라보고 있다. 음악이 절정에 다다르더니, 라크리모사… 갑자기 끝나버린다. 내 친구를 위한 진혼곡.

화면이 암전된다. 어두운 강의실에서 마지막 화음의 울림이 서서히 잦아든다. 그리고… 정적이 흐른다.[20]

'내 친구를 위한 진혼곡'의 여운이 가신 뒤에도 우리는 잠시 어두운 침묵 속에 머문다. 이어 스크린에 다음 이미지가 나타난다. 검은 배경에 흰 글씨로 '전후(戰後) 전개된 상황'이라고 적혀 있다.

시작 혹은 종말

"원자력의 사용은 새로운 문제를 초래하지 않았다. 단지 기존 문제의 해결을 더 시급하게 만들었을 뿐이다." -알버트 아인슈타인[21]

1965년 한 기자가 로버트 오펜하이머를 인터뷰하며 존슨 대통령이 소련과 핵무기 제한 협상을 시작해야 한다는 로버트 케네디 상원의원의 제안을 어떻게 생각하느냐고 물었다. 오펜하이머는 체념한 듯 답변했다. "20년이나 늦었다. 트리니티 다음 날 시작했어야 했

---

20 야체크 카스프치크가 지휘하고 신포니아 바르소비아와 바르소프 체임버 콰이어, 솔로이스트 엘즈비에타 토와르니카가 협연한 즈비그뉴 프라이즈너의 '내 친구를 위한 진혼곡'(라크리모사). 워너뮤직(2000). 이 프레젠테이션을 진행한 다음 날이면 '내 친구를 위한 진혼곡'을 되풀이해 듣곤 한다. 그래야 프라이즈너의 숭고한 미사곡을 겨우 폭격 장면에서 분리시킬 수 있다.

21 [Einstein(1956)][185].

다."[Else(1981)] 트리니티 핵실험이 성공한 순간부터 오펜하이머는 핵무기에 대한 국제적 통제가 이뤄져야 한다고 권력자들을 설득하려고 노력했다. 그는 1954년 미국 정부가 그의 비밀정보 취급권한을 박탈하고 자문을 불허하자 어쩔 수 없이 포기했다.

트리니티 핵실험이 성공하고 8일째이자, 2주 일정의 포츠담 회담이 시작된 지 1주일 만인 1945년 7월 24일. 헨리 스팀슨 전쟁장관과 제임스 브라인즈 국무장관이 트루먼 대통령과 오찬 회동을 했다. 민감한 상황이 발생한 참이었다. 영 못 미더운 전시 동맹 조지프 스탈린에게 새로운 원자폭탄에 대해 알려줄 때가 된 것이다. 계속해서 비밀로 하다 드러날 경우 후폭풍이 두려웠지만 그렇다고 많은 정보를 주고 싶지는 않았다. 폭탄의 위력을 깨닫게 되면 그가 붉은 군대에 즉각 일본 침공 명령을 내릴 가능성도 있었다. 트루먼은 별일 아니라는 듯 무심하게 말을 꺼내기로 했다.

"제가 스탈린에게 무심하게 툭 던졌죠. 파괴력이 대단한 새 무기를 개발했다고. 별 관심을 보이지 않더군요. 그저 '일본과 싸울 때 유용했으면 좋겠다' 그 한마디뿐이었어요." 그 순간 참사를 직감한 로버트 오펜하이머는 딱딱하게 대답했다. "좀 지나치게 무심했네요."[Rhodes(1986)][689 - 690]

스탈린이 스파이로부터 원자폭탄의 존재를 전해 들었다는 사실을 트루먼은 몰랐다. 미국은 스탈린에게 원자폭탄에 대해 털어놓지 않았고 스탈린도 미국이 감추고 있다는 사실을 알았다. 이 순간부터 냉전이 시작됐다고 보아도 무리는 아니다.

1946년 7월 미국은 '교차로(Operation Crossroads)'란 작전명으로 새로운 핵실험을 했다. 태평양의 비키니 섬에서 핵분열 폭탄을 두 차례 터뜨렸다.[Shurcliff(1947)] 대외적 명분은 핵폭탄이 해상 선박에 미치는 영향 측정이었지만, 사실상 미국이 이러한 폭탄을 다량 보유하고 있음을 과시하려는 의도라고 의심하지 않을 수 없었다. 교차로 작전은 "전문가들이 국제적 핵무기 통제 체계 구축을 위한 노력을 기울이는 상황에 교란을 일으키는 행위였다."[Rhodes(2005)][478] 세계는 말 그대로 교차로에 놓이게 됐다.

미국이 뒤로는 몰래 신무기를 개발하면서 앞으로는 국제적 무기 통제를 외친 사례가 한두 번이 아니다. 1997년부터 미국은 땅속으로 파고 들어가 폭발하는 '벙커 버스터'란 핵폭탄 'B61-11'을 비축하기 시작했다. 그러면서 북한과 이란의 핵무기 프로그램을 비난했다. B61-11 미사일은 빠른 속도로 지표면을 향해 수직으로 떨어져 탄두를 땅속 깊이 박은 뒤 폭발한다. 미국은 B61-11을 공개하며 '무기 현대화'라고 주장했다. 이에 '핵과학자회보(The Bulletin of Atomic Scientists)'는 다음 기사를 통해 질문을 던졌다.

정부 관료에 따르면 미국은 더 이상 새로운 핵무기를 개발하지 않고 있다. 하지만 신무기란 무엇인가? B61-11 프로그램 관계자들은 '물리 탑재체(physics package)'가 이전 모델인 B61, B61-7과 달라지지 않았기 때문에 신무기가 아니라고 주장한다. 하지만 B61-7 상당수의 지하 목표물 파괴력이 대폭 강화되었고 정확한 숫자는 공개되지 않았다. 이는

'신무기'인가, '구(舊)무기'인가?[Mello(1997)]

이런 이면을 알게 되자 코디라는 학생은 당혹감을 감추지 못하며 물었다. "미국은 핵무기를 만들면서 다른 나라는 금지시키는 상황이 과연 옳은가? 미국은 되고 그들은 안 되는 이유가 무엇인가?"

2차 대전 후반부에 스탈린의 소련이 독일을 몰아내며 장악한 일련의 완충국가(폴란드, 체코슬로바키아, 알바니아, 헝가리, 불가리아, 루마니아, 동독)에서 통제력을 유지하려 한다는 사실이 분명해졌다. 윈스턴 처칠은 1946년 3월 5일 미주리 주 풀턴의 웨스트민스터 칼리지에서 연설하며 '철의 장막(iron curtain)'이란 용어를 처음 사용했다.[22] "발트해의 슈테틴(폴란드 서북부 항구도시-옮긴이)부터 아드리아해의 트리에스테(이탈리아 북동부 항구도시-옮긴이)까지 유럽 대륙을 가로질러 철의 장막이 드리워졌다."[Rhodes(2005)][237] 처칠의 철의 장막 연설이 소련에서 어떤 평가를 받았는지 찾아보면 흥미롭다. 스탈린의 후계자이면서 스탈린의 잘못을 바로잡으려 했던 니키타 흐루시초프는 훗날 회고록에 이렇게 썼다.

"전후(戰後) 자본주의 국가들과의 관계는 방화범이자 군국주의자인 처칠 때문에 심대한 타격을 입었다. 제국주의 세력을 향해 소련에 맞서도록 부추긴 그의 유명한 연설은 냉전의 시작을 알리는 신호탄이

---

22 처칠은 웨스트민스터칼리지 졸업식에 참석해 명예 학위를 받았다.

됐다. … 하필이면 미국 방문 중 그 연설이 이루어졌다는 사실이 의미 심장하다. 이제 다시 전쟁이 터진다면 미국이 이끄는 서구 연합군과 맞서야만 한다는 사실을 천명한 셈이다."[Khrushchev and Talbott(1974)] [355]

1949년 8월 29일, 소련은 주저하지 않고 첫 번째 핵분열 폭탄을 터뜨렸다. 1차 대전과 2차 대전 사이에는 20년이란 간극이 있었다. 2차 대전이 냉전으로 이어지면서 1960년대에 핵무기를 동원한 3차 대전이 벌어지리라는 우려가 지배적이었다. 이 뚜렷한 공포를 대중도 느끼고 있었다. 1946년 영화 '시작 또는 끝(The Beginning or the End)'의 포스터에는 끔찍한 버섯구름을 배경으로 서로 부둥켜안은 채 두려움 가득한 눈으로 먼 곳을 응시하는 남녀 두 쌍이 나온다. 그리고 '어디서 어떻게 닥칠지 알 수 없는 핵의 위협에 굳건히 맞선다'라는 카피가 찍혀 있다.[23] 1950년 12월 18일자 '라이프'지는 미국 주요 도시를 연결하는 8차선 고속도로 건설 계획을 '생명 벨트'라고 표현했다. 다가오는 핵전쟁의 생존자들을 난민캠프와 야전병원 등으로 수송할 수 있는 탈출경로 기능을 한다는 의미였다. 방공호는 부동산 거래에서 필수적으로 고려하는 요소가 됐고, 학교에서는 비상 대응 훈련이 이뤄졌으며, 지하를 깊이 판 공공건물들이 민간용 방공호로 지정됐다.

---

23 로버트 워커, 오드리 트로터, 톰 드레이크, 베벌리 타일러가 등장한다. 그로브스 장군이 컨설턴트 역할을 했다.

"악의 근원"

냉전의 긴장은 수소폭탄의 등장으로 인해 더욱 고조되었다. 핵분열 반응은 항성의 동력이 된다. 태양의 핵에서는 일련의 충돌을 통해 전자 네 개가 뭉쳐 헬륨-4의 핵이 된다. 이 반응은 분열 때보다 입자당 여섯 배 더 많은 에너지를 만들어낸다.[24] 핵융합 폭탄을 만들려면 작은 공간에 100만분의 1초 동안 별의 핵과 비슷한 조건을 조성해야 한다.

맨해튼 프로젝트가 진행되는 동안 에드워드 텔러는 수소폭탄 개발을 강력하게 주장했다. 오펜하이머는 에드워드 텔러 팀에 융합 연구를 허용했다. 소련이 1949년 핵분열 폭탄 실험에 성공하자 이미 핵융합 무기 개발도 시작했을지 모른다는 우려가 커져 수소폭탄이 갑자기 시급한 과제로 대두되었다. 원자력위원회(Atomic Energy Commission)를 위한 일반자문위원회(GAC)가 구성됐고, 로버트 오펜하이머가 위원장을 맡아 정부에 수소폭탄에 관한 자문을 제공하게 됐다. 핵분열 폭탄 개발을 주도한 물리학자들도 위원으로 참여했다. 1949년 10월 말, 제7차 회의에서 핵융합 수소폭탄의 추정 위력이 핵분열 원자폭탄보다 수천 배 더 크다고 판단하기에 충분한 자료가 확보됐다. 이에 그 가상의 폭탄은 '슈퍼'란 별명으로 불리게 됐다.

GAC는 만장일치로 미국이 이 끔찍한 무기를 만들어선 안 된다고 강력히 권고했다. "위원 중 단 한 명도 이 제안을 승인하지 않았다."

---

24 중원소의 핵분열과 경원소의 핵융합은 모두 에너지를 발생시킨다. 분열 및 융합 산물은 핵이 더 안정적인 원소 주기율표의 중앙에 가깝기 때문이다. 가장 안정적인 핵은 철-56이다.

[Oppenheimer et al.(1949)], [Rhodes(2005)][396 - 403] 그들은 수소폭탄 개발이 군사적으로, 정치적으로, 윤리적으로 옳지 않다고 판단했다.

수소폭탄은 군사적으로 옳지 않았다. "이 무기를 통해 인류가 맞닥뜨릴 수 있는 극한의 위험은 개발을 통해 얻을 수 있는 군사적 이점을 완전히 압도한다." 위원회는 소련이 수소폭탄을 개발할 가능성에 대해서도 "그들이 우리에게 이 무기를 사용한다면, 이미 비축해둔 다량의 원자폭탄을 이용해 보복할 수 있고, 이 방법이 '슈퍼' 사용보다 훨씬 효과적이다."라고 반박했다.

수소폭탄은 정치적으로 옳지 않았다. "이렇게 파괴력을 가늠조차 할 수 없는 무기의 존재는 필연적으로 인류의 미래에 커다란 위협이 되며, 결코 용인이 될 수 없다." 만들 수 있음에도 만들지 않는다면, 미국은 그야말로 전무후무한 리더십을 발휘할 수 있을 것이다.

… '슈퍼'를 개발하지 않기로 결정할 경우 우리는 총력전을 억지하는 본보기를 세움으로써 인류가 느끼고 있는 공포를 완화하고 희망을 키워줄 수 있게 된다.

수소폭탄은 윤리적으로 옳지 않다. 원자폭탄에 의한 피해 반경은 그 위력의 세제곱근으로 계산한다. 히로시마에서는 그라운드 제로로부터 반경 1.6킬로미터 내 모든 건물이 파괴됐다. 수소폭탄은 '리틀 보이' 1,000개와 맞먹는 위력이 있어 피해 반경도 약 16킬로미터에 달한다. 그 정도 피해 반경에 걸맞은 목표물은 대도시뿐이다. "수소폭탄은 그 특성상 군사적 목적으로 제한하기가 불가능하다. 대량 학살 무기가 될 수밖에 없다."

적국 국민도 모두 정체성과 존엄성을 지닌 인간이며 따라서 그런 무기의 사용은 어떤 윤리적 잣대로도 정당화할 수 없다. 이를 사용한다면 미국은 그 어느 국가보다 도덕적으로 열등한 위치에 놓이게 된다. 이 무기는 파괴력에 한계가 없어 그 존재와 제조 기술만으로도 인류 전체에 위협이 된다. 어떤 측면에서 보아도 악일 수밖에 없다.

이 세 가지 이유로 미국 대통령이 미국 국민과 전 세계를 향해, 이런 종류의 무기를 개발하거나 생산하는 사업은 근본적인 윤리 원칙에 어긋난다는 입장을 천명해야 한다고 본다.

GAC 보고서가 제출된 지 석 달 만인 1950년 1월 31일 백악관에서 해리 트루먼 대통령, 루이스 존슨 국방장관, 딘 애치슨 국무장관, 데이비드 릴리엔솔 원자력위원장이 모여 중대 회의를 열었다. 수소폭탄에 관한 최종 결정을 내리는 자리였다. 릴리엔솔이 수소폭탄을 만들지 말아야 할 이유를 하나씩 꼽기 시작했다. 7분쯤 지났을 때 트루먼이 그의 말을 잘랐다. "러시아인들은 만들 수 있나요?" 참석자들이 고개를 끄덕이자 트루먼은 GAC 권고에도 불구하고 이렇게 말했다. "그렇다면 우리는 선택의 여지가 없습니다. 우리도 만듭니다."[Bird and Sherwin(2005)][428]

비록 트루먼은 그들의 자문을 따르지 않았지만, 1949년 10월 GAC가 폈던 주장은 지금도 신무기가 제안될 때마다 다시 검토해볼 가치가 있다. 저지구 궤도(low-Earth-orbit)에 공격 무기를 배치하자는 미국 공군의 제안을 놓고 최근 몇 년간 비슷한 토론이 진행되었다. 이런 주제는 훨씬 대대적인 대중 토론이 수반되어야 한다.

1950년 에드워드 텔러, 스탠 울람, 존 휠러를 비롯한 많은 이들이(로버트 오펜하이머는 제외) 대통령의 명령을 이행하기 위한 작업에 착수했다. 획기적인 텔러-울람 설계는 단계별 '추진로켓' 장비였다. 플루토늄 핵분열 폭탄이 핵융합 연료의 한쪽 끝에 장착됐다. 1단계는 핵분열 폭탄이 터지면서 시작된다. 강력한 섬광이 충격파보다 먼저 핵융합 연료를 휩쓸고 지나가며 온도를 1,000만 도까지 끌어올린다. 이 강한 빛이 높은 온도와 압력을 조성하고 핵융합 연료는 적절히 제어된 상태에서 2단계가 진행된다. 100만분의 1초 동안 별의 핵을 모방한 조건이 만들어져 핵융합 폭발로 이어진다.

암호명이 '아이비 마이크'였던 최초의 수소폭탄은 액화수소를 융합 연료로 사용해 냉동장치가 필요했고, 이 때문에 운반이 불가능할 정도로 부피가 컸다. 아이비 마이크는 1952년 11월 1일, 10.4메가톤의 위력으로 폭발해 태평양의 에우겔라브 섬을 폭 1.6킬로미터에 달하는 분화구로 바꿔놓았다. 이 실험이 이뤄지기 전에 이미 액화수소를 리튬-듀테륨 반죽으로 대체한 실전 배치용 수소폭탄이 설계되고 있었다. 1954년 3월 1일 비키니 환초에서 이 설계를 시험하는 '캐슬 브라보' 실험이 진행됐다. 그 위력은 4~8메가톤 정도로 예상됐는데, 실제로는 15메가톤에 달했다.[Rhodes(2005)]

다이슨 교수는 텔러의 회고록을 논평하며 "냉전 구도에서 수소폭탄은 냉전 상태를 유지하기 위해 서구와 동구 모두에 필수적이었다."라고 지적했다. 그는 2차 대전 당시 러시아 전선에서 싸웠던 독일인 참전 장교와 1960년대 어느 날 저녁 우연히 만나 맥주를 마신 적이 있다고 했다.

그는 손가락으로 나를 가리키며 말했다. "당신들이 만든 망할 놈의 수소폭탄만 아니면 우리가 다시 러시아로 진격했을 텐데." 나는 그때 생각했다. "에드워드 텔러와 그 폭탄이 없었으면 어쩔 뻔했나."
[Dyson(2002a)]

매카시즘

아이비 마이크 실험 8개월 뒤인 1953년 8월 12일, 소련도 첫 수소폭탄 실험에 성공했다. 공포와 의심이 사회를 뒤덮으면서 많은 미국인들(특히 조지프 매카시 상원의원)의 눈에 공산주의자들이 보이기 시작했다. 공산주의 잡지를 읽는다거나, 공산당과 비슷한 명분을 추구한다거나(캘리포니아 농장의 이주 노동자를 위한 근로조건 개선 등), 친구가 공산당에 동조한다는 이유로 하원의 비미국적활동위원회에 불려가 증언을 해야 하는 상황이 됐다. 소환된 증인들은 선택의 여지가 없었다.

2001년 5월 1일
다이슨 교수님께
다시 한번 학기말이 다가와 교수님과 가족들께 인사를 전합니다.

… 과학계에 가장 부정적 영향을 줬던 과학자들의 결정은 무엇이라고 보시나요?

2001년 5월 3일

드와이트에게

노동절 편지와 질문 고맙습니다.

좋든 나쁘든 과학계 전체에 영향을 미친 과학자들의 사례를 찾기란 쉽지 않습니다. 과학계는 영역이 매우 다양하고 이해관계와 문제의식이 제각기 다른 수많은 커뮤니티로 세분화되어 있습니다.

내 생각에 가장 적합한 사례는 1950년대 미국을 휩쓴 '매카시즘'입니다. 많은 과학자가 공산주의자로 몰려 직업을 잃었지요. 피해자들은 워싱턴의 의회 위원회에 불려가 공개 조사를 당했습니다. 위원회는 그들에게 (a) 자신의 정치적 활동 및 (b) 친구들의 활동에 대해 진술하라고 요구했습니다. 피해자에게는 두 가지 선택지가 있었습니다. (c) 불리한 진술을 강요받지 않을 권리를 명시한 미국 수정헌법 제5조에 의거하여 질문에 답하기를 거부하거나, (d) 자신의 활동에 대해 자유롭게 대답하되 친구들의 활동에 대해서는 답변을 거부하는 것입니다. 당시 내 친구들 가운데 데이비드 봄은 (c)를, 웬델 퓨리와 챈들러 데이비스는 (d)를 선택했습니다. (c)를 택하면 법적으로 보호를 받았습니다. (d)를 택하면 감옥에 갈 수도 있었습니다. 하지만 (c)를 택한 사람들이 과학계에 미친 영향은 재난에 가까웠습니다. 수정헌법 5조는 대개 유죄이거나 감춰야만 하는 비밀이 있다는 의미로 받아들여졌습니다. 조지프 매카시처럼 공산주의자의 음모를 들먹이며 대중을 윽박지르는 정치인들에게 놀아나는 꼴이었지요. 피해자들은 어떻게 됐을까요? 데이비드 봄은 만신창이가 돼서 나왔습니다. 의회 모독죄로 기소돼 재판에서 무죄 판결을 받았지만 재기하지 못했습니다. 그는 프린스턴 대학 교수직을 잃었고 일자리를 찾아서 미국을 떠나 브라질로 가야 했습니다. 챈들러 데이비스는 1년간 감옥살이를 했지만 지금은 토론토에서 저명한 교수로 활동하고 있습니다. 웬델 퓨리는 기소되지 않았고 하버드 대학에서 별 탈 없이 지내고 있습니다. 모두가 (d)를 택해 투옥 위험을 감수했다면 폐해를 훨씬 줄일 수 있었을 것입니다.

지난해 로스앨러모스 연구소의 리웬허(중국계 미국인 과학자) 문제에서 우리는 비슷한 마녀사냥을 경험했습니다. 리웬허는 1년간 투옥됐지만 그가 간첩 활동을 했다는 기소 내용은 사실무근으로 드러났습니다. 다행히 이번 마녀사냥은 이제 끝나가고 있습니다. 리웬허의 용기와 명예로운 행동은 그 피해를 줄이는 데 도움이 됐습니다.[25]

2001년 9.11 테러 이후 미국의 일부 정치인과 관료들이 보인 반응은 매카시즘을 연상시킨다. 이라크전쟁이 잘못된 전제 아래 시작됐다는 의견을 표현하면 이내 '비애국적'이란 꼬리표가 붙었다. 그러다 포로 고문을 승인하는 지경에 이르렀다. 이는 미국의 이상에 정면으로

---

25 대만계 미국인 물리학자 리웬허는 비축무기 관리 프로그램의 일환으로 컴퓨터 시뮬레이션을 고안한 인물이다. 그는 미국 핵군비 기밀을 중국에 넘겼다는 누명을 쓰고 수감됐다. 다이슨 교수가 2001년 5월 편지에서 그를 언급하고 얼마 지나지 않아 리웬허는 민사소송에서 승소하여 연방정부 및 다섯 개 언론사로부터 160만 달러를 받았고 연방판사의 사과도 받았다.

위배될 뿐만 아니라 미국이 종지부를 찍겠다고 전쟁까지 불사한 독재정권의 행태와 다를 바가 없었다.[Mayer(2009)] 의회는 애국법(Patriot Act)을 통과시켰다. 영장 없는 수색을 허용해 권리장전을 위반하는 조치였다.

2007년 11월 12일

다이슨 교수님께

올해 추수감사절도 잘 보내시기를 기원합니다. …

애국법을 어떻게 생각하십니까? 인간의 기본권을 침해한다고 보시나요? 1950년대 초반 매카시 광풍과 흡사하다는 생각에서 이 질문을 드립니다.

2007년 11월 23일

드와이트에게

… 네, 내가 보기에 애국법은 커다란 퇴보입니다. 벤자민 프랭클린이 말했듯 조금 더 안전해지려고 약간의 자유를 포기하는 사람은 결국 자유와 안전을 모두 잃게 됩니다. 오늘날의 애국법과 포로 고문은 매카시 시대의 광기보다 더 무섭습니다. 매카시는 무고한 시민을 감옥에 보내려 했지만, 재판도 없이 그렇게 하려 들지는 않았고 시민의 입을 열기 위해 고문이라는 방법에 기대지도 않았습니다. 나는 이 나라 상황이 1950년대보다 더 나빠졌다고 생각하고, 다른 나라들도 같은 생각인 것 같습니다. 포로 학대는 우방국을 실망시키고 적국을 고무시키는 행위입니다.

09 어리석음이라는 것에 대하여

세계 2차 대전과 경제의 군사화

"무엇보다 국가안전보장회의 보고서 68호(NSC-68)를 통해 미국 국방예산을 재정 정책에서 분리하는 역사적인 작업이 시작됐다는 점이 의미 있다." -리처드 로즈[01]

완벽한 성공을 거둔 투자

다이슨 교수와 독일 장교 친구가 함께 맥주를 마시던 시절, 나는 캔자스 주 살리나에 살던 초등학생이었다. 당시 살리나에는 전략공군사령부의 실링 공군기지가 있었다. 실링에는 전투태세를 갖춘 폭격기 편대와 아틀라스 미사일 10여 기를 보유한 무기고가 있었다. 당시 미국 중서부 지역에서 내 또래가 냉전을 경험했던 방식은 비슷했다. 마을

---

01 [Rhodes(2007)][106]. 국무부 장관 딘 애치슨은 이후 1950년 국가안전보장회의 보고서인 NSC-68의 목적이 "대중의 의식 속에 '가장 높은 통치기관'을 각인시키기" 위함이라는 사실을 인정하게 된다[103~104].

마다 SAC(전략공군사령부) 주차증을 붙인 자동차가 돌아다녔고, 엔진이 여섯 개나 되는 B-47 전략 폭격기들이 훈련비행을 위해 이륙할 때마다 굉음이 들려왔다. 냉전 덕분에 일자리와 일감은 풍부했다. 1957년 홍보물에는 이렇게 적혀 있었다. "지금의 실링 공군기지는 15년간 이어진 개발과 막대한 재정 투자의 결과물이다. 기지의 가치는 총 3억 7,000만 달러가 넘는다. 2억 1,600만 달러에 육박하는 제트 폭격기와 유조차가 활주로를 누빈다. 두 개 폭격비행단의 전투태세를 유지하는 데 연간 3,500만 달러와 6,000명에 달하는 인력이 투입된다. 실링 공군기지가 향후 폭격기를 출격시키지 않아도 된다면 이 투자는 완벽한 성공이라 할 수 있다."[Waggoner and Carey(2015)]**02**

냉전 시대 동구(東歐)와 서구(西歐)는 모두 상호확증파괴(Mutual Assured Destruction, 쌍방 균형을 통해 억지력을 유지하는 핵전력), 즉 MAD 전략을 채택했다. 내가 핵 공격을 하면 마찬가지로 상대방으로부터 핵 공격을 당한다는 논리였다. MAD 전략의 장단점은 차치하고, 이를 위한 무기 체계를 지탱하는 데 들어가는 비용이 어마어마했다.

냉전은 40년 동안 국제관계와 산업경제를 좌지우지했다. 냉전은 2차 대전 이후 서구와 동구의 상호 불신에서 비롯됐고, 소련의 능력을 시종일관 과대평가한 미국 신보수주의 진영에 의해 가속화됐다.**03** 과

---

02 공군기지 이름이 폭격기 조종사 데이비드 C. 실링 대령에 대한 경의의 표시로 '실링공군기지'로 바뀌었을 때 이 말이 나왔다.

03 양측 모두 위협의 수준을 과장했다. 처칠의 '철의 장막'이란 표현에 대한 니키타 흐루시초프의 발언은 스탈린의 위협의 과장 속 미국 산업의 역할을 잘 보여준다. "또한 냉전은 미국의 독점 자본주의에 이득이 됐다. … 처칠의 연설 때문에 스탈린이 소련의 전력과 전쟁 촉발 의향을 과장했다."[Khrushchev and Talbott(1974)][355]

대평가를 조장한 장본인은 미국의 열성적인 외교정책 신봉자들과 방위산업체들이었다.[Rhodes(2007)][102 - 106] '핵과학자회보'가 제공한 자료에 따르면 1950~60년대 미국은 핵무기 보유량에서 늘 소련보다 우위였다. 1964년을 예로 들면, 미국은 3만 1,139기, 소련은 6,129기였다.[Kristensen and Norris(2010)] 다이슨 교수는 1960년대 미 군축청(Arms Control and Disarmament Agency)과 함께 소련 정책을 연구한 적이 있다.

예를 들어, 1960년 공격 미사일 부문에서 우리가 우위를 점했고, 소련은 약세를 감추기 위해 수치를 부풀렸다. 당시 우리는 U-2 정찰기로 촬영한 사진과 분석 자료를 대대적으로 공개해 소련의 실태를 폭로했다. 이에 소련은 부풀린 수치를 실제 수치로 바꿔야 했다. 그때 과장하도록 내버려두었더라면 훨씬 현명한 대처였을 것이다.[Dyson(1979a)] [137]

소련의 핵무기 보유량은 1977년쯤 미국과 같아졌고(각각 약 2만 5,000기), 이후 붕괴하기까지 미국을 앞섰다. 1991년 전략무기감축협정(START)을 체결한 뒤에는 양측 모두 보유량이 급감했고, 2015년 현재 러시아 7,500기, 미국 7,100기로 집계된다.[Kristensen and Norris(2015)] 이 기간 동안 실전 배치된 핵무기 수량은 양측이 항상 거의 같았다.

냉전 시기(대략 1948~1991년)에 핵무기를 개발하고, 축적하고, 배치하고, 지키느라 미국은 총 10조 달러, 즉 연간 2,500억 달러를 썼다.[Rhodes(2007)] 국방에는 돈이 많이 든다. 그렇기에 미국 국민을 수호할 책임이 있는 사람들이 신중에 신중을 기하지 않는다면 직무유기라고 할 수밖에 없다. 또한 미국은 수많은 국가들과 조약을 맺은 바 있다. 핵무기를 충분히 비축해두지 않으면 미국에 의존하는 여러 국가들이 핵무기 개발 유혹을 느껴 핵 확산이 가속화할지 모른다고 주장할 수도 있다.

또한 전쟁 및 전쟁 관련 루머는 좋은 사업 기회를 제공한다. 기술은 진보할지 몰라도 민생을 돌보는 데 쓰일 수도 있었던 자원이 전혀 다른 곳에 유용되는 것이다. 1952년 10월 물리학자 멜바 필립스[04]는 2차 대전 전후로 과학 분야에 흘러 들어갔던 군(軍) 자금이 역사상 유례없는 영향을 미칠 수도 있다고 경고했다.

과학 분야에서 인도주의적 목적(예를 들면 지구촌 낙후지역의 기술 개발)을 실현시킬 수 있는 시대가 도래했다. ⋯ 그러나 정부 지원은 쥐꼬리만 하고, 대부분 무시당하기 일쑤였다. 무엇이 그 자리를 채웠는가? 바로 과학의 인도주의적 목적을 반인도주의적으로 바꾸어버리는 방대한 군사 연구 프로그램이다. [Phillips(1952)]

1961년 1월 17일 저녁, 존 F. 케네디 취임 사흘 전에 아이젠하워 대통령이 텔레비전으로 고별사를 전했다. 그는 지속적으로 확대되고 있는 국방과 산업간 공조에 관해 경고했다. 미국의 민간산업 역량이 승리에 필수불가결 했던 2차 대전에서 연합군 통수권자였던 미국 대통

---

04 멜바 필립스는 로버트 오펜하이머를 사사한 첫 여성 대학원생이었다. 박사학위 취득 뒤 그녀는 오펜하이머와 함께 핵물리학의 오펜하이머-필립스 효과를 발견했다. 그녀는 매카시 시대 상원국내안보소위원회에 소환되었으나 증언을 거부하여 대학에서 해고당했고 4년 반 동안 취업을 할 수 없었다.

령의 입에서 나온 말이니 의심할 여지는 없었다.

2차 대전을 겪기까지 미국에는 군수산업이 없었다. 그러나 창을 낫
으로 만들 수 있다면 낫을 창으로 만들 수도 있지 않겠는가. 다만 국방
을 더 이상 즉흥적으로 해결할 수는 없었다. 이제는 그야말로 방대한
규모의 영구적 군수산업을 조성할 수밖에 없는 기로에 놓였다. 의도했
든 의도하지 않았든 군과 민간산업이 결탁한 부당한 세력의 개입은 반
드시 막아야 했다. 부적절한 권력이 뿌리내릴 가능성은 늘 존재하고
앞으로도 그럴 것이다.[Eisenhower(1961)][05]

아이젠하워가 미래를 내다본 셈이다. 주요 방위산업체가 큰 사업(예
를 들면 수십 년은 족히 걸릴 신규 제트폭격기 개발 및 제조)을 따내면 해당업체
간부들이 "구역 공학(district engineering)"을 시작한다. 미국 전역에 흩어
져 있는 하청업체 및 생산 공장, 공급업체를 선정하여 정치적으로 사
업 취소를 불가능하게 만든다.

그렇다면 미국 경제는 과도하게 무장화되었는가? 다음 표는 오바
마 대통령이 미 의회에 제출한 회계연도 2014년 예산의 일부다.[Federal
Budget(2014)] 왼쪽은 각 정부부처 자금의 상대적 순위, 중앙은 대통령
의 2014년 예산 신청액(단위: 억 달러), 오른쪽은 각 정부부처 예산 1달
러당 국방부에 할당된 금액을 나타낸다. 예를 들면, 교육부 예산은

---

05 접근 가능한 자료 출처는 다음과 같다. http://www.youtube.com/watch?v=8y06NSBBRtY

(1)	국방부	526.10	1.00
(2)	보건사회복지부	801.10	6.57
(4)	교육부	71.20	7.40
(7)	국무부	47.80	11.02
(10)	에너지부	28.40	18.54
(13)	나사	17.10	29.75
(15)	환경보호청	8.20	64.22
(20)	국립과학재단	4.70	69.20

712억 달러로 규모에서 4위인데, 교육부에 1달러가 할당될 때 국방부
에는 7.40달러가 할당되었다.

지출 금액이 항상 근본 가치의 정확한 척도가 되지는 않는다. 비행
기는 면적이 동일한 일반 건물보다 훨씬 비싸고, 군대는 인건비가 많
이 든다. 따라서 국무부 예산 1달러당 국방부에는 11.02달러가 필요할
지도 모른다. 병사들을 전장으로 보낼 때 허술하게 무장시킬 수는 없
는 노릇이다. 적군보다 더 나은 과학 기술로 무장해야 하는데 과학 기
술에는 돈이 든다. 단, 무기체계 중 진정으로 필요한 체계와 국방부를
황금 알을 낳는 거위로 아는 기업이 강권하는 체계가 무엇인지 구분
이 필요하다. 일반 시민, 즉 납세자가 구분하기는 힘들다. 그러나 내부
자들에 따르면 미국의 정책 우선순위에서 왜곡이 발견된 바 있다. 리
처드 로즈의 냉전 역사에 관한 책《어리석음이란 무기(Arsenals of Folly)》
에서 로즈는 이렇게 덧붙였다. "(연방준비제도 이사회 의장) 에클스가 이미
1960년대에 '군대의 과잉 지출'은 '우리의 재정적 무능력을 초래해 민

생 문제와 급속히 증가하는 교육 분야의 필요를 제대로 해결하지 못하게 했다'고 주장했다."

··· 초강대국과의 핵무기 경쟁, 이에 따른 미국 경제의 무장화가 이어지면서 도시는 쇠퇴하고, 공교육은 무너지고, 빈곤의 뿌리가 깊어지고, 기대수명이 줄어들고, 무엇보다 위협적이고 은밀한 안보 태세의 유지로 인류 전체가 인질이 되는 상황이 벌어졌다. ··· 양측 정계 모두 윤리적이지 않았다. 안보를 강화하기는커녕 자국의 이익과 힘겨루기를 위해 전 세계를 치명적인 위험에 빠뜨렸다.[Rhodes(2007)][306 - 308]

1946년부터 1957년까지 실링공군기지를 조성하느라 지출한 3억 7,000만 달러가 살리나의 교육, 보건의료, 인프라에 어떤 영향을 미쳤는가? 1993년 4월 처음으로 다이슨 교수에게 보냈던 편지에서 우리는, 만약 가능하다면 어떤 기술을 없애겠느냐는 질문을 던졌다. 핵폭탄이 그의 답을 결정했다.

1993년 4월 9일
노이엔슈반더 교수님께
··· 할 수만 있다면 어떤 기술을 없애고 싶으냐고 물으셨죠? 바로 핵분열 기술입니다. 단, 핵폭탄과 원자력발전소가 함께 없어진다는 전제 하에 말이죠. 원자력발전소는 굳이 해악을 끼친다고 생각하지 않지만 핵폭탄의 해악이 원자력발전의 혜택을 압도합니다. 핵 기술의 이점도 물론 많습니다. 일례로 다양한 질병의 진단과 치료에 방

사성 동위원소를 활용할 수 있죠. 그러나 전체 손익을 따져볼 때 핵폭탄을 제거할 수만 있다면 원자력발전소와 동위원소 활용 치료법은 얼마든지 포기할 수 있습니다.

이 답신을 쓴 사람이 상업적으로 가장 성공을 거둔 원자로로 일컬어지는 트리가 원자로의 설계자라는 사실을 알게 되면 더욱 놀랄 것이다. 냉전이 최고조에 달하면서 전략공군사령부의 장거리 폭격기에 새로운 중수소화 리튬 수소폭탄이 장착되었던 1956년, 샌디에이고에서는 과학자 열 명이 핵분열과 관련하여 고무적인 사실을 발견했다. 여기서 잠시 살펴보고 가도록 하자.

어느 시골 학교 건물에 차린 실험실

1956년 여름, 프레디 드 호프만과 제너럴다이나믹스코퍼레이션이 손잡고 상업용 핵원자로 개발을 위한 과학자팀을 구성했다. 이들은 옛날 시골 학교 건물(예전 미국 소도시나 시골마을에서 볼 수 있었던 작은 학교로, 교실 하나짜리 작은 목조건물에 학생들이 모두 모여 수업을 받았다. 건물 외벽을 대부분 붉은 색으로 칠했기 때문에 리틀 레드 스쿨하우스라고 부른다-옮긴이)을 빌려 실험실을 차렸다. 소형 트리가(TRIGA: Training, Research and Isotopes-General Atomic의 머리글자로, '훈련, 연구, 동위원소-제너럴아토믹'이란 뜻이다. 제너럴아토믹은 트리가를 개발한 회사명이다-옮긴이) 원자로는 이들이 여름 동안 땀 흘린 결과물이다. 다이슨 교수, 에드워드 텔러도 10인의 팀원이었다. 현재 트리가 원자로 70기가 세계 곳곳에서 핵 원자로 교육 및 동위원소 생성에 사용되고 있다.

트리가 원자로는 '억지로 조절된 안전성'이 아닌 '본질적 안전성'이 가장 큰 장점으로 꼽힌다. 일반 핵 원자로는 2차 중성자를 흡수하는 제어봉을 갑자기 빼내면 위험한 수준으로 과열된다. 이에 따라 제어봉이 급작스럽게 분리되지 않도록 제어 시스템을 조절해야 한다. 반면 트리가는 제어봉을 급작스럽게 빼낼 경우 원자로 자체가 작동이 불가능해진다. 다시 말해, 트리가는 본질적으로 안전하다.

다이슨 교수는 이렇게 회고한다. "텔러와의 협업은 상상했던 그대로 흥미로웠다. 그는 거의 매일 학교 건물로 찾아와서 허무맹랑한 아이디어를 내놓곤 했다. … 그의 아이디어가 시발점이 되어 각종 문제를 체계적으로 분석할 수 있었다. 그의 직관과 나의 수학적 능력이 잘 맞아떨어졌다."[Dyson(1979a)][98] 그러나 핵원자로 산업 환경은 큰 변화를 겪었다. 다이슨이 말했듯, "이제는 아무도 원자로를 재미 삼아 만들지 않는다. 학교 건물 실험실 정신은 사라졌다."[Dyson(1979a)][105] 이제는 더 이상 새로운 원자로 설계가 나오지 않는다. 1905년 이전, 초기자동차 업계가 모험심 대신 고루한 관료주의로 가득 차 있었다면 과연 지금과 같은 엔진의 진화가 가능했을까.

2001년 12월 5일
다이슨 교수님께
다가오는 크리스마스 연휴를 가족과 즐겁게 보내시기를 바랍니다.
9장에서 '학교 건물 실험실' 정신이 사라졌다고 말씀하셨습니다. 아

직도 그런 과학자들이 있다고 믿으시는지요? 만약 없다면 현대 과
학의 미래가 암울해 보입니다.

2001년 12월 8일
드와이트에게
… 아직도 그런 과학자들이 남아 있냐고요? 당연히 있습니다. "학교
건물 실험실 정신이 사라졌다."라는 말은 명백하게 원자력 업계를
가리키는 말이었습니다. 원자력 업계에는 이 말이 적용되지만 기타
현대 과학 분야나 산업계는 그렇지 않습니다. 대기업과 대규모 프
로젝트 틈바구니에서 그러한 '학교 건물 실험실 정신'을 계승, 보전
하는 수천, 수만의 소규모 기업과 소규모 프로젝트가 이어지고 있
습니다. 예를 들면, 여기 프린스턴에서도 학생들의 주도로 1미터 망
원경을 이용하여 '광학플래시'를 찾는 프로젝트가 진행되고 있지
요. 외계인들이 무선전신이 아니라 레이저 펄스를 이용하여 우리에
게 신호를 보내고 있을 것이라는 전제에서 출발한 프로젝트입니다.
망원경을 재정비하고 시스템을 운용하는 데 든 2만 8,000달러가 총
비용입니다. 외계인 문명은 아마 발견하지 못하겠지만 그만큼 흥미
롭고 전혀 예측하지 못했던 무언가를 발견할 수도 있습니다. 이전
까지 아무도 하늘에서 10억 분의 1초 동안 지속되는 진동을 찾으려
했던 적이 없으니까요.[06]

---

06 [Schultz(1999)].

2003년 12월 8일

다이슨 교수님께

저희 질문을 꼼꼼히 살펴주셔서 정말 감사드립니다. …

만약 핵 연쇄반응이 불가능했다면(예를 들어 분열에서 핵당 중성자가 1개 이상 방출되지 않았다면), 그래서 핵무기와 원자로를 만들 수 없었다면, 프레디 드 호프만이 (동일한 자원으로) 당시 샌디에이고 '학교 건물 실험실' 과학자들에게 어떤 임무를 맡겼을까요? 즉 환경, 인재 집단, 자원이 동일하다고 가정할 때 당시 교수님의 상상력을 자극했을 만한 다른 문제가 있었을까요? 만약 지금 그 과학자들과 함께 하고 계신다면 어떤 문제에 관심이 갈 것 같으신가요?

2003년 12월 9일

드와이트와 학생들에게

새로운 질문 감사합니다. 모두 많은 생각이 필요한 좋은 질문이네요. 학생들 이름과 전공을 적어주신 데 대해서도 감사드립니다. 여러분에 대해 조금 더 알게 되어 기쁩니다. 그럼 제 답신이 학기 말 전에 여러분께 닿을 수 있도록 빨리 써보겠습니다. 이제까지 한 번도 접해보지 못한 질문이네요. 만약 핵분열 연쇄반응이 가능하지 않았다면, 만약 맨해튼 프로젝트가 없었다면, 2차 대전 이후 물리학자들의 정치적 위상이 그토록 상승하지 못했을 것입니다. 과학자들에게는 물리학이 매력적인 영역이었겠지만 군 장성들이나 정치인들은 다르게 보았겠지요.

2차 대전 중 미국, 영국, 소련에서 생화학 무기를 본격적으로 개발하려는 움직임이 일었습니다. 소련은 1942년 스탈린그라드 전투에서 야토균 무기를 사용하여 어느 정도 성공을 거두었습니다. 미국과 영국은 탄저균 폭탄을 쟁여두고 있었지요. 핵무기가 존재하지 않았다면 1950년대 냉전에서 생화학 무기로 군비 경쟁을 벌였을 것이고 그렇게 되었다면 오늘날 생물학자들이 물리학자들의 정치적 위상을 차지하고 있었을 것입니다. 로스앨러모스는 생화학 무기 실험실이었을 것이고, 프레디 드 호프만은 생물학자였을 것이고, 제너럴아토믹은 생명공학 회사였겠지요. (프레디 드 호프만은 실제로 제너럴아토믹에서 퇴직한 뒤 생물학으로 분야를 바꿨고 샌디에이고의 솔크생물학연구소장이 되었습니다.) 따라서 학교 건물 실험실도 1953년 왓슨과 크릭이 DNA의 이중나선구조를 발견함으로써 드러난 생명공학의 신세계를 탐구하는 생물학자들로 가득했을 것입니다. 그 상황에서 학교 건물 실험실 일원으로 합류해야 했다면 나 역시 기쁘게 생물학으로 옮겨갔을 것입니다. 그렇게 모두 함께 유전암호와 DNA 염기서열을 분석할 수 있는 방법을 찾고 또 찾았겠지요. DNA를 활용한 유전질환 진단법, 신약 합성법을 찾았을지도 모릅니다. 또 그 방면으로 우리 능력이 아주 출중했다면 중합효소 연쇄 반응(특정 표적 유전물질을 증폭시키는 검사법-옮긴이)과 유전자 스플라이싱(유전자를 절개, 분리하여 재조합하는 기술-옮긴이)을 20여 년 먼저 개발해냈을지도 모릅니다. 생물학의 중합효소 연쇄 반응은 기본 개념이나 힘에 있어 물리학의 중성자 연쇄 반응과 흡사합니다.

지금 학교 건물 실험실 팀원들이 다시 모인다면, 1956년 첨단을 달렸던 핵 기술을 연구했듯 현재 첨단을 달리고 있는 나노 기술에 대해 연구하지 않을까요? 나노 기술은 극미한 규모의 구조물 및 기기를 만들 수 있는 기술입니다. 예전부터 DNA 분자에 붙어 움직이면서 염기서열을 읽어낼 수 있는 기계를 개발해보고 싶다는 생각을 많이 했습니다. 그렇게만 할 수 있으면 염기서열분석 비용은 1,000분의 1로 줄고 속도는 1,000배 높아질 수도 있을 것입니다. 그로써 염기서열분석의 의학적 적용이 가능해지겠지요. 알려지지 않은 분자를 둘러싸서 정확한 형태를 파악, 촬영하는 분자영상장치도 개발할 수 있습니다. 나노 기술을 이용해서 만들 수 있는 첨단장비, 나노기술을 응용할 수 있는 방법은 무궁무진합니다.

최근 샌디에이고 바너드스쿨에서 자원봉사를 하고 있는 고든 퍼만으로부터 이메일을 받았습니다. 바너드스쿨도 역사적인 초창기 시골 학교입니다. 온갖 풍파를 다 겪으며 살아남았지요. 퍼만은, 여름 내내 해군 병사 30명이 와서 쓸고 닦고 페인트칠을 해준 덕분에 20년간 비어 있던 건물이 겨우 제 모습을 되찾았다고 했습니다. 학교가 다시 돌아가기 시작했고 더 나은 미래를 준비하고 있습니다. 퍼만은, 1943년 해군학교로 처음 문을 열었던 시절부터 학교의 역사를 꼼꼼히 기록해나가고 있습니다.

두려움과 희망

지금 대학생들은 대부분 1991년 12월 소련 붕괴 이후 태어났다. 이들에게는 소련 시절이나 남북전쟁 시절이나 다 역사 속 시간이다. 핵전쟁의 위협이 도사리고 있다는 사실은 인지하지만 그 생각에만 매여 있지는 않다. 그런 우울한 생각을 접어둘 수 있는 여유도 냉전이 끝났기에 가능하다고 생각한다.

그러나 핵무기와 핵무기 사용을 가능하게 하는 플랫폼은 여전히 존재한다. 무기, 혹은 무기의 기술적 사양 및 부품이 절취되어 암시장에서 팔릴 가능성도 있다. 냉전시대 지도자들이 잔인하고 호전적이기는 했지만 자살행위를 하지는 않았다. 한데 작금의 테러리스트들은 다르다. 스물네 시간 걱정만 하며 살 수는 없지만 상황을 제대로 파악하기는 해야 한다. 핵무기에 관한 다이슨 교수의 답변은 늘 일관성이 있었다.

1998년 5월 1일

다이슨 교수님께

… 존 스타인벡의 《분노의 포도(The Grapes of Wrath)》에 나오는 다음 글을 어떻게 생각하시는지요? "폭파범은 살아있는데 폭탄은 더 이상 터지지 않는 시대를 두려워해야 한다. 폭탄은 영혼이 죽지 않았다는 증거이기 때문이다."

1998년 5월 2일

드와이트와 학생들에게

… 스타인벡의 글이 마음에 드네요. 현 상황에서는 핵무기를 가능한 한 신속하게, 완전히 없애야 한다는 뜻으로 해석할 수 있지 않을까요? 폭탄이 존재하는 한, 힘 있는 자들, 분노에 찬 자들이 이를 사용하려 할 것입니다.

2009년 4월 13일

다이슨 교수님께

2009년 봄 학기 학생들이 인사드립니다. … 현재 젊은 세대가 가장
관심을 두어야 할 사안은 무엇일까요?

209년 4월 17일

드와이트에게

… 현재 젊은 세대는 각자 상황, 취향에 따라 관심사가 천차만별이
지요. 하나로 묶을 수는 없습니다. 다만 핵무기 철폐에 관심을 더
많이 기울여야 할 것입니다. 젊은 세대가 이 문제를 더 심각하게 인
식하고 뭔가 행동을 취할 때가 되었다고 생각합니다.

2011년 4월 29일

다이슨 교수님께

2011년 한 해 교수님도, 가족도 모두 행복하셨기를 바랍니다. …
지금 교수님께서 가장 두려워하시는 점, 또 가장 희망적이라고 생
각하시는 점은 무엇인지요? 그리고 책, 기사, 편지 등을 통해 저희
에게 늘 긍정적인 영향 주시는 점 감사드립니다. 가족 모두에게 안
부 전해주십시오.

2011년 4월 29일

드와이트에게

… 나는 핵무기로 인해 벌어질지도 모를 전쟁이 가장 두렵습니다.

그래서 단독이든 다자간이든 핵무기 철폐를 위한 공공 캠페인을 하는 것이 가장 희망석이라고 생각합니다.

2010년 4월 미국과 러시아에 각각 1,550기씩 배치된 전략적 탄두 숫자의 제한 및 전략적 핵미사일 발사기의 50퍼센트 감축을 골자로 하는 전략무기감축조약이 타결되었다. 2010년 12월, 미국 상원에서 이 조약을 비준했다. 2010년 전략무기감축조약은 비축된 핵무기 숫자를 줄이는 조치는 아니다. 현재 미국에 배치, 비축된 핵무기는 5,000~1만 기에 달한다.[Kristensen and Norris(2015)] 냉전이 최고조에 달했던 시절 미국 한 나라에만 1만 기 이상이 배치되고 2만 기 이상이 비축되어 있었음을 감안하면 큰 발전이라 할 수 있다. 그러나 2차 대전을 끝내는 데 필요했던 핵폭탄은 두 개에 불과하지 않았나? 대체 지금도 핵폭탄을 1,500개씩 보유하고 있는 이유가 무엇인가? 누구를 향해 발사하려 하는가? 2012년 여름학기 수강생들이 다이슨 교수에게 다음과 같은 질문을 보냈다. "미국은 왜 지금까지 핵무기 1만 기를 비축하고 있을까요? 수소폭탄 100개 아니 열 개만 있어도 충분하지 않나요?"

2012년 7월 17일
드와이트에게
합리적으로 생각할 때, 핵무기가 그렇게 많이 필요 없다는 데에 동의합니다. 적국이 몇 개를 갖고 있든 우리는 아예 없으면 더 좋겠지요. 내 친구들도 북한과 이란의 핵무장화에 대해 우려하고 있는데,

그보다 미국의 핵무기가 더 큰 걱정입니다. 미국의 무기는 세계 곳곳에 확산되어 있기 때문에 절취당할 가능성이 높고 그래서 더 위험합니다. 무기를 없애려면 1991년 조지 부시 대통령이 그랬듯 단번에 일방적으로 밀어붙일 수밖에 없습니다. 당시 부시 대통령이 육군 및 수상 해군 무기를 50퍼센트 이상 감축했지요. 이제 공군과 해군 잠수 함대 무기만 남았습니다. 당시 군이나 군수업계 모두 대통령의 결정에 반발하지 않았습니다. 군인들도 실제 전쟁을 벌일 때 오히려 걸림돌만 되는 핵무기 감축을 환영했습니다.

물론 기득권층은 핵 감축에 반대합니다. 한데 이런 기득권층은 대부분 군과 관련 없는 민간인들입니다. 사실 정치인들이 군인보다 더 큰 장애물입니다. 군인들은 실제 싸울 때 핵무기가 별 소용이 없다는 사실을 잘 알고 있습니다. 정치인들은 대부분 핵이 지역구에 일자리를 생성한다는 이유로 감축에 반대합니다. 조지 부시는 우파 공화당이란 우위를 점하고 있었기에 정치인들을 두려워하지 않았습니다. 민주당을 지지하든 공화당을 지지하든 여러분의 미래는 부디 밝기를 바랍니다. 나는 절대 공화당에 표를 던지지 않겠지만 공화당원이 가끔 마음에 드는 일을 할 때도 있음을 인정할 수밖에 없네요. 조지 부시는 핵무기를 50퍼센트 이상 감축했을 뿐만 아니라 걸프전쟁에서 승리하고도 바그다드를 점령하지 않았다는 점이 큰 공적이었습니다.

최근 수업에서는 미국 핵 정책과 관련하여 상원 군사위원회 소속 국회의원에게 편지를 썼다. 지도층에 언제든 우리가 생각하는 바를 자유롭게 전할 수 있는 나라에 살고 있어 다행이다. 언론의 자유는 적극적으로 누려야 할 권리다. 우리는 편지에서 왜 핵무기를 1,500기나 배치해야 하는지 물었다. 100기 아니 열 기만 되어도 충분하지 않은가? 일단 비축량을 10퍼센트 줄이고 다른 나라가 이에 어떻게 대응하는지 살펴보면 되지 않을까?[07] 편지를 발송하기 전 다이슨 교수에게 의견을 구했다.

> 2015년 4월 22일
> 다이슨 교수님께
> … 상원의원에게 이미 예전에 보냈어야 했을 편지를 이제 작성하여 그 초안을 첨부했습니다. … 학생들의 제안을 종합한 결과물입니다 ("미국이 스스로를 세계의 지도자라고 생각한다면, 핵무기의 일방적 감축이야말로 리더십을 보여줄 수 있는 좋은 계기라 생각한다"는 문구도 학생의 의견입니다). … 검토해보시고 주저 없이 수정 혹은 첨삭해주십시오. 고위 관리들과 교류하신 경험이 훨씬 풍부하시니 많은 조언 부탁드립니다. …

다이슨 교수는 수소폭탄 관련 단락을 삭제하는 편이 낫겠다고 하면서 최근 몇 십 년에 걸쳐 해체된 핵무기 종류 및 현재 미국 무기 구성에 관해 자세히 설명해주었다.

---

[07] 이 책의 인쇄가 시작되기까지 해당 상원의원으로부터 답신을 받지 못했다. 그러나 그 전에 보낸 편지에는 답장을 해주었다는 사실을 밝히고 싶다. 핵무기 비축량에 관한 편지에는 학생 마흔 명의 서명이 들어갔다.

2015년 4월 23일

드와이트에게

… 10메가톤급 수소폭탄은 이미 오래 전에 해체되었습니다. 1메가톤급 폭탄은 최근에 해체되었고요. 현재 남아 있는 폭탄 중 최대 규모가 2분의 1메가톤급 미만입니다. 공군 및 해군 장성들은 대규모 폭탄보다 소규모 폭탄이 실전에서 훨씬 유용하다는 사실을 오래 전부터 인지하고 있었고, 그 덕분에 비축된 폭탄의 크기가 점점 작아졌지요. 오펜하이머 시절 수소폭탄 논쟁이 벌어졌을 때 사람들 모두 수소폭탄이 10메가톤급 괴물일 것이라 생각했습니다. 절대 아닙니다. 지금 비축된 수소폭탄을 살펴보면 거의 발명되지 않았다고 보아도 무방한 정도입니다. 수소폭탄을 두고 오갔던 논쟁은 결국 무의미해졌지요.

물론 2분의 1메가톤만 되어도 수많은 사람을 살상할 수 있습니다. 규모와 상관없이 폭탄을 철폐해야 할 이유는 무궁무진합니다. …

미국 최초의 수소폭탄 캐슬브라보(15메가톤급)에 비하면, 500킬로톤에 해당하는 2분의 1메가톤은 우스워 보일 수 있으나 '리틀 보이' 위력의 마흔 배에 해당한다. 아직 갈 길이 멀다. 어쨌든 감축 움직임이 일고 있어 고무적이다. 오펜하이머의 유령이 "그러게 내가 뭐랬나…" 하고 말하는 듯하다.

1968년 미국은 핵확산금지조약에 조인했다. 190여 개 비핵 조인국의 핵무기 보유를 금지하는 조약이다. 이미 핵을 보유한 다섯 개 조인국(미국, 소련, 영국, 프랑스, 중국)은 비핵국가에 핵 기술을 평화적으로 넘겨주고 궁극적으로 핵무기 비축분(備蓄分)을 폐기한다는 데 동의했다. 최근 이란과 북한은 조인국임에도 불구하고 핵무기를 개발하여 규탄을 받고 있다.[08] 다음 편지는 학생이 아니라 내가 썼다.

2006년 10월 17일

다이슨 교수님께

최근 북한 및 이란 사태와 관련해서 핵무기 통제 문제에 대한 학생들의 경각심을 지속적으로 불러일으키고자 합니다. … 교수님께서는 핵무기 감축 협상에 참여하신 적이 있지요. 북한의 핵실험과 관련해서 저희에게 해주실 말씀이 있는지 여쭙고 싶습니다. …

2006년 10월 17일

드와이트에게

막 캘리포니아로 떠나려는 찰나 메시지가 도착했네요. 시간이 없어 간략하게 답을 적습니다. 학생들에게 전해주세요.

북한 핵폭탄에 대한 언론의 과장을 다 믿지 마세요. 핵폭탄이 있든 없든 우리에게는 중요하지 않습니다. 북한 정권에 있어 핵폭탄은 국제적 위상의 상징입니다. 거기에 일일이 대응하면 가치를 높여줄 뿐입니다. 무시하는 것이 최선입니다. 앞으로 국제적 합의를 도출해서 북한의 핵을 제거하고, 그런 뒤 미국의 핵도 제거할 준비를 갖춰야겠죠.

---

08 북한은 2003년 핵확산조약에서 탈퇴했고, 이란은 계속해서 조약을 위반했다는 규탄을 받고 있다.

2014년 2월 우크라이나 혁명 이후 우크라이나와 러시아 사이 긴장이 악화되면서 무력분쟁으로 번졌다. 여기에 러시아 병합을 주장하는 분리주의자들이 러시아로부터 지원을 받는다고 알려졌다. 미국군축청에서 일한 바 있는 다이슨 교수는 러시아 문화 및 정책 전문가라 할 수 있다. 그에게 러시아와 우크라이나 충돌 사태를 어떻게 보는지 질문했다.

2014년 4월 24일

다이슨 교수님께

91세가 되신 올 한 해 상반기도 가족, 손주들과 즐거운 시간 보내셨기를, 새로운 모험이 끊이지 않았기를 바랍니다.

이렇게 또 학생들의 질문으로 귀찮게 해드릴 수밖에 없네요. 바쁘시겠지만 살펴봐주시기를 부탁드립니다.

우크라이나에 대한 러시아의 태도를 어떻게 생각하시는지요? 어떤 식으로 해결되기를 바라십니까? 미국과 나토는 어떻게 대응해야 할까요?

미국군축청과 '제이슨'에서 일하셨던 경험, 러시아 역사 및 언어, 문화에 대한 풍부한 지식 등을 바탕으로 현재 러시아와 우크라이나 사이 벌어지고 있는 일련의 사건들에 대해 고견을 주실 수 있으리라 믿습니다. 또 우크라이나인 다수가 러시아어를 모국어로 사용하고 있고, 러시아의 전통 문화는 상트페테르부르크 외에도 우크라이나 수도인 키예프를 기반으로 한다고 들었습니다. 우크라이나인 중 일부라도 러시아 병합을 진심으로 바라고 있다면 우크라이나 헌법, 국제법, 인본주의에 위배되지 않는 선에서 이행이 가능해져야 하지 않을까요? 한편 히틀러도 독일 국민을 보호한다는 미명 하에 2차 대전 전에 (하필이면 독일 올림픽이 폐막된 직후) 유럽 일부를 합병한 바 있습니다. 결과는 좋지 않았죠. 이 질문은 원자폭탄 및 냉전 역사에 대해 토의하다 떠올랐습니다. 구소련 비밀경찰이었던 푸틴은 아직도 냉전시대 사고방식을 버리지 못했는지도 모르겠습니다. 이전 편지에서 적을 파멸시키지 말고 친구로 만들어야 한다고 말씀하셨지요. 어떻게 해야 러시아, 우크라이나와 친구로 남을 수 있을까요?

2014년 4월 28일
드와이트와 학생들에게
질문 감사합니다. 모두 훌륭한 질문이고 이와 연관된 토의 내용도 무척 흥미로웠습니다. …
우크라이나에 대한 러시아의 태도를 어떻게 생각하는지 물으셨지요. 우크라이나에 대해 별로 아는 바는 없지만, 미국이 실력을 행사하지 못하는 곳에서 힘겨루기에 끼어든다는 결정 자체가 현명하지 못했습니다. 유럽에서 평화적으로 분리 독립을 이룬 국가는 단 두 곳입니다. 100년 전 스웨덴에서 분리 독립한 노르웨이와 최근 체코로부터 분리 독립한 슬로바키아죠. 우크라이나도 동부와 서부로의 분리가 최선책이 아닐까 생각합니다. 이후 동부를 푸틴이 흡수할 수도, 흡수하지 않을 수도 있지요. 서(西)우크라이나는 EU에 가입할 수도, 가입하지 않을 수도 있고요. 어찌 되든 미국은 개입하지 말아야 합니다. 푸틴에게 이래라저래라 해서 도움이 된 적은 없었습니다. 서(西)우크라이나에도 지원과 격려를 보낼 수는 있겠지만 지시는 금물입니다. 베트남, 아프가니스탄, 이라크 사태를 거치며 확인했듯이 우방이든 적이든 우리에게 다른 나라를 통제할 능력은 없습니다. 러시아와 친구로 남으려면 양쪽 모두 노력해야 합니다.

신의 회초리(Rods from God)

2001년 1월, 도널드 럼스펠드 신임 국방장관이 이끄는 의회 위원회는 "대통령의 우주 내 무기 배치 선택권이 보장될 수 있도록 미군이 만반의 준비를 다해야 한다"고 권고했다. 이듬해 조지 W. 부시 대통령은, 지구 궤도 내 탄도탄 요격 미사일 플랫폼 배치를 금지하는 탄도탄요격미사일협정에서 탈퇴했다. 그 즉시 공군은 우주 내 무기 배치가 가능한 방편을 찾기 시작했다. '뉴욕타임스'[Weiner(2005)]에 따르면, 공군장관 대행 피트 티츠는 2004년 우주 전쟁 회의에서 이렇게 말했다고 한다. "우주에서 폭격을 가하는 단계에는 이르지 않았다. 그러나 가능성은 생각하고 있다." 미 공군우주사령부 사령관 랜스 로드는 의회에서 이렇게 증언했다. "우주에서 우위를 점하고 이를 유지해야 한다. 이는 곧 미국식 전투 방법이다." 영국의 '타임스'에 따르면 공군 독트린은 "(우주에서의 우위란) 공격으로부터 안전하되 자유롭게 공격할 수 있는 상태. … 우주에서의 우위는 생득권(生得權)이 아니라 운명이다. 우주에서의 우위는 일상적 임무다. 우주에서의 패권 장악이 우리의 미래 비전이다."라고 규정하고 있다.

그리하여 전 세계 어느 곳이든 45분 안에 타격한다는 글로벌 스트라이크(Global Strike) 프로그램 제트기부터 '신의 회초리(지상 목표물을 향해 시속 약 1만 1,500킬로미터로 발사되는 우라늄, 텅스텐, 혹은 티타늄 탄심(彈心)으로, 특히 해군함대 타격에 효과적이다)', 위성이나 고고도 비행선에서 발사되는 치명적 레이저빔, 강도를 자유자재로 조절할 수 있는 전파에 이르기까지 다양한 우주 무기가 개발되었다.

모두 냉전시대 수준의 예산이 요구되는 고가의 무기이자 군 장성들이 꿈꾸는 무기다. 그런데 이런 첨단 무기들은 대체로 비용 부담은 끝없이 늘어나는 반면 성능은 기대에 못 미친다. 2005년 '뉴욕타임스'는 "EU, 캐나다, 중국, 러시아 내 군 및 우주 분야 고위급 관료들이 미국의 우주 우위 정책에 공개적으로 반발했다."라고 보도했다. 특정 국가가 우주에 무기를 배치하도록 내버려두면 제2의 군비경쟁을 촉발할 것임은 자명하다.

한데 그런 첨단 무기개발 비용을 대는 납세자들에게 이에 대해 의견을 표명할 기회가 주어지는가? 수소폭탄의 역사를 돌아보면 참고가 될 것이다. 트루먼 대통령이 수소폭탄을 만들겠다고 결정했을 때, 이 결정에 영향을 받게 될 사람은 많았음에도 실제 목소리를 낸 사람은 극소수에 지나지 않았다.[Bethe(1950)] 지금까지 궤도 배치 무기를 다룬 서적 및 기사도 여러 차례 나왔고[Grossman(2011)], [Arbatov and Dvorkin(2011)], [Gillon(2003)], [Godwin(2003)], [Yong(2004)] 유명 시사 프로그램 '60분(60 Minutes)'은 2015년 4월 27일 방영된 '저 하늘 위 전투'라는 에피소드에서 위협받고 있는 미국 위성의 실태를 다뤄 화제를 모왔다.[09] 랜드코퍼레이션의 2002년 보고서도 다음과 같은 비관적 내용을 담고 있다.

우주 무기에 관해 광범위하게 논쟁이 벌어졌던 때는 두 차례, 냉전 초기와 냉전 말기였다. 냉전 초기에는 핵무기를 장착한 폭격용 위성 생산의 가능성에 초점을 두었고, 냉전 말기에는 핵미사일에 대비한 우주 기반 방위의 가능성에 초점을 두었다. 이 두 차례를 제외하면 공개 논의가 거의 이루어지지 않았다고 봐도 무방하다. 냉전이 끝난 지 오래인 지금, 우주 무기라는 주제가 다시 수면 위로 떠오르고 있다. 특히 군이 작성한 문건은 우주 무기 개발 및 배치가 불가피하다는 인상을 준다.[Preston et al.(2002)Preston, Johnson, Edwards, Miller and Shipbaugh][1]

2007년 11월 12일
다이슨 교수님께
2007년 추수감사절도 즐겁게 보내셨기를 바랍니다. 질문이 있어 편지 보내드립니다. …
교수님께서 보시기에는 미국이 우주에 무기를 배치해야 할 만한 이유가 있을까요?

다이슨 교수는 우주 내 '무기'의 의미를 우리보다 훨씬 광범위하게

---

09 2007년 중국이 자국 위성을 격추하는 데 성공했으며 시험 저격을 계속했다는 보도가 나왔다. 특히 2013년에는 약 3만 킬로미터 상공(통신, GPS를 위한 민간위성 및 군사위성이 위치한 지구정지궤도 근처)까지 쏘아 올리는 데 성공했다고 보도되었다.

규정했다.

2007년 11월 23일

드와이트에게

편지와 질문 감사합니다.

미국은 이미 우주에 무기를 수도 없이 배치해놓았습니다. 수백, 수천 개에 달하는 군사위성을 통해 육군, 해군이 통신을 하고 미사일을 정확히 조종하고 있지요. 위성이 없다면 육군, 해군 모두 제대로 기능하지 못할 것입니다. 군사위성을 무기로 보아야 하느냐고요? 그렇게 보아야겠죠. 적국이 우리 군사위성을 저격하면 중대한 문제가 발생할 테니까요. 위성은 쏘아 올리기보다 쏘아 떨어뜨리기가 훨씬 쉽지요. 장기적으로 우리에게는 두 가지 선택지가 있다고 봅니다. 국제조약을 체결해서 누구나 자유롭게 군사위성을 사용할 수 있도록 허용하거나 군사위성 활용을 중단하고 점진적으로 폐기하는 것입니다.

위성 격추가 얼마나 쉬운지 증명이라도 하듯 2007년 1월 11일 중국은 자국 위성에 요격 미사일을 발사하여 격추시켰다. 저 지구궤도 내 무기 금지 조약을 지켜야 하는가? 다이슨 교수는 1963년 체결한 핵실험금지조약과 관련하여 지금도 유효한 원칙의 문제를 제기한 바 있다.

핵실험을 금지하면 적어도 우리 쪽의 그러한 무기 개발을 중단할 수

있을 것이다. 우리가 무기 개발을 중단했고 그러한 무기가 군사적으로 중요하지 않다고 생각한다는 사실이 알려지면 적국의 무기 개발 동기도 현저히 줄어들 것이다. 그러나 우리가 그러한 무기를 개발, 배치하는 순간 적국도 반드시 이를 보유하려 들 것이다.[Dyson(1979a)][128 – 130]

장성들에게는 무거운 책임이 따른다. 잠재적 적이 어떻게 움직일지 미리 예측해야 한다. 그러나 여기서 로드 장군에게 묻고 싶다. 우리가 왜 우주의 안정을 무너뜨려가며 우위를 점해야 하는가? 왜 동등성을 지키면 안 되는가?

다이슨 교수에게 첫 번째 '우주 무기' 관련 편지를 보내고 몇 학기 뒤 학생들이 다시 같은 질문을 제출했다. 이번에는 우주 '무기'가 정확히 무슨 의미인지 더 구체적으로 규정하고 싶다고 했다.

2014년 11월 26일

다이슨 교수님께

2014년 가을 학기 학생들을 대신하여 인사드립니다. … 이번 학기 학생들도 이제까지 보내주신 교수님의 편지를 읽고 배운 바가 많습니다. …

2007년 11월에 미국의 우주 무기 배치에 관한 질문을 드린 적이 있습니다. 당시 교수님께서는 군사용 목적으로 궤도에 쏘아 올린 통신 및 감시 위성을 우주 무기로 봐야 한다고 지적하셨습니다. 괜찮으시다면 우주 무기의 정의를 다시 여쭙고 구체화하고 싶습니다. 저희는 2001년 럼스펠드 위원회 권고에 따라 공군 장성들이 그려낸 시스템을 우주 무기라 정의해보았습니다. …

편지에서는 이후 몇 단락에 걸쳐 럼스펠드 위원회 권고 및 공군 지도자들의 으름장을 포함하여 뉴욕타임스 기사 일부를 인용했다. 또한 중국의 자국 위성 격추 사건을 언급했다. 이러한 일련의 사건을 다이슨 교수의 책 중 '방어의 윤리'라는 장과 연결 지으니 질문이 나왔다.

그러한 정책이 어떻게 '방어의 윤리'에 부합할 수 있는지 도무지 알 수가 없습니다. 로드 장군이 바라는 종류의 무기를 궤도에 배치하면 그 즉시 다른 나라들도 앞다투어 무기 배치에 나설 것입니다. 그러면 또다시 수조 달러를 쏟아부어야 하는 냉전시대식 군비경쟁이 시작되겠지요? 이 문제에 대해 어떻게 생각하시는지요? 로드 장군이나 그와 생각이 같은 군인들에게 한마디 하실 수 있다면 뭐라 하시겠는지요?

2014년 12월 3일
드와이트와 학생들에게
메인 주에 사는 딸 미아네 식구들과 닷새를 보내고 방금 돌아왔습니다. 열두 살 된 손주 에이던이 동네 극장에서 공연한 연극 '크리스마스 캐롤'에 출연하기도 했답니다. …
그럼 답을 해볼까요. …
인용하신 로드 장군 발언을 이전에 들어본 적은 없지만, 2차 대전 중 공군을 결집시켰던 슬로건 '공군력을 통한 승리'와 궤를 같이 하는 공군 정신의 극단적 표현이라 할 것입니다. 공군 우위를 유지하고 적들을 하늘에서 살상함으로써 전쟁을 승리로 이끌고 우리의 정치적 목표를 실현할 수 있다는 생각이죠. 그때도 그랬지만 특히 지금은 무척 위험하고 잘못된 생각입니다. 우주 무기는 특히 공격에 취약하고 눈에 잘 띄기 때문에 매우 비실용적입니다. 중국을 상대로 우위를 점하려는 시도는 반드시 수포로 돌아갈 것입니다. 운이 좋으면 후퇴, 철수로 끝나겠지만 운이 나쁘면 전쟁으로 이어질 수도 있기 때문이지요.

로드 장군이 지지하는 정책은 '방어의 윤리'에 철저히 위배됩니다. 그와 이야기할 기회가 주어진다면 군사적으로, 정치적으로, 도덕적으로 잘못된 선택이라고 일러주고 싶습니다. 적에게 쉬운 목표물을 내주는 격이므로 군사적으로 잘못된 선택이고, 폭격과 드론 살인은 적을 강하게 하고 우리의 영향력을 약화시키니 정치적으로 잘못된 선택이고, 전쟁과 평화의 경계를 모호하게 만들고 긴장과 불안 상태를 지속시키기 때문에 도덕적으로 잘못된 선택입니다. 질문에 다시 한번 감사드립니다. …

모두 행복한 크리스마스 보내세요!

다이슨 교수에게 묻는다. 방어가 공격보다 윤리적이라면 왜 우리의 과학 전략가들이 그처럼 광적으로 공격 우위라는 독트린에 집착하게 되었을까? 그의 답은 이렇다. "로버트 오펜하이머가 수소폭탄을 설명하기 위해 사용했던 문구로 탄도탄 요격 미사일을 설명하는 사람은 아무도 없다. 방어는 기술적으로 감미롭지 않다."[Dyson(1979a)][144] 신이 내린 채찍은 기술적으로 감미롭다.

1999년 12월 7일

다이슨 교수님께

1999년 가을학기 수강생들을 대신하여 교수님과 가족 모두 즐거운 크리스마스 맞이하시기를 바랍니다. 귀여운 손주들과 함께 행복한 시간 보내세요.

한 학생이 이런 질문을 보냈습니다. "영화 '닥터 스트레인지러브(스탠리 큐브릭 감독의 1964년 작품으로, 전체 제목은 '닥터 스트레인지러브: 내가 어떻게 폭탄에 대한 걱정을 멈추고 폭탄을 사랑하게 되었나'이다-옮긴이)'에 나오는 미친 장군처럼 들릴지는 모르겠지만, 비용 부담이 그렇게 크지 않은 전략방위구상이 있을까요? 전략방위구상이 '방어의 윤리'에서 밝히신 입장에 부합하는지요?"

1999년 12월 8일

드와이트에게

학생 여러분의 편지에는 항상 가장 먼저 답신을 드리려 노력합니다. 학생들에게 반갑고 또 고맙다고 꼭 전해주세요. 즉흥적으로 답을 적어보았습니다.

저는 비용 부담이 그리 크지 않은 미사일 방위가 가능하다고 생각합니다. 내 책에서 주장했던 방위 전략과 부합하지요. 그러나 이는 과감한 공격 전력 감축과 맞물려야만 정치적, 도덕적으로 논리에 맞습니다. 공격 전력을 줄일 의향도 없으면서 미사일 방위를 구축한다면 어느 면으로 따져도 오류일 것입니다. 러시아에서는 위협으로 받아들일 것이고, 배나 비행기를 이용한 테러리스트들의 폭탄 공격에는 속수무책일 것이고, 결국 돈 낭비에 지나지 않을 것입니다. 일단 우리가 보유한 공격용 미사일의 90퍼센트를 제거하고 나서 미사일 방위를 구축한다면 진정한 방위 전략으로의 이동이 가능해지리라 봅니다.

1992년부터 미국은 자진해서 핵무기 실험을 일시 중지했다. 그해 조지 부시 대통령은, 목적을 막론하고 무조건적으로 핵폭발을 금지하는 포괄적 핵실험금지조약 참가 승인을 내렸다. 이 조약은 1996년 UN의 승인을 받아 조인을 시작했다. 미국은 조약에는 승인했으나 비준하지는 않았다.

제이슨

다이슨 교수는 미국군축청(the arms control and disarmament agency)에서 일했고, 의회에서 증언하기도 했으며, 50년간 '제이슨'의 회원이었다. 제이슨은 연방정부기관이나 군 기관이 진행하는 연구와 관련하여 자문을 제공하는 민간 기술 전문가 단체다. 미국 국방부도 제이슨의 자문을 자주 구한다.

2001년 6월 4일

다이슨 교수님께

… 일과 신념이 충돌하여 고민하셨던 적이 있는지요?

2001년 6월 6일

일이 신념과 충돌했던 적은 한 번도 없습니다. 제 일은 난해한 수리 과학이니까요. … 가장 미심쩍어 보일 만한 과외 활동은 일반적인 정부기관이나 국방부에 기술 자문을 제공하는 과학자 단체 제이슨 가입 정도입니다. … 제이슨 활동으로 사회에 해가 되기보다는 득이 되었다고 생각하지만 제 행동을 하나하나 신중히 따져봐야겠지요. … 제이슨 일원으로 가장 힘들었던 때는 베트남전이었습니다. 회원 대다수가 전쟁을 벌이는 사람들과 얽히는 것 자체를 올바르지 않다고 여겼습니다. 반전(反戰)의 표시로 탈퇴하는 회원들도 있었죠. 저는 탈퇴하지 않았습니다. 국방부 건물에 갇혀 있는 군인들에게 외부 세계의 실상을 알릴 필요가 있다고 생각했기 때문입니다. …

미국은 자진해서 핵실험 일시 중지 조치를 취하는 동안 비축무기관리 프로그램(Stockpile Stewardship, 컴퓨터 시뮬레이션에 의한 가상 실험)에 의존했다. 우리는 다이슨 교수가 비축무기관리 프로그램에서도 일정 역할을 담당하지 않았을까 궁금해졌다.

2014년 11월 26일

다이슨 교수님께

… (아마도 제이슨의 일원으로서) 조지 부시 대통령이 핵무기 실험을 중

단하도록 설득하는 데 있어 어떤 역할을 담당하셨는지요?

2014년 12월 3일
드와이트와 학생들에게
… 실험 중단 결정에 제가 일조했다고 보지는 않습니다. 제 기억으로 부시 대통령 및 3개 무기연구소 소장들(로스앨러모스, 리버모어, 샌디아)이 이 결정을 내렸습니다. 소장 3인이 부시 대통령에게 실험 없이도 믿을 수 있는 무기를 만들겠다고 단단히 약조를 했습니다. 한데 여타 관료들과 마찬가지로 이들도 예산 유지가 우선 과제였죠. 그래서 부시와 거래를 했습니다. 믿을 수 있는 무기 공급을 약조하고 대신 믿을 수 있는 자금 공급을 요구했습니다. 실험을 중단한 뒤 무기 연구소에 지속적으로 자금을 공급하기 위해 부시는 비축무기관리 프로그램 설립에 동의했습니다. 이 프로그램은 사실상 프로그램이라 할 수 없습니다. 무기연구소에 넉넉한 자금이 안정적으로 흘러들어갈 수 있도록 보장하는 정치적 장치일 뿐입니다. 기술적 명분은 없습니다. 폭탄은 이미 안정적이고 내구성이 뛰어나기 때문에 따로 관리할 필요가 없습니다. 비축무기관리 프로그램은 정치적 이유로, 연구소 소장들이 실험 재개를 요구하지 않도록 달래기 위해 필요했던 것입니다. 그러나 공식적으로는 제이슨의 승인을 받았고 제 친구들도 대부분 이 프로그램이 안보 유지에 필수적이라고 믿고 있습니다. 실험을 중단시켰다는 점에서는 가치가 있을 수도 있겠죠. …
좋은 질문 다시 한번 감사드립니다.

미국이 이라크에 선제적 공격을 감행한 지 3년이 지난 2006년 가을 학기 학생들이 다이슨 교수에게 제이슨 활동과 관련하여 두 가지 질문을 보냈다. 그중 하나는 《프리먼 다이슨, 20세기를 말하다》에 소개된 베트남전 당시 사건에 관한 질문이다.

1966년 회의에서 장교 Z가 말했다. "적군이 갈피를 잡을 수 없도록 핵폭탄을 하나쯤 터뜨려줄 때가 됐다고 생각한다." 회의가 끝난 뒤 나는 Z의 말을 혹시 잘못 알아들었나 싶어 동석했던 민간인 과학자 세 명의 반응을 살폈다. 모두 나만큼 충격을 받은 상태였다.[Dyson(1979a)][149]

국방부의 승인으로 제이슨 회원 4인이 베트남에서 핵폭탄을 사용할 경우 나타날 수 있는 결과에 대한 연구를 진행했다. "우리의 분석에 따르면, 아무리 정치적 윤리적 고려사항을 배제하고 철저히 군사적 입장에서 본다고 해도, 핵무기 사용은 재앙을 부르는 실수다." 제이슨 보고서를 존슨 행정부에서 읽었는지는 알 수 없지만 어쨌든 베트남전에서 핵무기는 사용되지 않았다. 베트남전 이후 40년 만에 이라크에서 충돌이 발생했고 베트남전 때와 마찬가지로 미군은 불리한 상황에 놓였다. 우리는 이에 관해 다음과 같은 질문을 보냈다.

2006년 12월 4일
다이슨 교수님께
교수님과 가족 모두 무탈하게 잘 지내고 계시리라 믿습니다. 크리스마스에는 손주들과 즐거운 시간 보내시기를 바랍니다. …

'원자 과학자 회보' 2003년 5월/6월호에서 피터 헤이스와 니나 태
넌월드의 기사 '베트남전에서 핵폭탄을 거부하다'[Vol. 9, issue 3]를 발
견했습니다. 교수님 책에 언급된 한 국방부 관리의 발언("적군이 갈피
를 잡을 수 없도록 핵폭탄을 하나쯤 터뜨려줄 때가 됐다고 생각한다")과 연관된
장면이 나옵니다. 제이슨 회원 4인(교수님, 로버트 고머, 코트니 라이트, 스
티븐 와인버그)이 그 발언에 충격을 받아 '핵폭탄 하나쯤 터뜨리는' 행
위가 어떤 결과를 낳을지에 대해 연구를 진행하기로 합니다. 그래
서 나온 질문은 다음과 같습니다.

1. 현 정권은 다른 나라에 선제공격을 할 의지가 있음을 천명했는데
1966년 제이슨 연구에 참여하신 분으로서 오늘날 정치 환경을 감
안하여 정부와 시민에게 조언을 해주실 수 있는지요?

2. 지금 제이슨 연구를 진행한다면 최우선 순위에 두어야 할 주제
가 무엇일까요?

2006년 12월 9일
드와이트와 학생들에게
방금 긴 가족 여행을 마치고 돌아왔습니다. 딸 미아를 보러 메인으
로 갔다가 아들 조지네가 있는 벨링엄으로 갔다가 마지막으로 밴쿠
버에 있는 의붓딸 카탈리나까지 보고 돌아왔죠. 어제 도착하자마자
메시지를 확인할 수 있어서 다행히 종강일 전에 답을 보내드리게
됐네요. 그럼 질문을 살펴보죠.

1. 부도덕하고 무능하기 짝이 없는 현 정권(당시 조지 W. 부시가 대통령
이었다-옮긴이)조차 1967년 맥스웰 테일러가 그랬듯 '핵폭탄 하나 터

뜨리겠다'는 말은 하지 않습니다. 부시도 핵폭탄을 떨어뜨린다 해서 이라크, 이란, 북한 문제가 해결되지는 않는다는 사실을 잘 압니다. 현 정권에 하고 싶은 말은 '적과 대화하라'입니다. 예를 들면, 이라크 통치 요령을 아는 사람이 하나 있습니다. 바로 사담 후세인입니다. 그를 감옥에서 풀어주고 활용해야 합니다. 1945년 일본 천황을 활용했듯 말이죠. 국가수반으로 대우해주고 나라를 이끌 수 있도록 도와야 합니다. 그가 실패해서 이라크가 시아파, 수니파, 쿠르드족 등 세 갈래로 분열되더라도 그의 문제이지 우리 문제는 아닙니다.

2. 제이슨 연구의 주제는 늘 연구자금을 대는 사람이 누구인가, 그가 우리의 조언을 들을 준비가 되어 있는가, 등에 의해 좌우됩니다. 정부기관에서 돈을 대지 않으면 아무도 귀를 기울이지 않습니다. 이라크 내 군 전략에 관한 제이슨 연구는 별 쓸모가 없을 것입니다. 가장 중요한 문제이기는 하지만 우리의 전문분야는 아니니까요. 1월에 발표할 동계 연구의 주요 주제는 RRW(Reliable Replacement Warhead, 안정적 교체 탄두) 및 자동차 혹은 트럭 폭탄 테러로부터 건물을 보호하는 법입니다. 이 두 가지 기술적 문제에 대해서는 우리가 권위를 인정받고 있고 믿을 만한 조언을 제공할 수 있습니다. 오클라호마 폭탄 테러를 통해 이와 관련한 유용한 데이터가 다량 생성되었습니다. 건물을 안전하게 설계하되 교도소처럼 보이지 않게 하는 것이 관건입니다.

RRW는 기술적 문제이기도 하지만 정치적 문제이기도 합니다. 핵무기에 제어 시스템을 내장하여 제3자가 이를 훔치거나 폭파할 수 없게 만들어야 합니다. 미국과 러시아에 비축된 무기를 이렇게 바꿀 수 있으면 세상이 조금 더 안전해지겠지요. 핵무기가 필요하면 테러리스트들 스스로 만들어야 할 테니까요. 정치적으로는, 기존 무기의 변형이 아니라 신무기 개발로 간주될 수 있어 다른 나라 역시 핵무기를 개발하겠다고 나설 명분을 준다는 점이 문제입니다. 나는 정치적으로는 RRW에 반대하지만 기술적으로는 논리에 맞는다고 판단해 프로젝트에 참여하기로 했습니다.

모두 알다시피 사담 후세인은 감옥에서 풀려나거나 국가원수로 대우받지 못했다. 그는 재판을 받은 뒤 2006년 12월 30일 불명예스럽게 교수형에 처해졌다.

역할 바꾸기

2003년 가을 학기 학생이 편지 교류와 관련하여 한 가지 획기적인 아이디어를 제시했다.

2003년 11월 25일
다이슨 교수님께
오늘 수업시간에 교수님께 보내드릴 질문을 추리기 위해 한창 토의를 하고 있는데 한 학생(통찰력이 뛰어난 지나라는 여학생입니다)이 이렇게 말하더군요. "다이슨 교수님께서 우리에게 궁금하신 점은 없을까요?" 이 질문을 전해드리고 싶었습니다. 추수감사절 즐겁게 보내시기 바랍니다.

2003년 11월 26일

드와이트에게

모두 추수감사절 즐겁게 보내시기 바랍니다! 다음 주 학생들의 질문이 도착하기를 기대하고 있습니다. 우리 부부는 메인으로 가서 미아네 가족과 함께 명절을 보내려 합니다(그 사이에 손자 하나가 더 늘었습니다).

시간이 부족해서 지나 학생에게 상세히 답변해드리지는 못할 듯하고, 과학보다는 정치와 관련한 질문을 학생 모두에게 던지고 싶습니다. 미국의 언어나 문화에 완전히 무지한 무장 아랍군대가 미국을 점령한 채 삶을 통제한다면 어떻게 하시겠습니까? 수업 내용에서는 벗어난 질문이지만 한번쯤은 생각해볼 만한 중요한 문제라고 봅니다.

지나 학생, 질문할 기회를 주셔서 감사합니다.

다이슨 교수의 질문은 무엇이든 최우선 과제로 다뤄졌다. 학생들은 이후 몇 차례에 걸쳐 이 질문에 대한 답변을 준비했다(수업은 일주일에 한 번인데 말이다).

2003년 12월 2일

다이슨 교수님께

어제 수업시간에 교수님의 질문을 학생들과 공유했습니다. "미국의 언어나 문화에는 완전히 무지한 무장 아랍군대가 미국을 점령한 채 삶을 통제한다면 어떻게 하겠는가?"

워낙 민감한 질문이라 (마흔 명에 달하는) 학생들 모두 고민에 고민을 거듭했습니다. 질문을 공개한 뒤 옆자리 학생들과 5분간 토의를 하고 자유롭게 그 결과를 발표했습니다. 학생들이 답변한 순서대로 칠판에 정리했던 내용을 전해드립니다.

- "싫을 것 같다." (여러 사람의 즉각적인 반응이었다.)
- "그들이 우리의 자유를 억압하려고 온 것이 아니라 우리를 독재자로부터 해방시키러 왔다면 답변이 달라질 것 같다."
- "아무리 잔혹한 독재자에게 시달리고 있다 해도 그들은 우리나라를 침공한 것이다. 그들에게 우리나라를 침공할 자격이 있는가?"
- "그들에게는 내 삶의 방식을 결정할 권리가 없다."
- "너무 무서워서 지하실에 숨을 것 같다."
- "간디처럼 비폭력 저항을 시도하겠다. 테러리즘에 테러리즘으로 대항하는 행위는 답이 될 수 없다."
- "우리 정부를 전복시키려 한다면 허용할 수 없다."
- "그들이 왜 싸우러 왔는지 그 이유에 따라 답이 달라질 것이다."
- "이라크인들과 마찬가지로 무서울 것 같다."
- "우리는 누구나 우리와 생각이 비슷할 것이라 억측한다. 우리는 이라크인들을 비인간적으로 대한다."
- "우리는 자유에 익숙하다. 자유를 잃는다면 상실감이 클 것이다."

수업이 끝나갈 때쯤 저는 학생들에게 덧붙일 말이 있으면 적어서 책상에 올려두라고 했습니다.

• "9.11 테러 이후 미국인들이 보여준 결속과 형제애를 떠올려보면, 우리가 힘을 합쳐 무기를 들고 소중한 자유를 지킬 수도 있겠다는 생각을 하게 된다. 나라, 친구, 가족, 자유를 위협하는 자들이 돌아다니고 있는데 나 혼자 지하실에 숨어 있을 수는 없다. 자유는 목숨을 바쳐 지킬 만한 가치가 있다."

• "자유를 억압하는 독재정부의 지배를 받고 있다면 그들을 환영할 것 같다. 그러나 아랍인 몇 명이 우리가 사는 방식을 바꾸려는 목적만으로 왔다면 가족을 위해 싸우겠다."

• "이 상황이 이라크 상황과는 다르다고 말하는 사람들이 있을 것이다. 그러나 우리 눈에 독재자로 보이는 사람이 그들 눈에는 그렇지 않을 수도 있고, 우리는 스스로 자유롭게 살고 있다고 확신하지만 그들의 생각에는 우리 대통령이 독재자로 보일 수 있다. 무장한 아랍군대가 미국을 점령하고 우리의 삶을 통제한다면 당연히 침략군으로 보일 것이다. 현재 이라크 사람들 대부분이 그렇게 느끼고 있을 것이다."

교수님의 질문으로 열띤 토론이 이어졌습니다. 자기 성찰적 발언도 다수 나왔습니다. 학생들 대부분이 이전에는 이라크인들과 입장을 바꾸어볼 생각조차 한 적이 없었던 것 같습니다. …
수업에 기꺼이 동참해주셔서 늘 감사드리고 있습니다.

일주일 뒤 학생들이 다이슨 교수에게 추가 메시지를 보냈다.

2003년 12월 8일

다이슨 교수님께

저희도 교수님께 여쭙고 싶습니다. 미국의 언어나 문화에는 완전히 무지한 무장 아랍군대가 미국을 점령한 채 삶을 통제한다면 어떻게 하시겠습니까?

행복한 크리스마스 보내십시오. 그리고 이번 달에 맞게 되시는 여든 번째 생신 축하드립니다. 학생들 모두 축하의 마음을 전해드릴 방법을 생각하고 있습니다.

… 교수님의 책, 연설, 글, 편지로 교수님의 삶을 공유할 수 있어 기쁩니다.

2003년 12월 9일

드와이트와 학생들에게

… 나에게도 이 질문에 답변할 기회를 주셔서 감사합니다. 또 여러분의 생각을 보내주셔서 감사합니다. 모두 매우 흥미롭고 합리적이었습니다. 여러분 말마따나 상황이 더 구체적으로 설명되지 않으면 대답하기 쉽지 않지요. 제 대답은 이렇습니다.

침략자에 대항하는 방법은 두 가지가 있을 것입니다. 2차 대전 중 유럽 내 점령국을 예로 들면, 일부 젊은이들은 총을 들고 싸웠고 나머지 사람들은 침략자들에게 협조하지 않음으로써 수동적으로 저항했지요. 저도 전사가 되기에는 너무 나이가 많습니다. 전사들을 힘껏 돕기는 하겠지만 저 역시 수동적 저항 세력으로 남을 것 같네요. 침략자들의 일상을 가능한 한 비참하게 만들어서 자국으로 돌려보낼 수도 있을 것 같습니다.

모두 행복한 새해 맞으세요!

우편집배원이 더 중요하다

2003년 12월 8일

다이슨 교수님께

항상 학생들 질문을 꼼꼼히 살펴주시는 데 대해 다시 한번 감사드립니다.

교수님께서는 미국군축청에서 일하기도 하셨고 의회에서 증언도 하시는 등 정부기관 관련 일을 많이 하셨습니다. 그동안 정부가 대중을 대하는 태도가 어떻게 달라져왔다고 생각하시는지요?

2003년 12월 9일

드와이트와 학생들에게

질문 감사합니다. 학기가 끝나기 전에 답을 보내드리려고 급하게 편지를 씁니다.

나는 50년 가까이 정부 자문가로 일했습니다. 그 세월 동안 소소한 부분들이 바뀌었지요. 고위급 정치인들은 눈에 띄는 변화를 만들겠다고 외쳐대지만 보통 공무원들은 변화가 거의 없는 일상을 이어갑니다. 나도 여기에 별 반감은 없습니다. 정부에서 제공하는 대국민 서비스는 첨단기술 도입보다 안정성 유지가 중요하니까요. 미국 해양대기관리처 및 기타 정부기관의 환경 모니터링이 좋은 예가 될 것입니다. 기후 연구에서 반드시 측정해야 할 사항이 해수면 온도와 바다의 염도입니다. 해수면 온도와 바다 염도는 배가 전진하는 가운데 양동이를 이용해 길어 올린 바닷물로 측정합니다. 이때 늘 동일한 크기, 동일한 형태의 양동이를 사용해야 10년 혹은 50년 전 측정치와 올해의 측정치를 비교할 수 있습니다. 금속 양동이를 사용하다 플라스틱 양동이로 바꾸게 되면 측정치에 영향이 가고 비교 자체가 무의미해집니다. 현 부시 행정부와 과거 행정부 사이에 눈에 띄는 차이가 있습니다. 현 행정부의 고위급 관료들은 기술적 역량을 그다지 존중하지 않습니다. 전문지식이 풍부한 외부 전문가들을 외면하고 듣고 싶은 말을 해주는 이들의 말에만 귀를 기울입니다. 지도층이 그렇게 무능하고 무지함에도 불구하고 정부는 여전히 잘 돌아갑니다. 고위급을 제외한 나머지 공무원들은 기술적 역량의 중요성을 인지하고 있기 때문이지요. 저도 정부기관과 협업할 때는 그런 '나머지 공무원들'과 이야기합니다.

정부가 대중과 소통하는 방식이 어떻게 달라졌느냐고 물으셨지요? 정확히 무슨 의미인지 잘 모르겠습니다. 조지 부시가 TV에 나와 연설하는 행위도 소통 방식이고 우편집배원이 날씨와 상관없이 매일 우편물을 배달하는 행위도 소통 방식입니다. 나는 후자가 훨씬 중요하다고 생각합니다. 우편집배원의 소통 방식은 예나 지금이나 달라진 바가 없습니다.

내 장인은 30년간 미국 체신부에서 일했다. 우편 업무는 눈에 잘 띄지도 않고 보통 사람들도 쉽게 간과하는 일이다. 반복적이고 따분하지만 나라가 제대로 돌아가려면 누군가 해야만 한다. 그렇게 눈에 띄지 않는 곳에서 세상이 돌아갈 수 있도록 책임을 다하는 사람들이 많다.

부지런히 일하는 사람들을 위해 잔을 들고
무수히 많은 사람들을 위해 건배하자.

지도자가 필요하나 도박꾼을 만나서
떨고 있는 수백만의 사람들을 생각하자.[10]

한 나라의 역사는 도박꾼과 어리석은 자들에 대한 연구와 같다. 포츠담 회의가 이어지던 어느 날 트루먼 대통령이 폐허가 된 베를린을 자동차로 돌아보고 이렇게 적었다.

"우리는 베를린으로 가서 폐허를 발견했다. 히틀러의 어리석음이란…
평화를 바라지만, 기계가 도덕보다 몇 세기쯤 앞서가고 있다는 두려움이 밀려온다."[Rhodes(1986)][683]

---

10 믹 재거와 키스 리처즈의 곡, '지구의 소금'(Beggar's Banquet album, Decca, 1968). 조운 바에즈 (Blessed Are…, Vanguard, 1971)와 주디 콜린스(Judith, Elektra Records, 1975)도 불렀다.

10 우주를 향한 무한한 상상

"아, 배제되지 않기를

아무리 작은 부분이라 해도

별들의 법칙으로부터 차단되지 않기를."

–라이너 마리아 릴케[01]

하늘 위 사람들

200년 전으로 돌아가 샤이엔 부족민들과 함께 모닥불을 피워놓고 둘러앉아 있다고 상상해보라. 저녁식사는 한참 전에 끝났다. 이제 대부분 잠자리에 들었고, 보초병은 제 위치로 갔으며, 말들은 말뚝에 묶여 있다. 모닥불이 점차 사그라져 숯이 돼갈 무렵 밤하늘의 은하수를 올

---

01 [Rilke(2015)].

려다본다. 오랜 침묵이 흐른 뒤 할아버지가 옛날이야기를 들려준다. 먼저 떠난 영혼들의 길을 밝혀주기 위해 모닥불 불씨가 은하수가 되었다고. 할아버지의 이야기가 계속되는 동안 듣는 이들은 삶과 죽음, 땅과 하늘에 대한 생각에 잠긴다.[Littmann and Planetarium(1976)]

인류는 행성과 별을 물리적 장소로 인식하게 된 시점부터 우주로 진출하는 꿈을 꿨다. 아메리카 원주민인 알곤킨이나 치페와 부족은 용감한 처녀나 사내가 하늘로 화살을 쏴 사다리를 만들고 이를 밟고 올라가 하늘의 사람들을 만날 수 있다고 생각했다.[Mayo(1987)] 다이슨 교수도 하늘의 사람이되 종류가 조금 다르다. 우주 개척에 대한 그의 열정은 우리 수업에서 열띤 토론을 불러일으켰다.

스푸트니크 호가 등장하기 훨씬 전부터 인류는 우주여행에 대한 상상의 나래를 펼치고 있었다. 19세기에 이미 우주여행을 다룬 소설이 많이 나왔다. 그중 하나인 쥘 베른의 1865년 작품《지구에서 달까지(From the Earth to the Moon)》는 비행사 세 명이 탄 컬럼비아드란 캡슐을 대포로 발사하여 달을 향해 날려 보낸다는 이야기다. 이를 통해 20세기에는 우주탐험에 대한 상상과 갈망이 한층 무르익었다. 쥘 베른이 상상한 컬럼비아드가 '아폴로 11호'로 구체화되기까지는 불과 104년밖에 걸리지 않았다.

인류가 최초로 우주탐험에 성공했던 시대를 살아보지 못한 요즘 학생들이 무척 불쌍해 보일 때가 있다. 그것은 정말 획기적인 사건이었다. 그러나 세상은 공평하다. 학생들은 앞으로 우주로 진출하여 지금은 상상도 할 수 없는 온갖 모험을 할 것이다. 우리는 모두 하늘의 사람들이 되고 있다.

이런 발전의 배경에는 새로운 수소폭탄이 있었다. 인공위성을 궤도에 올려놓을 수 있는 로켓은 핵무기를 그 어떤 폭격기보다 빠르게 지구 곳곳으로 운반해준다. 냉전이 한창이던 1950년대 미사일 경쟁이 시작됐고, 이는 곧 우주 개발 경쟁으로 이어졌다.

스푸트니크와 익스플로러

1957년 7월부터 1958년 12월까지 1년 6개월에 걸쳐 이어진 국제지구물리관측년(International Geophysical Year, 세계 70여 개국 과학자들이 지구에 대한 공동연구를 진행한 해-옮긴이)에 미국과 소련 정부는 인공위성을 궤도에 올리려 했다. 1957년 10월 4일, 소련이 스푸트니크 1호로 먼저 성공했다. 안테나 네 개를 단 공 모양 위성이 깜박거리는 불빛과 함께 내뿜은 삐-삐-삐- 하는 신호음은 동시대인들에게 결코 잊을 수 없는 소리가 됐다. 미국은 이에 신속히 대응해야 했다. 육군 탄도미사일개발국(Army Ballistic Missile Agency)은 제트추진연구소와 함께 기존 하드웨어를 변형해 84일 만에 익스플로러 1호 위성과 레드스톤 발사대를 조립했다. 1958년 1월 31일 발사가 성공적으로 마무리되어 위성은 궤도에 올라섰다. 이 위성을 발사하는 데 32톤짜리 로켓이 동원되었다.

이런 상황은 냉전 분위기 속에서 미국 정부와 산업, 교육계에 경고음을 울렸다. 1958년 9월 2일 수학과 과학 교육을 강조하는 국가방위교육법(National Defense Education Act)이 발효됐다. 1958년 2월 고등연구계획국(ARPA, Advanced Research Projects Agency)이 국방부에 신설돼 미국

군사기술의 첨단화를 위한 민간과 군의 노력을 조율하기 시작했다. 1958년 여름 ARPA는 새턴 계열 로켓을 개발하는 프로그램에 착수했고, 이는 베르너 폰 브라운의 설계 중 최대 규모인 새턴 5호의 완성으로 이어졌다. 새턴 5호 1단계는 엔진 다섯 개로 초당 15톤씩 연료를 소비하며 34킬로톤에 달하는 추진력을 만들어냈다.

오리온 프로젝트

핵분열은 화학반응보다 2,000만 배 많은 에너지를 생성한다. 1958년 나사(NASA)를 신설했을 때 소규모 민간단체가 핵 추진력에 관한 이색 제안을 했다. 테드 테일러가 주도한 오리온 프로젝트였다. "그는 로스앨러모스에서 좁은 공간에 끼워 넣을 수 있는 작고 효율적인 폭탄 연구에 매달리다 곧바로 나사에 합류했다. 이렇게 작고 정교한 폭탄을 동력 삼아 작고 정교한 우주선이 태양계 행성 사이를 오갈 수 있을까?"[Dyson(1979a)][96, 109] 오리온 프로젝트를 통해 연료를 지나치게 많이 소비하는 폰 브라운의 로켓에 맞설 모델이 등장했다.

좁은 공간에 끼워 넣는 폭탄의 선례로는 전술핵무기 M-388이 있었다. 위력은 TNT 10~20톤으로 '리틀 보이'의 1,000분의 1 수준이다. 이 무기는 삼발이 받침대에 올려 사용하는 무반동 소총 '데이비 크로켓'으로 발사됐다. 오리온 프로젝트 설계자들이라면 M-388 같은 소형 핵폭탄을 평화적이고 혁신적인 목적으로 사용할 수 있었다. 다이슨 교수도 참여 제안을 받았다. 그는 고등학술연구소에 휴직계를 내고 오리온 팀에 합류해 1년간 연구 활동을 펼쳤다.

오리온 프로젝트는 트리니티 핵실험 때 점보[02]와 리바(콘크리트 보강용 강철봉-옮긴이) 등이 근거리에서도 그 파괴력을 버텨냈다는 사실에서 영감을 얻어 시작했다. 이 둘은 타워형 콘크리트 구조물이 폭발로 거의 증발했을 때도 잔해 위에 굳건히 버티고 서 있었다.[Dyson(2002b)] 다이슨 교수는 이렇게 회고한다.

우리는 1958년 여름부터 이듬해 가을까지 1년간 함께 연구했다. 1931년 부터 1932년까지 VfR(소형 로켓 개발을 시도한 독일 우주비행학회-옮긴이)에 버금가는 열정을 쏟았다. 우리도 서두르고 있었다. ··· 정부가 조만간 화학반응 로켓과 핵추진 로켓 중 어느 쪽에 초점을 맞출 것인지 결정해야 한다는 사실을 알고 있었다.[Dyson(1979a)][112]

1970년까지 핵추진 우주선을 띄워 토성 주위 비행을 실현하겠다는 오리온 팀의 꿈은 불행히도 이루어지지 않았다. 갈수록 설계가 복잡해졌고, 공군의 재정 지원을 받으면서 프로젝트에 관료주의 입김이 강해졌으며, 군사적 활용도가 크지 않음을 확인한 공군이 급격히 흥미를 잃은 데다, 폰 브라운의 화학 로켓은 이미 가용 단계에 들어선 터였다. 그러다 오리온 발사 때마다 방사능 흔적이 남는다는 사실이 발견되면서 프로젝트는 사망선고를 받았다. 1963년 핵실험금지조약

---

02 점보는 214톤에 달하는 강철 탱크다. 실험 중 폭탄이 소폭발에 머물러 손실되더라도 플루토늄은 건져낼 수 있도록 플루토늄 폭탄을 넣어놓는 컨테이너로 개발되었다. 실험이 중단되고 애초 효용이 없어진 뒤에는 폭탄의 효과를 실험하는 데 활용되었다.

에 따라 실물 크기의 오리온 핵추진 발사체 실험이 불가능해졌다. 오리온 설계도는 서고에 처박혔다. 하지만 매우 진취적인 시도였고, 다이슨 교수에게는 잊히지 않는 추억이 되었다.

우주와 상상력

오리온 프로젝트가 진행되는 동안 나사는 폰 브라운의 화학 로켓을 이용해 인공위성을 쏘아 올리고 우주 비행을 준비했다. 나사는 첫 번째 기상위성 트리오스 1호를 1960년 4월 1일 발사했고, 통신위성 에코 1호가 8월 12일 뒤를 이었다. 초등학교 2학년이던 나는 저녁마다 밖에 나가 하늘을 바라보며 위성을 찾았다. …

 … 밝게 빛나는 '별'이 지평선에서 지평선까지 빠르게 움직인다. 내가 "이리 와봐. 위성이다!"라고 외치면 모두 집 밖으로 달려 나와 경이롭게 바라봤다. 그야말로 인류사 최초였다. 지금 이 시대를 살아 위성을 볼 수 있다는 사실이 감격스러울 따름이었다. … 지금도 나는 하늘을 가로지르는 위성을 볼 때마다 그때의 감격이 떠오르곤 한다.[03]

 나사는 1960년대 전반에 걸쳐 우주비행 프로그램에 집중했다. 머큐

---

03 몇 개 단락은 '우주선 뒤 나사: 박물관에서 시작하다'(Radiations, 2011년 가을, 14~25, 29)에서 따왔다. 이 글은 수업시간 학생들이 발표한 프레젠테이션에서 각색했다.

리, 제미니, 아폴로 프로그램 등을 이때 신속하게 추진하여[04] 마침내 1968년 12월 역사적 순간에 다다랐다. …

… 1968년 크리스마스 연휴에 아폴로 8호가 최초의 우주비행사를 태우고 저(低)지구궤도를 넘어 달로 향했다. 우리는 몇 시간마다 아폴로 8호에서 송신한 중계방송을 지켜봤다. 비행사 프랭크 보먼, 제임스 러벨, 윌리엄 앤더스는 카메라를 돌려 지구를 촬영했다. 시간이 갈수록 카메라에 잡힌 지구는 점점 작아졌다. 크리스마스이브에 비행사들은 전무후무한 기자회견을 열었다. 달 상공에서 궤도비행을 하며 성경의 창세기 1장 10절을 큰 소리로 낭독한 것이다. … 모험, 삶의 의미에 대한 인류의 갈망을 응축한 순간이었다. …

… 이듬해 여름, 정확히는 1969년 6월 16일 아폴로 11호 발사와 함께 1960년대 황금기가 시작됐다. 사흘 뒤 마이클 콜린스가 사령선 컬럼비아 호를 타고 달 궤도를 도는 동안 닐 암스트롱과 버즈 올드린이 달착륙선 이글 호를 몰아 달 표면으로 향했다. "여기는 트랜퀼리티 기지, 이글 호 착륙했다…."

머큐리, 제미니, 아폴로 프로그램에 1960년대 화폐 가치로 10년간

---

04 1967년 1월 27일 캡슐 화재로 인해 거스 그리섬, 에드 화이트, 로저 채피가 사망하면서 프로그램이 원점으로 돌아갔다. 그리섬은 이렇게 기록한 바 있다. '우리가 하는 일은 당연히 위험하다. 우리에게 혹시 사고가 생기더라도 프로그램이 지연되지 않기를 바란다.' 로켓은 국방부에서 제공했는지 모르나 고인이 된 비행사들과 동료들에게 있어 이 프로그램은 모험으로 가득한 시인의 전쟁이었다.

200억 달러 이상 들었고, 33만 명이 투입됐다. 케네디 대통령이 달 착륙을 미국 우주 프로그램의 목표로 설정한 때부터 8년이 걸렸다. 하지만 당시 인류가 우주에서 일구어낸 성과는 그 천문학적인 비용과 냉전이라는 특수한 상황을 초월하여 영원히 기억될 것이다.

아폴로 비행사 스물네 명이 달 궤도를 비행했고, 열두 명이 달 표면을 걸었다. 그들은 지금까지도 달을 가장 가까이에서 직접 보고 지구를 가장 멀리서 바라본 지구인으로 남아 있다. 아폴로 8호와 11호로 최고조에 달했던 분위기는 곧 식었고, 사람들은 흥미를 잃었다. 실망스러웠지만 놀랍지는 않았다. 이미 달 착륙에 성공한 마당에 다시 달에 가야 한다고 생각하는 사람은 없었다. … 그렇게 아폴로 18, 19, 20호 계획은 취소됐다.

아폴로 우주선은 달까지 우주비행을 훌륭히 수행했고 아름다운 달 풍경을 촬영해 보냈지만, 인류가 이내 싫증을 내면서 V-2 로켓처럼 쓸모없는 구년묵이가 됐다. 아폴로호의 임무는 완전히 끝났다.
[Dyson(1979a)][110]

우주비행을 일상화하려면 비용을 낮추어야 한다. 그러한 노력의 일환으로 소규모 민간 모험가 집단이 오리온 정신을 되살려 스페이스십원(SpaceShipOne)을 만들기도 했다. 접근방식을 다양화하면 장기적으로 우주 탐험에 도움이 된다. 다이슨 교수 책의 '순례자, 성자, 그리고 우주인'이란 장(章)이 담고 있는 메시지도 같다. 스페이스십원은 국립항공우주박물관의 '비행의 이정표(Milestones of Flight)' 갤러리에 전시돼 있다. 아폴로 11호의 사령선 컬럼비아호 가까이에 당당히 한 자리를 차지했다.

2012년 7월 17일
다이슨 교수님께
… '순례자, 성자, 그리고 우주인'에 쓰신 나사의 대안이 스페이스십 원 같은 프로젝트인가요? 우주왕복선이 퇴역한 지금 나사가 어떤 일에 우선순위를 둬야 한다고 보시는지요?

2012년 7월 17일
드와이트에게
… 민간기업들이 우주사업에 박차를 가하고 있는 상황이 나는 아주 반갑습니다. 팔콘 로켓은 대단히 성공적입니다.[05] 하지만 내가 '순례자, 성자, 그리고 우주인'에서 묘사했던 독립적인 탐사와는 거리가 멉니다. 오늘날 우주사업에 적극적인 기업들은 여전히 정부에 크게 의존하고 있습니다. 정부의 자금 지원 없이는 지속할 수 없습니다. 진정한 의미의 독립적인 탐사가 가능하려면 우주 사업의 비용이 엄청나게 낮아져야 합니다. 나는 가능하리라 믿지만 시간은 많이 걸릴 겁니다. 100년은 지나야 하겠지요.
한편 나사가 인류 발전에 이바지할 수 있는 방법은 무수히 많습니

---

05 영국의 대니얼 접이 시작한 팔콘 프로젝트는 로켓 모터를 개발한다. 또한 자동차 속도를 마하 1.4까지 끌어올리려 하는 블러드하운드 프로젝트의 일부이기도 하다. 글로벌 스트라이크 프로그램의 일환인 극초음속 제트기 개발을 위해 영국과 미국 군으로부터 지원을 받기도 했다.

다. 이미 무인우주선을 이용한 우주탐험에 나섰고 앞으로도 이를 이어갈 것입니다. 최근에는 케플러 우주선을 이용해 행성계(行城系) 수백 개를 발견하는 쾌거를 이루었습니다. 나사가 직면한 과제는 유인우주선의 창의적 활용법을 찾아내는 것입니다. 유인우주선은 과학적 측면에서 꼭 필요하진 않습니다. 의미 있는 유인우주선 프로그램을 개발하려면 수십 년이 아니라 수백 년을 내다보아야 합니다. 그런 의미에서 '10년 내 달 착륙 및 지구 귀환'을 아폴로 프로그램의 목표로 잡고 나사를 출범시켰던 케네디 대통령은 패착을 범했습니다. 결과적으로 그 프로그램을 지속할 수 없었고 막다른 길에 봉착했습니다. 케네디 대통령은 이렇게 말했어야 합니다. "100년 안에 인간이 달 및 다른 행성에 영구 정착할 수 있는 지속 가능한 프로그램을 차근차근 진행하겠습니다." 만약 그랬다면 지금쯤 그 목표를 절반은 이루었을 것입니다.

머큐리, 제미니, 아폴로 프로젝트가 장기적 비전보다 단기적 성과에 급급하긴 했지만, 어쨌든 달 착륙에 성공함으로써 우주여행이 시간문제임을 보여줬다. 그러나 상상은 늘 현실보다 앞서는 법이다. 쥘베른과 오리온 설계자들, 나사와 스페이스십원 엔지니어들의 머릿속에는 바로 그런 상상이 자리했다. 우주 프로그램의 의의는 단순히 달에 가서 걷는 데 있지 않다. 그것은 열 살도 채 되지 않은 아이가 밤하늘을 살피다 흥분에 휩싸여 "저기 좀 봐!"라고 외치도록 만드는 데 있지 않을까?

미래 저 너머

알렉산더 길크리스트는 1863년 펴낸 영국의 시인 겸 화가인 윌리엄 블레이크의 전기에서 "블레이크는 대중을 위해 시를 쓰거나 그림을 그리지 않았다. 그 자신이 해와 달과 별, 하늘과 땅을 장난감으로 삼았던 '신성한 아이'였기에 천사와 아이들을 위해 쓰고 그렸다."라고 기록했다.[Gilchrist(1998)] 윌리엄 블레이크처럼 해와 달과 별은 다이슨 교수의 장난감이었다. 하지만 윌리엄 블레이크와 달리 다이슨 교수는 수학으로 귀결된 물리학과 생물학을 통해 하늘의 장난감에 접근했다. 프리먼 다이슨은 인류의 미래를 우주로 확장시키는 데 열정을 바쳤다. 저서 《무한한 다양성을 위하여(infinite in all Directions)》에서 그는 블레이크의 작품 《아메리카, 예언(America, a Prophecy)》에 나오는 구절을 인용한다.

오, 나의 아메리카 평원, 너를 보면
땅속 깊이 팔을 뒤틀어 박은 뿌리가 감내하는 고통을 느낀다
나를 유혹하는 캐나다의 뱀을 본다
멕시코의 독수리와 페루의 사자
내 영혼을 마셔 없애는 남쪽 바다의 고래를 본다

다이슨 교수는 블레이크의 시에 이런 글을 덧붙였다. "내가 말하는 운명은 한 국가나 한 종족의 확장이 아니라 다양한 형태의 모든 생명체가 우리의 작은 행성 표면에서 벗어나 무한한 우주의 자유를 향해

나아가는 것이다. … 윌리엄 블레이크의 비전이 광범위한 우주구조학으로 전환되려면 아마 200년은 더 기다려야 할 것이다."[Dyson(1988)] [133 – 134]

나를 유혹하는 이아페투스(토성의 열 개 위성 중 여덟 번째 위성-옮긴이)의 뱀을 본다
가니메데(목성의 위성-옮긴이)의 독수리와 미란다(천왕성의 위성-옮긴이)의 사자
내 영혼을 마셔 없애는 오르트 성운(명왕성 밖의 궤도를 돌고 있는 혜성군-옮긴이)의 고래를 본다

다이슨 교수는 인류의 우주 진출이 수백 년에서 수천 년이 걸린다고 보았다. 1993년 봄, 우리와 주고받은 첫 편지에서 그는 인류가 우주의 다른 주거지로 이주할 가능성을 묻는 질문에 이렇게 답했다.

1993년 4월 9일
노이엔슈반더 교수에게
… 언제 어떻게 사람들이 우주에서 살게 될 것인가? 이 문제는 도쿄 강연에서 자세히 다룬 바 있습니다.[06] 답은 어떤 시간 척도를 설

---

06 1992년 8월 21일 도쿄에서 열렸던 NTT 데이터 신패러다임 회의 중 '인간 생의 일곱 가지 시기'라는 강연을 가리킨다. 다이슨 교수는 윌리엄 셰익스피어의 《뜻대로 하세요(As You Like It)》에 나오는 자크의 대사('세상 전체가 무대요…')를 인간의 다양한 시간 척도, 이를 통해 인류가 일구어낼 수 있는 업적에 대한 비유로 사용한다.

정하느냐에 따라 달라집니다. 10년이나 100년을 생각하고 있다면 우주 정착을 이룬다 해도 의미 있는 수준에 미치지 못할 것입니다. 1,000년을 생각한다면 아마 태양계 안에서는 어디든 가능할 겁니다. 1만 년 이상이라면 우주에 완전히 적응해 전 우주로 뻗어나갈 것입니다. 그냥 내 추측입니다. 물론 내가 틀렸을 수도 있습니다. 그러나 미래를 예측하는 행위의 목적은 정확한 예언이 아니라 가능성 제시, 시야 확장이 아닐까요?

다이슨 교수는 《프리먼 다이슨, 20세기를 말하다》에서 고등학술연구소의 젊은 객원 학자들과 함께 작은 일탈을 한 적이 있다고 적었다. "낡은 컨버터블의 덮개를 열고 가속 페달을 한껏 밟아서 연구소 숲을 지나 강으로 달려갔다."[Dyson(1979a)][75] 2005년 12월 6일 편지에서 우리는 이 구절을 언급하며 다이슨 교수에게 젊은 시절 무모한 행동 중 무엇이 가장 기억에 남는지를 물었다.

2005년 12월 6일
드와이트에게
생각을 자극하는 좋은 질문 감사합니다. 2005년은 우리 가족과 손주들 모두에게 정말 좋은 해였습니다. 감사할 일이 참 많았습니다. … 무모한 행동 중 하나만 꼽으라니 난감하네요. 고등학교 때 밤에 몰래 나가 학교 건물을 타고 올랐던 기억이 떠오릅니다. 당시는 전쟁 중이라 등화관제가 철저하게 시행돼 밤에는 달빛만이 유일한 빛이었습니다. 자정 넘은 시간에 다 쓰러져가는 건물 돌탑을 친구 피터와 함께 기어오르곤 했습니다. 헬멧이나 밧줄 따위는 물론 없었지요. 전시였고, 우리는 정신 나간 짓임을 알면서도 중세 시대 지어진 돌탑에 매달렸습니다. 공수부대원이 된 피터는 2년 뒤 아른험(네덜란드 동부 도시-옮긴이) 전투에서 사망했습니다. 나는 그를 기억하는 몇 안 되는 생존자 중 한 명입니다.[07]

… 여러분의 관심과 염려 감사합니다. 즐거운 성탄과 새해 맞으세요.

프리먼 다이슨이 다녔던 윈체스터 칼리지는 제프리 초서와 같은 시대를 살았던 윌리엄 오브 위컴(William of Wykeham)이 1382년 설립했다. 위컴이 세운 건물들은 오늘날 여전히 그 자리에 서 있고, 우리는 여전히 초서를 읽는다.

내가 언제부터 미래에 집착하게 됐는지는 기억나지 않는다. 아마 윈체스터의 중세 건물 틈바구니에서 성장하며 그렇게 된 듯하다. … 나는 600년을 거슬러 지루한 옛날로 돌아가고 싶지 않았다. … 차라리 600년 뒤의 미래로 가고 싶었다. 사람들이 초서와 윌리엄 오브 위컴에 대해 학구적인 대화를 나눌 때 나는 우주선과 외계 문명을 꿈꿨다. 윈체스터에서 자란 사람에게 600년은 그리 긴 세월로 보이지 않는다.

[Dyson(1979a)][191 – 192]

---

07 고교생 프리먼의 등반 동료는 피터 샌키였다. 윈체스터칼리지 이후 엔지니어링을 공부하다 참전했다.[Schweber(1994)][486]

다이슨 교수는 오직 자연의 법칙에 의해 제한되는, 실현 가능한 발전을 연구하는 데 관심이 있었다. 예측에는 흥미가 없었다. "장기적으로 보면 질적인 변화가 언제나 양적인 변화를 능가한다. … 나는 양적인 예측이 무의미한 먼 미래에 관심이 있다."[Dyson(1979a)][190 – 192]

2011년 4월 29일
다이슨 교수님께
길게 보면 질적인 변화가 양적인 변화보다 더 중요하다고 쓰셨습니다. 오늘날 이뤄지고 있는 대표적인 질적 결정으로는 무엇이 있을까요?

다이슨 교수는 인도주의적이다. 동시대 사람들의 안위에 대해 걱정하고 우려한다.

2011년 4월 29일
드와이트에게
각 커뮤니티, 각 개인에 대한 균등한 기회 제공이 오늘날 가장 중요한 질적인 결정과 연관된다고 봅니다. 미국에서는 최근 특정 커뮤니티에 특혜를 주는 차별철폐조처(affirmative action)프로그램이 위법이라는 판결이 나왔습니다. 그 결과 사회 전반의 불평등이 심해졌습니다. 용납할 수 없는 일이라고 생각합니다. …

먼 미래를 양적으로 정확하게 예측할 순 없지만, 이 행성에서 삶을 가능하게 했던 조건을 통해 유추해볼 수는 있다. 이제 로버트 피어시 그의 《선과 모터사이클 관리술》을 참고로 하여 천문학상의 거주지를 고전적 접근법과 낭만적 접근법 등 두 가지 관점으로 훑어보려 한다. 수면 아래에서 시스템이 작동하는 원리를 살펴보는 고전적 접근법을 먼저 검토한 뒤, 지구에서 가능했던 우리의 경험을 인식하고 평가하는 낭만적 접근법으로 넘어가려 한다.

천문학상의 거주지: 고전적 접근법[08]

"1956년 세 살이던 나는 물리학자인 아버지 프리먼 다이슨과 함께 고등학술연구소에서 집으로 돌아가다 길가에서 끊어진 팬벨트(fan belt)를 발견했다. 아버지에게 이게 뭐냐고 물으니 '태양 조각'이라는 대답이 돌아왔다." -조지 다이슨[09]

우리가 아는 방식대로 삶이 존재하기 위한 필수 조건은 땅, 에너지, 시간, 안정성, 적합한 화학적 성질이다.

삶을 이어가려면 집을 지을 땅이 필요하다. 이는 인간이 현재 그리고 예측 가능한 미래에 별 주위를 공전하는 행성(또는 행성의 달)에서 살아야 함을 의미한다.[10] 가게를 새로 열 때와 마찬가지로 삶을 꾸려가

---

08 여기에 소개된 개념 및 논점은 천문학 입문서에 상세히 설명되어 있다.
09 [Dyson(2012)][xiii].
10 소행성이나 혜성에 터전을 만드는 방법이 발견될지도 모른다. 탐사는 이미 시작되었다.

는 데 있어 가장 중요한 요소는 위치다. 여기서 좋은 위치란 물이 액체 상태로 존재하는 곳을 가리킨다. 별에서 너무 가까우면 물은 모두 증발해버리고, 너무 멀면 얼어버린다. 물이 액체 상태로 유지되는 거리를 '생명구간(life zone)'이라고 한다.

별과 행성들은 주로 수소와 헬륨으로 이뤄진 거대한 구름, 성운(星雲)의 중력 수축에 의해 만들어진다. 별의 핵은 온도가 섭씨 약 1,500만 도에 다다르면 타올라 수소융합반응을 일으킨다. 성운의 회전이 붕괴하면서 디스크 형태로 납작해지고 디스크를 이루는 물질들로부터 행성과 달과 혜성이 형성된다.

지구와 태양 사이 거리는 대략 1억 5,000만 킬로미터다. 초속 30만 킬로미터로 이동하는 빛이 태양에서 지구까지 오는 데는 8분이 걸린다. 여객기(시속 1,000킬로미터)의 속도로 태양에서 지구까지 날아가려면 17년이 걸린다. 빛의 속도로 45분이 걸리는 태양에서 목성까지는 여객기 속도로 89년이 소요된다. 거리를 시각화하기 위해 태양을 워싱턴 DC에 있는 자몽이라 가정해보자. 알파 센타우리(α Centauri)는 샌프란시스코에 있는 또 다른 자몽에 해당한다.[11] 은하수라 불리는 우리 은하는 1,000억 개의 별로 구성되었으며 지름이 10만 광년쯤 된다. 우리 태양계는 은하 중심에서 3만 광년 떨어진 곳에 자리하고 있다. 은하수는 은하계의 거대한 나선 팔 중 하나이고, 태양은 그 팔에 있는 수많은 별 중 하나다.

11　워싱턴 D.C. 스미소니언 박물관의 축척 모형을 보면 태양은 스미소니언 국립항공우주박물관의 동쪽 끝, 천왕성은 이 박물관의 서쪽 끝, 명왕성은 그 옆 블록 스미소니언 캐슬 입구 가까이에 놓여 있다.

우리가 태양으로부터 받는 빛은 태양의 핵에서 수소가 융합해 헬륨이 되는 과정에서 나오는 부산물이다. 태양이 초당 방출하는 에너지, 즉 광도는 약 4×10^{26} 와트다. $E=mc^2$란 공식으로 볼 때 이 수치는 태양이 스스로를 소비하고 있다는 뜻이다. 태양은 그 구성 물질을 초당 약 400만 톤씩 빛으로 전환시키고 있다. 지구는 태양이 내뿜는 빛 에너지 중 극소량을 받는다. 식물은 그 에너지를 이용해 광합성을 하여 대기 중 이산화탄소, 물, 흙 속 영양분을 한데 모아 탄수화물로 바꾼다. 우리 몸은 식물을 섭취하면 신진대사를 통해 탄수화물을 다시 이산화탄소와 물과 에너지로 분해한다. 인간은 식물이 필요하고 식물은 인간이 필요하다.

생명체는 원초적 점액질에서 다세포 종으로 진화하는 데 수억 년이 걸린다. 생명체가 진화할 기회를 확보하려면 거주지가 되는 행성이 수억 년간 안정적으로 빛나고 있어야 한다는 뜻이다. 별 안에서는 폭발을 통해 산산이 흩어지게 만들려는 핵융합과 한데 뭉쳐 으스러뜨리려는 중력이 치열한 경쟁을 벌이고 있다. 별이 유지되려면 두 작용이 서로 균형을 이뤄야 한다.

별이 태울 수 있는 연료는 유한하기 때문에 별의 수명이 얼마나 되느냐는 질문은 자동차 연료탱크를 가득 채우면 얼마나 달릴 수 있느냐는 질문과 같다. 당연히 연료탱크 크기와 연비에 따라 달라진다. 별의 연료 용량은 질량인 m에 비례하고 연료 소비율은 질량의 3.5제곱에 비례한다. 따라서 별의 수명은 $m/m^{3.5} = m^{-2.5}$에 비례하므로 질량이 클수록 수명이 짧다. 적색왜성은 연료탱크가 작은 반면 전동자전거처럼 연료를 홀짝거리듯 아주 조금씩 소비한다. 청색 초거성은 거대한 연료탱크를 갖추고 있지만 새턴 V의 1단계 로켓처럼 연료를 마구 태운다. 질량과 광도, 핵융합을 지속하기에 충분히 뜨거운 내부 상태로 미루어 태양의 수명은 100억 년쯤으로 추정한다. 질량이 태양의 절반인 별은 500억년 동안 빛을 내고, 태양의 열 배인 별은 2,000만 년 동안만 유지될 것이다. 지질학자들은 지구의 나이를 40억 년에서 50억 년으로 본다. 행성은 태양과 함께 만들어지므로 태양은 수명의 절반 정도를 살아온 셈이다.

태양의 수명 100억 년을 시각화해보자. 뉴욕에서 로스앤젤레스까지 5,000킬로미터를 걸어간다고 상상해보라. 그 거리를 완주하는 데 100억 년이 걸린다고 가정하면, 보폭이 약 1미터인 한 걸음은 약 2,000년에 해당한다. 이 도보여행에서 우리는 현재 오클라호마쯤 와 있다. 우리 강의실은 로스앤젤레스 쪽을 바라보는 남서향 건물에 있는데, 태양계 역사에서 현재에 해당한다. 내가 한 걸음 뒤로 물러서면 2,000년 전 예수의 시대가 되고, 두 걸음 물러서면 4,000년 전 이집트 제11왕조 파라오의 시대가 된다. 세 걸음, 네 걸음, 다섯 걸음 물러서도 나는 여전히 강의실에 있지만 태양계 역사로 보면 1만 년을 거슬러 농사가 처음 시작되었던 때로 돌아간다. 광합성이 시작된 시기는 약 1,000킬로미터 뒤로 간 세인트루이스 근처가 될 것이다. 이 수업 학생 대부분은 20대 초반이다. 그러니 한 걸음의 약 1퍼센트를 산 셈이다.

개구리나 꽃과 비교하면 별은 상대적으로 단순하다. 개구리의 호흡기계, 신경계, 소화기계, 사물을 식별하고 소리를 내고 호르몬을 분비하고 의사결정을 하고 돌아다니고 번식하는 능력을 생각해보라. 별이 빛을 내는 동안 별의 내부를 향하는 중력과 외부를 향하는 핵융합 반응의 압력이 균형을 이룬다. 개구리의 분주한 활동에 비하면 별에서 벌어지는 중력과 핵융합의 경쟁은 비교적 단순하다. 그래서 별에 관해 많은 정보를 알아낼 수 있었던 것이다.

2007년 11월 12일

다이슨 교수님께

2007년 추수감사절 잘 보내시길 바랍니다. …

우리 교수님은 개구리가 여러 측면에서 별보다 더 복잡한 존재라고 하십니다. 교수님도 동의하시나요?

2007년 11월 23일

학생들에게

… 별에도 종류가 많습니다. 복잡한 별도 있지만 개구리보다는 덜 복잡합니다. 우리에게 가장 익숙한 별은 태양입니다. 태양은 흑점, 폭풍, 홍염 등 여전히 설명이 불가능한 특징이 많은데, 그래도 여전히 개구리보다는 단순합니다. …

학생들의 서명을 일일이 확인했고 어떤 학생들인지 조금이나마 짐작할 수 있었다고 전해주세요. 대부분 실용학문을 전공하고 있는 듯한데, 그 와중에 신학생이 일곱 명, 과학도가 일곱 명 포함돼 있다는 사실이 흥미롭네요.

추수감사절은 지났고, 크리스마스 즐겁게 보내시길 바랍니다.

핵에서 수소가 모두 융합해 헬륨이 되면 반응은 종료된다. 수그러들지 않는 중력이 핵을 더욱 쥐어짜며 압력과 온도를 높인다. 핵 온도가 1억 도에 이르면 헬륨이 융합 작용을 일으켜 탄소로 바뀌기 시작한다.

핵이 1억 도에 이르기 전, 핵을 둘러싸고 있는 층이 1,500만 도에 도달하면 그 층에서 수소융합 폭탄이 점화된다. 이는 별을 팽창시켜 '적색거성'으로 만든다. 태양이 이런 상황에 이르면 지구를 비롯한 주변 행성들을 집어삼킬 것이다. 헬륨이 사라지면 핵은 탄소덩어리가 된다. 헬륨 융합이 종료되고 중력은 다시 핵을 더욱 응축시킨다. 핵의 탄소가 융합해 질소와 산소와 실리콘으로 바뀌려면 핵 온도가 6억 도까지 올라가야 하는데 그 온도에 다다르기에는 태양의 질량이 부족하다. 따라서 온도 1억 도의 탄소 핵 상태로 핵융합 작용을 멈추게 되고, 그러면 태양은 지구만 한 크기의 '백색왜성'이 되어 안정을 찾고 아주 서서히 식어갈 것이다.

생명체를 오랫동안 유지하려면 행성은 다른 행성과 충돌하거나 별에 흡수되거나 태양계 밖으로 튕겨나가지 않고 안정된 상태로 별의 궤도를 돌아야 한다. 행성 간 대규모 충돌은 대부분 행성이 만들어진 초기에 발생했다. 지금 남아 있는 행성들은 그 충돌에서 생존한 것이다. 별들이 서로 충돌할 확률은 10만분의 1이고 은하의 나선 팔에 있는 별들은 그런 충돌을 피할 수 있을 만큼 서로 멀찍이 떨어져 있다.[12] 그러나 혜성과 소행성은 여전히 태양 주위를 선회한다. 별똥별은 행성의 생성 과정이 여전히 계속되고 있음을 말해주는 증거다. 지구에

---

12 두 별이 실제 충돌까지 가지 않아도 재앙이 벌어진다. 서로 거리가 가까워지면 한쪽 별의 중력이 나머지 별 주위를 도는 행성의 궤도를 방해하기 때문이다.

떨어지는 유성은 대부분 작지만, 때때로 재앙 수준의 충격을 일으킬 수 있는 유성이 찾아올 수도 있다.[13]

우리가 아는 형태의 생명은 적절한 화학작용을 필요로 한다. 단백질에는 탄소, 뼈에는 칼슘, DNA에는 인, 헤모글로빈에는 철, 물에는 산소가 필요하다. 이것들은 모두 태양과 행성을 형성해낸 성운에 가득 들어 있었다. 화학은 고대 핵물리학에서 비롯되었다.

별이 죽음에 이르는 시나리오로 돌아가보자. 핵의 온도를 6억 도 이상 끌어올릴 만큼 별의 질량이 크면 탄소가 융합해 실리콘, 네온, 마그네슘 등이 만들어진다. 처음부터 질량이 태양보다 최소 여덟 배 컸던 별은 핵을 구성하는 물질이 가장 안정적인 철로 바뀔 때까지 연쇄적인 융합작용을 일으킨다. 핵 물질을 철로 융합해낸 별은 연료가 떨어져 더 이상 융합작용을 할 수 없다. 그리하여 핵이 최종적으로 붕괴된다. 핵을 둘러싼 바깥층은 중력에 의해 핵을 향해 응축하다 철에 튕겨 나가고, 별은 폭발한다.[14] 폭발 과정에서 철을 넘어서는 융합이 일어나 금과 우라늄 같이 더 무거운 원소가 만들어진다.

별이 폭발하며 방출하는 잔해는 별이 폭발할 때 만들어진 원소들을 품고 빛에 버금가는 속도로 외부를 향해 날아간다. 천문학자들의 용어를 빌리면, 수소와 헬륨을 넘어선 원소들은 '금속'이다. 이웃 성운이 수축할 때 만들어지는 새로운 별과 행성들은 이전 세대의 별들이 폭

---

13 6,500만 년 전 공룡이 멸망했던 원인으로 가장 유력한 가설은 직경 약 10킬로미터의 소행성과 지구의 충돌이다. 높이 4,000미터가 넘는 로키 산맥 고봉 파이크스 피크가 지구를 향해 시속 약 10만 킬로미터로 날아온다고 상상해보라.

14 이것이 제2형 초신성이다. 중성미자 압력도 별의 폭발을 촉진한다. 제1a형 초신성 등 기타 초신성은 백색왜성이 주변 별로부터 물질을 유입하여 유입된 물질이 폭발할 때 발생한다.

발하며 방출한 금속을 물려받는다. 우리 태양계에서 금속 성분은 약 2 퍼센트다. 우리 뼈의 칼슘과 우리 피의 철은 우리 태양계가 만들어지기 전에 살다가 죽어간 별들의 잔해이다. 우주먼지로 만들어진 우리는 하늘의 사람들이다.

덧없는 인생

"태양은 비교적 그대로지만 당신은 조금 더 늙었어

호흡이 가빠지고 죽음에 하루 더 가까워졌지⋯."

-핑크 플로이드의 '타임' 중에서[15]

지금부터 50억 년 후면 태양이 팽창해 지구를 삼킬 것이다. 그래서 우울한가? 그렇기도 하고 아니기도 하다. 이 행성에 존재하는 모든 것이 소멸한다고 생각하면 우울하지만 다음 두 가지 이유로 우울하지 않다.

첫째, 태양의 남은 생애는 인간 문명의 유효기간에 비하면 너무 길어서 우리의 관점에서는 영겁이나 다름없다. 또한 인간 문명의 시간 단위로 보면 10억 년 전 생성된 산도 영겁의 존재로 보이지만, 10억 년이 태양의 남은 생애 중 5분의 1에 불과하다는 사실을 감안하면 구름처럼 잠깐 머물다 흩어지는 셈이다. 우리의 문화와 업적이 산보다 오래 지속되리라 보는가? 태양이 적색거성으로 팽창할 준비가 될 때

---

15 1973년 출시된 핑크 플로이드 앨범 '다크사이드 오브 더 문' 중 '타임'(캐피털레코드).

쯤 우리의 후손과 문명은 여전히 여기에 있을까, 아니면 바다로 쓸려 가거나 더 젊은 태양계를 찾아 이주한 지 오래일까?

둘째, 삶은 얼마나 오래 지속되느냐와 무관하게 그 자체로 살아갈 가치가 결정되는 것이다. 노을이 잠시 잠깐 머물다 사라진다고 해서 덜 아름다워 보이지는 않는다. 갓난아기를 품에 안은 기쁨은 아기가 금세 자라버린다고 해서 반감되지 않는다. 노을과 천진난만한 아이의 얼굴은 아주 짧은 동안만 즐길 수 있기에 그만큼 더 소중하다.

1999년 12월 다이슨 교수는 우리에게 보낸 답장에 "내가 상상할 수 있는 최악의 시나리오는, 의사들이 죽음을 치료하는 방법을 찾아내는 것"이라고 썼다. 우리가 했던 질문과 다이슨 교수 답장의 전문은 따로 다룰 것이다. 하지만 이 문장은 그 자체로 우리에게 주어진 최악의 운명이 결코 죽음은 아님을 강조하고 있다. 의미 없는 삶이 더 나쁘다. 삶의 의미는 찾아 헤매야 하는 숨겨진 보물이 아니다. 오히려 삶은 우리에게 질문을 던지고 우리가 어떻게 답하는지 지켜보고 있다.[16] 삶은 길이가 아니라 깊이로 평가된다.

다이슨 교수는 1986년 미국 가톨릭주교회의 강연에서 삶의 의미를 두고 끝없이 반복되는 질문에 대해 통찰력 있는 의견을 제시했다.

우주가 극도의 다양성이란 원칙에 따라 만들어졌다는 가설은 ⋯ 자연의 법칙과 조건이 우주를 최대한 흥미로운 곳으로 만들기 위해 존재

---

16 빅토르 프랑클은 저서 《죽음의 수용소에서(Mans Searchfor Meaning)》에서 이에 대해 심오하게 고찰하고 있다.[Frankl(1963)].

한다는 메시지를 전달한다.[Dyson(1988)][298]

이를 통해 정답 없는 질문(왜 삶에 갈등과 재난이 수반되는지 등)을 전혀 다른 관점으로 바라볼 수 있다. 우리는 끊임없이 커다란 비극과 커다란 모험 사이에서 아슬아슬한 줄타기를 하고 있다. 달에는 토네이도가 없지만 봄날의 아침도 없다. 헨리 데이비드 소로는 위험을 피하는 유일한 방법은 삶 자체를 피하는 것뿐이라고 했다. "사람은 살아 있는 한 죽을 위험에 놓여 있다."[Thoreau(1960)][105 - 106]

천문학상의 거주지: 낭만적 접근법

나는 학생들에게 천문학상의 거주지를 이해하기 위한 고전적 접근법을 설명하는 데는 한 시간 이상 필요했지만 낭만적 접근법은 5분이면 된다고 말한다. 그렇다고 후자가 전자보다 중요성이 떨어진다는 뜻은 아니다. 고전적 접근법에 시간이 많이 드는 이유는 언어, 데이터, 논리적 유추를 통해 아이디어를 전달해야 했기 때문이다. 수십억 년에 걸친 천문학, 지질학, 생물학적 변형 과정을 통해 우리는 여기까지 왔다. 하지만 처음 자전거 타는 법을 익혔을 때, 첫 키스를 했을 때, 처음 아기를 품에 안았을 때 그 수십억 년의 역사는 의식에서 희미해진다. 낭만적 접근법은 말이 필요하지 않다.

강의실 조명을 끈다. 첼로 독주로 음악이 시작된다. 엔야의 '드리프

팅(Drifting)'. 감성 충만한 선율이 가슴 깊은 곳까지 흘러든다. 음악에 맞춰 고른 사진들이 차례로 스크린에 뜬다. 아내, 아이들, 풍경, 산, 폭포… 메인 주의 아카디아 해변, 뉴질랜드의 망가누이 산, 그랜드캐니언의 하바수파이 폭포, 슈거로프 산 아래 투명하게 펼쳐진 슈피리어 호수… 음악은 천천히 고조된다. 뉴질랜드 알프스의 하스트패스와 마운튼쿡, 사우스 림에서 바라본 그랜드 캐니언, 콜로라도의 인디펜던 스패스에서 일렁이는 황금빛 백양나무… 끝에서 두 번째 사진은 생후 2개월 된 손주와 손주를 품에 안고 눈을 맞추는 할아버지다. 첼로는 부드럽게 마지막 소절로 넘어가고 우리는 아폴로 8호가 달 주위를 돌며 촬영한 지구 사진을 바라본다. 차임벨이 울리면서… 평화로운 침묵이 이어진다.

아폴로 8호의 지구 사진에서 장면이 바뀌어 나선은하가 시편 구절과 함께 나타난다. "사람이 무엇이관대 주께서 저를 권고하시나이까?"[17] 작은 돌투성이 행성에서 그렇게 짧은 시간을 머물다 가는 존재가 우주에 대해 고민한다니! 인간이란 진정 무엇인가? 보이저 1호가 약 60억 킬로미터 거리에서 찍은 지구의 모습으로 스크린의 사진이 다시 바뀐다. 저 파란 점이 우리의 역사, 문명, 예술, 과학, 종교, 분쟁, 비극, 환희, 갈망을 모두 담고 있다. 우리는 작지만 우리의 상상력은 결코 작지 않다. 상상력을 바탕으로 우리의 우주 탐험은 다시 이어진다. 인류의 이야기는 이제 막 시작됐다.

스크린의 이미지가 다시 바뀐다. 허블망원경으로 찍은 사진 '허블

---

17 시편 8장 4절.

딥 필드'가 1세대 은하들을 보여주고 있다. 우주가 생성된 지 얼마 되지 않았을 무렵인 빅뱅 10억 년 뒤 형성된 것들이다. 1세대 은하의 빛이 이곳까지 도달하려면 20억 년이 걸린다. 딥 필드 사진과 함께 로리나 맥케니트가 부른 노래 '단테의 기도(Dante's Prayer)' 가사가 화면에 나타난다. 이날 수업 시작 전 강의실에 흐르던 곡이다.[18]

우리에게는 이 초라한 길뿐이지만
우리의 마음은 얼마나 연약한가
오, 이 진흙의 발에 날개를 달아주소서
별들의 얼굴을 어루만질 수 있도록…

비극이 벌어지고 꿈은 깨지고 사회는 정의를 잃었어도 세상은 여전히 아름답다. 우리는 가지고 있는 것을 진정 존중하고 이에 대해 고마움을 느끼는가? 지구는 우리를 필요로 하지 않는다. 자연은 언제든 원할 때 우리를 없애버릴 수 있다. 나도 토네이도에 집이 휩쓸려가는 경험을 했다. 하지만 루터 스탠딩 베어(1868~1939년)가 말했듯이 폭풍을 향해 화내봐야 쓸데없다.[Standing Bear(1933)] 그저 삶의 일부이고, 이를 딛고 성장해야 한다. 우리는 폭풍이 휘몰아쳐도 감사해야 한다. 열역학의 비균형 상태는 토네이도를 일으키기도 하지만 생명을 지속시켜 주기도 한다.[Grinspoon(2009)] "자연의 법칙과 조건은 우주를 최대한 흥

---

18 로리나 맥케니트가 1997년에 발매한 앨범 '비밀의 책(The Book of Secrets)' 중 '단테의 기도'(워너 브라더스레코드).

▲ "나는 우주의 관전자가 아니라 그 안에 있는 참가자였다." (출처: 드와이트 E. 노이엔슈반더)

미로운 곳으로 만들기 위해 존재한다."

　몇 해 전 애리조나 주 피닉스에서 오클라호마시티로 모터사이클 여행을 하던 어느 날, 나는 해질 무렵 VLA(Very Large Array, 전파망원경망)에 이르렀다.[19] VLA는 뉴멕시코 주 소코로에서 서쪽으로 80킬로미터 지점, 산으로 둘러싸인 산아우구스틴 고원에 거대한 Y자 형태로 배열된 전파망원경 20여 개를 가리킨다. 각 망원경에는 지름 약 18미터에 달하는 파라볼라 안테나가 달려 있다. 이 망원경이 모두 한몸처럼 작동해 우주 저편 은하에서 오는 희미한 신호를 잡아낸다. 내가 도착했을 때 안내센터는 이미 문을 닫은 뒤였다. 드넓은 고원에 나밖에 없었다.

---

19 VLA의 공식명칭은 'Karl Jansky Very Large Array'다. 전파천문학의 창시자인 칼 G. 잰스키의 이름을 따서 지었다.

나는 고속도로에서 벗어나 측면도로를 따라 올라갔다. 측면도로와 망원경 이동용 철로가 교차하는 지점에 이르니 콘크리트 구조물 위로 우뚝 솟은 망원경 하나가 보였다. 나는 모터사이클에서 내려 한참 동안 정적 속에 서 있었다. 진정 살아 있음을 느낀 잊을 수 없는 순간이었다. 검푸른 빛으로 둘러싸인 저녁 드넓은 침묵이 내려앉고, 저무는 태양에 장밋빛으로 물든 구름이 점차 흩어져갔다. 산 넘고 물 건너 굳이 여기까지 찾아온 목적이었던 바로 그 망원경이 눈앞에 모습을 드러냈다. 뒤에 있는 또 하나의 망원경은 이웃 은하에서 1억 년 전 보냈을지 모를 희미한 신호를 찾아 분주히 움직이는 중이었다. 소로의 말이 떠올랐다. "내가 왜 외롭겠는가? 우리 행성은 은하수에 있지 않은가?"[Thoreau(1960)][92] 나는 우주를 바라보고 있지 않고 그 우주 안에 있었다. 관전자가 아닌 참가자로서.

눈을 들어 바다를 봐
영혼을 바다에 띄워
어두운 밤의 끝이 보이지 않을 때
제발 나를 기억해
제발 나를 기억해…[20]

결국 아무것도 우리의 소유가 아니다. 후손들에게 빌려 쓰고 있을 뿐이다.

---

20 로리나 맥케니트의 '단테의 기도' 가사.

11 핵무기 실험장의 완벽한 정적

정적의 재발견

"텔레비전 시대를 개척한 블라디미르 코스마 즈보리킨이 지금껏 살아있다면 정보를 전달해야 할 텔레비전이 소음 전송 도구로 전락했다는 데 대해 개탄을 금치 못할 것이다."[01]

다이슨 교수는 오리온 프로젝트에 참여하던 중 네바다 주에 있는 원자력위원회 핵무기 실험장을 방문했다.

그토록 완벽한 정적(靜寂)은 평생 다시 경험한 적이 없다. 한낮의 태양 아래 잭애스 플랫(네바다 주에 핵실험 장소로 마련된 충적(冲積) 분지-옮긴이)에 갔을 때였다. … 영혼을 뒤흔드는 정적이었다. 숨을 멈추면 완벽히 아무 소리도 들리지 않았다. … 정적 속에 오직 신과 나만 존재한다. 그 하얗고 평평한 정적 속에서 나는 처음으로 우리가 하는 일이 부끄러워지기 시작했다. 우리가 트럭과 불도저로 이 침묵을 범하려 했단 말인

---

01 [Dyson(2012)][64].

가? 몇 년 뒤 이 곳을 방사능 황무지로 바꿔버리려고? 오리온 프로젝트의 정당성에 대한 첫 의구심이 그 정적과 함께 내 마음 속에 돋아났다. [Dyson(1979a)][128]

질리언이라는 학생은 이 글을 읽고 "나는 솔트 플랫의 정적 속에 인생의 우선순위를 바꾼 다이슨에게 공감한다. 그는 과학자이기 이전에 인간이었다. 그래서 그를 존경한다."라고 썼다. 다이슨 교수가 들려준 잭애스 플랫에서의 경험은 또 하나의 가슴 아픈 토론 주제를 던져준다. 나는 학생들에게 묻는다. 완벽한 정적을 경험해본 적이 있는지? 잠시 침묵이 흐른 뒤 마흔 명 중 한두 명이 손을 들었고, 조금 후에 몇 명이 더 손을 들었다. 로키 산맥에서 하이킹 할 때, 오클라호마 농장에서 별이 가득한 밤하늘을 바라볼 때, 미주리 주의 석회암 동굴을 탐험할 때, 코스타리카의 운무림(구름이나 안개가 늘 끼어있는 장소에 발달한 산림-옮긴이) 등산로에 혼자 앉아 있을 때 정적을 경험했다는 답이 돌아온다. 다시 질문이 이어진다. 현대사회에서는 왜 정적을 경험하기가 이토록 어려울까? 또 겨우 정적의 순간을 찾았다 하더라도 왜 모두 서둘러 빠져나가려 할까?

1916년 1차 대전의 포성 속에서 에드거 리 매스터스는 정적에 경의를 표했다.[Masters(1916)]

나는 별과 바다의 정적
그리고 도시가 멈췄을 때의 정적
그리고 남자와 여자의 정적

그리고 음악만이 대답이 될 수 있는 정적
그리고 봄바람이 시작되기 전 숲에 흐르는 정적
그리고 병자들이 방안 이곳저곳을 둘러볼 때
차오르는 정적에 대해 알고 있다.
그리고 나는 묻는다.
대체 언어는 왜 필요한가?

다이슨 교수와 나는 공통점이 있다. 우리는 그레이트 베이슨 사막의 완벽한 정적을 경험한 바 있다. 나는 사진, 기념품, 체험 등을 이용해 이를 최대한 학생들에게 전달하려 노력한다. 대학원 시절 나는 3년 연속 여름마다 유타 주 서부와 네바다 주 동부 사막에 머물렀다. 잭애스 플랫에서 멀지 않은 곳이다. 그런 정적에 한번 빠졌다 나오면 사람이 달라진다. 나는 친구 더그와 함께 1964년식 폭스바겐 버스에 캠핑 장비, 지질학 연구 장비, 물병, 가스통, 연장, 부품, 너덜너덜해진 J. R. R. 톨킨의《반지의 제왕(The Lord of the Rings)》한 권을 싣고 그레이트베이슨을 돌아다녔다. 우리는 손목시계가 눈에 띄지 않도록 버스 대시보드 아래 계속 묶어두고 여행했다. 스마트폰이 나오기 전이라 그런 식으로 세상과의 의도적 단절을 시도했다. 그곳에서 우리는 다이슨 교수의 표현대로 "하얗고 평평한 정적"을 경험했다. 이 행성에 우리밖에 없는 기분이었다.

더그와 그의 형제 더들리는 열세 살 때부터 나와 죽마고우였다. 사막에서 보낸 여름 동안 더그는 지질학 현장연구의 조수가 필요했고, 나는 즉각 자원했다. 더그는 논문을 쓰기 위해 그레이트 베이슨의 일

▲ 유타 주 시비어 호수 솔트 플랫의 저녁. 뒤로 노치 피크가 보인다. (출처: 더그 스트릭랜드)

부를 형성한 고대 대륙붕을 지도로 나타내려고 했다. 우리는 단층을 측정하고, 사진을 촬영하고, 더그가 대학 연구실로 돌아가 참고할 표본을 수집했다. 작업의 다음 단계에 돌입하기 전에 우리는 폐광을 탐험하고 협곡을 걷고 높이 4,000미터 봉우리를 올랐다.[02]

특히 폐광 마을인 유타 주의 프리스코가 기억에 남는다. 고속도로변에 세워진 안내판에는 이 곳에서 1885년부터 1910년까지 수백만 달러 상당의 금이 채굴됐다고 적혀 있다. 프리스코 공동묘지 묘비에

---

02 생화학자인 더그의 쌍둥이 형제 더들리가 며칠 우리와 합류했다.

새겨진 글은 여전히 읽을 수 있을 만큼 뚜렷했다. 대부분 젊은 엄마와 어린아이들을 추모하는 내용으로, 금 채굴에 어떤 희생이 따랐는지 보여주는 글이었다.

레이첼
10세
아가야, 보고 싶다
1908년

노치피크를 중심으로 길게 뻗은 유타 주의 하우스 산맥을 누비며 우리는 스웨이시피크와 윅스협곡에서 실측 작업을 이어갔다. 하우스 산맥과 그 남쪽 컨퓨전 산맥에서 방울뱀, 야생마를 만났다. 우리는 네바다 주 스텝토의 폐광에서, 패터슨패스의 상승기류를 타고 활강하는 독수리 밑에서 실측을 계속했다. 100킬로미터는 가야 겨우 지나가는 차 한 대를 볼 수 있는 황량한 들판에서 우리는 끝없는 정적을 경험했다. 멈춰 서서 귀를 기울이면 내 생각 외에는 아무것도 들리지 않았다. 사막과 솔트 플랫, 산과 하늘의 정적이 영혼에 스며들었다. 이 공간을 있는 그대로 받아들이게 되면 틀림없이 보상이 따른다. 그 정적 속에서 쇼숀족과 파이우트족(북미 원주민 부족들—옮긴이)의 영혼이 부드럽게 모습을 드러냈다.

우리 부족의 기억이 백인들에게 전설이 되고 나면 이 물가는 보이지 않는 우리 부족민의 시신으로 가득할 것이고 당신의 자식들의 자식들

이 허허벌판에 혼자 남겨졌다 여길 때 … 그들은 혼자가 아닐 것이다.

[McLuhan (1971)] [30]

이 거대한 정적 속에 영혼을 치유하는 깊은 평화가 있다. 현대 사회에서 정적을 경험하기란 갈수록 어려워진다. 지금 당장 스웨이시 피크나 시비어 솔트 플랫에 갈 수는 없겠지만 그런 곳이 존재한다는 사실만으로도 위안이 된다. 나는 매일 그곳에 가는 상상을 한다. 적막한 야생의 공간이 모두 사라지고 남김없이 '개발'이 되고 나면 인간은 돌이킬 수 없는 사태를 맞게 될 것이다. 대부분은 그런 비극이 발생하고 나서야 자신들이 무엇을 상실했는지를 깨달을 것이다.

심오한 정적 속에서는 자신의 생각을 들을 수 있다. 그런데 우리는 좀처럼 만나기 힘든 정적의 순간이 찾아올 때 번번이 스마트폰을 켜거나 귀에 이어폰을 꽂거나 TV를 켜서 서둘러 깨뜨리곤 한다. 아마도 우리는 오롯이 생각과 마주하기가 두려운지도 모른다. 아마도 그런 순간에 아무 생각도 없다는 사실을 깨닫게 될까 두려운 것인지도 모른다. 아니면 우리보다 훨씬 위대한 존재를 맞닥뜨리게 될까 두려운지도 모른다. …

밤이면 우리는 모닥불을 피워 스튜를 만들고 커피찌꺼기를 쇠 주전자에 쏟아붓고 불 위에 올렸다. 물이 팔팔 끓을 때까지 기다려 주전자를 열면 커피찌꺼기는 바닥에 가라앉아 있고 진한 커피만이 찰랑거렸다. 사막의 밤공기는 무척 차가웠다. 우리는 군용 야전 점퍼를 입고 일렁이는 모닥불 앞에 앉아 커피를 마셨다. 고개를 들어 밤하늘을 바라보면 떠나는 영혼들에게 길을 알려주는 천상의 모닥불 은하수가 눈에 들어왔다. 우리가 우주를 바라보고 있는 것이 아니라 우주 안에 있었다. 적막 속에 우리뿐이었지만 외롭지 않았다. 우리는 온 세상과 연결돼 있었고 신의 생각을 들을 수 있었다.

요즘은 캄캄한 하늘을 찾아보기도 어렵다. 수은등 하나만 켜져 있어도 시야를 가려서 하늘을 볼 수가 없다. 이제 대다수 사람들이 아예 밤하늘을 올려다보지도 않고 있어 더욱 비극적이다. 사람들은 무엇을 잃고 살아가는지 깨닫지도 못한다. 물론 소음이며 인공조명이 필요한 공간도 있겠지만 그렇지 않은 공간도 분명히 있어야 한다.

애추사면(崖錐斜面)에서 우리는 망치로 흑색 셰일 조각을 떼어냈다. 간혹 캄브리아 초기부터 페름기까지 얕은 바다에 서식하던 삼엽충의 화석을 발견하기도 했다. 이 녀석이 5억 년 전 해변의 부드러운 진흙에 파묻혔던 순간과 내가 셰일을 떼어내 이 녀석을 다시 햇빛 아래로 끄집어낸 순간이 포개진다. 쫓기듯 사는 도시 생활자들은 상상조차 할 수 없는 시간 감각이다. 100만 년 정도는 그저 찰나에 불과한 시간의 흐름임을 매일 목격했다. 블랙풋(아메리카 원주민 부족-옮긴이) 출신인 크로풋(1821~1890년)이 세상을 떠나며 남긴 말은 궁극적인 질문을 담고 있다.

삶이란 무엇인가? 밤에 보이는 반딧불이의 반짝임과 같다. 겨울철 물소의 숨소리와 같다. 풀밭을 가로질러 달리다 태양이 지면 소멸하고 마는 작은 그림자와 같다. [McLuhan(1971)][12]

네바다 주 스네이크 산맥 동쪽에서 우리는 녹슨 장비가 널브러져 있는 폐광을 탐험하기도 했다. 2차 대전 시절 설치된 후부무한 궤도차와 1948년식 크라이슬러 자동차도 보았다. 사연이 깃들어 있는 이 역사적인 물건들을 가져가고 싶었다. 누군지는 몰라도 함부로 사용한 뒤 미련 없이 버리고 간 품새가 자연이나 기계에 대한 존중 따위는 없는 듯했다. 19세기 골드러시(19세기 중반 캘리포니아에서 금광이 발견되며 사람들이 몰려든 현상-옮긴이) 시절 채광으로 인해 고향 땅이 갈가리 찢기고 파괴되는 광경을 목격한 한 윈투(아메리카 원주민 부족-옮긴이) 여인이 이렇게 말한 바 있다. "땅의 영혼이 어떻게 백인을 좋아할 수 있겠는가? 백인이 손댄 곳마다 염증이 일어나고 있지 않은가?"[McLuhan(1971)] [15] 땅과 나무가 말을 할 수 있다면 뭐라고 했을까? 우리보다 먼저 이곳에 살았던, 우리와는 가치관이 달랐던 사람들은 또 뭐라고 했을까? 그들에게 배울 점이 많았음에도 불구하고 우리는 그들의 철학은 무시하고 땅만 탐냈다. 그들과 우리 중 어느 쪽이 더 문명화한 것인지 생각해볼 문제다.

며칠 뒤 우리는 제도화된 교육을 받기 위해 다시 학교라는 이질적인 공간으로 돌아갔다. 그러나 내 수명을 30년 더 늘려준다고 해도 그 세 차례의 여름과 바꾸지 않을 것이다. 사막에서, 쏟아지는 별빛 아래 정적에 묻혀, 결코 값을 매길 수 없는 귀중한 공부를 했으니까.03

---

03 이 단락은 내가 쓴 《래틀스네이크 대학(Rattlesnake University)》[Neuenschwander(2003)]에서 따왔다. 또 글 전체는 수업에서 발표된 프레젠테이션에서 각색했다.

정적의 재발견

다른 주제로 넘어간 뒤에도 정적이란 주제가 학생들 편지에 되풀이해 등장한다. 정적에 관해 함께 고민했던 내용이 공감을 불러일으킨 듯하다.

이번 주 수업에서는 [교수님께서] 유타 주와 네바다 주에서 보냈던 여름에 대해 말씀해주셨다. 다이슨 교수도 마찬가지로 네바다 주에서 정적을 경험했다고 한다. 우리를 둘러싼 우주를 느끼며 하늘을 바라보면 이렇게 쫓기듯 사는 삶, 자극적인 삶이 올바른가 하는 의구심이 생긴다. … 네온사인과 자동차 불빛 때문에 별을 볼 수 없는 현실이 안타깝다. 우리 스스로의 정체성을 잃어가며 큰 그림을 보지 못하고 있는 것 같다. (드류)

2014년 11월 26일
다이슨 교수님께
… 네바다 주 잭애스 플랫에서 경험하셨다는 '절대적 정적'에 관한 이야기가 질문의 물꼬를 텄습니다. 우리 사회에서 왜 정적이 그토록 경험하기 힘든지, 겨우 경험하더라도 왜 우리는 그 정적을 깨지 못해 안달인지, 왜 우리는 우리를 끊임없이 괴롭히는 무례한 소음에 더 적극적으로 대처하지 못하는지, 새롭게 등장하는 첨단기술을 탐욕스럽게 받아들이면서 왜 그 기술로 인해 사라지는 것들에 대해 고민할 생각은 하지 않는지 등등 다양한 내용이 토의됐습니다. 교

수님께서는 혼자만의 생각에 잠기고 싶을 때, 정적을 찾기 위해서 주로 어디로 가시며 얼마나 자주 가시는지요?

2014년 12월 3일

드와이트와 학생들에게

… 직장에 내 개인 사무실이 있어 다행이라 생각합니다. 은퇴는 했지만 사무실은 쓰고 싶은 대로 써도 된다고 하더군요. 젊은 동료들이 언제고 드나들 수 있도록 문은 대부분 열어놓습니다. 그러나 정적이 필요할 때는 닫습니다. 방문객이 나와 사적인 대화를 나누고 싶어 할 때도 닫지만 혼자가 되고 싶을 때도 닫지요. 오래 전 버지니아 울프의 《자기만의 방(A Room of One's Own)》이란 책을 읽은 적이 있습니다. 100년 전, 대부분 대가족이라 식구 수대로 방을 갖추고 살기 힘들었던 시절 집필한 책입니다. 여성들에게 고요에 대한 권리를 찾으라고 장려하는 내용이었습니다. 나는 필요할 때마다 고요를 찾을 수 있으니 다행입니다. 잭애스 플랫 수준의 정적까지 필요하진 않습니다.

나는 옆 사람과 대화를 나누기가 불가능할 정도로 음악을 크게 틀어놓은 곳에 가면 불쾌해집니다. 그렇게 볼륨을 높이면 청력에도 손상이 가지만 대화를 할 수 있는 기회 자체가 차단이 되지요. 그런 의미에서 뉴저지를 관통하는 철도에 휴대폰 사용과 대화가 금지된 '정숙 차량'을 도입했다는 소식이 반갑습니다. 차량 내부가 완전히 고요할 수는 없겠지만 어쨌든 승객들이 조용히 독서를 하거나 각자 하고 싶은 일을 할 수 있을 테니 바람직한 조치라고 생각합니다. …

좋은 질문 다시 한번 감사드립니다. 행복한 크리스마스 맞으세요!

고백하자면, 나는 인생을 보람차게 사는 법을 모른다. 즉흥적으로 사는 법도 모른다. 정적을 즐기는 법도 모른다. 업무, 언론매체, 타인에 이르기까지 우리를 짓누르는 것들이 너무 많다. 고백하자면, 소음 속에서 사는 데 익숙해져버렸다. 한데 사실은 짜증이 난다. 정작 중요한 것들에 대해 생각하고 고민할 시간이 없다. … 또 미국 사회가 너무 일에 매몰되어 있는 것 같다. 사람들도 쳇바퀴 돌 듯 일에만 매달린다. 삶의 여유는 어디로 갔는가? … 물론 책임감 있게 살고 싶기도 하지만 또한 제대로 살고 싶기도 하다. 그러기 위해서 남들은 구태의연하다고 할지 몰라도 내게는 신선한 두 가지를 내 가치관으로 세우고 싶다. 바로 정적과 모험이다. 나에게는 두 가지가 다 필요하다. (제니)

MIT에서 기술의 사회적 심리적 효과를 연구하는 셰리 터클은 다음과 같이 말한다.

모두 세상이 점점 복잡해지고 있다고 주장한다. 그러면서 아무 방해도 받지 않고 찬찬히 생각에 잠길 수 있는 시간을 빼앗는 커뮤니케이션 문화를 만들어냈다. 즉각적인 답변과 대응을 요구하는 작금의 커뮤니케이션 방식으로 인해 정작 복잡한 문제를 생각할 공간은 부족해졌다.
[Turkle(2012)][166]

인터넷은 전무후무한 정보의 보고(寶庫)다. 하지만 열 때마다 팝업 창이 뜨고, 사진과 메뉴바와 하이퍼링크가 화면 이곳저곳을 메워 사용자의 주의를 산만하게 만든다. 글을 정독한다든가 사색을 할 수 있는 환경이 아닌 것이다. 니콜라스 카는 이렇게 적었다. "인터넷은 … 교육자들이 학습을 돕고자 만든 도구가 아니다. 정보가 신중하게, 균형 잡힌 방식으로 제공되지 않고 뒤죽박죽 뒤섞여 있어 집중력을 흐트러뜨린다. 사용자의 주의(注意)를 여러 곳으로 분산하도록 설계되었다."[Carr(2011)][131]

반면 더그와 함께 캠핑을 했던 사막이나 산은 세상과 단절되어 있어 주변을 찬찬히 살펴볼 겨를을 주었다. 주변에 귀를 기울일 겨를도 있었다. 소로 역시 이렇게 말했다. "내게는 나만의 태양, 달, 별이 있고 나만의 작은 세상이 있다. … 고독만큼 다정한 동반자는 없다."[Thoreau(1960)][90,94] 인터넷은 시끄러운 정보를 홍수처럼 쏟아낼 뿐이다.

2015년 4월 22일

다이슨 교수님께

봄 학기 학생들을 대신하여 늘 평안이 깃드시기를 바랍니다.

… 만약 '다 때려치우고 어딘가로 떠날 수 있다면' 어디로 가서서 무엇을 하시고 싶으신지요? 부인과 여행 가기를 즐기셔서 갈라파고스 섬 같은 색다른 곳까지 두루 다니셨다고 들었습니다. 정적을 찾기 위해 어디로 떠나고 싶으신지 여쭤보았을 때와 비슷한 질문이

네요. 다만 이번에는 이 행성에서 교수님의 진정한 자아를 가장 잘 반영하는 환경이 어디에 있는지 여쭤보고 싶었습니다(토성이나 소행성도 복적지에 들어 있을 듯하여 지구로 한정했습니다).

늘 성심껏 답변해주셔서 감사합니다. 시간을 할애해주시는 데 대해 항상 감사드리고 있습니다.

2015년 5월 1일

드와이트에게

… 나는 '다 때려치우고 싶은' 적이 없었기 때문에 답변이 될지 모르겠네요. 나는 친구도 있어야 하고 가족도 있어야 하고 내가 60년 세월을 함께 한 학계 커뮤니티도 있어야 한답니다. 인간은 사회적 동물이고 그래서 대부분 친구, 가족, 커뮤니티와 소통을 하며 살고 싶어 하지요. 갈라파고스는 고독을 즐기다 왔던 곳은 아닙니다. 갈라파고스에서는 짐을 통째로 잃어버렸습니다. 그 바람에 그곳에 있던 젊은 여성들이 우리 부부에게 알록달록한 블라우스를 빌려줬고 이를 계기로 젊은 사람들과 어울리며 즐거운 시간을 보냈던 덕택에 좋아하게 됐습니다. 짐을 잃어버려 오히려 다행이었지요. 심지어 키토(에콰도르의 수도-옮긴이)로 돌아왔을 때 짐을 되찾기도 했습니다. 5분 정도는 다 때려치우고 살 수 있겠는데 그 이상은 저로서는 힘듭니다.

제가 최근 새 책《땅과 하늘의 꿈(Dreams of Earth and Sky)》을 출간했습니다. 책 평론 모음집입니다. 어제 프린스턴의 서점에서 출간 기념으로 30분간 책을 낭독하고 30분간 질의응답 시간을 가진 뒤 책을

▲ 네바다 주 달라마 공동묘지에 있는 익명의 묘. (출처: 드와이트 E. 노이엔슈반더)

사신 분들께 사인도 해드렸습니다. 제법 많이 팔려서 내심 놀랐습니다. 꽤 사람이 많이 모였는데 모두 내 친구들이었죠. 그것이 제가 도저히 다 때려치우고 떠날 수 없는 이유입니다.

가장 중요한 정적은 마음의 평정이다. 우리가 스마트폰과 영혼을 맞바꾸고 멀티태스킹이란 미명 하에 정신을 어지럽히기 훨씬 전부터, 출퇴근 시간 교통 혼잡에 시달리기 훨씬 전부터, 텔레비전이 은행, 우체국, 공항마다 설치되기 훨씬 전부터, 현실에서의 삶을 컴퓨터 화면과 바꾸기 훨씬 전부터, 사막과 산은 정적에 휩싸인 채 수천 년 동안 그렇게 서 있었다. 윌리엄 셰익스피어는 이미 알고 있었다. 인류가 등장하여 한 계절 잠시 소란을 피우고 퇴장을 한 뒤에도 정적은 오래도록 남아 있을 것임을.

… 그리고 망자의 침묵이 있다.
살아 있는 우리가 심오한 경험에 대해 말하지 못하고 있는데
망자가 죽음에 대해 말하지 못함은 당연하지 않은가?
우리가 망자들에게 한 걸음씩 다가갈 때마다
그들의 침묵의 의미가 해독될 것이다.

이 장을 고인이 된 더글러스 K. 스트리클랜드(1952년 6월 28일~2011년 5월 4일)에게 바친다.

"우리는 먼 곳을 떠돌다가, 모험과 위험을 겪다가, 매일 새로운 발견을 하다가, 새로운 경험과 기질을 축적하여, 제자리로 돌아온다." -헨리 데이비드 소로

12   기계톱과 떡갈나무 이야기

회색기술과 녹색기술

"숲을 잘라냈는데 어떻게 새가 날아들기를 바라는가? … 나는 학자들을 만나는 대신 나무를 찾아다녔다." -헨리 데이비드 소로[01]

오늘 수업의 배경음악은 코스타리카 밴드 에디투스의 곡이었다. 에디투스는 바이올린, 기타, 타악기로 구성된 독특한 스타일을 자랑한다. 새와 아이들의 웃음소리가 효과음으로 들어가 있다. 경쾌한 원색 페인트로 알록달록 꾸민 집에서 흥겨운 음악, 춤을 즐기며 늘 웃음소리가 끊이지 않는 남미 사람들은 진정 삶의 향유가 무엇인지 제대로 보여준다. 퓨라 비다(순수한 삶)는 모든 코스타리카인들의 좌우명이기도 하다. 코스타리카 탈라만카 산맥에는 우리 대학 현장연구소가 있다. 우리 수업을 듣는 학생들 중 몇몇이 그곳에 가보기도 했다. 아직 못 가본 사람들은 꼭 가보기를 바란다. 다이슨 교수의 영향력을 이곳

---

01 [Thoreau(1960)][132, 138].

에서도 찾아볼 수 있다.

코스타리카 현장연구소는 인간과 환경의 관계에 대해 생각할 거리를 여러 가지 던져준다. (1) '환경 지속가능성'은 무슨 뜻인가? (2) 우리는 '환경 지속가능성'을 가능하게 하고 있는가? 세 번째와 네 번째 질문은《프리먼 다이슨, 20세기를 말하다》에 나오는 '정신이 온전하다 함은 자연의 법칙과 조화를 이루는 삶을 사는 능력 이상도 이하도 아니다'란 문구에서 영감을 얻었다.[Dyson(1979a)][237] (3) 우리는 자연의 법칙과 조화를 이루는 삶을 살고 있는가? (4) 만약 그렇지 않다면, 우리 사회가 온전하지 않다고 보아야 하는가?

'은하계의 녹화'라는 장에서 다이슨 교수는 기술을 '회색기술'과 '녹색기술' 두 가지로 나눈다.

땅에서든 하늘에서든 우리가 하는 일은 모두 회색과 녹색 두 가지로 나뉜다. 공장은 회색, 정원은 녹색이다. 물리학은 회색, 생물학은 녹색이다. 플루토늄은 회색, 거름은 녹색이다. 관료주의는 회색, 개척자 커뮤니티는 녹색이다. 자가증식 기계는 회색, 나무와 어린아이들은 녹색이다. 인간의 기술은 회색, 신의 기술은 녹색이다.[Dyson(1979a)][227]

다이슨 교수는 우리에게 처음 보냈던 편지에서 회색기술과 녹색기술의 의미에 대해 상세히 설명해주었다.

1993년 4월 9일
노이엔슈반더 교수와 학생들에게

… 회색기술과 녹색기술의 의미가 무엇이냐고 물으셨지요? 신의 창조물과 인간의 창조물이 그 기준은 아닙니다. 양쪽 다 신의 창조물일 수도, 인간의 창조물일 수도 있습니다. 나는 창조물의 원료가 죽어 있느냐 살아있느냐를 기준으로 삼았습니다. 회색기술은 금속, 유리, 증기, 전기로 만들어집니다. 녹색기술은 이파리, 뿌리, 효소, 유전자, 벌레, 뇌 등을 가리킵니다. 전자는 주로 기술자들이 만들고 후자는 농부들이 만듭니다. 미래에는 기술자와 농부의 역할이 뒤섞일 것입니다.

애초 핵무기 설계에 참여했다가 훗날 핵무기 감축 지지자가 된 물리학자 테드 테일러는 호수를 제방으로 둘러싸고 투명한 플라스틱 에어 매트리스를 덮어 '태양열 호수'를 만들자는 제안을 했다. 여름에는 매트리스가 수분 증발을 막고 햇빛을 투과시켜 물을 데운다. 그리하여 겨울에 실내 난방을 하는 데 사용할 열을 생성, 보관한다. 겨울에는 호수에 있는 물이 얼도록 내버려둔 뒤 역시 언 표면을 여름까지 녹지 않도록 플라스틱 에어 매트리스로 덮어서 냉방에 사용할 수 있다. 우리는 다이슨 교수에게 보낸 편지에서 후자를 '얼음 호수'라 지칭했다. 《프리먼 다이슨, 20세기를 말하다》에 따르면, 테일러는 호수를 더 만들어서 고등학술연구소 객원 학자들이 가족과 함께 머무는 사택 냉난방을 이런 방식으로 해결하자는 제안을 했다고 한다. 우리는 테일러의 제안이 수용되었는지 물었다. 다이슨 교수는 답변을 하는 데 그치지 않고 우리에게 당시 상황을 자세히 설명해주었다.

1993년 4월 9일

노이엔슈반더 교수와 학생들에게

… 얼음 호수는 어떻게 되었냐고요? 프린스턴에 얼음 호수를 적용하자는 계획은 실현되지 않았습니다. 얼음 호수는 너무 손이 많이 간다는 문제가 있습니다. 설명서에 따라 간단히 설치만 하면 그냥 굴러가는 시설이 아니라는 뜻이지요. 계속해서 고치고 수리하고 돌봐야 합니다. 예전에 뉴욕 주에 있는 한 치즈 공장을 방문한 적이 있는데, 이곳에서 얼음 호수를 만들어 냉장에 필요한 전기료를 상당 수준 아낄 수 있었다고 했습니다. 이 공장에서 얼음 호수가 성공할 수 있었던 요인은 다음 세 가지였습니다.

(a) 사장이 얼음 호수를 좋아하고 이를 돌보는 데 시간을 아낌없이 투자한다.

(b) 치즈 냉장에 필요한 연간 전기량 수요의 예측이 가능하다.

(c) 공장이 산간지대에 위치해 있어 외관 미화가 불필요하다.

그러나 고등학술연구원 사택 혹은 일반 가정에서는 위 세 가지 요인으로 인해 적용이 불가능합니다. 얼음 호수가 상업화되고 유지보수가 쉬워지지 않는 한 일반 소비자들에게 대량 공급되기는 어렵다고 봅니다.

다이슨 교수는, 기술적 심미적 문제가 성공적으로 해결되어 지구상 모든 커뮤니티가 테일러의 호수에 의존하게 된다 하더라도 지표면의 1퍼센트 정도밖에 차지하지 않을 것이라고 내다보았다.[Dyson(1979a)] [229] 비슷한 규모의 공공사업 선례로는 도로 건설이 있다. 미국 국토의 1퍼센트가 포장도로로 바뀌었다.

사람이 필요로 하는 에너지, 주거 공간, 음식, 여흥, 휴식 공간 제공이 점차 난제가 되고 있다. 강의실 앞쪽 스크린에는 토의 주제인 '환경 지속가능성'과 앞서 언급한 네 가지 질문을 띄워놓았다. 이번에도 주제를 감상과 인식 등 두 영역으로 나누어 정리했다.

감상 영역 요소를 정리하기 전, 학생들과 함께 코스타리카의 아름다운 풍광을 담은 사진을 감상했다. 나는 환경생물학자이자 친구인 리오 핀켄바인더와 함께 코스타리카에서 5~6년간 '지구상 생명체의 천문학적 기반'이라는 수업을 가르친 바 있다.[02] 봄방학에 탈라만카 산맥 꼭대기 운무림(雲霧林) 속 우리 대학 현장연구소를 본거지 삼아 열흘간 코스타리카 여행을 하며 수업 내용을 정리했다.

그렇다고 환경 지속가능성에 대해 고찰하기 위해 코스타리카까지 가야 한다는 말은 아니다. 당장 집 밖으로 한 발자국만 나가도 된다. 그러나 외국의 낯선 환경에 놓이게 되면 평상시 당연하게 여기던 것들이 그렇게 당연하지 않다는 사실을 깨닫게 된다. 윌리엄 블레이크의 시 '순수의 전조'(1803년)는 사물의 이면을 보아야 한다는 내용을 담고 있다.

모래 한 톨에서 세상을 보고
들풀 한 떨기에서 천국을 본다
손아귀에 영겁이 담기고

---

02 이 강의에서 가르친 내용 중 일부가 '과학, 기술, 그리고 사회' 수업에도 반영되었다. 이 책 10장에 소개되어 있다.

한 시간에 무한대가 담긴다…

코스타리카는 지표면 어느 곳이나 생명력이 넘친다. 새와 꽃의 다양성은 가히 경이롭다.

지금부터 하려는 이야기는 리오와 코스타리카 농부 에프라인 차콘의 사연인 만큼 그들이 전달해야 맞다. 리오는 은퇴하기 전 내 부탁으로 종종 우리 수업에서 특강을 해주곤 했다.[Finkenbinder and Neuenschwander(2001)] 이제는 내가 그를 대신할 수밖에 없다.

1950년 엘니뇨로 인한 가뭄이 계속되면서 운영하던 낙농장을 잃은 에프라인 차콘은 코스타리카 자영농지법에 따라 새 땅을 분양받을 수 있다는 사실을 알게 되었다. 그리하여 당시 황무지였던 탈라만카 산맥의 산게라도데도타 계곡에 농지를 분양받았다. 에프라인의 새 터전이 된 이 산림은 서반구에서 가장 규모가 큰 떡갈나무 산림이었다.

그래서 에프라인은 1952년, 산게라도데도타 계곡으로 이주했다. 당시는 리오사베그레(계곡에 있는 폭포 이름-옮긴이)를 따라 걸으면 온갖 야생동물과 마주치던 시절이었다. 에프라인은 아내 카리다드, 아기 마리노와 함께 첫 몇 주를 리오사베그레 근처 동굴에서 지내며 집을 지었다. 당시에는 산비탈에 목초지를 만들기 위해 30미터에 달하는 떡갈나무를 일일이 손도끼로 베고 들불을 놓아야 했다.

에프라인은 근면 성실하고 혁신적인 사람이었다. 그가 만드는 치즈는 품질이 좋아 날개 돋친 듯 팔려나갔고, 몇 년 지나지 않아 최고급 홀스타인 종 소를 다수 확보하게 되었다. 이 소들이 해외 품평회에서 수상한 트로피만 예순 개가 넘는다.

에프라인은 농장을 관통하는 리오사베그레의 차고 맑은 물을 보고 또 한 가지 사업 아이디어를 얻었다. 그리하여 당국의 허가를 얻어 무지개송어 산란지를 조성하고 낚시꾼들을 위한 작은 식당을 열었다. 산호세의 스포츠용품 가게에 광고 전단지를 붙여 놓자 낚시꾼들이 몰려들었다. 에프라인은 또한 사과가 전량 미국에서 수입되어 식료품점에 진열될 즈음에는 퍽퍽해진다는 점에 주목했다. 그는 계절의 변화가 거의 없는 탈라만카 산비탈에서도 잘 자랄만한 사과 품종을 이스라엘에서 발견하고 아들들과 함께 목초지 일부를 과수원으로 바꿨다. 차콘 가족은 낙농업과 더불어 송어 낚시장, 과수원 운영으로 번창을 거듭했다.

1980년대 초반, 리오는 지인을 통해 코스타리카로 가서 차콘 가족을 만났다. 리오 부부와 차콘 가족은 처음부터 죽이 잘 맞았다. 리오는 학생들과 함께 차콘의 운무림에서 연구 프로젝트를 진행하기 시작했다. 리오 연구팀에 따르면 운무림으로 100미터만 걸어 들어가도 북미 대륙 전역에 현존하는 동식물보다 훨씬 다양한 동식물을 볼 수 있었다고 한다. 시간이 흐르며 리오 부부는 차콘 가족과 둘도 없는 친구가 됐다. 리오가 방문할 때마다 차콘 부부의 손주들이 우르르 달려와 둘러싸고 그의 이름을 외치곤 했다.

1982년 리오는 또 한 차례 현장 연구를 진행하기 위해 학생들과 차콘 농장으로 향했다. 마지막 날 밤, 다 함께 저녁을 먹는데 에프라인의 아들 마리노가 오클라호마에서 온 친구들 앞에 웬 도면을 자랑스레 펼쳐 보였다. 당시 차콘 가족의 산비탈 목초지는 약 32만 제곱미터에 달했는데 그 면적을 세 배로 늘릴 참이라고 덧붙였다. 리오는 당시 상황을 묘사하며 그때 '저 환상적인 산림이 파괴될 생각을 하니 가슴이 무너졌다'고 말했다. 그러나 아무도 그 자리에서 입을 열지 못했다.

다음 날 미국으로 돌아가면서 리오 팀은 대책을 논의했다. 차콘 가족에게 이래라저래라 할 수 있는 권리는 없었지만 서로 좋은 친구가 되었고, 헤어지면서 계속 연락을 하겠다고 약속한 터였다. 그날 비행기 안에서 학생들은 차콘 가족에게 지속적으로 편지를 보내 운무림이 자신들에게 어떤 의미인지 알리기로 했다.

1년 뒤 리오가 강의를 마치고 연구실로 돌아오는데 마리노에게 전화가 왔다. 마리노는 소를 모두 팔아버리고 벌채를 하지 않기로 했다고 말했다. 황급히 농장을 방문한 리오 앞에 온 가족이 모여 그간 있었던 사건에 대해 설명했다. 어느 날 에프라인과 마리노는 온종일 도끼로 떡갈나무를 베고 나서 가파른 산비탈을 타고 내려와 집으로 가던 길에 잠시 쉬려고 바닥에 앉았다. 마침 그들이 등을 기대고 앉은 나무는 다음 날 베어내기로 마음먹은 흰 떡갈나무였다. 황혼이 내려앉자 이 집 저 집 환히 불을 켜기 시작했다(에프라인은 11남매를 두었고 손주도 계속 늘고 있었다). 에프라인과 마리노의 눈에 각 집이 또렷이 들어왔다. 그때 깨달았다. 시야를 가리는 나무가 없었기에 집들이 또렷이 보인 것이었다. 에프라인은 처음 이 숲에 들어와 브로케트 사슴 등 야생동물과 마주치고 이끼로 뒤덮인 나무와 들풀을 보았던 때를 회상했다.[03] 그는 이 숲을 사랑했다. 손주들도 이 숲을 있는 그대로 향유하며 살았

---

03 브로케트 사슴은 남미의 작은 수사슴으로, 다 자란 뒤에도 어깨까지 높이가 45센티미터에 불과하다.

으면 좋겠다는 생각이 들었다. 그런데 이렇게 나무를 베고 산을 불태우고 있지 않은가. 에프라인과 마리노는 오클라호마 학생들이 보내온 편지에 대해 의논했고, 과연 나무를 더 잘라내야 하는지 스스로에게 물었다. 다음 날 아침 이 자리로 돌아와 이 떡갈나무를 벤다면 이쪽 비탈뿐만 아니라 반대편 비탈의 나무까지 계속 잘라내게 될 것이었다. 평소에는 일이 끝나면 도끼를 두고 집으로 내려갔는데, 이날 이들은 도끼를 들고 귀가했다.

다음 날 아침 나무를 베러 가는 대신 두 사람은 가족회의를 소집했다. 각자 숲이 어떤 의미를 지니고 있는지 이야기하고, 오클라호마 학생들이 보낸 편지도 함께 읽었다. 그리고 벌채를 이어나가야 할지 아니면 다른 길을 선택해야 할지 토의했다. 목초지를 확장시킴으로써 얻을 수 있는 이득은 분명 컸지만 가족은 또한 목초지 확장으로 무엇을 상실하게 되는지 따져보았다. 과수원과 송어 낚시장으로도 충분히 먹고살 만했다. 다른 길이 있었다.

그리하여 차콘 가족은 벌채를 중단하고 모든 소를 팔고 목초지를 과수원으로 바꾸고 외양간을 철거하기로 결정했다. 외양간이 서 있던 자리는 이미 평평하게 다듬어져 있으니 관광객을 위한 식당을 만들기로 했다.

대가족의 생계가 달린 쉽지 않은 결정이었다. 낙농은 차콘 가족 수입의 중추였다. 조사와 계획 수립을 모두 마치고 마리노는 리오에게 전화를 걸었다.

내가 차콘 가족의 집을 방문했을 때는 소는 이미 없었고 외양간 대신 깔끔한 오두막이 서 있었다. 목초지는 모두 과수원으로 탈바꿈했

◀ (왼쪽에서 오른쪽으로) 에프라인 차콘, 손녀 마틸다, 아들 마리노. 에프라인의 오른쪽에는 숲을 살리겠다고 결정하는 계기가 된 떡갈나무가 서 있다. (출처: 마르코 사보리오와 리오 핀켄바인더)

다. 숲은 좁은 등산로 두 개를 제외하고는 그대로 보존되었다. 당시 우리 대학과 차콘 가족은 차콘 가족이 벌채하여 평평하게 만들어놓은 리오사베그레 옆 부지 장기 임대 계약서에 막 서명을 한 참이었다. 이 부지에는 대학 동문들의 지원으로 실험실, 강의실, 기숙사, 작은 자연사박물관으로 구성된 2층짜리 케찰교육연구센터(QERC)가 세워졌다. 현지인들은 이 건물을 '숲의 꽃'이라 부른다.

임대차계약에 따라 1.6제곱킬로미터에 달하는 차콘 가족 소유 열대 운무림 전역에서 현장 연구를 진행할 수 있게 되었다. 이후에 우리 대

학뿐만 아니라 타 대학 학생들도 이곳에 와서 연구에 참여했다.[04]

이곳에서 하이킹을 하면 이끼와 착생식물에 덮인 키 큰 떡갈나무 사이를 걸으며 눈부시게 노란 딱새를 감상하는 호사를 누릴 수 있다. 우리는 거의 매일 케찰(비단깃털새과의 조류로 멕시코 남부부터 파나마 서부에 이르는 산악지대에 주로 서식한다-옮긴이)이 날아오르는 광경을 목격했다. 브로케트 사슴도 이 숲으로 돌아오고 있다. 윌리엄 블레이크도 말하지 않았던가.

여기저기 뛰노는 야생 사슴이
인간의 영혼을 걱정거리로부터 자유롭게 해준다…

리오와 나는 '지구상 생명체의 천문학적 기반'이란 수업을 통해 '서식지'라는 단어의 범위를 천체물리학 규모로 확장시키고자 했다.

행성에 생명체가 존재하는 데 필요한 천문학적 조건은 무엇인가? 별의 진화는 생물학적 진화를 위한 에너지, 요소, 시간척도를 제공한다.[05] 예를 들어 태양의 동력이 되는 핵반응에 대해 공부할 때는 운무림으로 걸어 들어가 나무 아래서 태양 핵의 수소융합 양자-양자 사이클에 대해 토론했다. 이어 리오 교수가 나뭇잎 사이로 부서져 내리는

---

04 이 글을 쓰던 당시 임대차 계약이 25년 더 연장되었고, 연구센터는 리오 핀켄바인더 부부의 공적을 기려 부부의 이름을 따서 개칭했다.
05 천문학에서 '별의 진화'는 수명 주기에 따른 단일 별의 발달을 의미한다. 생물학에서 '진화'는 수 세대에 걸친 자연 도태를 가리킨다.

햇살을 받으며 숲 한가운데 서서 주변 식물들의 다양한 광합성 메커니즘에 대해 설명했다.

연구센터를 방문할 때마다 우리는 학생들에게 30분에서 두 시간가량 홀로 숲을 거닐며 정적을 음미하고 공책에 자신의 생각을 적어보라고 했다. 이곳에 오면 학자를 만나는 대신 나무를 방문했다. 유타 주의 스웨이시 피크와 운무림 속 케찰교육연구센터 모두 우리에게 무엇이 필요한지 보여준다. 바로 홀로, 아무것도 하지 않고, 그저 사색할 수 있는 시간이다. 현대 사회에서 고요한 사색에 대한 필요를 어떻게 충족시킬 수 있을 것인가?

우리의 연구는 코스타리카 전역에서 이루어졌다. 조수에 대해 알아볼 때는 마누엘안토니오 국립공원의 해변으로 가서 실제 태평양 바닷물에 몸을 담갔다. 그리고 물리학 교수가 코코넛 두 개를 가지고 지구와 달 삼아 설명을 하고 있으면 어느새 실제 달이 머리 위에 떠올랐다. 화산이 행성 형성에 미치는 영향에 대해 토의할 때는 활화산인 아레날 화산으로 갔다(물론 안전거리를 유지했다). 황화수소의 냄새가 코를 찌르고 분화구가 뱉어낸 집채만 한 바위가 쇄설구(화산에서 분출된 고체물질이 쌓여 생긴 원뿔 모양 화산-옮긴이)를 따라 요란스럽게 굴러 떨어졌다. 산루이스 푸에블로 누에보의 타바콘에 있는 분화구 사이에 서 있어 보기도 했다. 1968년 아레날 화산이 폭발했을 때 대피 경보에 신속히 대응하지 못해 가장 많은 희생자를 냈던 지역이다. 자연은 아름답지만 위험하기도 하다. 경외해야 할 대상이다.

환경과 경제

차콘 가족은 어떻게 손대는 사업마다 성공했을까? 나는 방문할 때마다 차콘 가족이 운영하는 식당 앞에 대형 관광버스들이 밀려드는 광경을 목격했다. 관광버스에서는 값비싼 망원렌즈를 끼운 고급 카메라를 손에 든 야생조류 관찰자들이 줄지어 내렸다. 중앙아메리카에서도 야생에서 희귀한 케찰을 관찰할 수 있는 곳은 몇 되지 않는다. 에프라인의 이웃들도 이에 주목했다. 그들도 점차 목축을 중단하고 외양간을 없애고 식당을 짓고 있다. 현재 리오사베그레 계곡을 방문하는 환

경관광객은 연간 1만 명이 넘는다.[06]

산림 생태계를 보존하고, 케찰 및 기타 동식물의 서식지를 보호하고, 조류관찰자들을 충족시킬 수 있으니 그야말로 상생이다. 차콘 가족과 이웃들도 높은 수익을 올리고 있다. 나무들이 굳건히 서 있으니 매일 안개가 조성되어 운무림을 적셔주고 퇴적물이 흘러내려 강 하류에 쌓이지도 않는다. 2005년 7월 문을 연 근처 로스케찰 국립공원도 사베그레 유역 보호에 한몫을 한다.[07]

에프라인은 "내가 이 계곡에 기계톱을 가지고 들어오지 않아 천만다행이었다. 나에게 도끼밖에 없었던 덕에 숲이 아직 건재하다."라고 말했다. 선구적 생태학자 유진 P. 오덤이 이미 수년 전 이렇게 적은 바 있다. "변화를 일으키고 통제하는 인간의 힘은 빠르게 증가하는데, 그 심대한 변화의 결과에 대한 인간의 깨달음과 이해는 이를 따라가지 못하는 듯하다."[Odum(1959)][26] 기계톱은 속도가 너무 빨라서 기계톱을 사용한 결과가 어떨지 미처 가늠하기도 전에 일이 끝나버린다. 과학 기술은 대부분 가속화를 위해 발명된다. 그런데 기술의 진전이 성찰의 속도를 추월하는 순간 문제가 발생한다.

지금은 에프라인도 기계톱을 쓴다. 나무가 자연적 원인으로 쓰러져 길을 막으면 이 기계톱을 이용해 일부를 잘라내어 길을 낸다. 조류관찰자들이 함부로 숲에 들어가 자연을 훼손하지 않도록 방지하기 위한

---

06 북쪽의 몬테베르데 운무림 보존지구에서도 볼 수 있다.

07 차콘 가족의 경험은 각종 회의 프레젠테이션 주제로 다뤄졌다. 오클라호마과학학회 회의의 '떡갈나무 모델: 운무림 내 지속가능성', 1995년 2월 노스텍사스대학의 '고령화되는 인구, 고령화되는 지구, 지속가능한 미래: 세계적으로 사고하고 지역적으로 행동하기'라는 회의 중 '글로벌 딜레마' 세션의 초대 논문, 미국천문학회 회의의 '케찰에서 우주론을 발견하다'(2002년 6월 뉴멕시코주 앨버커키) 등이다.

조치다. 그러니 기계톱도 본질적으로 악하다고 할 수는 없다. 사용자의 원칙과 가치관이 중요하다.

코스타리카가 삼림파괴 속도를 늦추는 데 있어 모범을 보이기는 했지만 그렇다고 완전히 멈추지는 못했다. 코스타리카 남서부로 가면 산들산들 태평양 해풍이 불어오는 가운데 티크, 마호가니, 팜유, 바나나 농장들이 위치한 평평한 대지가 펼쳐진다. 대지에는 초목이 줄지어 늘어서 있지만 모두 농작물이다. 생물학자들은 이를 가리켜 '녹색 사막'이라 한다. 생태계의 중요 요소인 생물학적 다양성과 공생관계가 결여되었기 때문이다. 대기업 자본이 장악한 바나나 마을에 가보면 바나나가 자라며 내뿜는 가스를 가둬두기 위해 커다란 푸른 비닐봉지로 바나나 송이를 일일이 감싸두었다. 그런데 그 비닐봉지 수백만 장이 바다에 버려지고 있고, 장수거북이 이를 해파리로 오인하여 삼켰다가 질식사하는 경우가 늘고 있어 문제다. 동네 슈퍼마켓을 갈 때마다 저 바나나를 여기까지 가져와 진열하는 데 든 비용이 얼마인지 궁금해진다.

니카라과 국경에서 3킬로미터 떨어진 코스타리카 내륙 마을 로스 칠레스에서는 작은 배를 타고 리오프리오 야생보호구역을 돌아보았다. 농지 사이로 굽이굽이 이어진 강과 양쪽 강변이 각종 야생동식물의 안식처다. 논병아리를 쫓는 카이만(중남미에 서식하는 악어—옮긴이), 물갈퀴 달린 발을 잽싸게 놀려 물을 건너는 '예수의 도마뱀', 머리 위 가지에 매달려 있는 짖는원숭이를 볼 수 있다. 국립공원과 야생보호구역이 수없이 많은 나라지만 서식지 단편화로 인해 야생동물 집단이 고립되는 경우가 종종 발견된다. 이에 따라 환경과학자들은 '도서(島

嶼) 지역 생태학'이라는 하위 학문 분야의 도입이 시급하다고 말하고 있다.

케포스라는 마을에 인접한 태평양 연안의 마누엘안토니오 국립공원도 자주 방문했다. 법령에 따라 이곳에는 나무보다 높은 건물을 지을 수 없다. 마천루가 즐비한 하와이 호놀룰루와 극명히 대조된다. 사실상 호놀룰루와 비교가 불가능한 작은 마을이지만 케포스에도 엄연히 아침저녁으로 혼잡한 시간대가 있다. 아침마다 다람쥐원숭이('오르간 연주 원숭이'라는 별명도 있다) 떼가 산에서 내려와 마을을 관통하여 해변 근처 먹이가 있는 곳으로 간다. 저녁에는 다시 마을을 관통해서 잠을 자러 산으로 돌아간다. 이른 저녁 카페나 식당의 테라스에 앉아 있으면 다람쥐원숭이 떼가 가로등에서 가로등으로 옮겨가며 퇴근하는 장관을 볼 수 있다. 새끼를 등에 업은 어미도 있다.

2차 대전 이후 관광업이 이곳의 주요 산업으로 부상하면서 드나드는 자동차가 증가하자 치어 죽는 다람쥐원숭이가 많아졌다. 주민들은 도로 위 높은 곳에 밧줄을 이어 달았고 원숭이들은 이 밧줄을 다리처럼 이용하게 되었다. 그러자 차에 치어 죽는 원숭이들의 숫자가 거의 0으로 줄었다. 케포스 주민들은 야생동식물의 안위를 걱정하고 관광객들뿐만 아니라 원숭이, 새, 나무늘보, 코아티(중남미에 서식하는 긴코너구리-옮긴이) 등 이 땅에 먼저 와서 살고 있었던 동식물과 상생하기 위해 적극적으로 노력하고 있다. 차콘 가족이 깨달았듯 야생동식물의 서식지를 보존해야 경제도 살아난다. 관광객들은 깨끗한 자연의 원형을 보고 싶어 일부러 이곳까지 오는 것이다. 있는 그대로의 야생을 체험하고 싶은 것이지 사람이 인공적으로 꾸며놓은 자연을 보러 오는 것이 아니다.

코스타리카에는 국립공원이 셀 수 없이 많고 모두 안정적으로 운영, 관리되고 있다. 그럴 만한 여건이 갖춰져 있었기에 가능했다. 오래 전 남미를 침략했던 스페인 군대는 코스타리카에 와서 황금을 찾지 못하자 그대로 다음 나라로 이동했다. 그 덕분에 식민지화의 참상을 피할 수 있었고 극소수의 최상위 계층이 부를 독차지하고 있는 이웃 나라들과 다른 길을 걸을 수 있었다. 지난 수십 년간 코스타리카는 민주주의 체제를 지속적으로 강화하며 탄탄한 중산층을 일구어 냈다.[08] 남미 국가들 중에서 기대 수명, 삶의 질, 식자율이 매우 높은 편이다.[World Bank Statistics(2015)] 또한 국가방위대를 제외하고 코스타리카에는 상비군이 없다.[09] 1962년 미국과 코스타리카 사이 조인된 조약에는 '코스타리카의 국가안보에 기여하기 위하여 방위 물품 및 서비스를 제공한다'고 명시되어 있다.[Treaties Between the US and Costa Rica(1962)] 그 덕분에 교육과 의료보건에 재원을 넉넉히 할당할 수 있었고 코스타리카의 안정과 안보를 강화하면서 이웃 나라에 위협을 주지도 않게 되었다.[10]

차콘 가족과 케포스 주민들이 입증한 바와 같이 환경 보존 전략이 성공하려면 과학적, 경제적, 문화적으로 이치에 맞아야 한다. 전세계가 맞닥뜨린 환경 지속가능성 문제를 해결하기 위해서는 이 문

---

08 여타 민주주의 국가들도 코스타리카로부터 많은 교훈을 얻었다. 선거일을 공휴일로 지정하여 유권자들이 투표를 하도록 독려했다. 코스타리카에서 투표는 가족행사다. 아이들도 투표를 한다. 물론 결과에는 영향을 미치지 않지만 집계는 되며 이를 통해 투표권 행사가 국민의 권리이자 의무임을 가르치는 것이다.
09 현지인들은 V 자 대형을 이룬 펠리컨 떼가 상공에 나타나는 것을 코스타리카 공군이라 부른다.
10 이러한 조약을 이행함으로써 일반 대중의 안녕을 도모하기 위해 쓰이는 군 지출은 납득이 간다.

제에 관심이 많은 젊은 사람들이 네트워크를 형성해야 한다. 이러한 네트워크를 통해 '또 하나의 생태계, 혁신적 아이디어와 환경 책무 인식이 함께 자랄 수 있는 서식지'를 만들 수 있다.[Finkenbinder and Neuenschwander (2001)]

케찰교육연구센터는 리오와 내가 가르쳤던 과정 외에도 대학생들을 위한 다양한 과정을 갖춰놓았다. 그러나 코스타리카까지 이동하는 데 드는 비용은 분명 학생들에게 부담이었다. 2000년 다이슨 교수 부부가 코스타리카 연구센터의 존재와 취지에 대해 알게 되었고 연구센터 과정 및 프로젝트에 참여하고자 하는 학생들의 여행 경비를 보전해주기 위해 장학금을 기부했다. 이 다이슨 장학금으로 지금까지 수십 명에 달하는 학생들이 코스타리카로 가서 각종 환경 및 사회 문제 해결책을 찾기 위한 노력에 동참할 수 있었다. 다이슨 교수 부부의 지원에 깊은 감사를 표한다.

2001년 2월 21일
다이슨 교수님께
다이슨 장학금 소식을 간략히 전해드리려 합니다. 제1대 장학생을 선발 중인데, 우수한 학생 다섯 명이 신청서를 제출했습니다. … 대학 정책에 따라 장학금 이자소득은 1년 경과 후에야 인정이 됩니다. 이번에는 기금에 손대지 않고 프로그램을 출범시키기 위해 학과 예산을 쓰기로 했습니다. 프로그램을 성공적으로 시작할 수 있을 것 같습니다. 교수님 덕분에 가능했습니다. 케찰교육연구센터의 실험실, 강의실, 기숙사도 거의 완공되었습니다. 건물 내 VIP실은 벌써 교수님 부부를 위해 예약해놓았습니다!

연구센터에 관심 가져주시고 지원해주신 데 대해 다시 한번 감사 드립니다. 이번 봄과 여름에 학생들이 코스타리카에서 어떤 활동을 벌이게 되는지 곧 상세히 알려드리겠습니다. 조지의 카약은 매우 훌륭하네요. 책에서 언급하셨던 6인용 카약을 사진으로 보니 반가 웠습니다. … 훌륭한 솜씨입니다.

2001년 5월 1일

다이슨 교수님께

다시 학기말이 되어 교수님께 안부도 여쭙고 질문도 드립니다. … 먼저 코스타리카 연구센터를 지원해주신 데 대해 다시 한번 감사 드립니다. 교수님 덕분에 세 명의 학생이 코스타리카 운무림에 위 치한 케찰교육연구센터로 가서 공부할 수 있었습니다. 뿐만 아니라 아레날 화산 지역과 마누엘안토니오 국립공원도 방문했지요. 조만 간 학생들의 코스타리카 경험에 대해 자세히 전해드리겠습니다.

2001년 6월 10일

드와이트에게

… 마이클 크랩트리(대학발전 부총장)도 코스타리카에서 엽서를 보내 케찰교육연구센터가 공식 개원했다고 알려주었습니다. 엽서 감사 하다고, 축하한다고 꼭 전해주세요. 홍보 담당자들은 이미 3월부터 수업이 진행되고 있었다는 사실을 몰랐던 모양이군요. 어쨌거나 코 스타리카 정부의 승인을 얻어 공식적으로 출범하게 되었으니 진심

으로 축하드립니다.

2001년 11월 20일
다이슨 교수님께
오늘 교수님께 소포 두 상자를 부쳤습니다. … 케찰교육연구센터
스웨트셔츠 두 장과 티셔츠 두 장입니다.

다이슨 장학금을 받아 연구센터에 합류한 학생들의 최근 프로젝트[11]
로는 먼저 2011년 메이시 로슨이 진행한 리오사베그레 계곡상류 과
일생산의 수분(受粉, 종자식물에서 수술의 꽃가루가 암술머리에 붙어서 열매를 맺
는 현상-옮긴이) 평가가 있다. 같은 해 매튜 윌코스키가 탈라만카 산맥의
미기후(微氣候, 지표면과 가까운 좁은 범위의 기후-옮긴이)를 관측했다. 이 미
기후 데이터는 오클라호마 주립대학, 로스케찰레스 국립공원과 공유
하여 기후변화를 관측하고 현지 환경보존정책을 세우는 데 사용될 것
이다. 2013년에는 댄 윌킨이라는 학생이 수컷 에메랄드 스위프트(학명
이 Sceloporus malachiticus인 녹색 도마뱀-옮긴이)의 포식 위험 평가를 진행했
다. 2015년에는 나탈리 르메이가 역시 수컷 에메랄드 스위프트의 공
간 생태를 연구했다.

이 연구센터에서 학생들은 지역사회의 일부가 되는 경험을 한다.
그 경험이 본국으로 돌아간 뒤에도 지구촌의 일원으로서 책임감을 키

---

11 케찰교육연구센터 웹사이트(http://qerc.org.)에서 'Research(연구)'와 'Study Abroad(해외연수)'
를 참조하기 바란다.

울 수 있게 해준다.

지속할 것인가 말 것인가

1980년대 UN 주도로 글로벌 환경 지속가능성 연구가 진행됐다. 노르웨이 총리를 역임한 그로 할렘 브룬틀란이 의장으로 선출되었다. 브룬틀란 위원회는 환경 지속가능성을 다음과 같이 정의했다. "미래 세대가 스스로 필요로 하는 바를 충족할 수 있는 능력을 약화시키지 않으면서 현재 세대의 필요에 대응하는 것."[Brundtland et al.(1987)] 즉 마호가니로 만든 문이 필요할 경우 미래 세대로부터 마호가니를 박탈하지 않는 선에서(마호가니가 미래에 존속할 수 있는 선에서) 만들어도 좋다는 뜻이다.

현대 산업사회의 석유 소비는 지속 불가능한 개발의 대표적인 예다. 매일 전 세계에서 석유 8,000만 배럴이 소비된다. 벌채 역시 마찬가지다. 최근 UN 보고서[UN FAO(2015)]에 따르면, 2000년부터 2010년 세계 벌채율은 연간 약 1,300만 헥타르(13만 제곱킬로미터)에 달한다. 초당 4,000제곱미터에 해당하는 산림이 파괴되고 있는 것이다. 그렇게 파괴되는 산림에는 이제껏 인간의 손이 닿지 않았던 원시림도 포함되어 있다.

물론 벌목 뒤 식수(植樹)를 하기도 한다. 예를 들면 오리건 주에 있는 대기업 소유 산림은 나무를 베고 나면 새로 나무를 심는다. 그러나 중앙아메리카의 바나나 농장, 팜유 농장, 마호가니와 티크 농장과 마찬가지로, 이런 산림은 녹색 사막에 지나지 않는다. 생태계가 아니라 경작지인 것이다. 이 산림을 그냥 내버려두면, 종자 은행(토양 속에 저장되어 있거나 휴면 중인 종자-옮긴이)이 생존한다는 가정 하에, 생태계가 복원되는데 족히 500년은 걸릴 것이다.[Finkenbinder and Neuenschwander(2001)]

장기적으로 볼 때 경제 개발에 있어 환경 지속가능성을 보장하지 않으면 엄청난 대가를 치를 것이며 그 대가를 정량화하기도 힘들 것이다. 현재 코스타리카는 북쪽 국경으로 몰려드는 중남미 난민들 때문에 골치를 앓고 있다. 로스칠레스에서 배를 타러 가는 길목에 출입국관리사무소가 있는데, 늘 니카라과인들이 줄을 길게 서 있었다. 니카라과와 아이티는 식량 부족으로 쌀을 수입해야만 한다. 그런 고질적 병폐에는 정치적 경제적 원인이 있다. 니카라과는 식민지 시절 수탈과 착취에 시달리다 독립 이후에는 부정부패에 찌든 독재 정권과 내전으로 인해 짓밟혔다. 빈곤은 파괴된 삼림에서도 드러난다. 대낮에 산호세(코스타리카의 수도-옮긴이)에서 비행기를 타고 이륙하면 어느 지점에서 코스타리카로부터 니카라과로 넘어가는지 정확히 알 수 있다. 녹색이 갈색으로 바뀌는 지점부터 니카라과 땅이다.

로스칠레스로 가는 길에 북코스타리카 평야를 가로지르게 된다. 현지인들은 이 평야를 '맥도날드 랜드'라 부른다. 1960년경 북미에 패스트푸드 체인이 폭발적으로 늘면서 중앙아메리카의 저지대 산림도 상당 면적이 잘려나갔다. 목축지를 만들기 위해 떡갈나무와 티크, 마호가니를 벌목해서 태워 없애버렸던 것이다. 광고는 햄버거가 '아메리카산 소고기'로 만들어졌음을 자랑스레 내세웠다. 다만 그 '아메리카'

가 북아메리카가 아니라 중앙아메리카임은 언급하지 않았다.

'순수의 전조'에서 윌리엄 블레이크는 다음과 같이 탄식했다.

새장 속 개똥지빠귀는

분노에 모든 낙원을 담는다 …

주인의 문 앞 굶주린 개는

나라의 멸망을 예측한다.

길에서 학대당한 말은

하늘을 향해 인간의 피를 요구한다 …

날개를 다친 종달새,

천사는 노래를 멈춘다 …

이 장을 집필하면서 나는 케포스라는 실제 명칭을 언급해야 할지 확신이 서지 않았다. 관광객 수가 갑자기 늘면 이곳이 엉망으로 망가지는 데 오랜 시간이 걸리지 않을 것이기 때문이다. 현재 케포스는 원숭이, 나무늘보들과 조화롭게 공존하고 있다. 그러나 마지막으로 케포스를 방문했을 때 미국에서나 보던 은퇴자를 겨냥한 타운하우스 광고판이 버젓이 서 있는 광경을 보고 우려가 커졌다. 설상가상, 미국에 돌아와 케이블TV 채널을 켜니 코스타리카에 조성된 은퇴자 주택지구 광고가 나오고 있지 않은가? 은퇴 뒤 코스타리카에서 여생을 즐기겠다는 사람들을 비난할 수는 없다. 나도 금전적 여유만 있다면 아마 그 타운하우스를 샀을지도 모른다. 그러나 무분별하고 돈 많은 일부 미국인들 때문에 케포스처럼 독특하고 의미 있는 곳이 상업적 휴양지로 전락한다면 문제는 달라진다.

특정 지역이 대다수의 눈에 낙원으로 보인다면 죽음의 키스를 받는 것과 같을 수도 있지 않을까?[12] 소로도 이렇게 적은 바 있다. "나는 농장 소유주가 돌멩이를 골라내고, 사과나무를 베어내고, … 그곳을 더 개선하기 전에 서둘러 '홀로웰 농장을' 구매했다."[Thoreau(1960)][57]

다이슨 교수 부부는 훼손되지 않은 장소의 중요성을 잘 안다. 2009년 1월 다이슨 가족 연보에는 2008년, 결혼 50주년 기념으로 갈라파고스 섬을 방문했던 부부의 여행기가 실려 있다. "5월, 몇 차례 장대비가 쏟아진 뒤 섬은 온통 푸르렀고 조류와 파충류의 먹이도 풍부했다." 갈라파고스 섬 전체 면적의 97퍼센트가 국립공원으로 지정되어 있으며 나머지 3퍼센트는 1959년 국립공원 지정 전 거주지로 개발되었다는 내용이다. 지난 40년간 정착민 숫자는 소수로 제한되었으나 거주지에 대한 개발을 허가하면서 사람들이 대거 몰려들고 있다고 했다. "섬의 생태계를 위협하는 사람들은 관광객이 아니라 정착민들이다."

그렇게 다이슨 부부는 수많은 섬을 방문하여 앨버트로스, 얼가니새, 펭귄, 군함조와 함께 걸었다. …

어느 날 저녁, 배에서 그야말로 극적인 사건을 목격했다. 간판 끝에서 바다를 내려다보는데 범고래 한 마리가 배 바로 옆까지 다가왔다. 뒤이어 큰 바다거북이 고래 앞에 나타나자 고래가 거북을 물어 두 동강

---

12 나는 강의실에서 이글스의 '라스트 리조트(Last Resort, Asylum, 1977)'도 자주 튼다. 마지막 소절 가사는 다음과 같다. "그들은 그곳을 낙원이라 불렀지 / 그 이유를 도무지 모르겠어 / 어딘가를 낙원이라 부르고 / 이별의 키스를 하고…"

을 내버렸다. 바닷물은 순식간에 핏빛으로 변했고 몇 초 되지 않아 군함조 수십 마리가 몰려들더니 앞다투어 찌꺼기를 물고 갔다. 자연은 아름답지만 잔인하다.

4월에 우리는 다이슨 교수에게 연보(年報)를 보내주셔서 감사하다는 편지를 보냈다. 다이슨 교수의 답장은 가족과 함께 할 다음 모험에 대한 기대감으로 가득했다.

2009년 4월 17일
드와이트에게
모두 우리 가족 연보를 재미있게 읽으셨다니 다행입니다. 다음 연보에서도 모험기를 전하게 될 것 같습니다. 카자흐스탄에 있는 바이코누르 우주기지를 가족과 함께 방문하게 됐습니다. 우리 부부는 이번 여행에서 돌아온 지 3주나 지났는데 아직도 여운이 가시지를 않습니다. 러시아 우주기지는 전혀 새로운 경험이 되겠지요. 우주여행은 우리에게는 모험인데, 그들에게는 직업입니다. …

2008년 가을 에스더 다이슨은 국제우주정거장으로 발사될 소유스 TMA-14호 승무원의 대체인력으로 선발되어 훈련을 받았다. 애초 예정대로 승무원이 탑승했기 때문에 에스더 다이슨은 지구에 남았지만 다이슨 가족은 카자흐스탄에 모여 소유스 발사 장면을 지켜봤다. 우주인 훈련을 경험한 딸을 둔 아버지가 몇이나 될까! 에스더가 받은 우주인 훈련은 다이슨 교수의 기술에 대한 생각과 병렬을 이룬다. 소유스호와 국제우주정거장이라는 회색기술은 태양계 및 그 너머 우주를 개척하는 데 있어 발판이 된다. '은하계의 녹화'는 의식적 선택에 의한 가속 진화를 통해 생물학적 다양성을 지구 외의 행성에 어떻게 적용할지 상상도를 제시한다. 화성에 인간 거주를 위한 온갖 장비를 다 챙겨가서 그 안에 갇혀 지내는 대신 맨몸으로 화성 표면을 걸어도 괜찮도록 녹색기술을 이용해 인간의 눈과 폐를 유전적으로 조작하게 될 수도 있다.

조화와 분별

"인류는 왜 미치지도 않았는데 자멸을 향해 곤두박질치려고 작정한 것처럼 보일까?"
-리처드 리키 및 로저 르윈[13]

'은하계의 녹화'에서 다이슨 교수는, 인류가 다른 은하계로 진출을 거듭하게 되면 미치광이 같은 행동이 하나씩 사라질 것이라고 적었다. '분별은 본질적으로 자연의 법칙과 조화를 이루며 살 수 있는 능력에 다름 아니기 때문이다.' 그는 분별을 자연의 법칙과 조화를 이루는 삶과 연결시킴으로써 생각의 확장을 유도한다.

끊임없이 더 많은 물질을 확보하는 데 초점을 맞추는 소비 중심적이고 피상적인 현대 사회는 자연의 법칙과 조화를 이루는 데 실패하

---

13 [Leakey and Lewin(1978)][10].

고 있다. 그렇다면 다이슨 교수의 정의에 의거하여 우리 사회는 온전하지 않다.

우리 경제가 재생 불가능한 화석연료에 의존하고 있기에 지속가능한 대체에너지원을 찾으려 시도하고 있음은 누구나 안다. 예를 들어 오클라호마시티에서 차로 하루 정도 걸리는 농촌마을에 가보면 에너지 회사들이 건설 중인 '바람 농장'을 볼 수 있다. 발전기를 돌리는 풍차가 줄줄이 늘어서 있어 바람 농장이다. 거대한 풍차 날개에 해마다 박쥐와 새 수십만 마리가 목숨을 잃기는 해도[14] 바람이 부는 한 에너지를 생산할 수 있는 청정에너지원이다. 다만 그 무시무시한 풍차가 집 바로 앞에 지어지기를 바라는 사람은 아무도 없다. 그래서 에너지 회사의 바람 농장 건설 계획은 발표되는 족족 거센 반대에 부딪힌다.

저 멀리 플로리다 주로 전력을 보내자고 흉물스러운 풍차를 세워 내가 사는 동네의 풍광을 해칠 수는 없다는 이유도 물론 작용한다. 그러나 이방인들이 돈으로 영향력을 사서 이를 마음대로 휘두르는데도 이곳을 삶의 터전으로 삼고 살아온 보통 사람들이 어쩔 도리가 없다는 사실이 더 큰 이유다. 나도 아름다운 풍광을 해치도록 내버려두지 않겠다는 반대 측에 공감한다. 2007년 사진작가 데이비드 플로든은 50년간의 작품 활동을 집약한 사진집 《소실점(Vanishing Points)》 출간 기념 인터뷰에서 이렇게 말했다. "앞으로 100년만 지나면 아무도 내 사진에 찍힌 장소가 미국임을 알아보지 못할 것이다."[Gordon and

---

14 풍속 13~15mph으로 바람이 불 때 터빈 날개 끝은 120mph으로 움직이며 강풍에서는 180mph이 넘는다. 최대 규모 터빈 날개는 약 4,000제곱미터에 달하는 면적을 쓸어버릴 수 있다.

Plowden(2007)], [Plowden(2007)] 나 역시 피닉스에 살던 시절 근처에 원자력발전소가 건설되면서 비슷한 경험을 했다. 끊임없이 반대시위가 이어졌고, 시위대는 환경파괴가 우려된다며 목소리를 높였다. 그때나 지금이나 발전시설 건설을 강행하려는 측의 반론은 같다. "그러면 현재 사용하고 있는 전기 전자제품 중 몇 가지나 포기하고 살 수 있는가? 환경을 그대로 보존하면서 편하게 살 수 있는 방법은 없다."

1998년 5월 1일

다이슨 교수님께

… 화석연료가 고갈되고 나면 원자력이 우리의 주요 에너지원이 될까요? 저희에게 늘 긍정적 영향을 주시는 데 대해 다시 한번 감사드립니다.

1998년 5월 2일

드와이트와 학생들에게

… 석유가 없어지고 난 뒤 원자력이 주요 에너지원이 되지 말란 법은 없습니다. 그러나 지구 전체에 골고루, 풍부하게 제공할 수 있는 태양에너지가 주요 에너지원으로 쓰일 가능성이 더 높지요. 태양에너지는 유연성과 적응성이 뛰어나 각 지역 여건에 맞추기가 쉽습니다. 현재 태양에너지는 원자력보다 비싸지만 장기적으로는 훨씬 저렴해질 것입니다. 또한 햇빛이 가장 풍부한 열대지방에 세계 인구 대부분이 집중되어 있기도 하지요.

… 부디 학생들에게 안부 전해주세요.

풍력은 간접적 태양에너지다. 그러나 화석연료를 대신할 만한 비핵 대체에너지 개발 수준은 아직 미미한 실정이다. 에너지 수요는 계속해서 증가하고 있다. 우리는 미래 세대를 막다른 골목으로 몰아넣고 있는 중인지도 모른다. 이미 사회가 분별력을 상실하기 시작한 것은 아닐까?

2014년 봄 학기 수강생들은 현재 우리 사회가 온전하지 않아 보인다는 의견을 다이슨 교수에게 보냈다. 그리고 왜 그렇게 생각하는지 설명했다.

2014년 4월 24일

다이슨 교수님께

올해 91세를 맞아 가족과 함께, 특히 손주들과 함께 기쁨만 가득한 시간 보내시기를 바랍니다. 또 늘 흥미로운 일과 새로운 모험이 끊이지 않기를 바랍니다. 학생들이 다시 몇 가지 질문을 준비했습니다. … 바쁘시겠지만 살펴보시고 답변 주시면 감사하겠습니다.

… 원자력이 장기적으로 국가와 세계 경제의 수요를 감당할 유일한 에너지원으로 판명될 경우 어떤 사회적 개혁이 필요하다고 보십니까?

수업시간에 환경 지속가능성을 다루고 있습니다. 예를 들어, 지금과 같은 속도로 석유를 소비할 경우 미국은 400일마다 80억 배럴(북극권국립야생보호구역 내 추정 원유매장량과 같습니다)을 써버리게 됩니다. 화석연료에의 의존은 명백히 지속가능성에 배치됩니다. 이제까지 기업들이 주도하여 내놓은 대응책은 더 많은 화석연료 개발이었습니다. … 한편, 풍력은 우리 지역에서 큰 논란거리입니다. 풍력발전기가 곳곳에 세워지면서 시민위원회가 구성되고, 공청회가 열리고, 언론사에 시민들의 항의서한이 잇따릅니다. 모두 전기를 싸게 공급받기를 바라지만 아무도 풍력발전기나 원자력발전소가 내 뒷마당에 들어서기를 바라지 않습니다. 전기 소비를 줄이거나 비용(예를 들어, 빛공해 유발 부담금까지)을 그대로 반영해 값을 올리는 방안은 당분간 실행이 어려워 보입니다. 아무도 발전이 환경에 미치는 영향까지 책임지려 하지 않습니다. 장기적으로 두 마리 토끼를 모두 잡기는 힘들 듯합니다. 이 토론은 《프리먼 다이슨, 20세기를 말하다》의 '은하계의 녹화'에 나온 "분별은 본질적으로 자연의 법칙과 조화를 이루는 삶"이란 문장에서 시작됐습니다. 이 정의에 따르면 우리 사회는 분별력을 잃고 미쳐가고 있습니다.

놀랍게도 다이슨 교수는 우리 생각에 전혀 동의하지 않았다. 그의 답변은 '미친 사회'의 정의를 더 광범위하게 확장시킬 수 있음을 보여주었다. 또한 무엇보다 사람을 먼저 생각하고 있었다.

2014년 4월 28일
드와이트와 학생들에게
질문 감사드립니다. 좋은 질문이고 이에 따른 토의 내용 역시 큰 도움이 되었습니다. 이미 각 주제에 대해 깊이 이해하고 계신 것 같습니다. 나는 일부 의견에 동의하지 않지만, 여러분의 생각이 바뀌기를 바라지도 않습니다. …

에너지를 충분히, 영구적으로 공급하려면 어떤 사회적 개혁이 필요한가? 이와 관련하여 나는 여러분의 의견에 전혀 동의하지 않습니다. 특히 마지막 문장, 우리 사회가 미쳐 있다는 대목이 그렇습니다. 나는 정반대로 우리가 가난, 불평등, 총기 사용, 교육, 공공보건 등의 문제보다 에너지 문제에 훨씬 효과적으로 대응하고 있다고 생각합니다. 한데 에너지에 대한 집착으로 인해 더 심각한 사회문제들에 충분한 관심이 미치지 못하고 있습니다.

내가 보기에 원자력은 중요하지 않습니다. 에너지 문제에서 차지하는 비중이 작습니다. 예찬론자들이 말하듯 좋지도 않고 반대론자들이 말하듯 나쁘지도 않습니다. 우리에게 가장 중요한 에너지원은 화석연료와 태양에너지입니다. 화석연료는 앞으로 최소 100년 동안 쓸 수 있는 양이 남아 있고, 중국과 인도의 국부(國富)에 보탬이 되고 있습니다. 태양에너지는 값을 낮출 수 있는 기술만 개발하면 영구적인 에너지원이 될 수 있습니다. 태양에너지를 누구나 사용 가능하도록 값싸게 만드는 데 100년씩 걸리지는 않으리라 확신합니다. 따라서 에너지 문제에 현명하게 대처하기 위해 사회적 개혁까지 필요하지는 않습니다. 개혁은 더 심각한 문제, 특히 불평등 타파에 필요합니다. 화석연료를 더 비싸게 만드는 정치적 조치는 불평등을 악화시킬 뿐입니다.

'은하계의 녹화'에서 다이슨 교수가 밝힌 '미친 사회'의 정의는 우리 생각보다 훨씬 더 파격적이었다. 그는 저술과 인터뷰를 통해 '자연주의자' 집단과 '인본주의자' 집단이 내세우는 가치에 모두 어긋나는 관점을 제시했다. 저서《과학은 반역이다(The Scientist as Rebel)》에서 자연과 인간의 관계를 다루며 다이슨 교수는 자연주의자와 인본주의자를 다음과 같이 규정했다.

자연주의자는 자연을 있는 그대로 내버려두어야 한다고 믿는다. 그들에게 최고의 가치는 자연의 질서 존중이다. 어떤 형태든 인간의 개입이 최대 악이라고 생각한다. 과도한 화석연료 사용은 악이다. 사하라 사막이든 해양 사막이든 자연적인 사막을 기린이나 참치가 살 수 있는 생태계로 바꾸는 행위도 악이다. 자연은 그대로 내버려두어야 하기에 개선이라는 명목으로 인간이 개입하게 되면 문제를 초래할 뿐이다. 인본주의 윤리는 인간이 자연의 핵심이라는 믿음에서 출발한다. 인간의 사고를 통해 생물권이 스스로 진화를 이루게 되었으니 이제 우리가 책임져야 한다. 인간은 자연을 재건해 인류와 생물권이 공존 공영할 수 있도록 만들 권리와 의무가 있다. 인본주의자에게 최고의 가치는 인간과 자연의 조화로운 공존이다. 또한 가난, 저개발, 실업, 질병, 기근 등 사람들의 기회를 박탈하고 자유를 제한하는 모든 조건을 악으로 본다. 가난에 시달리는 인류의 절반이 개발을 통해 불행에서 벗어날 수 있다면 대기 중 이산화탄소의 증가는 충분히 감수할 수 있는 소소한 대가라고 여긴다. 아울러 행성의 진화를 이끌어갈 책임이 인간에게 있다고 생각한다.[Dyson(2006)][65]

이렇게 자연주의자와 인본주의자로 구분하는 방식은 학생들에게도 나에게도 도움이 됐다. 삶을 흥미로우면서도 복잡하게 만드는 갈등의 양극단을 구체화해준다. 나는 평생 내 안의 자연주의자와 인본주의자를 화해시키려 애썼다. 시골길에서 모터사이클 타기를 즐기지만, 그 길을 내느라 야생 동식물 서식지를 침범했을 생각을 하면 못마땅하다. 오래된 자동차 손보기를 좋아하지만, 자동차가 환경에 미치는 악영향을 개탄한다. 이 딜레마의 해결책은 아마 조화라는 단어에서 찾을 수 있을 것이다.

인본주의자와 자연주의자의 교차점은 "최고의 가치는 인간과 자연의 조화로운 공존"이란 격언에 잘 드러나 있다. 숲속을 구불구불 지나는 2차선 도로는 조화롭지만, 산을 자르고 계곡을 메워서 만든 광활한 고속도로는 그렇지 않다. 초원에서 물소를 키운다면 조화로울 수 있지만, 가파른 산과 협곡에 목축지를 만들겠다고 산림을 파괴한다면 그렇지 않다. 나들이를 위해 주말에만 잠시 차를 사용한다면 조화로울 수 있지만, 운전자 혼자 매일 수십 킬로미터씩 몰고 다니는 차가 2억 대가 넘는다면 그렇지 않다. 적도의 고속도로에 원숭이가 오갈 수 있도록 밧줄을 연결해놓는다면 조화롭겠지만, 돈 많은 외지인들이 모여 살 폐쇄적인 주거지 건설을 위해 원숭이 서식지를 불도저로 밀어버린다면 그렇지 않다. 개인의 전기 소비량을 줄인다면 조화롭겠지만, 풍력발전소나 원자력발전소 건설에는 반대하면서 방마다 텔레비전을 둔다면 그렇지 않다.

'과학, 기술, 그리고 사회' 과정을 처음 시작할 때 우리는 인류가 자연에서 떨어져 나온 존재가 아니라 자연의 일부임을 확인했다. 인류가 자연의 일부라는 말은 우리가 자연 속 현실에 따라 좌우되는 존재라는 뜻이다. 만약 우리가 오염물질로 스스로를 오염시키거나 이 행성의 수용능력을 넘어설 만큼 숫자가 많아진다면, 자연은 그 법칙을 지탱할 수 없어 우리를 떼어버리려 할 것이다. 하지만 다이슨 교수가 강조한대로 우리는 자연의 일부이기에 타인, 다른 동식물, 미래 세대를 위해 세계를 재건할 수 있다. 자연주의자가 되든, 인본주의자가 되든, 그 중도에 서든, 우리의 과제는 "인간과 생물권이 공존 공영할 수 있도록" 조화를 지켜나가는 것이다.

차콘 가족의 일화는, 인간 외의 생명체를 존중하며 이에 부합하는 삶의 방식을 기꺼이 추구하려 노력하면 조화를 이룰 수 있음을 보여준다. 차콘 가족의 지속가능성 모델의 장점은 운무림 생태계를 보존하면서 동시에 안정적인 수입원을 유지했다는 데 있다. 그들은 삶의 터전 안에서 자연주의자인 동시에 인본주의자였다.

장기적 비전은 인류가 현재 필요로 하는 바와 조화를 이뤄야 한다. 내 가족이 굶주린다면 나는 법규, 야생 환경 따위 상관하지 않고 사냥에 나서거나 나무를 벨 것이다. 광활한 땅이 국립공원과 야생보호구역으로 지정되었다면 해당 사회가 그만한 여건을 갖췄다는 뜻이다. 중국과 인도는 화석연료 덕택에 앞으로 20~30년간 부를 축적하겠지만, 대기 중 이산화탄소와 황과 먼지 농도 역시 높아질 것이다. 한데 그 20~30년 동안 생활수준을 향상시켜 (산림이 남아 있다는 전제 하에) 공원, 야생보호구역을 대폭 늘릴 수 있는 재원과 비전을 마련한다면 농사로 근근이 생계만 유지하는 선택을 했을 때보다 상황이 나을 수도 있다. 판단은 후대의 몫이다.

다이슨 교수는 빈곤과 불평등이 에너지 공급보다 시급한 문제라고 강조했다. 에너지 문제는 산업혁명에서 시작됐지만 빈곤과 불평등은 그보다 훨씬 전부터 존재했다. 에너지 문제가 아무리 중요해도 빈곤과 불평등에는 못 미친다. 수강생들은 이에 관한 질문을 다시 꺼내 들었다.

2014년 11월 6일

다이슨 교수님께

지난 4월 '원자력이 장기적으로 국가와 세계 경제의 수요를 감당할 유일한 에너지원으로 판명될 경우 어떤 사회적 개혁이 필요한가'라는 질문을 보내드렸습니다. 재생 불가능한 화석연료 의존을 포함해 환경의 지속가능성에 대해 토론하면서 나온 질문이었습니다. 우리 경제는 한두 세대가 지나면 고갈될 자원에 의존하고 있습니다. 과연 그런 의존을 교수님께서 《프리먼 다이슨, 20세기를 말하다》의 '은하계의 녹화'에서 언급하신 '미친 사회'의 범주에 넣을 수 있을지 여쭤보았습니다.

그때 보내주셨던 사람에 우선순위를 둔 답변이 큰 도움이 됐습니다. … 화석연료 덕에 중국과 인도가 부를 축적할 수 있는 상황도 설명해주셨고, 그와 동시에 지속가능한 태양에너지를 개발해서 화석연료를 대체해야 한다는 말씀도 하셨습니다. "화석연료의 값을 올리는 정치적 조치는 불평등을 악화시킬 뿐"이라는 말씀도 잘 이해했습니다.

저희는 사람을 먼저 생각하는 교수님의 관점에 공감합니다. 일단 현재 인류가 시급히 필요로 하는 바를 먼저 해결해야 환경 보전도 가능하다는 말씀도 같은 맥락에서 이해하고 있습니다. 헨리 데이비드 소로는 《월든(Walden)》에서 이를 효과적으로 설명했지요. "사람의 부(富)는 건드리지 않고 가만히 놓아둘 수 있는 것들의 개수에 비례한다."[15] 가난과 환경 문제는 떼려야 뗄 수 없는 듯합니다.

그리하여 2014년 가을학기 학생들이 뽑아낸 질문은 다음과 같습니다. 산림 파괴, 대기 오염, 해양생물 남획, 야생동식물 서식지와 생물 다양성 훼손 등은 지금도 계속 진행되고 있습니다. 우리의 소비적이고 근시안적인 라이프스타일이 어느 선에서 '미친 사회'의 범주로 넘어가리라고 보십니까?

2014년 12월 3일

드와이트와 학생들에게

이 질문도 4월 질문과 같은 방식으로 답하려 합니다. 나는 우리의 라이프스타일이 파괴적이고 근시안적이라고 단언할 수는 없다고 생각합니다. 실제로 우리는 파괴도 많이 하지만 또 보존도 많이 하니까요. 언론은 좋은 뉴스는 빼고 나쁜 뉴스만 전달함으로써 잘못된 인상을 심어주는 경우가 많습니다. 90세가 되니 좋은 뉴스가 더 잘 보인다는 장점이 있네요.

나는 뉴저지 주에 살고 있습니다. 인구 밀도도 높고 대단히 산업화한 곳입니다. 뉴저지의 별칭은 '가든 스테이트(The Garden State)'입니다. 50년 전만 해도 이 별칭이 웃음거리였지요. 뉴욕에서 남쪽으로 고속도로를 따라 달리다 보면 거대한 정유소가 나옵니다. 50년 전

---

15 [Thoreau(1960)][56].

에는 이 일대가 유황가스 냄새에 절어 있었습니다. 사람들은 차창을 닫고 최대한 빨리 차를 몰아 지나갔습니다. 지금 정유소는 그대로 있지만 냄새는 사라졌습니다. 별칭에 걸맞은 주로 거듭났지요. 수렁에서 무사히 빠져나온 것입니다. 시간과 돈과 정치적 의지만 있으면 가능한 일입니다.

뉴저지 주는 산림녹화도 매끄럽게 진행되고 있습니다. 100년 전에는 말이 주요한 교통수단이었기에 사료용 건초 생산을 위해 자연림을 파괴했습니다. 지금 건초용 목초지는 대부분 다시 숲이 됐고, 짐승과 새들이 돌아오고 있습니다. 지난 10년간 뉴저지 곰 개체 수도 현저히 늘었고, 취미로 소규모 농업을 시작한 사람 수 역시 상당 수준에 다다랐습니다. 내 친구들 중에도 프린스턴 인근에서 풀을 먹여 소를 기르는 이들이 있습니다. 이 친구들이 생산하는 소고기는 사료 먹여 키운 소의 고기보다 맛이 좋습니다. 늪지와 새 서식지 보호 캠페인을 펼치는 친구들도 있습니다. 우리 사회가 분별력을 상실하고 있다는 신호는 전혀 발견하지 못했습니다.

물론 부유한 사람이 가난한 사람보다 환경 보호에 더 신경을 쓰기는 합니다. 그래서 최악의 환경 파괴는 최빈국에서 일어나고 있습니다. 가난한 사람들이 분별이 없어 그렇다고 할 수는 없습니다. 숲과 물고기를 보호하는 데 필요한 시간과 돈이 없을 뿐입니다.

좋은 질문 감사합니다. …

'우리 사회의 분별력은 온전한가'라는 질문은 열띤 토론을 촉발시켰다. 우리는 또한 커뮤니티의 연장자에게 조언을 구하는 '할아버지

▲ 시에라라는 학생의 '과학, 기술, 그리고 사회 박물관 프로젝트' 일환이었던 콜라주. (출처: 학생)

와 함께 걷기'가 얼마나 중요한지 다시 한번 깨달았다.

　결과는 고려하지 않은 채 마구 잘라내고 베어내기만 하면 온전하지 못한 사회가 되고 말 것이다. 물론 현상이 계속해서 발견되지만 이를 상쇄하는 움직임도 분명히 있다. 월마트와 같은 대기업이 있으면 그린피스와 같은 단체도 있는 법이다(물론 재정 상태는 차이가 크다). 특히 미국 사회는 진주만 방식으로 대응, 작동하는 듯하다. 여러 차례 경고에도 불구하고 위기가 닥쳐올 때까지 손을 놓고 있다가 일단 타격을 입으면 전방위적으로 대응한다. 그다지 신뢰가 가는 전략은 아니지만 과거에는 효과가 있었다. 우리는 그저 우리의 후손들과 그 후손의 후손들도 우리처럼 밤하늘의 별을 볼 수 있고 아름다운 자연 풍광을 감상할 수 있기를 바랄 뿐이다. 다이슨 교수가 말했듯이 인류애는 '분별을 유지하는 데 필수적인' 요소다.[Dyson(1979a)][169]

"당연히 그러해야 한다.

인간은 희열과 비애를 위해 만들어졌다.

우리가 이를 옳게 알게 되면

세상을 안전하게 지나갈 수 있다."

-윌리엄 블레이크

13 "내가 왜 신경을 써야 하죠?"

가치와 윤리에 대한 논쟁

"실제 모터사이클 관리 매뉴얼에는 가장 중요한 기술은 다루지 않았다는 생각이 들었다. 가장 중요한 건, 현재 내가 하고 있는 일에 정성을 기울이는 데 있다." -로버트 피어시그[01]

8년 전 어느 저녁, 학생들과 지속 가능하지 않은 활동에 대한 토론을 마무리하고 있을 때 한 여학생이 손을 들고 말했다. "알겠어요. 하지만 악마의 대변자도 필요하다고 생각해요. 알래스카의 카리부(캐나다 순록-옮긴이) 서식지에 기름이 유출된다고 해도 일상에는 아무런 영향을 주지 않는데 우리가 왜 신경을 써야 하죠?" 타당한 질문이었다. 수업이 끝나기 1분 전에 이 질문이 나왔다. 남은 시간에 충분히 다룰 수 있는 문제가 아니었다. 나는 각자 충분히 생각해보고 다음 시간에 첫 주제로 토론하자고 제안했다. 다음 시간에 활발한 토론이 벌어졌다. 학생들은 앞다퉈 손을 들었고, 우리는 신경을 써야 하는 이유 세

---

01 [Pirsig(1999)][34-36].

가지를 추려냈다. 이후 학기마다 이 문제를 토론할 때 나왔던 이유도 대체로 비슷했다. (1) 생존 (2) 삶의 질 (3) 윤리.

생존

우리가 신경을 써야 하는 이유는 실질적으로 생존이라는 자기중심적 문제 때문이다. 지구는 우리가 필요하지 않지만 우리는 지구가 필요하다. 지구의 암석권(지구 표면에 가까운 층-옮긴이)이 어떤 이유로든 너무 오염돼 우리가 생존할 수 없게 된다고 해도, 지구는 자전과 공전을 계속할 것이다. 몇 백만 년 뒤에는 지구의 생태계가 새로운 형태로 재정비될 것이다. 몇 십억 년 뒤 지구와 그 생태계는 우리가 있든 없든 계속 유지되고 있을 것이다. 우리가 그 생태계의 일부로 오랫동안 남아 있기를 바란다면 오아시스 같은 이 행성을 존중해야 한다.

삶의 질

"어떤 세상에서 살고 싶은가?"란 질문에 대한 답으로 제시된 두 번째 이유는 삶의 질이다. '삶의 질'이란 무엇이고 우리의 행동을 어떤 방향으로 인도하는가? 우리는 여기서 건강의료보험이나 교통, 통신에 대해 이야기하고 있지 않다. 남북전쟁 시대의 야전병원 방식으로 수술을 받고 싶은 사람은 없을 테고, 삐걱거리는 포장마차를 타고 그레이트플레인스(북미 대륙 중앙의 대평원-옮긴이)를 횡단하고 싶은 사람도 없을 것이다. 일상적으로 이루어지는 생활방식과 관련한 결정들이 우리 자신과 후대에 장기적인 영향을 미친다. 수필가 에이브 웨일 리가 뉴스위크에 게재한 에세이 '한때는 독특했으나 곧 평범해질 곳'은 이 문제를 잘 보여주고 있다. 저자는 다음과 같이 개탄했다.

내가 좋아하는 애팔래치아 산맥이 콘도미니엄과 통나무집으로 뒤덮여가는 모습을 보면 가슴이 찢어진다. … 아무리 가파른 능선이라도, 아무리 높은 산봉우리라도, 아무리 깨끗한 개울이라도 아낌없이 불도저로 밀고 개발해버린다. … 일반 개인 주택이 거슬린다는 말이 아니다. … 산악지대 농지 중 가장 아름다운 땅을 찾아서 구획을 하려 드는 개발업자들이 거슬린다. … 그 무엇도 신성하지 않다는 말이 사실로 드러났다.[02]

어디에서나 일어나고 있는 현상이다. 숲이 불도저에 밀리고, 목초지에 아스팔트가 깔리고, 과수원이 사라지며, 유서 깊은 시골저택이 철거된다. … 과연 우리에게 비행기가 착륙해도 될 만큼 주차장이 넓은 대형마트가 더 필요할까? 대형마트는 필요하기 때문이 아니라 일자리와 수익을 만들어내기 위해 지어지고 있다. 하지만 어린 시절 타고 오르던 나무, 돌멩이를 모아 작은 댐을 만들며 놀던 개울, 친구들과 축구 시합을 하던 들판은 사라진다. 우리 후손들은 그런 경험을 할 수

---

02 에이브 웨일리, '한때는 독특했으나 곧 평범해질 곳'. 뉴스위크, 2005년 11월 14일, 13쪽.

없게 된다는 뜻이다.

한편, 어디에나 있는 대형마트와 염가 판매점은 저소득층의 살림살이를 도와준다. 산업혁명 덕분에 가능해진 현상이다. 물론 잔인하고 추악한 면도 있지만 산업혁명으로 인해 수많은 가정이 빈곤에서 벗어날 수 있었다. 제이콥 브로노우스키는 이렇게 말한다.

면으로 만든 속옷과 비누가 서민들의 삶을 바꿔놓았다니 우습지 않은가? 실제로 석탄 오븐, 유리창처럼 단순한 물건이 삶의 질과 보건을 개선해주었다.[Bronowski(1973)][279]

개발업자들도 자신들이 저지르는 짓의 영향을 알고 있다. 일단 지어놓으면, 특히 10분이라도 더 대도시에 가까우면, 사람들은 몰려든다. '일단 지어놓으면 몰려든다'는 사업방식이 성공할 수 있는 이유는 지난해보다 올해, 올해보다 내년에 그렇게 몰려들 사람 숫자가 많아지기 때문이다. 인구 성장은 석유 소비와 온실가스 배출, 도시 확산, 야생 동식물 서식지 감소를 촉진했다. 지금부터 25년 뒤 내 손주들은 살 곳을 찾아다녀야 할 것이다.

이 글을 쓰는 지금 세계 인구는 74억 명에 이르렀고 21세기 중반이면 90억 명을 넘어설 전망이다.[Geohive.com(2015)] 세계 인구는 계속 늘어나는 반면 전반적인 성장률은 정체됐다.[03] 게다가 늘어나는 인구를

---

03 2015년 세계 인구 성장률은 1.132퍼센트로 배가시간이 61.2년이었다. 인구가 40억에서 50억으로 불어나는 데 13년(1974~1987년)이 걸렸고, 50억에서 60억은 12년(1987~1999년), 60억에서 70억은 다시 13년이 걸렸다(1999~2012년). 90억에서 100억이 되는 데는 22년(2040~2062년)이 걸릴 것

감당할 능력이 없는 사회에서 인구가 가장 빠르게 증가하고 있는 실정이다.[Geohive.com (2015)]**04**

나뭇잎의 곤충

대학교육을 받았다면 누구나 기하급수적 성장이라는 기본적 연산 개념을 알 것이다. 인구 증가율이 인구 규모에 비례하면 인구가 두 배로 늘어나는 데 걸리는 시간을 계산할 수 있다. 증가율이 연간 2퍼센트일 경우 35년이면 인구는 두 배가 되고, 7퍼센트일 때는 10년이다. 연간 인구 증가율을 n퍼센트라고 하면 일반적으로 두 배가 되는 데 걸리는 시간은 n분의 70년이다.**05** 증가율이 일정하게 유지되는 한 두 배로 늘어나는 시간도 마찬가지로 달라지지 않는다. 특정 시점의 인구를 1이라고 가정할 때 1배가(倍加)시간 이후 인구는 2, 2배가시간 이후 인구는 4가 되며, 배가시간이 지날 때마다 8, 16, 32, 64, 128, 256 등으로 증가한다.

유한한 환경에서 벌어지는 기하급수적 증가 현상을 시각화해보자.**06** 분열을 통해 증식하는 단세포 미생물이 1분마다 세포분열을 한다고

으로 관측된다.

04 예를 들면 2015년 이탈리아의 여성 1인당 출산아 숫자는 1.48명이고 중국은 1.66명이다. 말리는 6.86명, 니제르는 7.58명이다.

05 더 정확하게 말해서 배가시간은 n분의 69.3년이다. 자연 대수 2가 약 0.693이기 때문이다. 인구 배가 시간 단위는 마이크로초가 아니라 햇수이기는 하지만 핵분열 연쇄반응에 적용되는 수리와 같다.

06 콜로라도 주립대학의 고 앨버트 바틀릿 교수 덕택에 이 내용이 널리 보급될 수 있었다.

가정하자. 두 배로 늘어나는 데 걸리는 시간은 1분이다. 오전 11시에 이 미생물을 병에 넣는데, 한 시간 뒤인 낮 12시면 꽉 채워질 크기의 병을 고르자. 언제 이 병의 절반이 채워질까?

대다수 학생들은 무의식적으로 직선적 성장을 가정해 오전 11시 30분에 병의 절반이 채워질 것이라고 답한다. 하지만 1분마다 두 배로 늘어날 때 병의 절반이 채워지는 시각은 11시 59분이다. 11시 58분에 4분의 1, 11시 57분에 8분의 1이 채워진다. 한 개체가 기하급수적으로 불어나 병의 8분의 1을 채우는 데 57분이 걸리지만, 나머지 8분의 7을 채우는 데는 불과 3분밖에 걸리지 않는다.

이런 미생물의 사회가 있다고 가정하면 그린피스 같은 환경단체는 11시 57분에 경고음을 낸다. 기업인과 정치 지도자들은 이렇게 말하며 그들의 목소리를 찍어 누른다. "뭘 걱정하나? 우리는 무려 57대를 거쳐 여기까지 왔고 세상의 8분의 7은 여전히 개발할 여지가 남아 있는데!"

이 사회가 12시 1분까지 생존하려면 두 번째 병을 찾아야 한다. 12시 2분까지 버티려면 병이 두 개 더 필요하고, 이어 1분 더 지탱하려면 네 개, 그다음 1분은 여덟 개가 있어야 한다. 병이 무제한 공급되지 않는 한 이 사회는 유지될 수 없다. 마찬가지로 지구의 인구 과잉은 화성을 식민지화한다고 해서 해결되지 않는다. 우리가 나서서 인구를 통제하지 않으면 자연이 대신할 것이고, 그 방식은 결코 아름답지 않을 것이다. 사람으로 넘쳐나는 세계에 살면서 그날을 향해 달려가고 싶은가? 그렇다면 '삶의 질'이 무슨 의미가 있는가?

인구 과잉의 해법은 집단 학살이나 영아 살해가 아니다. 생명은 다

존귀하다. 누구에게나 이곳에 존재할 권리가 있다. 1843년 초판이 발행된 찰스 디킨스의 《크리스마스 캐럴(A Christmas Carol)》은 이 가치가 위험에 처했음을 잘 보여주고 있다. 이야기는 에비니저 스크루지가 크리스마스이브에 사무실에서 열심히 일하는 장면부터 시작한다. 두 신사가 그를 찾아온다. 가져온 명부를 보면서 "스크루지 씨인가요, 말리 씨인가요?" 묻는다. 스크루지는 이름을 밝히며 동업자 제이콥 말리는 7년 전 바로 오늘 밤 죽었다고 말한다. 그러자 신사들은 고인의 관대함을 살아 있는 동업자가 잘 이어받아 실천하고 있으리라 믿어 의심치 않는다고 말한다. "'관대함'이란 끔찍한 단어에 스크루지는 미간을 찌푸리고 고개를 가로저었다."

신사는 말했다. "연중 가장 즐거운 시기에 가난하고 헐벗은 이들을 위해 작은 정성을 베풀어주십시오. 생필품조차 없어 어려움을 겪고, 잠자리를 찾지 못해 길거리를 헤매는 사람이 많습니다."

"감옥은 없어요?" 스크루지가 물었다.

"많이 있습니다만." 신사가 답했다.

"부랑자 수용소는? 문을 닫지는 않았겠지?" 스크루지가 다시 물었다.

"여전히 운영 중입니다." 신사가 말을 이었다. "그렇지 않다고 말씀드릴 수 있으면 좋겠지만… 그럼 얼마로 적을까요?"

"적지 마시오!" 스크루지가 답했다.

"익명으로 기부하길 바라시나요?"

"그냥 내버려두길 바라오." 스크루지가 말했다. "아까 말한 시설들에 내 세금이 들어가고 있어요. 정 사정이 안 좋은 사람들은 거기로 가면 돼."

"거기로 갈 수 없는 사람도 많습니다. 그곳에 가느니 차라리 죽겠다는 사람도 많고요."

"차라리 죽겠다고 한다면 그러라고 하시오. 넘쳐나는 인구도 줄일 겸."

그날 밤 말리의 유령이 스크루지를 찾아온다. 말리의 유령은 스크루지에게 유령 셋이 찾아올 것이라고 알려준다. 첫 번째 유령은 스크루지의 예전 모습과 오래 전에 잊은 젊은 시절의 꿈을 보여줌으로써 얼어붙은 그의 마음에 온기를 불어넣는다. 두 번째 유령은 스크루지를 가난한 점원 밥 크래칫의 집에 데려간다. 밥이 아이를 어깨에 태우고 즐겁게 나타난다. 그런데 가엾게도 꼬마 팀은 조그만 목발을 짚은 채 보철로 다리를 겨우 지탱하고 있었다. 함께 크리스마스를 즐기는 밥의 가족을 바라보다 스크루지는 유령에게 꼬마 팀이 살 수 있냐고 묻는다. 유령은 미래에도 이 그림자가 바뀌지 않고 계속 남아 있다면 "여기서 그를 볼 수는 없을 것이다. 아이는 죽는다."라고 말했다. "안 돼. 제발 그를 살려주시오!" 스크루지가 소리쳤다. 유령은 이렇게 대꾸했다. "어차피 죽어야 한다면 죽어야지. 넘쳐나는 인구도 줄일 겸."

"스크루지는 자신이 했던 말을 유령이 그대로 되풀이하자 고개를 떨어뜨렸다. 그리고 참회와 슬픔에 휩싸였다."

1999년 크리스마스 무렵 학생들은 다이슨 교수에게 인구에 대해 질문했다.

1999년 12월 7일

다이슨 교수님께

이번 학기 학생들을 대표해 크리스마스 인사 전합니다. 예쁜 손주들과 즐거운 시간 보내십시오. 늘 하던 대로 이번에도 교수님께 큰 부담이 되지 않기를 바라며 몇 가지 질문을 추렸습니다. … 답변에 너무 많은 시간 뺏기지 않으시기를 바라면서….

1. 인구 과잉 문제가 전염병이나 기근 등을 통해 자연적으로 해소될 수 있다고 보십니까? 의학의 발달로 수명이 갈수록 길어지고 있습니다. 2050년쯤 되면 인간의 기대수명은 얼마나 길어질까요?

2. 이미 인구 과잉 상태인데 왜 복제 연구를 할까요? 복제가 장기적으로 인류의 다양성에 어떤 영향을 미치리라 보시나요?

1999년 12월 8일

드와이트에게

학생들이 보내주는 질문은 즉각 답장할 편지함의 맨 위에 놓입니다. 다른 편지들은 며칠 더 기다려도 상관없으니까요. 학생들에게 안부 전해주세요. 몇 가지 즉흥적인 답변을 적어봅니다.

1. 최근에 멕시코 가정의 평균 자녀수가 30년 만에 일곱 명에서 2.5명으로 줄었다는 기사를 읽고 기뻤습니다. 이탈리아는 출산율이 너무 낮아서 100년 뒤면 이탈리아에 알바니아인들만 남게 될지 모른다는 말까지 나옵니다. 아기를 많이 낳을 필요가 없다는 메시지가 전달되고 있는 것이죠. 전염병이나 기근 대신 출산율 감소가 인구 과잉의 해법입니다.

의학으로 평균수명이 늘고 있지만 상한선을 높일 정도는 아닙니다. 소포클레스는 90세에 마지막 희곡을 썼습니다. 현재 90세가 실질적 상한선인 듯하고, 앞으로도 그러기를 바랍니다. 내가 상상할 수 있는 최악의 상황은 이미 죽은 사람을 다시 살려내는 약의 발견입니다. 지난 일요일에 우리 부부는 손주들과 지역 요양원에 캐럴을 부르러 갔습니다. 대부분 90대인 노인들이 죽을 날만 기다리고 있는 곳입니다. 아이들을 보고 반가워했지만 다들 우울해 보였습니다. 90세를 넘긴 사람들이 즐거움을 찾기는 어렵습니다.

2. 인간 복제는 그리 걱정할 문제가 아닙니다. 다른 방법으로는 아이를 가질 수 없는 일부 부모들이 선호할 수는 있어도 전체 인구에 유의미한 변화를 가져오지는 못할 겁니다.

유전공학에서 정작 심각한 문제는 복제가 아니라 인간 배아의 유전자 조작입니다. 기술적으로 가능해질 경우 난임 부부뿐 아니라 대다수 부모들이 아기에게 좋은 유전자를 심어주거나 나쁜 유전자를 제거해주고 싶어 할 것입니다. 특히 돈 많은 부모만 좋은 유전자를 심어줄 수 있게 된다면 문제가 더욱 심각해지겠지요. 새로운 세습 신분제가 형성될 것입니다.

《다시 창조하는 에덴(Remaking Eden)》이란 책을 추천합니다. 저자인 리 실버는 이 문제가 현실로 나타날 가능성과 그 위험을 심층적으로 다루고 있습니다. 리 실버의 말처럼 인공수정은 어느 나라에서나 빠른 성장률과 고수익을 자랑하는 의학 분야이며, 정부가 아니라 부모들의 주머니에서 나오는 돈으로 진화하고 있습니다.

다이슨 교수는 이 편지를 쓸 때 76세 생일을 일주일 앞두고 있었다. 내가 이 글을 쓰고 있는 지금 그는 곧 다가올 92세 생일을 기다리고 있지만 더없이 정정하다. 때때로 자신이 너무 나이가 많다고 불평하기도 하지만 지금도 뉴저지, 캘리포니아, 싱가포르, 일본, 영국 등 세계 곳곳을 누비며 강연을 하고 글을 쓴다. 그가 여생을 건강하게 보내길 기원한다. 우리도 그렇게 오래 살게 된다면 그처럼 건강하기를, 또 인생의 황혼기에 삶을 뒤돌아보았을 때 그만하면 잘 살았다는 만족감을 느끼고 남은 인생을 감사히 맞이할 수 있기를 바랄 뿐이다. 그의 업적은 수학, 물리학, 저술의 경계를 초월한다. 그는 사랑이 충만한 가족에 둘러싸여 있다. 또 그와 교류하며 건강을 기원하는 우리 대학교 학생 3,000명을 포함해 세계 곳곳에 친구를 두고 있다.

나는 최근 다섯 번째 아이를 낳은 조카 내외에게 농담 삼아 이렇게 말했다. "이번 세기 중반이면 세계 인구가 90억 명에 이를 전망인데, 너희가 여기에 더 기여할 필요는 없다." 요즘 아이를 다섯이나 낳으려는 사람을 찾아보기 쉽지 않지만, 여전히 대가족을 꾸리기 좋은 사회에 살고 싶어 한다. 가구당 평균 자녀수는 중요한 통계다. 조카의 아이들, 다이슨 집안 손주들, 그리고 우리 손주들은 가임여성 1인당 평균 출산아 숫자가 1.97명인 사회에서 자라고 있다.[Geohive.com(2015)] 규모와 상관없이 어느 가족에게나 아이는 소중한 선물이다.

윤리

"네가 올 때 우리는 죽는다." –치파로파이(미국 애리조나, 캘리포니아, 멕시코 등지에 살았던 아메리카 원주민 부족)[07]

세 번째 이유는 윤리다. 땅을 소유한다고 해서 그 땅에 살고 있는 생물의 생명까지 좌우할 수 있는가? 왜 우리는 다른 생물의 생명을 빼앗을 권리가 있다고 생각하는가? 기계톱을 휘두를 줄 아는 인간은 이 행성을 공유하고 있는 다른 생명체에 대하여 어떤 윤리적 책임이 있는가?

콜로라도 주 남부의 대학에 다니고 있을 때 날벼락 맞듯 서식지를 잃게 된 동물들을 직접 목격한 적이 있다. 우리 캠퍼스는 25번 주간고속도로에서 동쪽으로 약 3킬로미터 떨어져 있었다. 당시 25번 주간고속도로와 우리 캠퍼스는 동서로 뻗은 2차선 고속도로로 연결되어 있었고, 그 고속도로 북쪽에 땅다람쥐 떼가 서식했다. 나는 종종 주차장 끝에 차를 세워놓고 점심을 먹었는데, 그럴 때면 녀석들이 땅에 파놓은 구멍을 드나들며 서로 재잘대는 익살스러운 모습을 볼 수 있었다. 경계심도 많고, 호기심도 많고, 잠시도 가만히 있지를 않았다. 한 걸음만 다가가도 땅속으로 숨어버렸다. 분명 자신들의 생명을 소중하게 여기고 있었다.

그러던 어느 날 땅다람쥐 서식지에 부동산 개발업체가 보낸 중장비

---

07 [McLuhan(1971)][113].

가 몰려와서 단 하루 사이에 땅을 온통 뒤덮어놓았다. 흙과 함께 토막 난 동물 사체를 파내고 옮겼던 중장비 기사들은 자신도 모르는 사이에 집단 학살을 벌인 셈이었다. 그날 저녁 우리 캠퍼스와 고속도로를 잇는 도로는 중장비를 피해 달아나다 자동차에 치여 납작해진 땅다람쥐 사체로 피범벅이 되었다. 그 대학 학생들과 교수들, 지금 캠퍼스 서쪽에 들어선 집에 입주해 사는 사람들은 그렇게 훌륭한 캠퍼스와 집을 짓느라 치른 대가에 대해 한 번이라도 생각해본 적이 있을까?

우리 조카 하나는 주택 개발업자다. 어느 날 "너희 회사가 집을 짓기 위해 부지를 사들이면, 불도저를 보내기 전에 혹시 회의를 열어 그 땅에 서식하고 있을지도 모를 야생동식물에 대해 논의하느냐"고 물었다. 그의 대답은 직설적이었고 그만큼 현실을 있는 그대로 보여줬다. "아니요. 한 번도 그런 적 없는데요." 호화로운 전원주택 광고 전단지에도 이런 문제는 전혀 언급되지 않는다.

대다수 주택 건설업자들은 사명감을 품고 일하는 기술자들이다. 나 역시 학창시절 건설현장에서 아르바이트를 했던 적이 있다. 원뿔 천막에서 살 수는 없으니 우리에게는 그들이 필요하다. 우리는 그들이 만든 집에서 산다. 꽉 막힌 도로에서 짜증을 내보지만 사실은 나 자신도 교통 체증의 원인인 상황과 비슷한 경우다. 다만 나는, 우리가 문제의 심각성을 제대로 인지하고 있는지 궁금하다.

'문명'의 다양한 정의

네바다 주 델라마에는 총탄 구멍투성이로 버려진 1954년식 캐딜락이 있다. 이 캐딜락은 총격 외에도 한 가지 피해를 더 입었다. 존중받지 못했다는 것이다. 차에 총탄 구멍을 낸 사람의 태도와 사람들에게 총을 쏜 나치 장교의 태도가 다르지 않다고 생각한다.[Shrier(1961)][953] 물론 도덕적으로 동일하다고 할 수는 없다. 기계에 총을 쏜 사람은 살인을 저지르지는 않았으니까. 다만 두 총격의 가해자가 각각 피해자를 대하는 태도가 같다는 뜻이다. 총을 들어 방아쇠를 당기기 전에 두 가해자는 목표물이 소모품에 불과하다는 생각을 했을 것이다. 그런 생각은 다른 동식물, 다른 생태계, 다른 문화, 다른 민족에도 쉽게 적용된다.

예를 들어 미국 연방경찰은 19세기 내내 아메리카 원주민을 고향 땅에서 보호구역으로 강제 이주시켰다. 앤드류 잭슨 정부가 1830년 제정한 원주민이주법으로 인해 체로키, 치카소, 촉토, 머스코지, 세미놀 부족이 '눈물의 길(Trail of Tears)'을 따라 오클라호마로 옮겨갔다(1831~1838년).[Jahoda(1975)][08] 인종 청소 정책은 남북전쟁 이후 그레이트플레인스의 원주민 부족들에게도 적용됐다. 이를 위해 물소를 멸종시켜 부족들의 생계를 위협한다는 전술을 사용했다. 필립 셰리던 장군의 말이 이를 입증한다. "마음대로 물소를 잡아서 가죽을 벗겨 팔게

---

08 포타와토미족은 1838년 캔자스 주에서 인디애나 주로의 강제 이주를 '죽음의 길(Trail of Death)'이라 부른다. 켈리 모스텔러가 포타와토미 신문 하우니칸(HowNiKan)에 게재한 '1867년 포타와토미 조약: 포타와토미 영토 침범과 원주민보호구로의 이주' 참조(2015년 3월. 1쪽).

내버려두면 결국 물소의 씨가 마를 것이다. 그래야 평화를 정착시키고 문명사회를 이룰 수 있다."[Brown(1971)][265] 셰리던 장군이 말하는 문명은 루터 스탠딩 베어의 생각과 극단적으로 대조된다. 루터 스탠딩 베어는 앞서 언급했던 라코타 원주민으로, 두 문화권을 모두 경험한 인물이다.

원뿔 천막 안 땅바닥에 앉아 삶의 의미에 대해 고민해본 사람은, 이 땅의 생명체가 모두 연결되어 있으며 사물의 세계와 자신이 결국 하나라는 사실을 인정하고 받아들인다. 바로 이것이 문명의 본질이다. 원주민이 이런 발전을 이루지 못하면 그의 인성은 성장을 멈추고 만다. [Standing Bear(1933)][250]

강의실을 채우는 화면 속 1880년대 집단 들소 사냥을 보여주던 사진들이 현대판 들소 사냥이라 불릴 만한 사진들로 바뀐다. 다큐멘터리 '더 코브: 슬픈 돌고래의 진실(The Cove)'에 나온 장면들인데, 일본 다이지에서 매년 벌어지는 돌고래 사냥을 몰래카메라로 찍은 것이다.[Freeman(2012)] 고래들이 포경선 주변에서 바다를 피로 물들이며 허우적거리고 있다. …

에이브 웨일리는 이제 무엇을 보아도 무섭지 않다고 개탄했다. 세상에 돈으로 살 수 없는 것은 이제 없다. 소로는 "천국 따위! 지구를 욕보일 뿐이다!"라고 썼다.[Thoreau(1960)][138] 모든 생명체를 경외하는 윤리를 기반으로 존중의 경제를 구축해야 지속가능성이 확보된다.

생명에 대한 경외

알버트 슈바이처(1875~1965년)는 20대까지 신학을 공부했고 철학박사 학위를 받았으며 오르간 연주자로 국제적 명성도 얻었다. 30세까지는 음악과 철학 분야에서 경력을 쌓다가 이후 의료 선교사로 진로를 바꾸고 봉사하며 평생을 살겠다는 계획이었다. 30세가 됐을 때 그는 의과대학에 들어갔고 학위 과정을 마친 뒤 1913년 프랑스령 적도아프리카(지금의 가봉)의 랑바레네로 갔다. 그곳에서 병원을 설립하고 50년 간 환자들을 위해 일한 뒤 생을 마감했다. 알베르트 슈바이처 병원은 지금도 아프리카 대륙의 대표 의료기관이다.

랑바레네로 간 뒤에도 슈바이처는 철학적 주제를 다룬 글을 계속 썼다. 프리먼 다이슨이 수학과 떼려야 뗄 수 없는 관계이듯 그도 철학 없이 살 수 없었다. 병원에서 수술을 하고 왕진을 다니다 집으로 돌아오면 글을 썼다.

그는 문명과 관련한 철학을 글로 정리하겠다는 원대한 목표를 품고 있었다. 아프리카로 떠나기 훨씬 전부터 슈바이처는 서구 문명이 별 가치도 없는 유산에 집착한다고 느꼈다. '발전'이 항상 전진을 의미하지는 않으며 퇴보로 이어질 수도 있다고 생각했다. 1차 대전 발발을 목도하면서 그는 '문명'이란 기술적 성취를 넘어서야 한다고 확신했다. 그리고 어느 문화에나 윤리적 토대로 통용될 수 있는 원칙을 정리하는 데 주력했다.

그는 1915년 어느 날 증기선을 타고 오고웨 강을 따라 여행하며 이 문제를 생각하다 주변의 생명체를 바라보게 됐다. 새, 원숭이, 하마…

슈바이처는 문득 심오한 연대감을 느꼈다. "나는 살고자 애쓰는 모든 생명체 사이에서 살고자 애쓰는 또 하나의 생명체다." 모든 생명은 생존하려 분투한다. 지각을 가진 존재는 모두 자신의 생명을 소중히 여긴다. 슈바이처는 이 관찰을 '생명에 대한 경외'란 윤리철학으로 발전시켰다.[Schweitzer and Campion(1949)][156 – 157] 이 윤리철학에 따르면 인류는 서로 연결되어 있기 때문에 서로를 존중해야만 한다. 존 던(영국의 시인 겸 성직자-옮긴이)은 《명상 17권(Meditations XVII)》(1624년)에서 이렇게 말했다.

"어떤 인간도 섬이 아니며 그 자체로 완전하지 않다. 모든 인간은 대륙의 일부고, 전체를 이루는 조각이다. 흙이 한 줌이라도 바다로 쓸려가면 유럽 대륙은 그만큼 작아진다. … 나는 인류에 속해 있기에 누구든 생명을 잃으면 그만큼 내가 줄어든다. 그러니 누구를 위해 종이 울리는지 알려 하지 말라. 모두 당신을 위해 울리고 있다."

슈바이처는 이를 한 단계 더 일반화시켰다. '우리는 모든 생명과 연결돼 있다.'

인간은 동물이든 식물이든 모든 생명을 인간만큼 신성하다고 여길 때에만, 그리고 도움이 필요한 모든 생명을 위해 헌신하려 할 때에만 윤리적이라 할 수 있다. … 인간과 인간 사이 윤리적 관계는 따로 분리되어 있지 않고, 그저 보편적인 관계에서 파생한 특별한 관계일 뿐이다.[Schweitzer and Campion(1949)][158 – 159]

알베르트 슈바이처는 살생하지 말라고 가르치지 않았다. 식용으로 키우는 생물도 있고, 포식자가 되는 생물도 있고, 포식자의 먹이가 되는 생물도 있다. 죽음은 생명의 일부인데, 모든 생명을 존중해야 한다는 원칙을 지키려면 어떤 전략이 필요할까? 슈바이처는 '필요성의 압박(pressure of necessity)'을 제시했다.

소를 키우기 위해 목초지의 꽃 수천 송이를 베어냈다 해도 집으로 돌아갈 때는 길가에 핀 꽃 한 송이라도 무심히 꺾지 않도록 조심해야 한다. 필요성의 압박이 없음에도 불구하고 생명을 훼손한다면 큰 잘못이다.[Meyer and Bergel(2002)][143]

조던이라는 학생은 이 글을 읽고 이렇게 썼다.

지난주 강의에서 생명 경외에 관해 토론했다. 큰 충격을 받은 것을 인정할 수밖에 없었다. … 들꽃 한 송이라도 함부로 꺾지 않도록 조심해야 한다는 대목은 특히 크게 다가왔다. … 나는 경비원 아르바이트를 하고 있어서 식물을 보며 보내는 시간이 많은데, 생명 경외가 식물에도 적용된다는 새로운 깨달음을 얻었다. 나는 내 일이 임금도 적고 하찮다고 여겼는데, 이제 생명 지킴이라고 생각해보려 한다.

조지프 마셜 3세는 자신의 집을 서식지로 삼은 딱정벌레를 보고 이렇게 말했다. "그 녀석은 방향성 없이 우왕좌왕 돌아다니는 것처럼 보이지만, 어디로 가야 할지 분명히 알고 있다고 확신한다. … 우리는 녀석에게 베일리라는 이름을 붙여주고 기꺼이 공간을 내주었다."[Marshall(2002)][51] 우리 모두 딱정벌레에게 집을 내주자는 말이 아니다. 아무런 해도 끼치지 않는 딱정벌레가 나름대로 삶을 이어나가도록 내버려두자는 말이다.

딱정벌레에 대한 마셜의 태도는 슈바이처의 생명 경외 사상과 병렬을 이룬다. 딱정벌레를 밟아 죽이지 않겠다는 윤리 원칙에 따르는 사람은 인종차별이나 인종청소를 주장하는 이들에게 미혹당할 리 없다. 양심에 따라 꽃 한 송이, 벌레 한 마리도 해치지 않는 사람이라면 살아 있는 생명을 어떤 형태로든 경멸하지 않을 것이다. 루크라는 학생은 "벌레가 살아남으려고 나를 피해 뛰어오르거나 날아서 달아나고 있다고 한 번도 생각해본 적이 없었다. 그저 나를 귀찮게 하며 장난을 치다가 도망간다고 생각했다. … 벌레를 죽이려는 우리의 욕구보다 자기 생명을 소중히 여겨 살아남으려는 벌레의 의지가 훨씬 강하다는 생각, 우리는 해본 적이 있었나?"라고 썼다. 가브리엘이라는 학생은 이렇게 덧붙였다.

광대한 우주에 비해 이 행성이 얼마나 작은지, 거기 사는 인류는 또 얼마나 미미한 존재인지를 생각해보면, 아무리 작은 생명체라도 경외할 가치가 있다는 생각에 이른다. 작은 곤충도 스스로의 생존을 위해 무던히 노력한다. 어제는 붉은 개미들이 줄지어 바쁘게 오가는 모습을 보고 그 뒤를 따라갔다. … 10여 미터쯤 떨어진 곳에서 아주 거대하고 정교하게 만들어진 개미의 지하 문명을 발견했다. 개미들은 모두 거침없이 움직였고, 각자 존재의 목적과 의미가 있어 보였다. 전체 우주에서 개미보다 훨씬 미미한 존재인 인류는 왜, 어떻게 스스로 세상 어떤 생명체보다 우월하다고 생각하게 됐을까?

가브리엘의 물음은 우리가 토론을 통해 고민하던 바를 상기시켜 준다. 기계톱과 중장비를 들이대기 전에 우리는 정말 그럴 '필요'가 있는지 생각해보았는가?

인간의 다양성을 인정하고 다른 종족을 존중하는 문제 외에도, 우리 사회의 기술, 경제, 생활양식, 정치와 맞물려 생명 경외를 실천해야 할 영역이 더 있다. 식용으로 사육되는 동물의 복지, 사냥 및 낚시와 관련한 가치관, 낙태와 사형과 안락사에 관한 법률과 사회적 인식, 복제와 줄기세포 치료법 같은 유전자 기술의 득과 실에 대한 대응 등이다. 강의실에서 이런 문제들을 모두 다루기에는 시간이 부족하다. 그래서 매 학기 두세 가지를 골라 집중한다.

식용 동물 사육: 가축은 우리가 잡아먹기 위해 태어나게 한 생명체다. 인지적, 감정적 능력을 떠나 그들도 공포와 고통을 겪는다. 이는 우리에게 이들을 윤리적으로 대할 책임이 있다는 뜻이다. 1958년 제정된 인도적 도축법은 실제 도살하기 전까지는 가축이 고통을 느끼지 않도록 해야 한다고 규정했지만, 밀폐된 도축장 안에서는 여전히 기술의 효용성과 규모의 경제라는 명분을 내세워 비윤리적 행위가 자행되고 있다. 이는 노동자들이 들고 들어간 몰래카메라에 생생히 포착

됐다.[09] 뉴질랜드 정부의 한 관료는 100년 전 이렇게 말했다.

"미덕은 우리가 인식하지 못할 때 진정한 미덕이 된다. 악도 마찬가지다. … 내 안의 악이나 타인의 악이나 널리 퍼졌을수록 알아보지 못한다. … 장어의 껍질을 산 채로 벗기는 어촌의 늙은 아낙을 비난했더니, 50년째 같은 방법으로 장어의 껍질을 벗겼는데 뭐가 잘못되었느냐고 발끈한다."[Findlay(1908)][5 - 6]

사냥: 수강생 중 대다수가 사냥을 즐긴다. 콜로라도에 사는 처남 론도 어린 시절부터 본격적으로 사냥을 했다. 계절에 따라 소총, 전장총(탄약을 총구로 재는 구식 소총-옮긴이), 활 등을 이용해 사냥하는데 활을 가장 많이 쓴다. 함께 사냥을 해보진 않았지만 비사냥철에 그를 따라 나섰던 적은 있다. 비사냥철에는 동물의 입장에서 생각하는 훈련을 한다고 했다. 그는 사냥감을 단번에 죽일 수 있을 만큼 가까이 접근하기 전에는 결코 활이나 총을 쏘지 않는다. 동물이 자신으로 인해 고통을 겪지 않기를 바라는 포식자인 셈이다. 모든 사냥꾼이 론과 같지는 않다. 하지만 넓게 보면 사냥 인구는 대형 사냥감의 개체 수를 유지해줄 뿐만 아니라 매년 수백만 달러를 주정부에 납부함으로써 야생동식물

---

09 대표적 가공육 제조회사의 전 부사장이었던 랜디 에릭이 우리 수업에서 특강을 한 적이 있다. 그는 콜로라도스테이트 대학의 템플 그랜딘 박사를 컨설턴트로 고용하여 자신이 담당하던 생산시설의 동물 복지 수준을 제고했다고 말했다. 그랜딘 박사는 동물심리학을 연구한다. 고객들이 동물의 감정과 두려움을 인지하도록 돕고 동물을 존중하는 법을 일러준다. 대규모 목축장이나 도축장을 대상으로, 동물에게 (마지막 순간까지) 고통이나 공포를 불러 일으키지 않는 장비, 절차를 설계하여 제공한다. 그랜딘 박사는 국제 동물 보호 단체인 PETA로부터 가축 복지에 기여한 공로를 인정받았다.

서식지가 부동산 부지로 개발되지 않도록 막아주는 역할을 한다.

낙태, 사형, 안락사: 오클라호마에서 선거가 열리면 후보들은 으레 '낙태 반대' 진영에 선다. 당연히 우리 수업에서도 이 문제를 토론 주제로 삼았다. 토론은 몇 가지 질문으로 시작한다. 친구나 가족이 낙태를 심각하게 고려했거나 실행한 적이 있는가? 절반 정도가 손을 든다. 낙태에 관한 사회적 토론에 사용되는 구호는? 모두가 답을 안다. '생명 존중(Pro-Life)'과 '선택 존중(Pro-Choice)'이다. 그렇다면 전자의 의미는? 낙태를 살인으로 간주하고 반대하는 입장이다(물론 이들 중에서도 강간에 의해 임신했거나 임신부의 생명이 위험할 경우에 한해 낙태를 허용해야 한다고 생각하는 사람도 있다). 후자는 임신부에게 임신 상태를 지속할지 말지 결정할 권리가 있다고 생각하는 입장이다.

여기서 현실을 반영한 또 하나의 질문이 제기된다. 낙태를 불법화하면 낙태가 사라질까? 아니다. 지하로 숨어들어 계속될 것이다. 그럴 경우 인간의 존엄성이 위협받게 된다.

2015년 4월 22일
다이슨 교수님께
2015년 학생들을 대신해 인사드립니다. 이번 학기 학생들이 어제 토론하며 질문을 모았고, 제가 다섯 가지 분야로 정리했습니다. …
교수님의 어머니께서는 윈체스터에서 가족계획 클리닉을 운영하셨습니다. 그런 클리닉이 아직 보편화되지 않았을 때였지요. 당시 지역사회에서는 어머니와 어머니의 클리닉, 그 환자들을 어떤 시선으로 바라보았나요? 저희는 유전학에 관해 토론하면서 우리 사회의 오랜 쟁점인 낙태를 다뤘습니다. 이 지역에서도 낙태를 시행하는 병원 앞에서 시위하는 광경을 어렵지 않게 볼 수 있습니다. 교수님 어머니의 클리닉에서는 얼마나 적극적으로 임신 제한 활동을 펼쳤는지 궁금해졌습니다. 어머니께선 이 분야의 선구자이십니다. 여동생 앨리스의 미혼모 관련 활동도 어머니의 가족계획 클리닉과 관련이 있는지요?

2015년 5월 1일

드와이트에게

바쁜 한 주를 보냈습니다. 뉴욕에 사는 친구 올리버 색스에게 축하할 일이 생겨 더 바빴지요.[10] 여러분도 아마 그의 책을 읽어봤을 겁니다. 몇 주 전 확산성 흑색종 진단과 함께 석 달 시한부 선고를 받았습니다. 그래서 친구들을 불러 자신의 삶을 자축하는 큰 파티를 열었지요. 올리버도 우리도 모두 무척 즐거운 시간을 보냈습니다. 이제 학생들의 다섯 가지 질문에 답을 해보지요. …

나는 어머니의 가족계획 클리닉에 관해 아는 바가 거의 없습니다. 여섯 살인가 일곱 살 때의 기억만 생생히 떠오릅니다. 학교 숙제를 하려고 어머니 책상에 있던 종이를 집어 들었는데, 그 뒷면에 '원체

---

10 올리버 색스는 뉴욕대학 의과대학 신경학 교수이자 저명한 작가다. 저서로는 《깨어남(Awakenings)》, 《환각(Hallucinations)》, 《뮤지코필리아(Musicophilia: Tales of Music and the Brain)》, 《아내를 모자로 착각한 남자(The Man Who Mistook His Wife for a Hat)》, 자서전 《온더무브(On the Move)》(원서 표지에는 모터사이클을 탄 올리버 색스가 나온다) 등이 있다.

스터 가족계획 클리닉'이라고 찍혀 있었습니다. 숙제를 들고 학교에 가려는데 어머니가 보더니 그 종이를 쓰면 안 된다고 엄하게 말했습니다. 당시 산아 제한은 사회적으로 용인되지 않았으니까요.

어머니의 클리닉이 낙태 시술도 했는지는 잘 모르겠습니다. 아마 아니었을 겁니다. 어머니는 법률가이지 의사가 아니었습니다. 클리닉은 젊은 여성들에게 임신과 출산에 관한 정보를 주고, 부모가 키울 수 없는 아기의 입양을 주선하는 데 초점을 맞췄습니다. 어머니는 예전에 빨간 머리의 아기를 낳은 미혼모에 관해 이야기한 적이 있습니다. 그녀에게 아기 아빠도 빨간 머리였냐고 물었더니 이렇게 대답했다고 합니다. "글쎄요, 사모님. 그 사람은 그때 모자를 쓰고 있어서 잘 못 봤어요." 어머니는 상류층 여성이었습니다. 환자들을 동등한 사람이 아닌 도움과 지도가 필요한 아이로 여겼을 겁니다.

여동생은 모든 젊은이가 국가를 위해 봉사해야 했던 2차 대전 당시 의료사회복지사가 됐습니다. 어머니가 동생의 선택에 영향을 주었는지는 잘 모릅니다. 동생은 숙련된 전문가였습니다. 일을 좋아했고 평생 계속했지요. 병원에서 일하며 미혼모뿐 아니라 어려운 사람들을 여럿 도왔습니다.

… 여러분 모두 무탈하게 지내시기를 빕니다.

내 여동생은 낙태를 극렬하게 반대한다. 낙태 반대 진영의 정치적 활동에도 참여한다. 내가 보기엔 낙태 반대를 외칠 자격이 있다. 25년 전, 여동생 동네에 살던 한 여성이 자신의 복중(服中) 아기를 누군가가 입양하지 않으면 낙태를 하겠노라 공개적으로 선언했다. 여동생 부부가 그 아기를 입양했다. 나는 낙태 반대 시위자 중 아기를 입양해본 사람이 몇이나 되는지 묻고 싶다.

학생들 중 몇몇도 비슷한 사연이 있었는데 모두 대단히 개인적인 수준이었다. 이제 핵심적인 질문이 제기된다. 임신부의 낙태할 권리는 반대하면서 동시에 선택존중론자가 될 수 있을까? 잠시 침묵이 흐른 뒤 몇 명만이 "가능하다"며 고개를 끄덕였다. 학생들 대부분은 낙태에 반대하고 그중 일부는 무척 강고하다. 하지만 몇몇 예외를 제외하면 그렇게 강고히 반대한다 해도 다음 질문 앞에서는 고민한다. '내 신념 때문에 다른 사람의 선택권을 박탈할 수 있을까? 선택의 결과에 따른 책임은 그 사람의 몫인데도?'

가장 극렬한 낙태 반대론자 중에는 적극적으로 사형 제도에 찬성하는 사람도 있다. 그들은 살인과 정당한 법 집행은 다르다고 말한다. 하지만 정의의 구현과 복수 행위를 그렇게 명확히 구분할 수 있을까? 로마시대처럼 원형경기장에서 사람을 죽음으로 몰아넣지는 않지만, 결국 우리도 당시 관중석에 있던 사람들처럼 환호를 보내고 있지는 않은가?

이 글을 쓰는 시점에 네 개 주가 의료진 조력 자살을 합법화했다. 많은 사람들이 환자의 충분한 동의를 전제로 하지 않는 안락사까지 법적으로 허용될지 모른다고 우려한다. 우리 어머니는 알츠하이머로 돌아가셨는데, 마지막 몇 달 동안은 자식들이 일일이 음식을 입에 넣어드렸다. 어머니는 배가 부르면 "이제 됐다"고 말했는데, 좀 지나자 아예 한 입도 먹지 않고 이를 악물고는 "이제 됐다"고 했다. 그렇게 3주가 지나자 의사가 튜브로 영양분을 공급하자고 제안했다. 어머니는 요양원 식당에서 휠체어에 의지한 가여운 환자들을 보며 자신도 그들 중 한 명이라는 걸 깨달은 게 아닐까. 우리는 "이제 됐다"라는 어머니의 말이 식사를 뜻하지 않는다는 결론에 도달했다. 그래서 간호사에게 튜브를 사용하지 않겠다고 말했다. 음식이 준비되면 먹여드리겠지만 먹고 안 먹고는 어머니의 선택에 따르기로 했다. 일주일 뒤 어머니는 세상을 떠났다. 마지막 몇 시간 동안 아버지가 어머니의 오른손을, 내가 왼손을 잡고 있었다.

우리의 선택이 옳았을까? 우리는 어머니의 생을 적극적으로 끝내지는 않았지만 자연의 순리에 따를 때라고 판단했다. 영양 공급 튜브는 불가피하게 다가올 순간을 늦출 뿐이었고, 우리가 판단하기에(그리고 의사가 확인해준 대로) 어머니는 고통을 느끼고 있지는 않았다. 어머니는 튜브 문제가 등장하기 훨씬 전부터 이미 자기 자신이 아니었다. 어머니가 아니라 우리를 위해 생(生)을 연장시키는 결정을 내릴 수는 없었다.

다행히 우리의 결정에 끼어드는 법률이나 기관이나 판사는 없었다. 우리는 선택의 책임과 결과를 온전히 짊어졌다. 우리의 결정을 인도한 가치는 존중과 경외와 관심이었다.

유전자 조작: 어머니가 다시 예전 모습을 되찾을 방법이 있었다면, 자식과 손주들에게 맛난 저녁을 차려주던 자애로운 어머니, 할머니로 돌아갈 방법이 있었다면, 우리는 망설임 없이 치료를 택했을 것이다. 멀지 않은 미래에 줄기세포 치료법이 그런 선택을 가능하게 해줄지도 모른다. 한데 생명에 대한 경외심을 생각한다면 배아줄기세포를 복제

하고 활용하는 유전자 기술을 허용할 수 있을까? 하루 수업을 온전히 투자해야 하는 민감한 주제다.

이 주제를 다루기에 앞서 프리먼 다이슨이 젊은 시절 구상했던 우주적 통일성과 비슷한 주제를 지식인들이 어떻게 구체화했는지 훑어보면 도움이 된다. 우주적 통일성에 따르면 우리는 모두 서로 연결돼 있다.

우주적 통일성에 따르면 우리는 하나다. 우리는 다 동일한 사람이다. 내가 당신이고, 내가 윈스턴 처칠이며 히틀러이며 간디이며 모든 사람이다. 당신의 고통은 곧 나의 고통이기에 불의의 문제가 있을 수 없다. 당신이 나를 죽일 경우 결국 스스로를 죽이는 셈이니 전쟁이 일어날 이유도 없다.[Dyson(1979a)][17]

알베르트 슈바이처의 윤리철학은 어떤 생명이든 경외해야 한다는 원칙에 토대를 두고 있다.[Schweitzer and Campion(1949)]

루터 스탠딩 베어는 선조의 라코타 윤리철학을 이렇게 정리했다. "땅과 하늘과 물속 모든 생명체와의 연대감이 실질적으로 적용되는 원칙이었다. … 라코타 노인은 현명했다. 인간의 심장이 자연에서 멀어지면 딱딱하게 굳는다는 사실을, 살아 있는 모든 생명체를 존중하지 않으면 인간도 존중받지 못한다는 사실을 알았다."[Standing Bear(1933)][193,197] 라코타 부족 출신 작가 조지프 마셜 3세는 지금도 이런 윤리에 따라 살고 있다.

헨리 데이비드 소로는 《월든》에서 이렇게 말했다. "인간이라면 철없는 유아가 아니고서야 어떤 생명체도 장난삼아 죽이지 않을 것이다. 어느 생명체나 인간과 마찬가지로 수명이 있다."[Thoreau(1960)][146]

로버트 피어시그는 '생명의 완전성과 유일함에 대한 존중'의 원칙을 구체화했다.[Pirsig(1999)][377]

다이슨 교수는 2000년 5월 1일 우리에게 보낸 편지에서 "이제 나는 우주적 통일성을 사실이 아닌 희망으로 여깁니다. 윤리학의 토대로서 여전히 의미가 있습니다. 우리가 노력해 이뤄야 할 이상향입니다."라고 말했다.

과학 기술이 지극히 개인적인 윤리관과 교차하게 될 경우, 관련 문제를 직접 경험해보지 못한 사람일수록 더 강고하게, 적극적으로 개인적 주장을 펼치는 듯하다. 하지만 이런 문제가 개인적 경험이 되면 이분법적 사고 대신 중립적 입장을 취하게 된다. 이런 문제에 대한 토론이 벌어지면 '신처럼 행동한다'는 표현이 자주 등장한다. 낙태를 하면 신처럼 행동하는 셈인가? 살인범에게 사형을 집행하는 기관은 신처럼 행동하고 있을까? 어머니에게 영양 공급 튜브를 꽂지 않았을 때 우리는 신처럼 행동했을까? 줄기세포를 주사해 어머니를 예전 모습으로 되돌릴 수 있었다면 나는 망설임 없이 즉각 그렇게 했을 것이다. 만약 그랬다면 나는 신처럼 행동했다는 비난을 받았을까? "신처럼 행동한다"는 말은 도대체 무슨 뜻인가?

14 누가 신이 되려 하는가

유전공학과 복제

"웰스는 과학의 진보를 믿는 사람이면 누구나 궁극적으로 맞닥뜨리게 되는 문제를 제기하고 있다. 인간이 신처럼 행동하게 되면 여전히 제정신일 수 있을까? … 그 질문에 모로 박사란 인물은 아주 단호한 말투로 '아니오'라고 답했다." -프리먼 다이슨[01]

40세가 되고 3주가 지난 크리스마스 아침, 나는 극심한 복통으로 인해 오전 5시에 눈을 떴다. 명절 음식은 아무것도 먹지 못했다. 그날 저녁 나는 병원에 실려 갔다. 병원에 도착했을 때는 위험 수준의 고열이 있었다. 응급실 의료진이 신속히 손을 쓴 덕분에 상태는 나아졌지만 원인은 알아내지 못했다. 일요일 아침에 내 주치의가 CT 촬영을 지시했다. 곧바로 문제가 밝혀졌고 나는 몇 시간 뒤 수술실에 누워 있었다. 맹장이 터져 복막염으로 발전했지만 다행히 초기였다.[02] 첨단기

---

01 [Dyson(1979a)][168-169].
02 맹장염이 발생하면 복부 우측에 통증이 느껴진다. 맹장이 뒤틀리면 통증이 중앙에서 시작되는데, 원인은 여러 가지다.

술과 이를 활용할 줄 아는 의료진에 무한한 감사를 느꼈다. 만약 내가 병원에도 가지 않고 집에서 앓았다면 과연 그다음 주까지 살아있었을지 의문이다. 이후 내게 주어진 시간은 모두 덤이었다. 자연의 섭리에 맡겼다면 40세에 생을 마감했을 나 같은 사람은 하루하루 나이 들어갈 수 있다는 사실이 감격스럽다.

수술은 신의 영역이라 생각한 시대가 있었고, 지금도 그렇게 생각하는 사회가 존재한다. 감히 인간이 신의 피조물에 손을 댄다고? 감히 인간의 눈높이로는 절대 파악할 수 없는 신의 의도에 개입하려 한다고? 한편, 컴퓨터를 활용한 단층촬영 장비는 그 자체로는 자연과 무관해 보인다. 하지만 CT 촬영은 자연의 법칙에 따라 작동한다. 물질과 자연 법칙을 합쳐 새로운 조합을 만들어낸 사고의 결과물이다. 금속과 실리콘으로 의료장비를 만드는 공학기술을 수용할 수 있다면, 우리 몸과 유전자를 치유하고 향상시키고 강화하는 기술을 수용하지 못할 이유는 없다. 회색기술을 이용한 공학을 연구한다면 녹색기술을 이용하는 공학도 연구할 수 있다. 모두 수업시간에 심도 깊게 다뤄진 주제들이다.

"신처럼 행동하지 말라"는 말을 들을 때 아주 정확한 설명은 불가능해도 그것이 대략 어떤 의미인지는 파악할 수 있다. 다이슨 교수는 《프리먼 다이슨, 20세기를 말하다》의 15장 '모로 박사의 섬'에서 '신처럼 행동하기'란 표현에 따르는 쟁점을 다뤘다. 이 제목은 H. G. 웰스의 소설 《모로 박사의 섬》에서 따왔다. 모로 박사는 외딴 섬에 은둔하며 짐승들을 수술해 인간의 형태로 바꾸고, 또한 자신이 만든 법칙을 끊임없이 주입해서 인간처럼 행동하게 하려고 애쓴다. 모로의 섬에 한동안 갇혀 있던 소설의 주인공은 탈출한 뒤에도 주변 사람들이 정말 인간인지 확신하지 못하게 된다. 인간 게놈 해독 등 유전공학의 진화 덕분에 우리는 모로 박사보다 훨씬 진보한 도구를 손에 넣게 되었다.

DNA언어를 읽을 수 있으면 당연히 쓸 수도 있게 된다. 이 언어를 쓸 수 있게 되면 누구나 언젠가 입맛대로 생명체를 설계할 수 있을 것이다. 이는 다양한 종을 창조하는 신의 기술이 우리 손으로 넘어온다는 뜻이다.

고양이털을 보라색으로 바꾸고 싶은가? 고양이의 유전자를 그렇게 설계하면 된다! 아이가 천재이기를 바라는가? 평생 암에 걸리지 않기를 바라는가? …

… 웰스의 질문은 과학소설이 아니라 현실에서, 인간과 정부가 답해야 할 문제다. 인간이 신처럼 행동하면서 여전히 제정신일 수 있을까? 현실에서 답은 모로 박사의 섬에서와 마찬가지로 '아니다'이다.
[Dyson(1979a)][169]

같은 장에서 다이슨 교수는 시험관 아기와 향정신성 의약품의 세상을 그린 J.B.S. 홀데인의 1924년 소설《다이달로스 또는 과학 그리고 미래(Daedalus; or, Science and the Future)》를 언급했다. 이 소설에서 인간은 보편화한 시험관 아기 시술로 변이를 조절하며 진화의 방향을 스스로 설정해나간다. 홀데인이 만들어낸 등장인물 중 과학자는 그리스 신화에서 여성과 황소를 결합시켜 미노타우로스를 만든 다이달로스를 본떴다. 홀데인은 윤리가 함께 발전하지 않는 한 과학의 진보는 비관적이라고 여겼다. 그는 "불부터 비행기까지 위대한 발명은 모두 어떤 형태로든 신에 대한 모욕이란 말을 들었다"고 썼다.[Haldane(1924)], [Dyson(1979a)][170]

'신처럼 행동한다'는 말은 대체 무슨 뜻인가? 뜻과 무관하게 부정적으로 보아야 하는가? 인위적인 수태(受胎)가 신의 영역에 대한 침범이라면 아예 아기를 낳지 않겠다는 선택 역시 신처럼 행동하기 아닐까? 어느 쪽이든 우리는 누군가에게 생명을 주거나 주지 않게 되는데 이 모두가 신처럼 행동하는 게 아니면 무엇이란 말인가?

2007년 11월 12일

다이슨 교수님께

… 획기적인 유전자 기술에 대해 토론할 때 '신처럼 행동하기'가 되기 때문에 특정 행위를 해서는 안 된다고 확신하는 사람들이 있습니다. 어떤 의미라고 생각하십니까?

2007년 11월 23일

드와이트에게

… 생사를 가르는 결정을 앞둔 환자에게 조언하는 의사는 모두 신처럼 행동하고 있습니다. 신도들에게 조언하는 목사도 마찬가지이지요. 우리 딸 중 둘은 의사이고 하나는 장로교 목사입니다. 딸들도

때때로 그렇게 행동합니다. 나는 의사나 목사가 전통적인 방법에 따라 판단하든, 새로운 첨단기술을 사용하든 윤리적 문제는 같다고 생각합니다. 환자나 신도가 겁에 질려 찾아오면, 의사나 목사는 그들이 객관적으로 차분하게 문제를 바라볼 수 있도록 도와주려 노력합니다. 그 자체가 신처럼 행동하는 것이며, 이를 잘 수행해야 좋은 의사이고 좋은 목사라고 생각합니다. 신도 유머감각이 있다는 사실을 기억하면 도움이 될 듯합니다.

만약 하루 동안 신처럼 행동할 수 있는 면허증이 주어진다면, 무엇을 하겠는가?

2015년 4월 22일

다이슨 교수님께

2015년 봄 학기 수강생들을 대신해 인사드립니다. … 하루 동안 신이 되는 특혜가 주어진다면 교수님께서는 무엇을 하시겠습니까? 이 질문을 제출한 학생들은 우리가 흔히 생각하는 신의 전지전능이 허락된다는 전제를 제시했습니다.

2015년 5월 1일

드와이트에게

… 만약 내가 신이라면 신이 지난 몇 세기 동안 했던 일을 하겠습니다. 세상이 어찌 돌아가는지 지켜보면서 적극적으로 개입하지는 않는 것이지요. 성급한 행동은 해로운 결과를 불러올 때가 더 많습니

다. 신은 우리에게 실수할 자유, 그 실수를 통해 배울 자유를 줬습니다. 이 지혜로운 방침을 계속 이어가겠습니다.

1995년 4월 25일
다이슨 교수님께
… 20세기 전반에 걸쳐 가장 중요한 과학적 발견은 무엇이라고 생각하시는지요?
《프리먼 다이슨, 20세기를 말하다》를 통해, 교수님의 강연과 글을 통해, 개인적인 편지를 통해 교수님과 교류할 수 있게 되어 너무 감사하다는 말씀 전하고 싶습니다.

1995년 4월 26일
드와이트 노이엔슈반더에게
… 제 생각에 20세기 가장 중요한 업적은 DNA의 이중나선구조 발견입니다. 생명활동의 가장 기본적인 과정을 일반 화학의 관점에서 이해할 수 있게 되었으니 말이죠. 이는 절대 생명이 일련의 화학반응으로 '격하'됐다는 뜻은 아닙니다. 그저 과학적 방법으로 생명에 접근할 수 있게 되었다는 의미입니다. 생명은 화학이란 도구를 이용해 탐구하고 조형할 수 있습니다. 이 발견에 비하면 상대성이론과 양자역학은 상대적으로 덜 중요해 보입니다.
… 나는 예루살렘에 갔다가 5월 25일 돌아옵니다. 그때 학생들의 반응과 의견을 더 많이 접할 수 있기를 바랍니다. 학생들에게 기말시험 잘 치르라고 전해주세요.

'신처럼 행동하기'에 대한 우려와 비판은 인간의 신체와 유전자에 관한 문제에서 특히 신랄해진다. 다이슨 교수는 "인간의 유전적 기관 변형이나 훼손이 초래하는 문제에 비하면 수소폭탄은 하찮은 문제다."라고 적었다.[Dyson(1979a)][169 - 170]

1998년 5월 1일
다이슨 교수님께
… 인간을 대상으로 하는 유전공학이 어디까지 발전할 수 있을까요? 연구를 계속할 수 있는 윤리적 한계는 어디까지일까요?

1998년 5월 2일
드와이트와 학생들에게
이곳 프린스턴 대학의 생물학 교수인 내 친구 리 실버의 책《다시 창조하는 에덴》을 추천하고 싶습니다. 이 책은 주로 불임클리닉에서 이뤄지는 시술에 대해 다뤘습니다. 인간에게 적용되는 유전공학 규제 법률을 만들기 전에 부모의 관점에서 생각해봐야 합니다. 분명히 그런 법률은 자연임신보다 아기에게 장애를 초래할 위험이 더 큰 인공수정 시술을 금지하려 할 겁니다. 하지만 태어나지 않은 아기의 동의를 얻기란 불가능합니다. 나는 이런 기술이 야기하는 실질적 문제에 적극적으로 대응하면서 법은 천천히 만들어야 한다고 생각합니다. 정치적, 이념적 압력 때문에 서둘러 법을 만들면 크게 후회하게 될 것입니다.

1998년 12월 3일

다이슨 교수님께

… 유전자 조작 분야에서 최근 이뤄지고 있는 진전에 대해 어떻게 생각하십니까? 우리는 이미 돌아올 수 없는 강을 건넜을까요?

1998년 12월 5일

드와이트에게

나는 유전자 조작 분야의 진보가 반갑습니다. 곡물 재배에 적용할 경우 굶주린 이들에게 식량을 제공하고, 바이러스와 인체에 적용할 경우 질병을 치료하는 데 큰 도움이 되기 때문입니다. 절대 그러한 기술이 개발되기 전 시절로 돌아가고 싶지 않습니다. 엄연히 그러한 기술을 필요로 하는 환자들이 있는데 되돌리기란 불가능하지요. 물론 유전자 조작 기술은 해악이 되지 않도록 세심하게 규제해야 합니다. 규제는 이미 존재하고 필요하면 더 강화할 수도 있겠지만, 그렇다고 해서 적용을 막을 수는 없습니다.

… 즐거운 성탄과 새해를 맞으세요.

프린스턴 대학은 재조합체 DNA 실험 진행을 위해 시 당국의 승인을 받아야 했다. 관련된 모든 우려를 취합할 프린스턴 시민위원회가 꾸려졌고 다이슨 교수도 열한 명의 위원 중 하나로 참여했다. 넉 달간 고심한 끝에 위원회는 8대 3 표결로 이 실험을 승인했다. 반대한 세 명은 장로교 목사인 월러스 앨스턴, 해저 사진가 수재너 워터맨, 현업에서 은퇴한 지역 흑인사회 지도자 에마 엡스였다. "의견 차이에도 불구하고, 또 의견 차이가 있었기에 시민위원회 활동은 내게 가장 행복하고 보람 있는 경험이 됐다. 심오한 문제들을 놓고 갈등을 겪다 보니 둘도 없는 친구가 됐다."[Dyson(1979a)][179] 다이슨 교수는 또한 이렇게 회고했다. "나는 세 사람이 반대표를 던지게 만든 여러 가지 철학적 의구심에도 일리가 있음을 인정하긴 했지만, 철학적 관점이 다르다고 해서 시(市) 당국이 프린스턴 대학에 실험 금지 조치를 취하도록 내버려둘 수는 없었다."[Dyson(1979a)][181]

드류라는 학생은 만약 자신이 그 위원회에 참여했다면 반대표를 던졌을 거라고 말했다. 그는 유전자 조작을 통해 신처럼 행동하고 싶지도 않고 "인간에 대한 이런 식의 접근은 위험하다고 본다."라고 강조했다. 동시에 자신도 신의 관점이 무엇인지 모른다는 사실을 인정했다.

2007년 11월 12일

다이슨 교수님께

… 유전공학이 발전하고 있는데, 어떤 형태로든 인간 게놈에 변화를 주는 시도가 필요할까요? …

2007년 11월 23일

드와이트에게

… 부모가 아이의 유전자를 바꾸고 싶어 한다면 다음 두 가지 이유일 것입니다. 첫째, 불치병이나 난치병 유발 유전자를 물려주고 싶지 않아 그럴 수 있고, 둘째, 지능이나 운동실력을 우수하게 만드

는 유전자를 물려주어 아이가 사회에서 더 잘 살아갈 수 있도록 돕고 싶을 수 있겠지요. 전자는 저렴하고 효과적인 방법으로 난치병을 치료하려는 의도이고, 후자는 저렴하고 효과적인 방법으로 안락한 삶을 제공하려는 의도입니다. 각각 다른 윤리 문제가 수반되지요. 다수가 전자는 허용하고 후자는 금지해야 한다고 주장합니다. 나는 두 가지 다 허용하여 부모에게 선택권을 주어야 한다고 생각합니다. 단, 전제가 있습니다. 의학적으로 안전해야 하고, 소득 수준과 상관없이 누구에게나 똑같이 접근이 보장돼야 한다는 점입니다. 물론 이에 동의하지 않는 분들도 많을 것입니다.

물질, 생명, 인간성

유전자 물질은 언제 물질에서 사람으로 바뀔까? '인간다움'은 혈압처럼 과학적으로 측정하여 수치화할 수 없다. 콜로라도, 오클라호마, 노스다코타, 사우스캐롤라이나 주정부가 최근 초기 배아에도 '인간성'을 부여해 낙태를 살인으로 법제화하려는 시도를 했다.[03] 누구나 타인을 설득하기 위해 안간힘을 쓸 수는 있지만, 이 입법안 찬성자들은 자신들의 신념을 법으로 만들어 나머지 사람들에게 강제하려 했다. 이 글을 쓰고 있는 현재 이 시도는 모두 실패로 돌아갔다.[04]

---

03 다른 주에서도 현재 시도하고 있다. 웹사이트 http://www.resolve.org/get-involved/the-center-for-infertility-justice/personhood-legislation/#OK 참조.
04 오클라호마 제안은 하원을 통과했지만 상원에서 저지당했다. 만약 모두 통과했더라도 오클라호마 대법

외국인 유학생 니얄은 당혹스러워 했다.

지난주 강의는 줄기세포 연구, 낙태, 그리고 생명의 시작점에 관한 논쟁을 다뤘다. ⋯ 내 생각에 '생명'과 '인간성'은 전혀 다른 개념이다. ⋯ 생명은 세포이고 조직이다. 따라서 이 논쟁에서 생명은 수태(受胎) 시점부터 시작한다고 할 수 있다. 그러나 '인간성'은 '생명'보다 훨씬 더 복잡한 개념이다. ⋯ 한데 '인간성'이 수태 시점에 생겨난다고 규정한 법안이 오클라호마 주의회에서 통과되었다. 심지어 외국인인 내가 봐도 이 법은 미국인의 권리와 자유를 침해한다. 오클라호마 주의회 의원들은 개인의 종교적 신념을 정치에 너무 많이 개입시켰다. 그들의 의견은 신앙을 바탕으로 한다. ⋯ 종교와 정치는 분리되어야 한다.

다이슨 교수는 프린스턴 시민위원회에 참여했던 그해에 미국 연방하원의 과학·연구·기술 소위원회에 출석해 증언했다. 아칸소 주 레이 손튼 의원은 '재조합체 DNA 논쟁이 앞으로 과학과 정부의 관계에 어떤 영향을 줄 수 있는지' 장기적 관점에서 견해를 듣고 싶어 했다.[Dyson(1979a)][182] 다이슨 교수는 존 밀턴의 《아레오파지티카(Areopagitica)》를 인용했다. 밀턴은 1644년 언론의 자유를 주장하기 위해 이 책을 펴냈다. 그는 자유로운 언론이 필요한 이유를 네 가지 들었고, 다이슨 교수는 이를 DNA 실험의 필요성에 적용했다.

원은 위헌이라는 결정을 내렸을 것이다.

(1) 명백히 위험한 책(또는 실험)은 규제해야 하지만, 그런 규제는 피해가 확실히 드러난 뒤에 이뤄져야 한다. 이념적 이유로 책과 실험을 피해가 드러나기도 전에 비난해서는 안 된다.

(2) 악을 규제하려 들면 선도 규제 당하게 마련이다.

(3) 지적인 삶 그 자체를 규제하게 될 수 있다. 예를 들어 17세기 이탈리아에서는 갈릴레이의 입에 재갈을 물리고 난 뒤 지적 활동이 전반적으로 위축됐다.

(4) 사람들은 이런 문제에 충분히 대응할 수 있다.

1999년 4월 6일

다이슨 교수님께

… 교수님은 《아레오파지티카》를 통해 유전자 연구를 장려하면서 동시에 사회를 보호할 수 있는 방법을 제안하셨습니다. 연구 적용 단계에서 엄격한 규칙을 설정하면 된다고 하셨습니다. 최근 바이오 기술이 급속히 발전하면서 '설계된 아기', 생체기관 복제 등과 같은 윤리적 선택이 필요한 상황이 초래되고 있습니다. 이에 대해 교수님의 견해를 듣고 싶습니다.

다이슨 교수가 우리의 편지를 받았을 때 그는 초청 강사로 미네소타 주 구스타부스아돌푸스 대학에 머물고 있었다.

1999년 4월 10일

드와이트에게

편지 고맙습니다. 학생들이 보내준 질문도 감사하고요. 미네소타는 지금 비 오는 토요일입니다. 하루 종일 비바람이 거세게 부네요. 실내에 틀어박혀서 답장을 쓰기에 아주 좋은 날입니다. 오늘 아침 나는 월요일 학교 예배를 위한 설교 준비를 하며 시간을 보냈습니다. 주어진 설교 시간은 딱 7분입니다. 바람직한 원칙이죠. 설교 문안을 동봉합니다. 늘 그랬듯 좋은 의견과 비평 기대하겠습니다.

다이슨 교수가 부탁받은 설교 주제는 구약성경의 '요나와 고래'였다. 나는 이를 학생들과 공유했다.

왜 저에게 '요나와 고래'를 주제로 제시하셨는지는 잘 모르겠습니다. 저는 환대 속에 이 대학을 방문한 터라 요나와 같은 기분을 느낄 이유가 없습니다. 지난해 불어닥친 토네이도가 저 때문도 아니고, 여러분이 타르시시로 가는 배의 승객도 아닙니다. 여러분은 토네이도 피해를 책임지울 요나를 찾는 대신 함께 일어서서 피해를 복구하고 삶을 이어갔습니다. 여러분이 재난을 극복하고 서로를 돌보는 모습에 깊은 감명을 받았습니다. 여러분은 바다에 던질 요나가 필요하지 않습니다. 그 외에는 이 주제에 관해 더 할 말이 없네요.[05]

이렇게 요나 이야기를 접은 다이슨 교수는 각종 저술과 강연에서 열정적으로 다루는 주제로 넘어갔다. 미래를 바라보는 두 가지 시선.

---

[05] 구약성경 요나서 참조.

하나는 그가 소프트웨어 관련 모임을 통해 CEO들에게서 발견했던 시선이고, 나머지는 옥타비아 버틀러의 소설《씨 뿌리는 자의 우화 (The Parable of the Sower)》에 나오는 시선이다. 이 소설은 환경이 파괴되고 사회가 혼돈에 빠진 세상에서 요새를 짓고 그 안에 머무는 부자들과 밖에 남아 스스로를 지켜야 하는 빈자들에 관한 이야기다.

여러분의 미래는 둘 중 무엇입니까? 초고속 네트워크와 글로벌 시장경제를 바탕으로 자신들이 세상에 부와 지식을 전파할 수 있다고 믿는 여피족(도시에 사는 젊고 세련된 고소득 전문직 종사자-옮긴이)이 될지, 아니면 공공 서비스의 질적 하락과 첨단 기술 접근성의 퇴보를 방치하다 모두 함께 도태되고 말지, 선택은 여러분 몫입니다. 여러분 세대는 선택할 수 있는 힘이 생길 것이고 대신 선택에 따른 책임을 져야 할 것입니다. 부자가 되면 좋겠죠. 하지만 가난한 이들을 배제하고 요새를 쌓지는 않기를 바랍니다. …

다이슨 교수의 1999년 4월 10일 편지로 돌아가자.

이제 여러분의 질문에 답변을 해야 할 시간이군요. 최근에 이뤄진 유전공학의 발전이 초래할 해악으로부터 사회를 보호하려면 어떻게 해야 하는가? 나는 이곳 구스타부스아돌푸스 대학에서 이 문제를 공부하는 학생 스무 명과 세미나를 하고 있습니다. 우리는 리 실버의《다시 창조하는 에덴》을 교과서로 사용하고 있습니다.

편지 읽기를 중단하고 잠시 실버의 책을 살펴보자. 앞서 언급한 인간성 시작 시점은 매우 심오한 철학적 문제다. 태어나는 순간부터? 처음 심장이 뛸 때부터? 수태되는 순간부터? 마지막 답안과 관련해 실버는 최초의 복제 포유류 '복제 양 돌리'를 언급했다. 1997년 2월 23일 돌리가 태어나면서 인간 복제도 현실적으로 가능해졌다. 하지만 돌리를 탄생시킨 복제 과정에는 수태가 없었다. 인간성이 수태 시점에 시작된다면 복제 인간은 인간이 아니다.[Silver(2002)][51] 다이슨 교수의 편지로 다시 돌아가자.

…(구스타부스아돌푸스 대학의 세미나에 참석한) 학생들은 이 책을 다 읽었습니다. 아주 훌륭한 책입니다. 인공수정 클리닉에 대해 구체적 정보를 제공해줍니다. 인공수정 클리닉은 의료계에서 가장 빠르게 성장하는 분야입니다. 부유한 나라뿐 아니라 가난한 나라에서도 빠르게 성장하고 있습니다. 정부보다 민간 자본에 의지합니다. 이런 성장의 원동력은 '내 아이'를 갖고 싶어 하는 부모들의 갈망입니다. 그러나 만약 이 기술을 부유한 부모만 이용할 수 있고 가난한 부모는 접근할 수 없게 된다면 빈부격차는 더욱 벌어질 겁니다. 부잣집 아이들이 유전적 이점을 독점하는 유전 카스트가 생겨날 것이기에 그 격차는 영구적이고 재앙에 가깝습니다. '설계된 아기들'은 유전적 상류층을 만들고 나머지 인구를 열등한 지위에 몰아넣을지도 모릅니다.

지난 목요일 세미나에서는 다음 세 가지 정책적 방안에 찬성하는 학생들과 반대하는 학생들이 논쟁을 벌였습니다. (1) 현재 미국이 취하고 있는 정책을 유지한다. 즉 모든 의료행위에 적용되는 FDA 승인과 정보 제공 동의만 갖추면 유전자 기술도 추가적 규제 없이 자유시장 원리에 따르도록 내버려둔다. (2) 유전적 장애와 치명적 질병 제거 용도로만 배아의 유전자 조작을 허용하고 다른 목적인 경우는 금지한다. 따라서 자녀에게 좋은 유전자를 물려주려는 부모는 이 기술에 접근할 수 없다. (3) 용도와 상관없이 배아 유전자 조작을 허용하되, 누구나 접근 가능한 환경이 갖춰져야만 한다. 즉, 부유하든 가난하든 누구나 소아마비 백신을 맞을 수 있듯 유전자 조작이 공공 보건 서비스의 일부가 돼야 한다.

학생들은 대략 (1)번 정책 열 명, (2)번 일곱 명, (3)번 세 명으로 나뉘었습니다. 나는 (3)을 강력하게 지지하지만 학생들의 시각에서 볼 때 이는 소수 의견에 불과합니다. (3)은 미국이 국가 의료보험 체계를 갖출 경우에만 의미가 있습니다. 학생들은 그럴 가능성이 별로 없다고 보고 있지요. 기본적인 의료 서비스의 공정한 분배가 이뤄지지 않는 한 공정한 유전자 서비스는 불가능합니다. 요약하면, 우선순위를 어디에 두느냐에 따라 선택이 달라집니다. (1)은 개인적 자유, (3)은 공정성, (2)는 전통을 우선시했다고 볼 수 있습니다. (2)를 선택한 학생들은 대부분 종교적 신념에 따라 배아 유전자 조작이 신의 영역에 대한 침범이라고 생각하고 있었습니다. 그래서 질병 예방 목적으로만 마지못해 용인하고 그 이상은 받아들이지 않았지요.

이 질문에 여러분의 선택은 어떻게 나뉠지 대단히 궁금합니다. 여기는 루터교(마틴 루터의 종교개혁에서 시작된 교파-옮긴이) 대학이지만 학생 다수는 자유시장을 종교로 믿는 개방적인 사람들입니다. 그들에게 인공수정 클리닉 산업은 자유시장의 미덕을 보여줄 또 하나의 사례일 뿐입니다. 아이를 대학이나 어린이집에 보내듯 부모가 아이에게 유전적 이점을 물려줄 수 있어야 한다고 생각하고 있습니다. (1)을 주장한 학생들이 가장 분명하게 생각을 표현하더군요. 토론은 주로 (1)과 (3)의 대립으로 진행됐고 (1)이 우세했습니다. (2)를 지지한 학생들은 말을 많이 하지 않았고, 그럴 필요도 없었습니다. 그들의 굳은 신념은 굳이 방어가 필요 없었습니다.

지금까지 내 이야기는 '설계된 아기'에 초점이 맞춰져 있었습니다. 그렇다면 생체기관 복제는 어떨까요? 그 문제도 거론했지만 그다지 심각한 윤리적 문제를 발견하지 못했습니다. 사실 생체기관 복제가 현실화된다면 오히려 현 상황에서 장기이식을 둘러싸고 발생하는 심각한 윤리적 문제들을 많이 해소해주리라 봅니다. …

수강생들과 이 편지를 곱씹은 뒤 우리는 다이슨 교수의 설교(요나 이야기 다음 부분)와 우리 편지에 대한 답변이 결국 같은 이야기임을 깨달았다. 가난하든 부유하든 의료 기술에 동등한 접근권이 주어져야 한다는 것이다. 우리는 세 정책에 대해 토론하고 투표했다. 학생 마흔두 명 중 일곱 명이 (1)번 '자유시장'을, 서른다섯 명이 (2)번 '의료보건 용도만 허용'을 택했고, (3)번 '동등한 접근권 보장의 전제 아래 모든 용도에 허용'을 택한 사람은 아무도 없었다. 2년 뒤 2001년 가을학기 학생들의 차례가 됐다.

2001년 12월 5일

다이슨 교수님께

구스타부스아돌푸스 대학에서 배아 유전자 조작의 정책 모델로 제시하셨던 세 가지 선택지를 저희도 학기마다 다루고 있습니다. … 이번 학기에는 수강생 마흔여섯 명 중 토론에 참가한 학생들이 투표한 결과 (1)번 아홉 명, (2)번 스물여섯 명, (3)번은 없었습니다. 학생들은 (3)을 택하지 않은 이유가 전통을 우선시했기 때문이 아니라 유전자 조작에 누구나 접근하게 되면 다양성이 사라질 수 있기 때문이라고 설명했습니다. (3) 대신 (2)를 지지한 이유는 다양성을 유지하면서 유전자 기술의 혜택을 누릴 수 있는 방법이기 때문이라고 했습니다. 여기에는 부모가 자녀에게 물려주고 싶어하는 유전적 강점이 다 같으리라는 전제가 깔려 있습니다. 교수님께서 흥미로워하실 듯합니다.

교수님과 가족들 모두 건강하시기 바랍니다.

2001년 12월 8일

드와이트에게

투표 결과가 매우 흥미롭네요. 인간의 획일화를 부추기기 때문에 학생들이 유전공학을 바람직하지 않다고 여긴다니 재미있는 관점입니다. 나는 유전공학이 지나치게 다양성을 확장하지 않을까 우려되는데 말이죠. 학생들 생각이 맞을 수도 있습니다. 하지만 실제 부모들에게 선택을 허용해보기 전에는 결코 확인할 수 없는 문제입니다. … 즐거운 성탄과 새해 맞으세요.

2004년 1월 2주짜리 '미니 학기'와 2005년 봄 학기에도 같은 투표를 했다.

2004년 1월 13일

다이슨 교수님께

카드 잘 받으셨다니 다행입니다(학생들이 고심해서 고른 카드랍니다). … 교수님의 감사 인사를 학생들에게 전하겠습니다. … 구스타부스아돌푸스에서 다뤄졌던 유전자 기술에 관한 세 가지 시나리오를 학생들에게 제시했습니다. … 서른아홉 명 중 일곱 명이 (1)번을, 서른한 명이 (2)번을, 단 한 명이 (3)번을 택했습니다. 그리고 구스타부스아돌푸스 세미나의 투표 결과를 알려줬더니 학생들이 놀라더군요. 하지만 (1)은 자유, (2)는 전통, (3)은 공정성에 기반하고 있다는 교수님의 평가에는 다들 동의했습니다.

2004년 1월 22일

드와이트에게

어제 캘리포니아에서 돌아와 보니 장문의 편지가 도착했더군요. 고맙습니다. 학기는 벌써 끝났겠군요. 학생들에게 인사하기는 좀 늦은 듯합니다. 2주 만에 과정을 마치느라 힘들었겠네요. …

1년 뒤 다음 편지를 보냈다.

2005년 1월 12일

다이슨 교수님께

2주짜리 짧은 학기가 끝나가고 있습니다.

… 오늘 유전자 정책 선택지를 놓고 투표한 결과 3, 37, 2였습니다.
투표 후 토론 시간에 한 학생이 (4)번 방안을 제안하더군요. '유전
자 조작의 전면 금지'. 이후 열세 명이 이 방안을 지지했습니다. 열
세 명은 모두 (2)번을 택했던 학생들입니다. 흥미로워하실 듯합니
다. 이 부분은 더 토론해볼 계획입니다.

거의 10년 후 다음 편지를 보냈다.

2014년 4월 24일

다이슨 교수님께

몇 해 전 구스타부스아돌푸스 대학에서 유전자 기술 세미나를 여셨
지요. … 이번 학기 학생들이 그 선택지를 다시 검토하여 투표한 결
과 1, 33, 0이 나왔습니다. 세 명은 기권했고요. 이곳 학생들은 대부
분 교수님께서 분석하셨던 (2)번 선택자인 듯합니다. …

학기마다 수강생들이 다이슨 교수의 세 가지 시나리오를 놓고 투표
한 결과를 정리했다. (x, y, z)는 각각 (1), (2), (3)번 정책을 선택한 학
생 수를 뜻한다.

다이슨 교수 세미나: (10, 7, 3)

우리수업 수강생:

1999년 봄 학기   (7, 35, 0)

2001년 가을학기	(9, 26, 0)
2004년 1월 학기	(7, 31, 1)
2005년 1월 학기	(3, 37, 2)
2005년 봄 학기	(1, 17, 5)
2013년 봄 학기	(3, 37, 2)
2014년 봄 학기	(1, 33, 0)
2015년 봄 학기	(0, 24, 3)

우리 학생들의 답변에서 패턴이 발견된다.

2013년 9월 14일

드와이트에게

어제 도착한 편지에 대해 고마움을 전하려고 이 글을 씁니다. …
유전자 조작 아기에 대한 학생들의 선택이 대단히 흥미롭습니다.
… 오클라호마와 미네소타 사이에는 눈에 띄는 차이가 존재하는군
요. … 언제나 그랬듯 학생들 소식을 기다리고 있겠습니다.

우리는 이 선택지에 관해 다이슨 교수와 더 깊은 대화를 나누고 싶
었다.

2005년 5월 6일

다이슨 교수님께

… 1999년 4월 10일자 편지에서 교수님은 (3)번을 '강하게 지지한

다'고 하셨습니다. 어떤 목적이든 배아 유전자 조작을 허용하되, 모든 사람이 누릴 수 있게 만들어야 한다는 말씀이었지요. 이 정책을 실행할 경우 체세포 유전자 치료와 생식계열 유전공학에 정책적 차이를 두시겠습니까? 교수님 책 15장 '모로 박사의 섬', 존 밀턴의 《아레오파지티카》와 함께 최근 발간된 빌 매키번의 《이너프(Enough)》, 프랜시스 후쿠야마의 《포스트인간의 미래(Our Posthuman Future)》에서 몇몇 대목을 살펴보았습니다. 생물학자를 강사로 초청해 복제와 줄기세포 연구에 대한 이야기를 듣기도 했습니다.

《포스트인간의 미래》에서 프랜시스 후쿠야마는 우리가 유전자와 성격적 특성, 즉 공격성, 범죄 관련성, 알코올중독, 우울증, 성적 정체성 등과의 분자적 연결 구조를 이해하게 될 경우 벌어질 상황에 대비해야 한다고 강조했다. 유전자 조작은 윤리적 딜레마뿐 아니라 정치적 사회적 법률적 딜레마도 안고 있다. "부유한 부모에게 갑자기 자녀와 그 후손의 지능을 향상시킬 기회가 주어진다면 단순한 도덕적 딜레마를 넘어 전면적인 계급 전쟁에 직면할 것이다."[Fukuyama(2002)][15]

2005년 5월 7일

드와이트에게

… 배아 유전자 조작에 대한 규제 문제를 토론할 때 체세포 유전자 치료는 고려 대상이 아니었습니다. 생식계열 유전공학을 말했던 것입니다. 아기가 되기 전인 배아에 유전자를 추가하거나 제거한다는 의미였지요. 이 경우 아기에게 가해지는 변화가 그 후손들에게도

고스란히 유전됩니다. 체세포 유전자 치료는 완전히 다른 방식입니다. 아기가 태어난 뒤에 이뤄지고 안전과 효능 문제가 있지만 아기의 후손에게는 영향을 미치지는 않습니다. 나는 안전과 효능 문제만 해결된다면 체세포 유전자 치료에 다른 윤리적 장애물은 없으리라 봅니다. 반면에 배아 유전자 조작은 안전하고 효능이 있다 해도 윤리적 문제가 남습니다.

미생물학자 낸시 할리데이는 여러 학기에 걸쳐 초청강사로 우리 강의실을 방문하여 유전자 기술 이면의 세포생물학에 대해 설명해줬다. 그녀는 수정이 될 때 첫 번째 세포들이 어떻게 '분화전능성(分化全能性, totipotent)'을 지니게 되는지, 즉 어떻게 유전 정보의 '스위치'가 켜지는지 말해주었다. 세포가 자기 복제를 할 때 유전적 선택사항 중 일부는 스위치가 꺼져서 그 세포를 '다능성(多能性, pluripotent)'으로 만든다. 예를 들어 일부 다능성 세포 계열은 췌장이나 간세포가 될 수 있지만 더이상 뇌나 신경 세포가 될 수는 없다. 세포들이 그렇게 충분히 '차별화'하면 망막 세포 등 특수한 세포를 제외하고 모든 유전적 가능성의 스위치가 꺼진다.

생명체의 생존에 '다양성'은 필수다(19세기 중반 아일랜드의 감자 기근 사태를 떠올려보라). 다이슨 교수는 "클레이드(생물을 분류하는 계통-옮긴이)는 진화에서 커다란 도약이 이뤄졌음을 보여준다. 복제는 진화의 막다른 길이며, 적응과 진화에 느릴 수밖에 없다."라고 썼다.[Dyson(1979a)][233]

2001년 12월 5일

《프리먼 다이슨, 20세기를 말하다》의 20장 '클레이드와 복제(Clades and Clones)'에서 클레이드는 불멸을 약속하는 희망인 반면에 복제는 막다른 길이라고 하셨습니다. 현재의 복제 연구가 막다른 길을 향해 가고 있다는 뜻인가요?

2001년 12월 8일
드와이트에게

복제 연구는 막다른 길에 다다랐는가? 아닙니다. '복제(clone)'란 단어는 명사로도, 동사로도 쓰이는데, 각각 의미가 다릅니다. 명사는 유전자가 똑같은 동물이나 식물 개체를 뜻합니다. 동사는 부모와 유전자가 똑같은 자손, 박테리아, 동물, 식물 등을 만들어내는 행위를 뜻합니다. 나는 복제가 막다른 길에 다다랐다고 표현했을 때 명사로 썼습니다. 유전자가 모두 똑같은 생물 집단은 다른 무언가로 진화할 수 없다는 뜻입니다. 하지만 학생들 질문 속의 '복제'는 동사지요. 다양한 연구의 수단이 될 수 있는 복제 행위를 의미합니다. 예를 들어 돌리를 복제한 이언 윌머트는 복제 기술을 이용해야만 생산이 가능한 약품을 생산하기 위해 양을 복제한 것입니다. 달걀이 어떻게 닭이 되는지 연구하려고 복제하는 사람들도 있습니다. 그러니 연구 수단으로 이용하는 복제는 결코 막다른 길에 다다르지 않았습니다.

복제 양 돌리를 만들기 위한 유전 물질을 얻으려고 핀도싯(Finn Dorset) 종의 양(羊)으로부터 세포를 채취했다. 이미 완전히 차별화된 세포의 유전자 스위치를 다시 켜 분화전능성을 만들었다. 세포를 기증한 핀도싯 양의 유전자를 그대로 물려받는 자가 복제가 이뤄지도록 (즉, 우연한 임신을 통한 배아 형성일 가능성을 제거하기 위해) 블랙페이스 종 암컷 양의 난자를 추출했다. 추출한 블랙페이스 난자에서 핵을 제거하고, 그 자리에 다시 활성화된 핀도싯 유전 물질을 삽입했다. 충분한 세포 분화가 일어난 다음 배아를 대리모인 또 다른 블랙페이스 암컷 양의 자궁에 착상시켰다. 임신 기간이 지난 뒤 대리모가 핀도싯 종 돌리를 낳았고 이 새끼 양은 세포를 기증한 핀도싯 양과 유전자가 일치했다. 나이만 다른 쌍둥이였다. 276차례 실패 끝에 마침내 성공을 일궈내면서 기증자의 유전자에 다시 스위치를 켜 분화전능성을 만들어주는 화학적 자극법을 찾아낼 수 있었다.

임신이 이루어지면 보통 수정된 지 5일에서 7일 뒤 수정란이 구(球) 모양의 배반포(胚盤胞)가 된다. 지름은 사람 머리카락과 비슷하다. 배반포 안에는 다능성 줄기세포가 밀집한 '내세포집단(inner cell mass)'이 있다. 이를 배아줄기세포(ESC)라 한다. ESC 치료법(1999년 처음 이뤄졌다)을 실행하려면 이 줄기세포들을 페트리 접시에서 배양해야 한다. 화학적 자극을 통해 환자에게 필요한 특정 세포로 바꾼 다음 환자에게 이식하는 것이다. 거부반응은 해결해야 할 과제로 남아 있다.

줄기세포 치료에 반대하는 이들은 ESC가 낙태 병원에서 공급될 것이라고 추정한다. 이는 오해다. 인간 태아의 세포는 이미 차별화된 '어른' 세포라 줄기세포로 활용하기가 불가능하다. 그럼 클리닉들은 어디서 ESC를 기증받을까? 인공수정 클리닉이다. 부부가 클리닉 서비스를 통해 임신을 시도하면 인공수정 과정이 끝난 뒤 대개 수정란이 남는다. 남은 수정란은 정해진 기간 동안 사용이 가능하도록 냉동보관 한다. 보관 기간이 끝나면 폐기해야 한다. 폐기 전에 부부는 수정란을 연구나 치료 용도로 기증할 수 있다.

최근에는 체세포 핵 이식(SCNT)의 성공률이 높아졌다. 돌리 복제는 포유류 이식(SCNT)을 개척한 선구적 실험이었다. 사람의 경우는 이미 차별화된 세포를 치료해야 하는 환자로부터 얻는다. 환자의 유전 물질을 추출해 핵을 제거한 난자에 삽입한다. 화학적 자극을 통해 기증 유전자를 다능성으로 변환하고, 배반포의 내세포집단을 제거하고, 자극을 주어 필요한 세포 계열로 바꾼 다음, 환자의 몸에 주입한다. 환자 자신의 몸에서 얻은 줄기세포라 이식 거부반응 문제는 발생하지 않는다.

모든 기술이 그렇듯 유전자 치료도 희망과 위험을 동시에 수반한다. 암에 걸린 세포들이 이미 차별화된 상태에서 다능성 세포로 환원됐다. 유전자 스위치를 다시 켜는 법을 찾아냈다면 끄는 법 역시 찾을 수 있다. 언젠가 파킨슨병과 알츠하이머병 같은 질병도 유전자 치료로 극복할 수 있을지 모른다. 새로운 신경을 형성하도록 지시받은 줄기세포들이 사지가 마비된 척추 환자를 다시 움직이게 만들어줄 수도 있다.

학생들은 이런 배경지식을 바탕으로 2002년 5월 7일 편지에서 다이슨 교수에게 질문을 던졌다.

2002년 5월 20일

드와이트와 학생들에게

줄기세포 연구에 대한 내 생각은 이렇습니다. 나는 줄기세포 연구에 대한 영국의 법률이 합리적이고 현명하다고 생각합니다. 영국법에 따르면 인공수정 클리닉에서 시술하고 남은 인간 배아를 수정 후 14일이 될 때까지는 연구에 자유롭게 활용할 수 있습니다. 14일이 되면 폐기해야 합니다. 이 법은 종교 지도자, 정치인, 과학자, 관련 시민단체 등이 오랫동안 토론을 벌인 끝에 만들었습니다. 14일 제한을 둔 이유는 배아가 이 때까지는 인간의 신체적 특징이 전혀 없는 작은 주머니에 불과하기 때문입니다. 이 시기의 배아는 연구 용도로 쓰이지 않는다면 폐기해야 합니다. 유용한 과학적 연구를 가능하게 하면서 소수의 종교인을 제외하고 모두가 받아들일 수 있는 접점을 찾은 결과입니다.

이와 대조적으로 미국에서는, 인간 배아에서 수년 전 추출한 세포 계열은 연구에 이용할 수 있지만, 인공수정 클리닉에서 폐기하는 새 배아는 이용하지 못합니다. 아주 어리석은 법이죠. 충분한 여론 수렴을 거치지 않고 위정자들이 밀어붙인 결과입니다. 오래된 세포 계열은 정상적으로 기능한다고 장담할 수 없어 당연히 과학 연구에 적합하지 않습니다. 오래된 세포 계열과 새로운 세포 계열의 차별화는 종교적 관점에서도 말이 되지 않습니다. 미국 법은 아무런 논리적 근거 없이 과학 연구를 지연시키고 있는 셈입니다.

줄기세포 연구로 얻은 지식이 얼마나 중요한 역할을 하게 될지 아직 아무도 모릅니다. 이것이 바로 과학의 본질입니다. 어느 방향으로 나아갈지 예측이 불가능하지요. 줄기세포 연구가 인간의 질병을 치유해줄지 알 수 없습니다. 다만 세포 하나가 인간의 육신으로 발전하는 과정을 이해하게 된다면 유전적 질병의 원인 규명에 한 발짝 더 다가갈 수 있게 됩니다. 그렇게 되면 유전적 질병이 초래하는 수많은 비극을 막을 수 있겠지요.

2009년 3월 9일, 버락 오바마 대통령이 2001년 대통령 행정명령을 뒤엎고 줄기세포 정책을 재검토하라는 행정명령을 내림으로써 더 많은 줄기세포가 치료 및 연구 용도로 사용될 수 있게 되었다. 마커스라는 학생은 2009년 이렇게 썼다.

나는 전임 대통령을 비롯한 줄기세포 연구 반대론자들이 사실을 제대로 인지하지 못했다고 본다. … 당뇨병 환자인 나에게 줄기세포 연구는 중요한 문제다. 펜을 한 번 잘못 놀리는 통에 이렇게 중요한 연구 분야에서 천문학적 규모의 연구자금이 증발하고, 그 돈이 결국 전쟁과 대기업 부채 청산에 낭비됐다는 사실이 나를 화나게 한다. 그들은 인간의 생명을 존중해야 한다고 주장하면서 실제로는 이를 무시하고 경시했다. 줄기세포 연구는 당뇨와 같은 치명적 질환 치료뿐만 아니라 여러 분야에서 무한한 가능성을 열어준다.

프린스턴 시민위원회가 재조합체(recombinant) DNA 연구의 찬반양론을 검토하고 있을 무렵 하버드 대학 생물학자 매튜 메셀슨도 비슷한 저항에 부닥쳤다. 논쟁이 벌어지자 대학이 위치한 케임브리지에서 시민위원회가 꾸려졌다. 다이슨 교수는 "케임브리지 시민위원들은 목소리를 높이는 반대론자보다 조용하게 불확실성을 설명하는 메셀슨을 더 신뢰했다."라고 적었다.[Dyson(1979a)][177] 케임브리지 시민위원회는 통상적인 안전조치가 갖춰진다면 메셀슨이 연구를 계속해도 좋다고 결정했다.

1975년 생물학자들의 국제회의에서 공중보건에 즉각적인 위험을 초래할 수 있는 DNA 연구를 금지하기 위한 지침을 설정했다. 분자생물학자 맥신 싱어가 위험을 경고하며 펴낸 성명이 계기가 되었다.

그런데 왜 대중은 여전히 두려워할까? 그들은 더 먼 미래를 내다보고 즉각적인 건강 위협보다 더 큰 문제를 걱정하기 때문이다. … 대중은 매튜 메셀슨과 맥신 싱어의 정직한 얼굴 뒤에 모로 박사와 다이달로스가 숨어 있다고 여긴다.[Dyson(1979a)][178]

다이슨 교수는 H.G. 웰스와 모로 박사, J.B.S. 홀데인과 다이달로스를 통해 두 가지 결론에 이를 수 있다고 썼다. 첫째, 우리는 신(神) 행세를 하면서 제정신일 순 없다. 둘째, 생물학의 발전은 신처럼 행동할 능력을 우리 손에 쥐어주게 될 것이다. 그러나 이 두 가지가 반드시 미래를 어둡게 만들지는 않는다. 다이슨 교수는 관련 지식을 엄격한 공적 통제 아래 적용하면 된다고 말한다.[Dyson(1979a)][172] 기본적 연구의 자유를 보장하되, 그 지식을 누가 언제 누구에게 적용할지 철저히 규제해야 한다는 것이다. 매튜 메셀슨은 생물학과 윤리학에 동일한 비중을 두었다. 재조합체 DNA의 첨단 연구를 수행하는 동시에 그는 미국 무기체계에서 생물학 무기를 없애는 데 누구보다 적극적이었다.[Dyson(1979a)][173 - 176] 메셀슨은 생물학 응용에 있어 윤리학이 등대와 같은 존재라고 생각했다.

우리 수업에서 다루는 논점은 언제나 윤리학으로 귀결되는 듯하다.

다이슨 교수는 '모로 박사의 섬'에서 메셸슨을 돌아보고 미래를 전망하며 이렇게 결론지었다. "생물학자이자 시민으로서 매튜 메셸슨의 목적은 미래를 위한 사회적 기풍의 구축이었다. 생명에 관한 심오한 지식은 오로지 우리 안에 있는 인간적 본질을 강화하는 데 활용해야 한다고 그는 말한다."[Dyson(1979a)][178]

사용 방법에 따라 기술은 인간성을 말살할 수도, 고양할 수도 있다. 우리 안에 있는 인간적 본질을 강화하려면 기술을 통해 사람들의 연대감을 높여야 한다.

15   시공간을 초월한 연대

"세상에 예술이란 것은 없다. 예술가들만 있을 뿐." –E. H. 곰브리치[01]

과학과 예술은 기본적 가치가 같다. 선악에 대한 인식이 확실해야 옳은 방향으로 탐구를 이어갈 수 있다. 자연이 품고 있는 수수께끼와 맞닥뜨렸을 때 사람은 다 검증할 수도 없을 만큼 많은 가설을 생각해 낸다. 그중 무엇을 검증할지 선택하려면 우아함, 단순함 같은 가치 판단이 필요하다. 과학은 예술처럼 심미적 가치를 중시한다. 과학자들은 모두 자신의 일에 열정적이다. 그렇게 열정을 쏟는 일에 객관적 입장을 유지하기란 불가능에 가깝다. 그래서 동료의 평가는 과학 분야에서 고강도 객관성을 보강해주는 철근과 같다. 과학은 커뮤니티 안에서 이뤄지는 학문이다.

---

01   [Gombrich(1995)][15].

2005년 12월 6일

다이슨 교수님께

2005년 한 해도 즐겁고 보람차게 보내셨기를 바랍니다. …

1. 교수님께서 몸담았던 가장 훌륭한 지적(知的) 커뮤니티는 무엇이었습니까?

2. 교수님은 인생의 어느 시점에 가장 눈에 띄는 지적 성장을 이룩하셨습니까?

2005년 12월 6일

드와이트에게

생각을 자극하는 좋은 질문을 보내줘 고맙습니다. 2005년은 우리와 열네 명 손주들에게 정말 좋은 해였습니다. 감사할 일이 아주 많습니다. 시간이 없으니 구구한 설명은 생략하고 질문에 답을 해보겠습니다. …

1. 내가 몸담았던 가장 훌륭한 지적 커뮤니티는 1947년 학부생으로 입학했던 코넬 대학 물리학과입니다. 한스 베테, 리처드 파인먼 등 인재들로 가득했고, 남녀노소 허물없이 어울리는 진정한 커뮤니티였습니다. 서로 모르는 사람이 없을 만큼 작은 집단이어서 대가족 같았습니다. 또 이론가와 실험가와 엔지니어가 머리를 맞대고 함께 일했습니다. 워낙 외진 곳인데다 겨울이면 혹독한 날씨가 이어져 사람들이 역량을 키울 수밖에 없었지요. 서로 돕지 않고는 살아남을 수 없는 환경이었기에 협력은 필수적이었습니다.

2. 가장 눈에 띄는 지적 성장은 내가 코넬 대학 대학원생이던 24세

~25세 때 이루어졌습니다. 베테와 파인먼을 사사(師事)하던 시절인데, 처음 영국을 벗어나 세계 곳곳에서 온 사람들과 친분을 쌓았던 때이기도 합니다.

《프리먼 다이슨, 20세기를 말하다》를 통해 만나본 리처드 파인먼에 대해 더 자세히 알아보고자 우리는 '리처드 파인먼: 한 천재의 마지막 여행'이란 다큐멘터리를 시청했다.[Sykes(1989)] 다큐멘터리는 파인먼과 친구 랄프 레이튼이 한때는 독립 국가였지만 지금은 러시아 영토가 된 몽골 부근 타누 투바로 여행했던 과정을 다루고 있었고, 파인먼의 인생철학을 독특한 방식으로 전달했다. "고생을 자처해야 좋을 때가 많습니다. 매끈하게 닦인 고속도로를 달리다가 규격화된 모텔에 머무는 여행으로는 얻을 수 없는 경험이 있거든요. … 즉 모험을 해보라는 말이죠." 1948년 봄 프리먼 다이슨은 파인먼과 함께 차를 타고 뉴욕 주 이타카에서 뉴멕시코 주 앨버커키까지 여행했다. 고속도로 교통 체증 때문에 우회하지 않았다면 66번 국도변에 있는 우리 캠퍼스 옆을 지나갔을 것이다. 두 사람은 그날 밤 우리 도시 대신 오클라호마 주 비니타에서 하룻밤을 보내며 밤새 이야기를 나누고 양자 전자역학에 관해 토론했다.[Dyson(1979a)][59] 그로부터 65년 뒤 66번 국도변의 강의실에서 다이슨 교수의 책을 읽게 된 한 학생은 편지에 이렇게 썼다.

'앨버커키로 가는 자동차 여행'은 정말 인상적이었다. 특히 다이슨과 파인먼의 과학 토론 대목이 그랬다. 두 사람은 자주 의견이 갈렸고 논쟁을 벌였으나 끊임없이 생각을 공유했고 무엇보다 서로의 이야기를 경청했다. 세상에는 말하기만 하고 듣지는 않는 사람이 너무 많다.

프리먼이 커먼웰스펀드 펠로십(Commonwealth Fund Fellowship)으로 코넬 대학에 다닐 때 그의 멘토는 한스 베테였다. 우리 수강생 대부분은 다이슨 교수의 글 '과학의 견습기간(A Scientific Apprenticeship)'을 통해 베테를 처음 알게 됐다. 앰버라는 학생은 이렇게 표현했다. "(베테가) 그렇게 짧은 시간에 누군가의 재능을 발견하고 이를 향상시킬 여건을 마련해주었다는 점이 인상적이었다. 요즘 나에게 주어진 재능을 제대로 사용하고 있는지 의문이 들었던 터라 이 부분이 와 닿았다." 2005년 봄 학기에 베테는 세상을 떠났다.

2005년 5월 6일
다이슨 교수님께
… 이번 봄에 한스 베테가 타개했습니다. 그는 우리에게 항성이 핵반응 때문에 빛을 낸다는 사실을 알려주고,[02] "각국 정부가 목숨을 걸고 (위험을) 무시하고 있다."(베테의 책《로스앨러모스에서 시작된 길(The Road From Los Alamos)》에 대한 미국물리학저널의 비평기사에 등장한 문장)며 무기 통제를 촉구한 물리학자이기 전에 교수님의 친구이자 멘토였습니다. 세계는 인류애 넘치는 위대한 지성을 잃었고, 교수님께서는

---

[02] 1938년 베테는 핵융합반응에서 탄소-질소-산소가 촉매작용을 한다는 사실을 발견했다.

친구를 잃으셨습니다. 한스 베테가 어떤 사람으로 기억되기를 바라시나요? (저희는 교수님의 책 및 '트리니티 다음 날'이란 다큐멘터리를 통해 베테를 만났습니다)

교수님의 인생과 통찰을 저희와 공유해주셔서 감사드립니다. 교수님께서는 늘 비과학적인 저희들에게 "우리가 통제해야 할 야수의 본성"을 일러주고 계십니다.[03]

2005년 5월 7일

드와이트에게

… 한스 베테가 어떻게 기억되기를 바라냐고요? 그는 자신이 하고 있는 일을 주위 사람들과 공유하고 싶어 했습니다. 중요하든 하찮든 과학적 문제라면 뭐든 관심을 쏟았지요. 또한 학생과 동료들이 언제고 들어와 이야기할 수 있게 항상 연구실 문을 열어뒀습니다. 점심시간에는 학생들을 모아서 구내식당에 데려가곤 했습니다. 점심을 먹으며 최신 과학 뉴스와 바깥세상 얘기를 나눴어요. 동시에 그는 남의 말을 경청했고, 누가 자기 말에 반박하거나 심지어 틀렸다고 지적하더라도 괘념치 않았습니다. 무엇보다 모두가 그를 한스라고 불렀다는 점이 가장 기억에 남습니다.

… 여러분 모두 좋은 일만 있기를 바랍니다.

학생들과 소통하는 다이슨 교수의 모습은 베테를 닮았다. 2014년

---

03 [Dyson(1979a)][5].

봄, 제이콥이라는 학생은 이렇게 썼다.

우리는 프리먼 다이슨과 그의 인생 경험에 대해 계속 읽고 있다…
코넬 대학 시절부터 핵에너지를 연구할 때까지 그에게서 목적의식
과 사랑, 온정을 엿볼 수 있었다. 그는 나의 개인적인 영웅으로 떠
오르고 있다. 나는 과학이 체계적이고 차갑고 인간미 없다고 생각
했는데 주위 사람에 대한 그의 배려와 존중을 통해 과학이 이해와
자유로운 생각을 북돋워 우리를 하나로 묶어주는 학문임을 알게 됐
다. 그는 나에게 과학에 뛰어들 용기, 문학에 도전할 용기를 주었다.

1995년 4월 4일

다이슨 교수님께

문학을 전공하는 숀이라는 학생이 영문과 수업을 위해 쓴 에세이를
동봉합니다. 영문과 교수 중 한 분이 숀의 동의를 얻어, 이 글을 제
게 보냈습니다. 글을 읽은 뒤 저는 교수님께 보내드려야겠다고 생
각했고, 숀도 동의했습니다.

숀은 뛰어난 학생입니다. 대학신문에 꽤 급진적인 내용의 칼럼도
쓰고 있습니다. 활동가의 길을 걷게 될 가능성이 큰 젊은이지요. 이
상이 높고, 호기심이 많은 데다, 냉소적이지만 학구열도 뛰어납니
다. 강의 시간에 자유롭게 의견을 말하고 강의가 끝난 뒤에도 교수
와 토론하기를 주저하지 않습니다. 인생철학을 구축해가는 여정으
로 보자면, 숀은 교수님께서 폭격사령부의 잔인한 현실에 둘러싸여
우주적 통일성을 구상하셨던 때와 비슷한 지점에 있을 겁니다. 교

수님의 책이 숀의 인생에 큰 영향을 미친 것 같습니다. 인생의 의미를 찾기 위해 고민하면서도 목소리를 높이지 못하는 대다수 학생들을 그가 대변하게 될지도 모르겠습니다. 이런 젊은이들과의 교류는 늘 큰 힘이 됩니다.

숀의 편지에 나와 있듯 수강생들은 리처드 파인먼에게 매료됐습니다. '과학의 견습기간'과 '앨버커키로 가는 자동차 여행'을 과제로 내주기 전에 학생들에게 '리처드 파인먼: 한 천재의 마지막 여행'을 보여줬습니다. 이 다큐멘터리뿐만 아니라 '트리니티 다음 날' 등을 통해 학생들은 과학자에 대한 선입견을 버리게 됐습니다.

교수님 책을 통해 학생들을 가르치고 편견으로부터 벗어나도록 이끌 수 있었던 이 수업은 제 교육 인생에 있어 가장 만족스러운 경험입니다.

숀은 에세이에 통찰력이 돋보이는 제목을 붙였다.

〈과학 101: 인간관계〉

문학과 과학의 패러다임은 분명한 차이가 있지만, 둘을 구분하는 경계는 갈수록 희미해지고 있다. … 최근까지, 정확히는 올해까지, 나는 예술과 과학이 서로 상충한다고 생각했다. 과학 영역을 늘 경외했지만, 인간 본성에 대한 문학의 성찰이 훨씬 더 매력적이고 중요하다고 느꼈다. 스티븐 보니캐슬[04]은 이를 다음과 같이 정리했다. "과학은

___
04 《권위를 찾아서(In Search of Authority)》(1991년)의 작가.

우리 삶에 있어 중요한 몇몇 문제를 간과하는데, 바로 감정과 가치, 타인과의 관계에 관한 문제이다."

그러나 노이엔슈반더 교수의 수업을 통해 두 사람을 알게 됐다. 수학자 프리먼 다이슨과 이론물리학자 리처드 파인먼은 과학과 문학의 이분법적 사고부터 인생관에 이르기까지 나의 사고방식에 깊은 영향을 줬다. 다이슨은 저서 《프리먼 다이슨, 20세기를 말하다》를 통해 자신의 목적, 즉 과학의 인간적인 면을 부각하는 데 성공했다. 그는 어느 과학자나 직면하는, 결코 유쾌하지 않은 윤리적 딜레마를 명확하게 그려낸 예술가였다. 이를 위해 초서와 밀턴을 비롯해 수많은 작가와 시인을 인용하고 언급했다. 리처드 파인먼은 다이슨이 그려낸 그림의 산 증인이었다. 나에게 있어 그는 훨씬 중요한 존재가 됐다. 삶에 대한 내 관점을 통째로 바꿔놓은 것이다. 생전 몇 손가락 안에 꼽히는 위인으로 칭송받았던 이 노벨상 수상 물리학자는 늘 장난을 즐기고 모험을 추구함으로써 중요한 교훈을 남겨주었다. 우리 삶에서 정작 중요한 인간관계를 상실한 채 지성을 추구한다며 분투해보았자 아무 소용이 없다.

과학자는 문학 이론가에게, 문학 이론가는 과학자에게 배울 수 있는 바가 많다. 나는 이를 직접 경험했다. 한 과학자가 인간 본성에 대해 그 어떤 문학 작품보다 많이 일깨워주었으니 말이다.

우리는 고등학술연구원 편지지에 다이슨 교수가 직접 손으로 쓴 답장을 받았다.

1995년 4월 19일

드와이트에게

친절한 편지와 숀의 훌륭한 글, 학생들의 의견, 모두 고맙습니다. …
학생들에게 인사 전해주세요.

로버트 오펜하이머, 에드워드 텔러, 프리먼 다이슨: 분열을 초월한 연대감

1948년 특별연구원(fellowship)을 끝내고 코넬 대학을 떠난 프리먼 다이
슨은 프린스턴 대학 고등학술연구원에서 객원연구원으로 1년을 재직
했다. 이후 영국으로 돌아가 버밍엄 대학에서 1년 동안 학생들을 가르
쳤다. 코넬은 1951년 그를 다시 초청했고, 고등학술연구원은 1953년
그에게 종신직을 제안했다. 그 무렵 로버트 오펜하이머가 고등학술연
구원의 신임 원장이 됐다. 오펜하이머는 애초 자신이 개발에 일조했
던 핵무기의 증강 배치 저지를 위해 노력하고 있었다. 하지만 냉전이
심화되면서 그의 주장은 정계에서 설득력을 잃고 있었다.

오펜하이머가 떠밀리듯 핵폭탄 개발에 참여하게 된 이유는 자신이
먼저 해내지 않으면 히틀러가 선점할지도 모른다는 두려움 때문이었
다. 텔러가 수소폭탄 개발에 나선 이유도 스탈린이 그 힘을 이용해 세
계를 지배하게 될지 모른다는 두려움 때문이었다. … 결국 두 사람 다
기술적으로나 정치적으로 그러한 선택을 할 수밖에 없는 상황에 놓인
셈이고, 그로 인해 비통함을 느끼게 되었다.[Dyson(1979a)][91]

2000년 5월 1일 편지에서 학생들은 이 단락을 인용하며 다이슨 교수에게 "인간이 힘을 선점하려 애쓰는 이유가 항상 두려움이라고 보시나요?"라고 물었다. 우리는 바로 그날 답장을 받았다.

아니요. 나는 두려움이 힘을 추구하는 주된 동기라고 보지 않습니다. 오펜하이머와 텔러는 모두 힘을 얻는 데 실패했지요. 힘에 대한 본능적 갈망이 아니라 두려움에 떠밀렸기 때문이었습니다. 그들이 취했던 힘은 오래가지 못했습니다. 힘을 얻는 데 성공하는 사람은 대개 힘을 사랑하고 두려움 따위 느끼지 않는 지도자들입니다. 지난 세기의 사례를 들자면 레닌, 히틀러, 카스트로 정도가 되겠지요. 이들은 숭고한 목표를 향해 나아간다고 믿었기에 두려움을 느끼지 않았습니다. 그렇다고 악한 지도자만이 두려움을 모른다는 뜻은 아닙니다. 잔 다르크, 조지 워싱턴, 간디처럼 선한 지도자도 그랬습니다. 그들 역시 숭고한 목표가 있었고 힘을 얻었을 때 두려워하지 않았습니다.

1954년 로버트 오펜하이머는 원자력위원회 청문회에 불려가 안보 위험의 책임을 추궁당했다. 매카시즘 광풍 속에 열린 그 청문회는 물리학계가 양 극단으로 나뉘는 고통스러운 상황을 초래했다. 에드워드 텔러의 증언은 오펜하이머에게 타격을 줬다. 오펜하이머가 안보 기밀 접근권을 박탈당한 이듬해 대다수 물리학자들은 텔러와 악수조차 거부했다. 프리먼 다이슨이 1955년 텔러와 친분을 맺은 사건이 어떤 의미를 내포하는지 설명하기 위해 나는 학생들에게 이런 배경을 먼저 알려주었다. "이 사람에 대해 역사가 어떤 평가를 내리든 나는 그를 적대시할 이유를 찾지 못했다."[Dyson(1979a)][92]

에드워드 텔러가 세상을 떠나고 6개월 뒤 나는 우리 수업 담당 교수로서, 또 물리학과 잡지 편집장으로서 다이슨 교수에게 수강생 및 독자들과 공유할 수 있는 추모 글을 써달라고 부탁했다.

2004년 1월 13일

다이슨 교수님께

학생들이 직접 고른 카드를 잘 받으셨다니 기쁩니다. … 고마워하신다고 학생들에게 전하겠습니다.

제가 1990년대 초 웨스트포인트를 방문했을 때 안내를 맡아주신 분들이 "몇 달 전 에드워드 텔러도 여기에 왔다 갔다. 너무나 놀랍게도 아주 좋은 사람이더라!"라고 하더군요. 그들이 텔러의 인간적이고 친절한 면모에 놀랐다고 말할 정도로 텔러는 로버트 오펜하이머의 안보 접근권 청문회 이후 자신에게 씌워진 오명에 시달렸습니다. 저는 텔러를 만나보지 못했지만 그가 뒤집어썼던 오명이 공정하지 못하다고 생각합니다. 오펜하이머 재판 이후 얼마 지나지 않아 교수님께서 그를 친구로 받아들이셨던 일화는 제가 학생들에게 꼭 전달하고 싶은 교훈을 담고 있습니다. 그를 추모하며 하시고 싶은 말씀이 있다면 우리 학과 잡지에 싣고 싶습니다. …

새해 복 많이 받으십시오. 캘리포니아 가족 여행에서 조지의 나무집에도 들르셨는지 궁금하네요.

2004년 1월 22일

… 잡지에 실을 추모글을 부탁하셨지요. 내가 직접 쓴 텔러의 업적 평가를 첨부했습니다. 추모글이 아니라 그가 세상을 떠나기 얼마 전에 쓴 회고록에 대한 논평인데, 미국물리학저널에 실렸던 글입니다. … 그에 대한 노이엔슈반더 교수의 평가에 동의합니다. 나는 이 논평에서 그를 있는 그대로 공정하게 묘사했다고 생각합니다.

다이슨 교수의 편지를 덮고 에드워드 텔러의 자서전《회고록: 20세기 과학과 정치의 여정(Memoirs: A Twentieth-Century Journey in Science and Politics)》에 대한 그의 논평을 살펴보자.[Dyson(2002a)]

텔러는 이 책의 후반부에서 무기 개발에 참여한 상황을 구체적으로 기술하고 있다. … 텔러는 정치적 싸움에 가장 깊숙이 개입했던 그 시절을 묘사할 때도 반대파를 예우하며 그들의 우려를 공정하게 부각한다. 그의 설명에선 슬픔이 묻어났지만 신랄함은 찾아볼 수 없다.

텔러의 인생에서 최악의 시기는 1954년 원자력위원회 청문회에 출석해 오펜하이머에게 불리한 증언을 하면서 시작됐다. … 그 증언으로 인해 수많은 친구가 그에게 등을 돌렸다. 텔러가 사랑했던 물리학계는 둘로 나뉘었다. … 오펜하이머와 텔러 모두 이 분열로 지독한 상처를 입었지만, 텔러가 겪어야 했던 타격이 더 컸다.

약 2년 뒤 우리는 다이슨 교수에게 에드워드 텔러, 에마 엡스와의 친분에 대해 물었다. 다이슨 교수는 의견이 다른 사람과도 친구로 남는다.

2005년 12월 6일
다이슨 교수님께
2005년이 교수님과 가족들께 좋은 해였기를 바랍니다. 이번 가을
학기에도 수강생 마흔네 명이 교수님의 경험을 공유하며 시야를 넓
혔습니다. …
교수님께서 에드워드 텔러와 안보 청문회 이듬해인 1955년부터 친
구가 되셨다는 사실이 두 분 사이 우정을 더 특별하게 만들어줍니
다. 많은 물리학자들이 텔러와 악수조차 거부하던 때였지요. 교수
님께서는 그런 갈등을 초월해 텔러의 친구이자 오펜하이머의 친구
로 남으셨습니다. 프린스턴 시민위원회에서도 의견이 충돌했던 에
마 엡스와 좋은 친구가 되셨습니다. 의견이 다른 사람들과 친구가
될 때 자존심의 벽을 어떻게 극복하시나요?

2005년 12월 6일
드와이트에게
많은 생각을 하게 하는 좋은 질문 고맙습니다. 2005년은 저와 가족
들에게 아주 좋은 해였습니다. 감사할 일이 아주 많아요. …
나는 의견이 다른 사람과 친구가 되는 데 어려움을 겪었던 적이 한
번도 없습니다. 의견이 같은 사람만 친구로 삼는다면 인생이 너무
지루해질 겁니다. 사실 나는 에드워드 텔러보다 에마 엡스와 더 큰
의견 충돌을 겪었지만 그렇다고 우정의 깊이에 차이가 있지는 않았

습니다. 나는 그 둘을 똑같이 좋아하고 존경했습니다. 에마는 프린스턴 대학의 핵심이 과학이라 여겼고 프린스턴 대학은 200년간 흑인을 차별한 과거가 있었기 때문에 과학에 적대적이었습니다.[05] 그녀는 과학자들이 능력을 제대로 활용하지 못하고 있다고 생각했습니다. 그렇게 생각할 만했고, 그녀가 옳았을 수도 있습니다. 옳건 그르건, 반대 진영 대변인이던 그녀의 존재는 우리 회의를 더 의미 있게 만들어줬습니다. 시민위원회의 목적은 논쟁과 연관된 다양한 진영의 목소리를 듣는 데 있었으니까요. 에마가 참여함으로써 반대 목소리를 들을 수 있었을 뿐 아니라 존중했다는 명백한 증거가 됐지요. 나는 텔러의 오펜하이머 청문회 증언이 잘못됐다고 보지 않습니다. 자기 생각을 정직하게 진술했을 뿐입니다. 나는 오펜하이머 청문회의 핵심이, 유명한 고위층 인사부터 일반인에 이르기까지 똑같은 규칙을 공정하게 적용하는지 살피는 것이라 생각했습니다. 만약 유명하지 않은 일반인이 오펜하이머가 그랬듯 안보 장교들에게 거짓말을 하고 이야기를 지어내 혼란을 줬다면, 당연히 안보 기밀 접근권을 박탈당했을 겁니다. 따라서 규칙을 공평하게 적용한다면 오펜하이머의 접근권은 당연히 박탈해야 맞습니다. 그래서 나는 텔러의 증언이 합리적이라고 봤습니다. 아무튼 텔러는 호감이 가는 사람이었고, 나보다 훨씬 이견이 컸던 레오 실라르드와도 가까운 친구로 지냈습니다.

---

05 프레드 제롬과 로저 테일러가 쓴 《인종과 인종차별에 있어서 아인슈타인의 입장(Einstein on Race and Racism)》의 3장 '또 다른 프린스턴'을 참조하도록 한다.[Jerome and Taylor(2006)] 에마 엡스가 '오랜 기간 프린스턴 흑인 커뮤니티의 주요 지도자로 활약했다'는 내용이 32쪽에 나온다.

다이슨 교수의 답장을 이해하려면 역사적 배경 설명이 필요하다. 오펜하이머는 버클리 대학의 불문학 교수였던 하콘 샤발리에와 절친한 친구였는데, 샤발리에는 지인인 엔지니어 조지 엘텐턴으로부터 오펜하이머에게 접근해서 원자폭탄 정보를 소련과 공유하도록 설득해달라는 부탁을 받는다. 엘텐턴은 전쟁 전 소련에서 일했던 경험이 있어 소련을 동맹으로 여겼다. 샤발리에는 1942년부터 1943년 겨울에 버클리의 오펜하이머 집을 방문해 이 부탁을 전달했다. 오펜하이머는 관여하고 싶어 하지 않았다. 오펜하이머나 샤발리에나 그런 정보 공유는 정부 최고위층에서 이루어져야 한다고 생각했고, 대화는 거기서 끊겼다. 그러나 오펜하이머는 6개월 뒤 FBI 요원에게 이에 대해 추궁을 당하게 된다. 그의 진술이 워낙 애매모호해서 FBI 요원들은 샤발리에가 간첩망의 핵심인물이라고 의심하게 되었다.[Bird and Sherwin(2005)][Chs. 14, 17]; [Else(1981)] 결국 날조된 증거로 샤발리에는 교수직을 잃었고 오펜하이머는 청문회에 서게 되었다.

다이슨 교수는 평생 로버트 오펜하이머, 에드워드 텔러, 에마 엡스와의 우정을 이어나갔다.

자존감을 잃지 않는 패배

스포츠 시합이 끝나면 승자는 트로피를 든 채 인터뷰를 하지만 패자는 그대로 사라지고 만다. 한데 스포츠를 지속시키는 데 필요한 연대감의 고리가 끊어지지 않기 위해서는 패자의 역할이 더 중요하다.

2014년 11월 26일

다이슨 교수님께

2014년 가을학기 학생들을 대신해서 인사드립니다. 이번 학기에도 교수님의 책을 통해 다양한 풍경, 인물, 이슈를 경험했습니다. 흔히 사람은 성공보다 실패를 통해 더 많이 배운다고 합니다. 교수님께서는 실패를 통해 무엇을 배우셨는지요?

이 질문을 하면서 다이슨 교수가 우리에게 스포츠 코치 같은 조언을 해주기를 기대했던 것 같다. 어떻게 하면 패자에서 승자로 올라설 수 있는지 알려주기를 바랐던 것이다. 그러나 이번에도 그의 조언은 우리의 야트막한 욕심을 보기 좋게 비켜갔다. 다음 조언은 그의 어머니가 남겼던 말이라고 한다.

2014년 12월 3일

드와이트와 학생들에게

과학자로서 가장 큰 실패는 1952년 찾아왔습니다. 당시 나는 분자의 핵을 강력하게 결합시키는 힘인 핵력의 이론에 관해 대학원생들을 가르치던 새내기 교수였지요. 우리는 시카고를 기반으로 핵력 연구를 진행하던 유명 물리학자 엔리코 페르미의 실험에 우리 이론이 딱 들어맞는다고 생각했습니다. 무척 기대가 컸죠. 페르미가 우리 이론을 수용하기만 하면 핵물리학에서 가장 중요한 발견으로 인정될 참이었으니까요.

나는 확신에 차서 바로 시카고까지 가는 고속버스에 올라 페르미를 만나러 갔습니다. 페르미는 정중했지만 내가 제시한 이론에 그다지 흥미를 보이지 않았습니다. "물리학적 계산법은 두 가지가 있습니다. 명확한 물리적 형상을 제시하거나(나는 이 방법을 선호합니다), 일관성 있는 수리적 형식을 갖춰야 합니다. 하지만 이 이론은 두 가지다 결여되어 있습니다." 당연히 페르미가 옳았지요. 우리 이론이 아무짝에도 쓸모없다는 사실을 그는 단번에 꿰뚫었습니다. 학생들에게 그간의 작업이 다 헛수고였다고 말할 수밖에 없었습니다.

이 사건을 겪으며 예전에 어머니가 했던 말이 떠올랐습니다. 스포츠든 과학이든 타인과의 경쟁을 피할 수 없을 때는 멋지게 질 줄 알아야 한다는 말이었지요. 지더라도 멋지게 질 줄 알아야 모두의 경험이 즐거울 수 있습니다. 이는 특히 전 세계 누구나 자유롭게 경쟁에 뛰어들 수 있는 과학 분야에서 중요합니다. 패배를 멋지게 인정함으로써 나와 학생들은 계속해서 과학이라는 경기장에 남아 있을 수 있었습니다. 그리고 20년 뒤, 마침내 핵력의 수수께끼가 풀렸을때 그 기쁨을 함께 나눌 수 있었지요.

언제나 그랬듯 좋은 질문 보내주셔서 감사합니다. 행복한 크리스마스 보내세요.

다이슨 교수는 아무리 지엽적인 질문을 보내도 자신의 통찰력을 더해 더 광범위한 이슈로 확장시켜 준다. 그는 우리 시점에서 늘 아름다운 승자였다.

멀고도 가까운 관계

프리먼 다이슨은 영국 윈체스터에서 성장하며 600년 전통을 자랑하는 학교를 다녔다. 그러면서도 과거에 매몰되지 않고 늘 미래에 초점을 맞췄다.《프리먼 다이슨, 20세기를 말하다》에서 그는 이렇게 말한다. "600년 전 사람들이나 600년 뒤 사람들 모두 우리와 다를 바 없다. 같은 우주에 사는 이웃일 뿐이다."[Dyson(1979a)][193] 2004년 봄 학기 학생들은 다이슨 교수에게 보낸 편지에서 이 단락의 나머지 부분을 인용했다.

2004년 5월 6일

다이슨 교수님께

교수님께서는 '먼 거울(A Distant Mirror)'이란 장에서 "기술은 우리의 생활양식과 사고방식에 심대한 변화를 일으켜 우리를 이웃으로부터 분리시켰고 앞으로도 그럴 것이다. 그럴수록 우리를 하나로 묶어주는 연대감의 고리가 소중해진다."라고 말씀하셨습니다. 어떤 학생이 쇼핑몰에서 한 가족을 보았는데 가족 구성원들 제각각 휴대전화에 대고 누군가와 이야기하고 있었다고 적었습니다. 몸은 같은 곳에 있었지만 마음은 서로 멀리 떨어져 있었던 것입니다. 기술로 인한 '분리'가 장기적으로나 단기적으로 일어나리라고 내다보시나요? 저희에게 교수님의 경험과 지식을 나누어주시는 데 대해 늘 감사드리고 있습니다.

2004년 5월 6일

드와이트에게

휴대전화가 사람을 사람으로부터 분리시키는 기술의 대표적 사례라는 데 동의합니다. 쇼핑몰에서 마주쳤다는 가족은 사실상 우리 모두의 모습이죠. 나는 휴대전화에는 아직 중독되지 않았지만 이메일에는 이미 중독된 것 같습니다. 이메일을 사용하면서 세계 전역에 친구들이 많이 늘었는데 오히려 동네 친구는 줄었습니다. 지금도 이웃들과 어울리는 대신 사무실에 앉아 여러분께 보낼 이메일을 쓰고 있으니까요. 그래도 저는 이메일을 계속 사용할 겁니다. 서로 몇 천 킬로미터 떨어져 사는 우리 식구들도 이메일로 소식을 확인하고 정을 쌓으니까요. 그러나 멀고도 가까운 이런 관계에는 분명 대가가 따릅니다. 그 대가는 바로 실제 옆집에 사는 이웃으로부터 고립된 삶입니다. 기술은 장기적으로나 단기적으로나 사람과 사람을 분리시키고 있습니다. 오늘은 이 정도로 마치겠습니다. 여름방학 보람차게 보내세요. 특히 코스타리카를 방문하는 학생들, 무사히 다녀오시기 바랍니다.

이 답장을 받고 토드라는 학생이 기술로 인한 분리에 대해 다음과 같이 적었다.

다이슨 교수는 30년도 더 전에 작금의 현실을 예견했다. 복제나 줄기세포 연구보다, AI보다도 더 위협적인 것은 바로 형제애를 상실한 채 점점 개인에 침잠하게 되는 현상이다. … 우리 가족도 각자 휴대전화가 하나씩 있고, 방마다 TV가 있고, 각자 컴퓨터가 한 대씩 있다. 그리고 물리적으로 모여 있는 시간은 별로 없다. 우리 가족의 경우 부모님은 해외에 머물고 있어 어쩔 수 없다는 핑계가 있지만, 대다수 가족은 모여서 함께 시간을 보내는 요령도 없고 사회성도 부족하다. 그럼에도 불구하고 희망을 버리지 않고 서로 가까이 지내려 노력해야 할 이유는 충분하다.

2002년 5월 7일

다이슨 교수님께

이번 학기에는 로버트 피어시그의 《선과 모터사이클 관리술》을 교수님의 책과 함께 읽었습니다. 피어시그는 현재의 삶을 즐겨야 한다면서 그때그때 자신의 주변에서 발견한 것들을 자세히 묘사하는 데 많은 부분을 할애하고 있습니다. 굳이 무엇을 해야 할 필요도 없고 그저 존재한다는 사실 그 자체가 중요하다고 말하는 것 같습니다. 교수님께서는 미래에 대한 열정을 자주 표출하시는데, 피어시그의 현재에 대한 역점과 어떻게 연결된다고 보시는지요?

2002년 5월 20일

드와이트와 학생들에게

내 미래에 대한 열정이 피어시그의 현재에 대한 역점과 어떻게 연결되느냐고 물으셨지요? 나는 피어시그를 좋아하지만 그렇다고 그처럼 되기 위해 노력하지는 않는다고 하면 최적의 답이 될 것 같네요. 나와 피어시그는 관심사가 많이 다릅니다. 우리 둘 다 젊은 세대를 신중하게 이끌어야 한다고 믿습니다. 그러나 그는 철학에 관심이 있는 반면 나는 그렇지 않습니다. 나는 아주 먼 미래에 관심이 있는 반면 그는 그렇지 않습니다. 피어시그의 책에는 지혜가 그득하고 문장도 수려합니다. 그러나 나와 피어시그가 항상 의견이 같다면 너무 재미없지 않겠습니까?

외계인과의 연대감?

보이저 1호가 지구로부터 약 64억 킬로미터 떨어진 지점에서 찍어 전송한 유명한 사진 속 지구는 '푸른 점'이다. 이 사진은 과연 이 광활한 검은 우주 속 생명체가 존재하는 행성이 지구밖에 없는지 다시금 의문을 품게 만든다. 외계인과 교신할 가능성은 없는 것일까?

SETI(외계지적생명체탐사)의 공동 창립자인 프랭크 드레이크는 기술적으로 교신이 가능한 은하계 내 지적(知的) 문명의 숫자 산출법을 고안했다.[Comins and Kaufmann(2000)][420-423] 이 방정식에 기초하면 은하계마다 교신 가능한 항성의 숫자는 2,000억 개, 혹은 2×10^{11}개로 예측된다. 여기서 행성계를 거느리고 있는 항성을 걸러내고, 다시 그 행성계에서 생명체가 존재할 수 있는 행성을 걸러낸다. 또 생명체가 존재할 수 있는 행성에서 그 생명체가 지적 생명체로 진화할 수 있는 행성을 걸러낸다. 그중 전파를 이용해 지속적으로(예를 들면 1,000년간) 다른 행성과 교신할 수 있는 지적 문명이 있다고 가정해보자. 이 외계 지적 문명이 1,000광년 지속되는 전파를 광속으로 송출하면 해당 전파가 지구를 훑고 지나갈 때 이를 듣기 위해 1,000년 동안 탐색을 계속해야 한다. 그러니까 아주 운이 좋아야 가능하다.

드레이크 방정식에 쓰이는 인수 중 은하계 내 항성의 숫자를 제외하면 데이터가 거의 없어 모두 추측할 수밖에 없다. 비관론자는 항성 중에서 1퍼센트만 행성계를 갖추고 있고 행성계의 1퍼센트만 생명구간에 놓여 있다고 추측할 것이다. 낙관론자는 모든 항성이 적어도 행성을 하나씩은 갖추고 있고 그러한 행성계의 50퍼센트는 생명구간에 놓여 있다고 추측할 것이다. 그러니 교신 가능한 지적 생명체가 존재하는 행성 숫자는 현재로서는 아무도 알 수가 없다. 낙관론자는 인류가 전파 교신을 태양의 수명 100억 년의 1만분의 1에 해당하는 100만 년은 이어나갈 수 있다고 보겠지만, 비관론자는 문명이 전파와 핵무기를 거의 동시에 알게 되기 때문에 한 세기 안에 스스로를 파멸시키지 않으면 다행이라고 말한다.

그래서 드레이크 방정식을 통해 산출되는 수치는 비관론자의 관점을 바탕으로 하는 은하계 10만 곳당 한두 개 문명부터 낙관론자의 관점을 바탕으로 하는 은하계 한 곳당 수천만 개 문명까지 편차가 매우 크다. 즉 기술적으로 교신 가능한 문명이 몇 개나 존재하는지 알 도리가 없다.

게다가 외계에 존재하는 생명체는 지구의 생명체와 전혀 다를 수 있다. 예를 들면 실리콘의 화학적 성질을 바탕으로 할 수도 있는 것이다. 의사 결정을 하고 기억을 저장하고 재생산을 하는 등 생명체로서 지녀야 할 특징이 분극 분자 구름의 형태로 표출될 수도 있다. 다이슨 교수는 다음과 같이 말한다.

이론적 원칙을 통해 우주의 지적 생명체 발생 주기를 산출하려는 시도는 쓸모가 없다고 본다. 지구에서 생명체가 탄생한 화학 과정도 밝혀내지 못한 상황에서 그런 시도는 무의미하다.[Dyson(1979a)][209]

2009년 3월 발사한 케플러 위성은 다양한 시점에서 항성을 촬영한 뒤 바뀐 부분이 있는지 영상을 비교함으로써 외계 행성을 탐색한다. 이제까지 수백에 달하는 항성이 조사되었다. 조사된 항성 모두 행성이 적어도 하나씩은 있는 것으로 드러났다. 물론 이러한 행성 대부분은 생명 구간에 있지 않았고 지구와 닮은 행성도 없었지만 낙관론자들의 예측이 맞기는 했다. 2014년, 500광년 떨어진 항성의 궤도를 돌고 있는 케플러-186f라는 흥미로운 행성이 발견되었다. 케플러-186f는 지구와 크기도 비슷하고 항성의 생명 구간 내에서 돌고 있다.[Quintana et al.(2014)] 그렇다고 낙관론자들이 옳다는 뜻은 아니지만 그들의 주장이 아예 무의미하지는 않음을 보여준다.

2013년 12월 4일

다이슨 교수님께

2013년 가을학기 학생들을 대신해서 이렇게 도움을 주시는 데 대해 다시 한번 감사드립니다. … 교신이 가능한 은하계별 문명 숫자를 예측함에 있어 드레이크 방정식의 인수(因數)가 유의미한 결과를 도출하기에는 부적절한 것 같습니다. 교수님께서도 '외계인들'이란 장에서 "이론적 원칙을 통해 우주의 지적 생명체 발생 주기를 산출하려는 시도는 쓸모가 없다고 본다. 지구에서 생명체가 탄생한 화학 과정도 밝혀내지 못한 상황에서 그런 시도는 무의미하다."라고 하셨죠. 케플러 위성이 탐색한 항성은 모두 행성이 하나씩은 존재했는데 다음 중 어떤 결과가 도출되었을 때 더 이해하기 어려울까요? 우주에서 지적 생명체는 매우 희귀하다? 아니면 지적 생명체는 무시할 수 없는 주기로 발생한다? 우리 은하계 내 행성에 다른 지적 생명체가 존재하며 한 문명의 지속 기간 동안 전파로 교신을 할 수 있는 가능성이 있다고 보십니까?

2013년 12월 6일

드와이트에게

생명의 기원은 두 가지로 추측해볼 수 있지요. 확률이 매우 낮은 우연에 의해 생겨났을 수도 있고 확률이 합리적인 일반적 현상에 의해 생겨났을 수도 있습니다. 생명의 기원의 과정을 파악하지 못하는 지금으로서는 모든 가능성이 열려 있고, 그중 무엇이 더 확률이 높은가 따져봐야 소용이 없습니다. 저라면 더 긍정적인 쪽에 한 표를 던지겠습니다. 부정적인 쪽을 옹호해봤자 절대 이길 수 없으니까요. 그렇다고 긍정적인 쪽의 확률이 더 높다는 뜻은 아닙니다.

다이슨 교수는 단연코 낙관론자다. 그래서 그토록 건강하게 장수하는지도 모르겠다. 우리 수업에서는 여러 차례 문명화란 무엇인지에 대해 토론을 벌였다. 1964년 니콜라이 카르다셰프가 과학 기술의 수준에 따라 문명을 분류하는 방식을 제안했다.[Kardashev(1964)] 제1형 문명은 행성의 자원을 제어한다. 제2형 문명은 전체 항성 체계의 자원을 제어한다. 제3형 문명은 전체 은하계의 자원을 제어한다.

제1형 문명은 에너지 수요가 행성의 자원 보유량을 넘어서게 되면 항성 궤도에 태양 전지판을 다수 띄움으로써 제2형 문명으로 이동할 수 있다. 이 개념이 소위 '다이슨구(球)(Dyson Sphere)'의 기반이다. 1960년 다이슨 교수는 그러한 태양 전지판을 보유한 제2형 문명 발견 방법에 대해 설명한 바 있다.[Dyson(1960)][06] 다이슨구는 미국 유명 TV 드라마 시리즈 '스타트렉'에 등장하면서 대중적으로 널리 알려졌다. '스타트렉'에 묘사된 다이슨구는 항성을 완전히 둘러싼 단단한 껍질로, 내부 표면에 사람이 거주한다.[07] 그러나 이 디자인은 다이슨 교수의 생각과는 거리가 멀다. 그런 껍질은 기계적으로 불안정하기 때문이다. 우리는 인간의 다이슨구 구축이 현실적으로 가능한지 궁금해졌다.

2011년 4월 29일

다이슨 교수님께

교수님과 가족 모두 무탈하게 잘 지내고 계시리라 믿습니다. … 인류가 과연 다이슨구를 구축할 수 있을까요?

2011년 4월 29일

드와이트에게

말씀하신 다이슨구는 애초 내가 구상했던 개념으로부터 완전히 빗

---

[06] 다이슨 교수는 1937년에 출간된 올라프 스테이플턴의 소설 《스타메이커(Star Maker)》에서 영감을 얻었다고 한다.
[07] http://www.youtube.com/watch?v=ECLvFLkvY7Y 참조.

나가 있습니다. 그러나 언젠가는 인류가 우주에 거대한 정주지를 구축할 수 있을 것이고, 그렇게 되면 대규모 공학 프로젝트가 가능해지겠지요. 그런데 기술적 타당성을 따지기보다는 과연 우리가 그러한 프로젝트를 굳이 실행에 옮길 만한 계기가 생길지를 따져야 할 것 같습니다. 태양계 전체를 놓고 볼 때 자원이 부족해지지는 않으리라 봅니다. 또 일부 프로젝트는 실행에 옮길 만한 가치가 있다고 볼 수도 있습니다. 그때 가서 인류가 어떤 선택을 하느냐에 따라 달라지겠지요. 지금으로서는 예측이 불가능합니다.

우리는 상상력을 조금 더 발휘하여 인류가 미래에 제3형 문명으로 옮겨갈 수도 있지 않을까 생각해보았다.

1999년 4월 6일
다이슨 교수님께
… 항성과 항성 간 거리에 비해 인간의 수명은 너무 짧습니다. 그런데 우리가 제3형 문명으로 옮겨갈 수 있을까요? 지금 시작해도 아주 먼 미래의 후손들이나 그 완성을 목도할 수 있을 텐데, 사람들이 과연 시작하려고 할까요?

1999년 4월 10일
드와이트에게
좋은 질문 보내주셔서 감사합니다.
제3형 문명은 구축에 수십만 년은 족히 걸릴 것입니다. 빛이 은하계의 한쪽 지점에서 반대쪽 지점까지 가는 데 10만 년은 걸리니까요. 수십만 년이 걸리는 일에 현재 인간의 수명을 고민할 필요는 없죠. 제3형 문명으로 진화하기 훨씬 전에 아마도 생명의 진행을 통제하여 수명을 원하는 대로 늘릴 수 있는 방법이 개발되지 않을까요? 영원히 죽지 않고 싶은 사람은 거의 없으리라 봅니다만, 어쨌든 미래에는 인간의 수명도 무척 다양해지리라 생각합니다. 아주 먼 항성으로 여행하고 싶은 사람은 그에 걸맞은 수명을 선택할 수 있게 되겠지요. 물론 그 항성으로 왜 여행을 하고 싶을지 지금 우리가 예측할 도리는 없습니다. 고대 아메리카 원주민이 1,000년에 걸쳐 알래스카에서 티에라델푸에고(남미 남단의 제도-옮긴이)까지 이동한 이유와 비슷하지 않을까요?

다이슨 교수의 이런 시각은 '외계인들'이라는 장에 자세히 설명되어 있다.

시간이 무한히 주어진다면 과학 기술 사회가 이룩할 수 있는 발전에 한계는 거의 없다. 우주 개척을 생각해보자. 항성 간 거리는 인간의 현재 수명을 고려하면 어마어마하게 멀다. … 그러나 앞으로 수명에 구애받지 않는 장수 사회가 도래하게 될 것이다. 그리하여 광속의 100분의 1 속도로 여행한다고 가정하면 1,000만 년 안에 은하계 전체를 끝에서 끝까지 개척할 수 있다. … 항성 간 거리는 수백만 년을 살 수 있는 존재 앞에 장애가 되지 않는다. 물리학 기술의 발전으로 광속의 2분의 1 속도로 움직이는 배가 개발되면 은하계 간 거리도 더 이상 장애가 되

지 않을 것이다.[Dyson(1979a)][210]

생명체의 항성 간 여행이 가능해지면, 특정 항성이 소멸한다고 해서 생명체까지 함께 소멸되지 않을 것이며, 우주가 영원히 지속될 수 있을 것이다. 그렇다면 이론적으로 생명체 또한 무한히 계속될 수 있을까? 다이슨 교수는 1979년 발표한 논문 '끝없는 시간: 열린 우주 안의 물리학과 생물학'[Dyson(1979b)]에서 이 문제를 제기함으로써 우주론적 종말론이라는 천체물리학 하위분야 태동에 기여했다. 이 논문은 수명이라는 제한이 사라지고 오직 자연의 법칙에 의한 제한만을 받게 될 때 인류가 이룩하게 될 업적에 관해 유의미한 시나리오를 제시한다.[08] 예를 들어 100조(10^{14})년이 지나면 모든 저질량 적색왜성이 연소된다. 또 10^{1500}년이 지나면 철을 제외한 모든 핵이 방사성으로 변하게 된다. 이런 시간 척도로 생각하면 어느 물리학적 작용이나, 또 어느 문명이나 종말까지 충분한 시간이 있는 셈이다.

1995년 4월 25일

다이슨 교수님께

우리 문명은 과연 어떻게 되리라고 보시나요? 학생들은《프리먼 다이슨, 20세기를 말하다》를 읽고, 빅뱅우주론에 대한 특강을 듣고,

---

08 2004년 인쇄판에 이와 관련한 다이슨 교수의 언급이 나온다. 1998년 우주의 가속팽창이 발견되면서, 생명체 및 지적 생명체가 팽창하는 극저온의 우주에서 과연 생존할 수 있을지 답을 찾기란 그 이전에 자신이 연구를 시작했을 때보다 훨씬 어렵고 복잡해졌다는 것이다. 그러나 생명체 및 지적 생명체의 장기적 미래에 대해 비전을 제시한 그의 1979년 논문은 여전히 유효하다.

교수님의 1979년 논문 '끝없는 시간: 열린 우주 안의 물리학과 생물학'을 접하며 불안감과 책임감을 동시에 느끼게 된 듯합니다. 학생들 대부분은 이전까지 문명과 우주의 장기적 운명에 대해 전혀 생각해본 적이 없는 것 같습니다.

1995년 4월 26일

드와이트 노이엔슈반더에게

… 우리 문명은 과연 어떻게 될 것인가? 이 질문에 대한 답을 《무한한 다양성을 위하여》에서 최대한 명확하게 정리하려 애썼습니다. 그 누구도 역사의 향방을 예견할 수 없습니다. 긍정적이든 부정적이든 운명은 우리가 전혀 예측하지 못한 장난을 치곤하죠. 그러나 미래는 대체로 우리 손에 달려 있습니다. 역사는 운명의 장난을 오히려 유리하게 활용할 수 있는 기회를 만들어주죠. 나는 200~300년 안에 인류가 우주로 진출하여 태양계 전역, 그리고 태양계 너머까지 퍼져나가리라 믿습니다. 그렇게 삶의 터전이 한번 확장되기 시작하면 돌이키고 싶어도 돌이킬 수 없게 될 것입니다. 인류가 지혜롭다면 그러한 변화의 물결에 몸을 맡기고 적응하기 위해 노력할 것입니다. 우리 문명은 우리의 상상을 초월하는 수준으로 성장하고 다양화될 수 있을 것입니다.

지구의 인류는, 곧 나비로 변신해 날아가기 위해 고치 안에 웅크리고 있는 애벌레를 연상시킨다.[Dyson(1988)][298 – 299]

생명체와 인류가 우주로 뻗어나가게 되면 생태계와 문화 역시 무한히 다양화될 것이다. … 물리적 지적 종교적으로 인간의 경험이 얼마나 확장될 수 있을지 지금으로서는 상상조차 불가능하다. 단테는 오래전 《신곡(La Divina Commedia)》 연옥(煉獄) 편에서 이미 다음과 같이 말한 바 있다.

가엾은 영혼이자 미물인 오만한 기독교인들이여
뒤틀린 마음의 희미한 불빛으로
추락하면서도 번성하고 있다고 믿는 자들이여
우리는 모두 한낱 벌레로 태어나
천사 같은 나비가 되어
속절없이 심판자의 옥좌로 날아가게 될 것임을 보지 못하는가?

은하계의 녹화

지금껏 인류는 진흙 벽돌부터 공기 조절 시스템에 이르기까지 다양한 회색기술을 사용하여 살아남았다. 한데 이제는 유전공학을 이용해서 인체를 환경에 맞게 변형시킬 수 있는 수준에 도달하고 있다.[09] 나무가 옥탄이나 알코올로 이루어진 수액을 생성하도록 프로그래밍할 수

---

[09] 사고 영역을 확장시키는 이러한 주제는 《프리먼 다이슨, 20세기를 말하다》 중 '사고의 실험', '클레이드와 복제', '은하계의 녹화'와 같은 장에서 다뤄지고 있다.

있을 뿐만 아니라 우리 후손들이 화성에서 우주복 없이 걸어 다닐 수 있도록 우리의 DNA를 프로그래밍할 수 있게 될지도 모른다.

인류가 미래에 초점을 맞춰야 할 지점은 '우리가 우주로 나갈 수 있을 것인가'가 아니다. '인류가 다수 종(種)으로 나뉘게 될 것인가?'이다. 인류가 설사 100만 가지 종으로 나뉜다 해도 지적 생명체의 출현을 기다리는 저 광활한 우주 속 수많은 생태계를 고갈시킬 수는 없을 것이다.

… 인류가 100만 가지 종으로 확장되어 은하계 전체로 퍼져나가면 "인간이 신 행세를 하면서 동시에 제정신일 수 있는가?"라는 질문에 수반되는 공포가 감소할 수 있다. 신 행세를 하되 각자 머무는 지역의 신일 뿐이지 우주 전체의 주인이 될 수는 없다. … 그러나 장기적으로는 정신이 온전한 사람이 그렇지 않은 사람보다 적응하고 생존할 확률이 높다. … 정신이 온전한 상태란, 본질적으로, 자연의 법칙에 부합하는 삶을 사는 능력이다.

… 동시에 생명체의 서식지가 양적 확장을 거듭하고 있어 우리의 사고와 정신도 지금은 상상할 수 없는 차원으로 양적 변화와 진화를 이룩할 것이다. [Dyson(1979a)] [236 - 237]

2001년 12월 5일

다이슨 교수님께

21장 '은하계의 녹화'에서 교수님께서는 "우리가 신 행세를 한다 해도 각자 머무는 지역의 신일 뿐 우주 전체의 주인 수준은 아니다."라고 하셨습니다. 그렇다면 '각자 머무는 지역의 신' 정도라면 신 행세를 해도 괜찮다는 말씀이신지요? '각자 머무는 지역의 신'과 '우주 전체의 주인'을 구분 짓는 경계는 무엇인가요? 또한 15장 '모로 박사의 섬'에서 신 행세를 하면서 동시에 제정신일 수는 없다고 하셨습니다. '각자 머무는 지역의 신'일 경우에는 제정신일 수도 있을까요? …

2001년 12월 8일
드와이트에게

… 말씀하신 대로 '모로 박사의 섬'과 '은하계의 녹화' 사이에는 일치하지 않는 부분이 있습니다. 전자에서는 자신의 능력을 이용해서 짐승들을 대상으로 신 행세를 하는 미친 과학자 모로 박사의 이미지를 차용했지요. 후자에서는 인간 사회로부터 스스로를 고립시킨 채 유전공학을 이용하여 자신들의 미래를 바꾸려는 집단을 등장시켰습니다. 미치거나 제정신이거나, 이러한 유전공학의 양극은 모두 가능합니다. 그 사이 경계선이 어디인지는 각자 파악해야겠지요. 우리는 상황을 면밀히 살피고 유전공학의 사용이 합당한지 판단해야 합니다. 어느 상황에나 동일한 경계를 적용할 수는 없습니다. 이러한 판단을 내릴 때는 특히 유전공학의 사용을 정치적 권력이 강제했는지, 아니면 부모가 자율적으로 선택했는지가 중요한 기준이 됩니다. 부모의 자율적 선택에 기반한다면 유전공학의 사용이 미친 짓이 될 가능성을 현저히 줄일 수는 있지요. 그렇다고 그 가능성이 완전히 없어지진 않습니다.

지구에서는 유전적 다양성도 중요하다. 그러나 우리 후손이 은하계 전체로 뻗어나가면 문화 다양성이 훨씬 확장될 것이다. 문화 및 언어 다양성이 보장될수록 사고의 범위도 넓어지고 삶이 다채로워진다. 나는 종종 학생들에게 권유한다. "졸업하고 나서 자전거로 유럽 여행을 하거나 평화봉사단에 합류하거나 알래스카까지 모터사이클로 가보면 어떤가? 지금 아니면 언제 해보겠나?" 그때 학생들의 얼굴에 떠오르는 표정과 봇물처럼 터져 나오는 이야기들은 두고두고 기억에 남는다.

… 우리는 뉴질랜드 로토루아 호숫가에 위치한 100년도 더 된 마오리족 건물에서 전통 마오리족 공연을 관람하고 있다. 땅거미가 내려앉으며 푸른 호수가 부드러운 회색으로 변했다. 마오리족 조각상들이 황혼 속 마지막 햇살에 빛나는 파우아(뉴질랜드산 전복-옮긴이) 껍질눈으로 우리를 내려다보는 가운데 마오리족 젊은이들이 감미롭게 자장가를 부른다.[10]

E tangi ana koe,	달이 부드럽게 떠올랐구나.
Hine e hine.	꼬마 소녀야, 귀여운 소녀야.
Kua ngenge ana koe	긴 밤이 끝날 때까지 잠에서 깨지 마라.
Hine e hine…	꼬마 소녀야, 귀여운 소녀야…

---

10 'Hine e hine'는 '히네이 에 히네이'라고 발음한다. 1907년 콘트랄토 가수 패니 로즈 하위(마오리족과 유럽인 부모 사이에서 태어났다)가 썼다. 하위는 테 랑이 파이라는 예명으로 활동했다. 유럽문화에 노출된 뒤 탄생한 마오리족 음악이 대부분 그렇듯 이 노래도 유럽 스타일과 전통 마오리 스타일이 결합되어 있다.[Freedman et al.(1974)Freedman, Siers and Ngata][66]에 소개된 글을 번역했다.

… 토요일 밤, 포르투갈 쿠임브라 구시가지의 좁은 자갈길을 걷고 있는데 유서 깊은 건물들이 오밀조밀 모여 있는 언덕 어디쯤에서 남자의 바리톤 목소리가 들려온다. 시민들은 좁은 길가에, 계단에, 문가에 삼삼오오 모여 넋을 잃은 듯 듣고 있다. 나도 멈춰 서서 귀를 기울인다. 긴 검정 코트와 운두 높은 검정 모자 차림의 남자 가수가 얼핏 보인다. … 아, 이게 바로 포르투갈인들의 애환이 담겼다는 음악 '파두'인가 보다. … 노래가 끝나도 모두 여운에 취해 자리를 뜨지 못한다. 몇 분 뒤 내 옆에 앉았던 남자가 천천히 일어나 미소를 지으며 한숨을 내쉬더니 나에게 한마디 던진다. "Ah, agora que é Portugal(아, 저게 바로 포르투갈이죠)."

… 우리는 뉴멕시코 주 라마의 나바호원주민보호구역에 잠시 머물며 자원봉사를 하고 있는 고등학생들이다. 어느 날 저녁 나바호 호건에 초대를 받았다.[11] 우리 조장이 조원들을 돌아가며 소개하기 시작했다. 일단 두 사람을 소개한 뒤 조장이 잠시 말을 멈췄다. 통역을 맡은 10대 나바호족 소녀가 말없이 조장을 물끄러미 쳐다봤다. 조장은 다시 말을 이었다가 통역사를 배려하기 위해 잠시 멈췄다가 말을 잇기를 반복하며 소개를 끝냈다. 그러는 동안 그 통역 소녀는 한 번도 입을 열지 않았다. 조장이 소개를 끝냈음이 확실해지자 소녀는 나바호어로 통역을 시작했다. 구전 문화를 계승한 부족의 일원답게 놀라

---

11 '호건(hogan)'은 집을 뜻하는 나바호 단어 후간(hooghan)에서 유래했으며, 이는 영어에 차용된 유일한 나바호 단어다.

운 기억력을 과시하며 방금 처음 들은 내용을 몇 분에 걸쳐 술술 재생해냈다. 오기 전에 나바호 표현을 다만 몇 가지라도 배워왔어야 했다는 후회가 밀려왔다. 하다못해 '안녕하세요'나 '감사합니다'라도 할 줄 알았다면 연대감의 기반을 다질 수 있었을 것이다.

선교 활동을 떠나려 계획하고 있는 진이라는 학생은 이렇게 적었다. "다이슨 교수는 부상으로 인해 웨일스어밖에 통하지 않는 지역에 꼼짝없이 머물게 되었던 일화를 통해서 언어의 힘이란 무엇인가를 알려주었다. 앞으로 선교 활동을 펼칠 때마다 이 교훈을 되새기려 한다. … 우리는 이제껏 서구화라는 명목으로 현지인들로부터 얼마나 많은 것을 앗아갔는가?"

2000년 5월 1일
다이슨 교수님께
20장 '클레이드와 복제'에서 언어에 대해 언급하시면서 소멸하는 언어도 많다고 하셨습니다. 미국은 세계에서 가장 영향력이 강한 나라인데 국민들의 외국어 교육에는 전혀 방점을 두고 있지 않습니다. 여기에 대해 어떻게 생각하십니까?

2000년 5월 1일
드와이트에게
다행히 종강일 전까지 아직 사나흘 남았네요. 저 역시 미국인들이 외국어를 웬만해서는 배우지 않으려 하는 경향이 무척 개탄스럽습니다. 그러나 영국인들은 더합니다. 나는 영국에서 자라면서 제대로 외국어를 배운 적이 없는 것 같습니다. 그런 면에서 모르몬교도들이 존경스럽습니다. 선교사로 해외에서 2년을 보내며 현지 언어를 반드시 익히니까요. 유타 주의 브리검영 대학을 방문해보니 학생들 모두 외국어를 적어도 하나씩은 구사하고 외국 문화에 식견이 넓었습니다. 그러나 굳이 모르몬교도가 되지 않아도 기회는 다양하게 열려 있습니다. 평화봉사단에 참여해도 됩니다. 내 딸 중 하나도 평화봉사단 단원으로 프랑스어를 주 언어로 사용하는 아프리카 카메룬에 머물며 프랑스어를 익혔습니다.

외국어를 익히기에 가장 좋은 때는 2~3세 무렵입니다. 그러나 그때 익힌 언어는 계속 사용하지 않으면 성장하면서 잊어버리게 되죠. 미국 학교도 아이들이 가능한 한 빨리, 그리고 가능한 한 오래 외국어에 자연스럽게 젖어들 수 있는 환경을 갖추었으면 좋겠습니다. 뉴욕이나 캘리포니아처럼 스페인어를 모국어로 사용하는 사람들이 많은 지역이라면 더 용이하겠죠. 스페인어 배우기에 이상적인 환경에서 자라는 아이들이 스페인어를 한 마디도 배우지 못한다면 이 얼마나 큰 낭비입니까.

프리먼 다이슨은 학창 시절 러시아어를 독학했다. 미국군축청 근무 당시에는 러시아어로 작성된 문건을 꾸준히 연구했다. 싱가포르에서 나는 다이슨 교수에게 러시아어를 유창하게 하느냐고 물었다. 그는 아니라고 했다. 독일어가 모국어인 다이슨 교수의 아내 이머는 '유창하다'에 대한 남편의 기준이 매우 높다고 귀띔했다. 외국어를 배우는 미국 학생들이 거의 없다는 사실은 우리 수업에서 매 학기 논점이 되고 있다. 2003년 봄 학기에도 마찬가지였다.

2003년 5월 8일

다이슨 교수님께

'클레이드와 복제'를 읽고 미국이 단일 언어 사용을 독려하는 정책을 오히려 강화하고 있는 데 대해 어떻게 생각하시는지 궁금해졌습니다. 이번 세기에 언어 다수가 소멸될 것으로 예견되고 있습니다. 그리고 지금은 외국 어디를 가더라도 영어가 통하지 않는 곳이 거의 없습니다.

2003년 5월 21일

드와이트에게

소식 전해줘서 고맙습니다. 지난 며칠간 뉴턴의 새 전기에 대한 비평을 쓰고 있었습니다. 원고를 첨부해서 보냅니다. … 뉴턴의 생은 인간 본질이 예측 불가능함에 있음을 보여주는 좋은 사례지요. 수학, 마법, 신학, 정치를 마구 버무렸더니 현대물리학이 탄생했으니까요!

이 나라에서 스페인어가 사라지지 않고 오히려 영향력이 증가하고 있어 매우 고무적이라고 생각합니다. 얼마 전 아르헨티나에 사는 아내의 사촌들이 우리를 보러 왔습니다. 독일어와 스페인어밖에 하지 못해서, 우리 없이 뉴욕에 다녀오겠다고 했을 때 내심 걱정이 되었지요. 그날 저녁 무사히 집으로 돌아온 처사촌들에게 물어보니 뉴욕에서 만난 사람들이 모두 스페인어를 할 줄 알아서 아무 문제 없었다고 하더군요. 물론 희귀언어는 대부분 소멸되고 있지만 사용자가 100만이 넘는 주요 언어들은 별 탈 없이 사용되고 있는 것 같습니다. 대부분의 국가에서 영어를 제2의 언어처럼 사용하는 실정이긴 하지만 그렇다고 각국 현지어가 사라진다는 뜻은 아닙니다. 물론 나는 미국인과 영국인들이 영어 외에 다른 언어를 익히는 데 소극적이라는 사실이 개탄스럽습니다. 뉴턴 시대처럼 국제사회의 사소통에 있어 제2의 언어로 라틴어가 계속 사용됐으면 훨씬 낫지 않았을까 생각해봅니다. 그렇다고 라틴어로 다시 돌아가자는 말은 아닙니다. 그러기엔 너무 늦었죠.

이제 집으로 가서 저녁을 먹어야겠습니다. … 늘 그렇듯, 질문 보내주셔서 감사드리고 즐거운 여름 보내시기 바랍니다.

나 역시 꽤 고생하며 독일어와 스페인어를 배웠다. 다이슨 교수의 처사촌들과 함께 시간을 보낼 기회가 있었다면 큰 도움이 되었을 것 같다. 언어가 하나로 통일되면 관료들이 세상을 통제하고 기업들이 시장을 조종하기는 훨씬 쉬워질 것이다. 그러나 서로 언어와 관습, 문화가 다르기 때문에 사는 모습도 다양해지고, 또 그렇기 때문에 세상이 더 흥미진진하지 않겠는가.

클레이드가 될 것인가 복제가 될 것인가? 이것이야말로 인류가 미래에 맞닥뜨리게 될 가장 중요한 문제 아닐까? 다시 말해서, 생물학적 문화적 다양성을 보전할 수 있을 만큼 유연한 사회제도를 어떻게 만들 수

있을 것인가?[Dyson(1979a)][223]

다이슨 교수의 책 중 '클레이드와 복제' 부분에 대해 토론한 뒤 나이지리아 출신인 래리라는 학생은 이렇게 썼다.

내가 우리나라 언어를 더 적극적으로 사용하려 하지 않는 큰 실수를 저지르고 있음을 깨달았다. 다이슨 교수의 '클레이드와 복제'를 읽고 그의 언어에 관한 의견에 동의하지 않을 수 없었다. 내가 우리나라 언어, 우리 선조들이 식민시대에도 지켜내기 위해 애썼던 바로 그 언어를 달러와 맞바꿨다는 생각이 든다. 나는 모국어를 제대로 구사하지 못할 뿐만 아니라 모국어로 문장 하나를 완성하지도 못하게 됐다. 영국 식민 통치 당시 나이지리아는 언어를 말살당했다. 하지만 영국은 나이지리아를 영국의 복제품으로 만들지 못했기에 식민 통치에 실패했다. 나이지리아에는 오늘날 256가지 언어가 존재한다. 그러나 세계 공통어인 영어가 소통을 가능하게 해준다. 공통어가 있어 장점도 있고 단점도 있다.

다이슨 교수에게 보낸 2003년 5월 22일자 편지에는 다른 나라 언어에 관한 내용을 담았다.

우리 어머니 집안에는 포타와토미족의 피가 흐릅니다(외할아버지는 전통 춤도 알고 있었습니다). 포타와토미족은 언어를 지켜내느라 고군분투하고 있습니다. 쉽지 않은 싸움이고 언어에 능숙한 사람도 드문

실정이죠. 언어 다양성이 보장되어야 다른 민족의 관점에 대한 통찰력이 생기는데 말입니다. …

포타와토미족은 고유의 언어를 보전하기 위해 고군분투하고 있다. 언어부를 설립해 언어교육과 문학 활동을 장려한다. 위 편지가 발송된 후 10여 년이 지난 지금 포타와토미어를 능숙하게 구사하는 사람은 여전히 찾기 힘들지만 관심은 커지고 있는 듯하다. 불의 민족은 포기하지 않았다.[12]

Bozho nikan!	안녕, 친구!
Ahaw nciwénmoyan ewabmlnan.	만나서 반갑네.
Iwgwien ébyayen mśoté.	여기까지 찾아와줘서 고맙네.

---

12 http://www.kansasheritage.org/PBP/homepage.html 및 http://www.potawatomi.org/lang에서 인용한 포타와토미 표현.

16 　세상을 대하는 두 개의 눈

과학과 종교의 이름으로

"종교가 없는 과학은 절름발이이고, 과학이 없는 종교는 장님이다." –알버트 아인슈타인[01]

　오늘 저녁 학생들은 세르게이 라흐마니노프(1873~1943년)의 합창곡 '철야기도'가 흐르는 가운데 강의실에 들어선다. 라흐마니노프는 그다지 독실하지 않았지만 '철야기도'는 정교회에서 가장 웅장한 예식에 사용된다. '철야기도'의 제2곡 일부 가사는 잠언 103장을 인용했다.

　찬양을 받으소서, 주여…
　지혜로운 당신께서 이 모두를 만드셨으니
　이 모두를 창조하신 주께 영광을 돌리나이다

　화이트보드에는 오늘의 질문을 적어두었다.

---

01 [Einstein(1956)][26].

과학이라는 도구를 이용해 접근하기에 가장 좋은 질문은 무엇일까?

종교라는 도구를 이용해 접근하기에 가장 좋은 질문은 무엇일까?

우주정신(Cosmic Mind)이란 개념이 존재할 가능성을 인정한다면 비이성적인가?

믿음이란 무엇인가? 믿음과 의구심은 어떤 관계인가?

무엇을 믿느냐와 어떻게 행동하느냐, 어느 쪽이 더 중요한가?

우리 대학은 신앙에 바탕을 두고 기독교 교파의 후원을 받아 설립됐다. 과학, 기술, 사회 그리고 생명의 문제를 토론하다 보면 학생들이 품고 있는 가장 중요한 질문이 해소되지 않는 경우가 많다. 그럴 때는 과학과 종교를 다루지 않을 수 없다. 이는 두 가지 이유로 중요한 주제가 된다.

하나는 서구 문명의 역사에서 찾을 수 있다. 다이슨 교수는 리처드 파인먼의 《파인먼의 과학이란 무엇인가(The Meaning of it All: Thoughts of a Citizen-Scientist)》와 존 폴킹혼의 《과학시대의 신론(神論)(Belief in God in an Age of Science)》에 대한 논평에서, 서구의 과학과 종교 사이 전통적 관계를 통찰력 있게 묘사하고 있다.[02] 그는 본론으로 들어가기 전에 역사적 배경을 먼저 정리했다. 신학은 신을 지적으로 탐구하는 학문이다. "지적 분석을 통해 신을 이해하고 다가갈 수 있다는 생각은 기독교 특유의 접근법이다. … 기독교 세계에서 큰 비중을 차지했던 신

---

02 리처드 파인먼, 《파인먼의 과학이란 무엇인가》, 1998년; J. 폴킹혼, 《과학시대의 신론》, 2001년; 폴킹혼은 영국 국교회 사제이기도 하다.

학은 과학사에 두 가지 중요한 흔적을 남겼다." 우선 "서구 과학은 기독교 신학에서 가지를 뻗어 성장했다. … 1,000년간 이어진 신학 논쟁이 분석적 사고력을 함양했고 이는 자연현상을 분석하는 데 적용됐다." 반면에 "신학과 과학의 밀접한 역사적 관계로 인해 다른 종교에는 유례가 없는 과학과 기독교 사이 갈등이 발생했다." 기독교와 과학은 모두 그리스 철학에서 발전했다. "그리스 문화가 융성했던 시기에 예수가 로마제국의 동쪽 변방에서 태어났다는 사실이 기독교를 신학적 종교로 만들었다."[Dyson(1998)]

오클라호마의 강의실에서 과학과 종교를 다루게 된 두 번째 이유는 지역의 종교 문화 때문이다. 남북전쟁 이후 미국 남부에는 종교색이 짙은 보수주의가 뿌리를 내렸고, 미국의 준주(準州)였다가 1907년에야 주(州)가 된 오클라호마는 특히 종교적 열정이 강한 곳이었다. 전쟁에 패배한 남부 연합은 문화적 정체성을 유지하기 위해 종교에 매달렸던 것이다.[Phillips(2005)][Ch. 5] 북부의 주류 교파들로부터 종교적 독립을 택한 결과 남부의 신앙은 근본주의적 경향이 강해졌다.

지역주민들은 오클라호마를 종종 '바이블 벨트03의 버클'이라고 부른다. 수많은 공립대학과 사립대학이 있고, 고도의 기상 관측 기술과 세계적 수준의 연구 병원을 갖추고 있으며, 우주선 기지 건설 후보지임에도 불구하고 오클라호마에는 여전히 과학을 종교의 위협요소로 보는 시선이 존재한다. 그러니 1993년 4월 6일 학생들이 다이슨 교수에게 최초로 보낸 편지에 "과학이 교수님 종교관에 어떤 영향을 주었

---

03 미국 중남부에서 동남부까지 여러 주에 걸쳐 개신교가 강세를 보이는 지역을 일컫는 말.

느냐?"는 질문이 담길 만도 했다. 그의 4월 9일자 답장은 우리 수강생은 물론 다른 과정 학생들 사이에서도 몇 년 동안 회자됐다.

나는 정통 기독교인이 아닙니다. 하지만 기독교와 느슨하게나마 연결돼 있고 교회가 제공해주는 평온함과 커뮤니티를 소중하게 생각합니다. 나는 학문과 종교 사이에서 갈등을 겪은 적은 없습니다. 과학과 종교는 세상을 보는 두 개의 창입니다. 둘 중 하나만으로는 세상을 온전하게 조망할 수 없죠. 두 창은 서로 다르지만 바깥세상은 똑같습니다. 과학자는 한쪽 창을 통해 적극적으로 탐구를 하되, 그 창이 세상의 일부만 보여주고 있음을 인정해야 합니다. 나는 '과학과 종교'라는 강연에서 이 문제를 본격적으로 다룬 바 있습니다. 이 강연은 《무한한 다양성을 위하여》란 책으로 출간되기도 했습니다.

다이슨 교수의 '두 개의 창' 비유는 새로운 접근방식을 모색할 수 있도록 도와주었다. 과학과 종교는 각각 정체성을 유지하면서 똑같이 존중받을 수 있다. 하지만 두 창을 나란히 포개어 세상을 볼 수는 없을 텐데, 각 창을 통해 바라본 두 개의 풍경을 어떻게 융합해야 할까? 1985년 다이슨 교수는 스코틀랜드 애버딘에서 기퍼드 강좌(애덤 기퍼드가 자연신학 장려를 위해 창시한 강좌로, 지금도 스코틀랜드 4대 명문대학들이 번갈아가며 개최하고 있다. 역대 강사로는 닐스 보어, 한나 아렌트, 칼 세이건 등이 있다-옮긴이)를 맡았고, 이듬해에는 가톨릭주교 회의에서 같은 주제로 연설했다. 기퍼드 강좌와 주교회의 연설도 《무한한 다양성을 위하여》라는 책에 포함되었다.[Dyson(1988)] 1989년 기퍼드 강좌를 맡은 이는 이안 바버였다. 그의 강의 내용은 후에《과학 시대의 종교(Religion in an Age of Science)》란 제목으로 출간됐다.[Barbour(1990)] 바버는 과학과 종교의 관계를 통합, 독립, 대화, 화해할 수 없는 갈등 등 네 가지 측면으로 세분했다. 바버는 이런 분류가 완전할 수도 없고 각 측면이 서로 배타적이지도 않다고 말한다. 하지만 토론에 퍽 유용한 분류법이다.

통합

우리 수업 학생들이 특히 공감했던 통합 모델은 '자연신학'이다. 다이슨 교수는 기퍼드 강좌를 이렇게 시작했다.

애덤 기퍼드는 유언을 통해 강좌의 주제를 '자연신학'으로 정했습니다. '자연신학'이란 말에는 구체적인 의미가 담겨 있습니다. 기독교 원리에 따르면 신은 우리에게 자신의 행동을 기록한 책 두 권을 내렸습니다. 하나는 성경이고, 나머지 하나는 '자연이라는 책(Book of Nature. 자연을 신이 내리는 지식이 담긴 책으로 보았던 중세시대 종교적 개념-옮긴이)'입니다. … 자연신학은 자연 현상에서 신의 생각을 읽어내는 학문입니다. [Dyson(1988)][3 – 4]

다이슨 교수가《프리먼 다이슨, 20세기를 말하다》23장 '설계 논증 (The Argument from Design)'에서 말했듯 과학을 이용해 자연 속의 신을 보려는 시도는 그 전에도 있었다. 예를 들어 토머스 라이트는 1750년에 은하계를 발견했다고 발표하며 신학적 해석을 곁들였다. "피조물과 더불어 조물주도 찬양을 받는다."[Dyson(1979a)][245]

어떤 부모들은 과학을 제대로 배우는 길이라며 자녀를 기독교 교과가 후원하는 대학에 보낸다. 그러나 자연을 관찰하여 신의 특성을 유추한다는 방식 자체가 애매모호하고, 이로 인해 자연신학은 불합리해진다. 아름다운 노을과 눈 덮인 산봉우리가 신의 본성을 대변할 수도 있을 것이다. 하지만 범고래가 바다거북을 갈가리 찢는 장면도 마찬가지로 신의 본성을 대변할 수 있다. 자연은 아름답고 경이로운 동시에 폭력적이고 잔인하다. 자연신학이란 틀 안에 종교와 과학을 끼워 맞추려 하면 미리 결론을 정해놓고 입맛에 맞는 장면만 선별하는 오류를 저지르기 쉽다. 다이슨 교수의 기퍼드 강좌 도입부는 이렇게 이어졌다. "나는 과학적 계산을 하면서 자연이라는 책을 읽는다고 주장하지 않습니다."[Dyson(1988)][4]

1998년 5월 1일
다이슨 교수님께
… '설계 논증'에 관한 질문입니다. 교수님께서는 과학과 종교를 어떻게 통합하시겠습니까?

1998년 5월 2일
드와이트와 학생들에게
편지와 질문 고맙습니다. 시간이 별로 없어서 짧게 답하겠습니다.

은퇴하고 나니 더 바빠지네요. 계속 돌아다니면서 가는 곳마다 강연을 하고 있습니다. 다행히 잠시 집에 들렀을 때 여러분의 편지가 도착했습니다.

나는 과학과 종교를 통합하려 하지 않습니다. 과학과 종교는 바깥세상을 다채롭게 보여주는 두 개의 창입니다. 둘 다 타당하지만 둘을 포개어 볼 수는 없습니다. 이해를 돕기 위해 내가 썼던 '두 개의 창'이란 글을 첨부합니다. 이 글은 존 템플턴이 편집해 몇 달 전 출간한 《신은 얼마나 거대한가?(How Large is God?)》란 책에 실려 있습니다.

다이슨 교수는 첨부 글에서 두 개의 창 비유를 자세히 설명했다.

과학과 종교가 제시하는 우주의 개념은 모두 우리의 이해를 확장하고, 또 모두 어느 정도는 사실이다. 하지만 그 둘을 동시에 조망할 수는 없다. 닐스 보어가 말한 상보성(相補性)의 사례가 될 것이다. … 상보성은 하나의 관점만으로 사물의 완전한 묘사가 어렵다는 개념이다. 상보성의 대표적 사례는 신이 최초로 만든 피조물인 빛이다.
[Templeton(1997)][47 – 68]

다이슨 교수는 파동입자의 이중성을 간략히 설명한 뒤 두 창 사이 뚜렷한 차이에 대해 설명을 이어갔다.

두 창을 동시에 볼 수 없는 또 다른 이유는 보는 방식이 다르기 때문이다. 종교라는 창을 들여다보려면 소리를 죽여야 한다. 명상, 기도, 생

각, 경청, 독서, 집필 등을 통해 마음과 영혼을 열어야 아주 작은 그 목소리가 들린다. 한편 과학의 창을 이용하려면 몇 가지 기술적 도구의 조작법을 익혀 만족할 만한 수준에 다다를 때까지 도구를 휘두르면 된다. 과학은 사교적이고 시끄럽다. 주로 개인이 아닌 집단에 의해 이뤄진다. 과학에 헌신하는 즐거움은 집을 지을 때 느끼는 즐거움과 같다. 과학은 철학보다 집짓기에 가깝다.

오늘날 과학은 자연 고유의 메커니즘을 찾아 자연을 설명하려 노력한다. 초자연적 현상을 들먹이는 사람은 과학을 다룬다고 할 수 없다. 물론 과학의 범주에 들지 않는 주장도 존중받아야 하겠지만 아무튼 과학은 아니다. 리처드 파인먼은 강의에서 말했다. "과학이 아니라고 해서 잘못됐다고 볼 수는 없다. 단지 과학이 아닐 뿐이다. 예를 들어 사랑은 과학이 아니다." Feynman et al.(1963) Feynman, Leighton and Sands] [3 - 1]

에드윈 그랜트 콘클린(1863~1952년)은 프린스턴 대학에서 오랜 세월 재직한 명망 높은 배아생물학자이자 동물학자였다. 그는 프린스턴에 오기 전 신출내기 교수 시절에 오하이오 웨슬리언 대학에서 교수직 제의를 받았을 때 다음과 같은 우려를 표시하기도 했다.

나는 배시퍼드 총장의 생물학과 교수직 제의를 수락하기 전 그에게 내가 생각하는 진실을 가르칠 자유가 보장돼야 하고, 특히 생물학을 가르치려면 진화에 대해 가르치지 않을 수 없다고 말했다. 그는 당연히 자유를 보장하겠다고 답해줬다. … 그의 통찰력과 용기, 후대 총장들의 관용 덕에 오하이오 웨슬리언 대학에서 별 탈 없이 진화를 가르칠

수 있었다. [Harvey(1958)][68]

콘클린의 우려를 십분 이해한다. 나도 그런 경험이 있다. 지금의 교수직을 얻기 위한 심사의 일환으로 세미나에서 발표를 하게 되었다. 나는 빅뱅우주론의 최근 추세를 주제로 택했다. 일단 흥미로웠기 때문이고, 또한 학교의 지적 환경을 가늠해보고 싶기도 했다. 콘클린과 마찬가지로 나도 지금까지 이곳에서 진화론이나 빅뱅우주론을 가르치며 어떤 간섭도 받지 않았다. 이곳은 두 개의 창이 늘 열려 있다.

독립

과학과 종교를 불씨와 석유처럼 완전히 분리시켜야 하는 영역으로 볼 수도 있다. 하지만 두 영역이 개별적으로 독립되어 있으되 상호 보완적 역할을 수행한다고 볼 수도 있다. 나는 다이슨 교수의 '두 개의 창' 비유가 후자를 의미한다고 생각한다.

대화

2009년 4월 13일
다이슨 교수님께
… 역사적 인물 중 한 사람과 얼굴을 마주 보고 대화할 기회가 주어

진다면, 교수님은 누구를 택하시겠습니까? 그 이유는 무엇이며, 어떤 질문을 하시고 싶으신지요?

2009년 4월 17일
드와이트에게
… 당연히 나사렛의 예수입니다. 우리 역사에 가장 심오한 영향을 미친 인물인데 알려진 바가 거의 없지요. 질문을 하기보다는 그의 말을 듣고 싶습니다. 굳이 질문을 한다면, 그가 세운 종교가 로마제국의 국교(國敎)가 된 데 대해 어떻게 생각하는지 묻고 싶습니다.

인간의 존엄성, 사회적 정의, 환경 보전과 같은 중요한 논점에서 과학과 종교의 목표는 다수 교차한다. 이런 목표를 각각 독립적으로 추구하기보다 서로 소통하며 협력할 때 더 많이 성취할 수 있다. 과학의 창을 들여다보면 종교가 보지 못하는 무언가를 볼 수 있다. 바로 물리적 세계가 작동하는 원리다. 또한 종교의 창을 들여다보면 과학이 보지 못하는 무언가가 보인다. 바로 신성함이다. 1990년 칼 세이건이 쓴 선언문 "지구의 보전: 과학과 종교의 협력에 대한 강력한 요청"[Sagan(1990)][04]이 발전적 방향을 제시하고 있다.

우리는 과학자로서 탐구활동을 하며 우주에 대한 경외와 존경심을 키웠다. 인간이 신성하다고 느끼는 존재일수록 존중받을 가능성도 커

---

04 1990년 1월 모스크바에서 열렸던 국가종교파트너십글로벌포럼에서 발표되었다.

진다. 우리의 행성이 그런 존중을 받아야 한다. 환경을 보호하고 아끼는 노력이 이어지려면 환경을 신성하게 여겨야 한다. 동시에 과학과 기술에 대한 보다 넓고 깊은 이해가 수반되어야 한다. 문제를 이해하지 못하면 해결할 수도 없다. 따라서 종교와 과학은 각자 핵심적인 역할을 수행해야 한다.

한스 베테와 프리먼 다이슨도 이 선언문에 서명했다.

봉합할 수 없는 갈등

종교와 과학의 갈등은 대중의 흥미를 불러일으킨다. 밖으로 드러나든 드러나지 않든 갈등이 존재할 경우 그 쟁점은 목적론, 자유의지, 기원 등 세 가지 중 하나다. 목적론은 우주가 만들어진 목적에 대해 탐구하고, 자유의지 논쟁은 인간의 자율적 선택이 진정 가능한지 묻는다. 기원에 대한 질문은 자연의 역사에서 한 단계 더 들어가 인간의 정체성과 삶의 의미를 다룬다.

요한 바오로 2세는 1996년 교황청 과학원(Pontifical Academy of Sciences) 연설에서 다윈의 진화론과 로마 가톨릭 교리 사이에 갈등이 존재하지 않는다고 공식 선언했다. "오늘날 ⋯ 새로운 지식을 통해 진화론은 가설의 단계를 넘어섰다."[Pope John Paul II(1997)][05]

05 1859년 《종의 기원(On the Origin of Species)》이 출간된 이후 가톨릭교에서 자연적 도태에 의한 진

교황의 선언과 그에 대한 반응은 'USA투데이' 기사에 생생하게 묘사됐다.[Marklein(1996)] 미국가톨릭교육협회(NCEA) 리오나드 드플로어 회장은 "우리는 모든 창조물이 신으로부터 왔다고 믿는다. 이 전제 너머의 문제는 과학의 영역이다."라는 말로 교황의 선언을 지지했다. USA투데이 기사의 제목에는 언론의 직관적인 마케팅 본능이 반영됐다. '진화 인정한 교황, 격분을 불러일으키다'. 부제는 '교황의 타협 비난하고 나선 창조론자들'이었다. 켄터키 주 플로렌스의 기독교 근본주의 단체 '창세기 속 해답(Answers in Genesis)'을 이끄는 마이크 조바스는 확신에 찬 어투로 교황의 '실수'를 바로잡고 나섰다. "교황의 선언은 신의 말씀에 대한 타협이다. 성경의 가르침을 정면으로 거스른 행위다. 이 선언은 성경의 원칙에 기초한 기독교 정신과 결코 양립할 수 없다." 캘리포니아 주 샌디에이고(지금은 텍사스 주 댈러스)에 있는 미국창조연구소(Institute for Creation Research)의 윌리엄 호시는 "교황이 그렇게 믿는다고 하니 그저 따라 믿는 사람들도 많이 생길 것이다. 과학적으로 유효하기 때문이 아니라 그냥 그렇게 믿고 싶기 때문일 것이며 그래서 참담하다."라고 거들었다.[06]

기자는 "교황의 선언이 미칠 영향을 창조론 지지자들이 두려워하고 있다."라고 적었다. 적절한 어휘 선택이었다. 근본주의는 대중의 두려움을 먹고 큰다. 종교적 근본주의에 매몰된 사람은, 과학이란 책과 신

화를 공식 부인한 적은 한 번도 없었다. 사실상 요한 바오로 2세에 앞서 비오 12세도 1950년 비슷한 선언을 한 바 있다.

06 이 논리를 적용한다면, 이 연구소의 창세기에 대한 믿음 역시 비난받아 마땅하지 않을까? 이 연구소가 그렇게 믿기 때문에 따라 믿는 사람들이 분명 있지 않겠는가?

성함이란 책이 상충하기 때문에 둘 중 하나만 선택해야 하며, 잘못 선택할 경우 심각한 결과를 초래할 수 있다고 생각한다.

과학적 근본주의자들 역시 과학과 종교가 서로 배타적이라, 비과학적 해석을 용인하면 불합리함을 수용하는 꼴이 된다고 믿는다. 이런 확신은 인간이 무엇이든 이해할 수 있다는 전제로부터 나온다. 하지만 인간 두뇌도 자연의 일부일 뿐인데, 자연의 일부가 어떻게 전체를 이해할 수 있을까? 1682년, 존 드라이든은 이런 질문을 던졌다.[Dryden(1958)]

그들의 헛된 수고는 황량한 미로에서 막을 내린다.
미미한 일부가 어떻게 거대한 전체를 이해할 수 있을까?
유한한 이성이 어떻게 무한함에 도달할 수 있을까?

2009년 4월 13일
다이슨 교수님께
2009년 봄 학기 학생들의 인사를 전합니다. …
과학이 답을 찾을 수 없는 문제가 있을까요?

2009년 4월 17일
드와이트에게
… '거의 모든 것'이 그렇다고 답할 수 있겠네요. 과학은 여러 도구가 담긴 주머니입니다. 그 도구의 용도에 해당하는 문제를 푸는 데는 대단히 효과적이지만, 용도를 벗어난 문제에는 무용지물입니다.

과학의 범위를 벗어난 문제의 예를 들어보지요. 이상적인 정부 형태는 무엇인가? 이상적인 부의 분배 방식은 무엇인가? 동물의 권리도 인간과 마찬가지로 존중해야 하는가? 정의로운 전쟁이 가능한가? 이슬람 율법 샤리아는 이슬람 시민사회의 근간이 되기에 적합한가? 등등 수없이 많습니다. 모두 수치가 아닌 가치에 관한 문제입니다.

사람들은 일상과 긴밀히 연관된 과학 기술(예를 들면 반도체 물리학)에는 별 관심을 보이지 않는다. 한데 일상에 실질적 영향을 전혀 미치지 않는 지구의 나이, 종의 기원 같은 주제에 대해서는 자녀를 공립학교에서 자퇴시키고 대학 총장에게 항의 편지를 보낼 만큼 적극적으로 반응한다. 우리 자신을 바라보는 관점과 가치관을 결정하는 문제이기 때문이다. 이교도(異敎徒)들이 젊은 세대를 미혹하고자 빅뱅우주론을 날조했다고 믿는 기독교도들도 분명 있다. 한데 돌이켜보면 정작 빅뱅우주론에 회의적이었던 집단은 과학자들이었다. 증거가 차고 넘쳐 더 이상 부정할 수 없는 단계에서도 그들은 의심의 끈을 놓지 못했다. 이 문제는 개괄적 설명이 필요하다. 종교는 잠시 접어두고 기원의 문제, 특히 빅뱅우주론을 살펴보자.

물리학의 창을 통해 본 우주의 기원

빅뱅우주론에 무게를 실어주는 증거가 적어도 다섯 가지는 있다. 컴컴한 밤하늘, 우주의 팽창, 원소의 분포도, 빅뱅 잔광(우주배경복사)의 존재와 온도, 우주배경복사의 기온 변화와 은하계 분포 사이 상관관계 등이다. 이 다섯 가지 증거를 여기서 검토해보려 한다.[07]

1. **컴컴한 밤하늘**: 중력이 모든 물질을 끌어당기는데 어떻게 우주는 제 형태를 유지할 수 있을까? 만약 우주가 무한대에 균일하게 분포한 영구적 항성으로 가득 차 있다면 특정 항성에 가해지는 중력의 합은 기타 항성들로 인해 상쇄될 것이다. 그러나 이러한 배열은 칼을 뾰족한 날 끝으로 세워놓은 듯 매우 불안정하다. 완벽한 균형에 아주 작은 변동이라도 생기면 와르르 무너지게 된다. 또한 어디를 바라보아도 항성이 보일 것이다. 물론 멀리 있는 항성은 흐릿하겠지만 훨씬 많이 보일 것이며, 그런 우주에서는 밤하늘이 컴컴할 수 없다. 우주는 무한할 수 없고 항성은 정지 상태로 지속될 수 없다.

2. **우주의 팽창**: 우주의 부피가 유한하다면 무한 우주의 불안정성도 사라질 것이고 하늘도 컴컴하지 않을 것이다. 1917년 아인슈타인은 일반상대성이론을 전 우주에 적용시켰다. 일반상대성은 중력을 기하학으로 간주한다. 볼링공을 트램펄린 위에 올려놓으면 곡선을 이루며 구르듯이 항성도 곡선을 그리며 움직인다. 트램펄린의 곡률(曲率)이 볼링공의 궤적을 결정하듯 우주 공간의 곡률이 천체의 움직임을 결정

---

07 수업에서 나는 이 부분을 일반인을 대상으로 하는 특강 수준으로 다루려고 노력한다. 빅뱅우주론이라고 하면 외계어처럼 들린다는 학생들에게 결코 과학자들이 지어낸 내용이 아님을 알려줘야 한다는 생각이다. 학생들 대부분이 빅뱅우주론에 대해 오해나 회의를 품고 있다. 자세한 내용은 우주론이나 천문학 교과서를 참고하거나, 스티븐 와인버그의 《최초의 3분(The First Three Minutes)》이나 《빅뱅우주론의 역사(History of Big Bang Cosmology)》를 읽어보기 바란다.

한다.[08] 아인슈타인은 이 심상을 수학적으로 정밀하게 만들었고, 일반 상대성이론을 전 우주에 적용하면서 별들이 움직이는 3차원 공간은 4차원 초구(hypersphere)의 표면이라고 추론했다. 시각화하기는 어렵지만, 이 주장은 수학을 통해 합리적으로 설명된다.[09]

아인슈타인은 우주가 정적(靜的)이라고 가정했다. 당시의 천문학 데이터에서는 별들이 움직이고 있다고 가정할 만한 근거를 찾을 수 없었다. 러시아 수학자 알렉산드르 프리드먼은 아인슈타인의 우주모델에서 변화율이 0이 아니라면(즉, 우주가 정적인 공간이 아니라면-옮긴이) 어떤 현상이 나타나게 될지 의문을 품게 됐다. 1922년 프리드먼은 초구의 표면, 즉 관측 가능한 우주가 아인슈타인의 방정식에 따라 팽창하거나 수축할 수 있다는 논문을 발표했다! 두 번째 논문에서는 다른 형태의 곡률도 아인슈타인 방정식에 부합한다는 사실을 입증했다. 우주는 안장(鞍裝)형 곡면 형태로 무한히 펼쳐지거나, 무한하지만 균형을 이뤄 곡률이 0일 수도 있다는 것이었다.[10]

팽창은 복사기가 이미지를 확대하듯 우주를 늘여놓는다. 이미지 상의 A와 B 사이 거리가 원래 10센티미터였다면, 이미지를 10퍼센트 확대할 경우 그 거리는 11센티미터가 된다. C가 A로부터 20센티미터 떨어져 있었다면 확대 후에는 22센티미터 떨어져 있게 된다. 이런 팽창이 1초 만에 이뤄진다고 가정해보자. B의 이동 속도는 A와 비교

---

08 엄밀히 말하면 4차원 시공간의 곡률이다. 찰스 마이스너, 킵 손, 존 휠러가 《중력(Gravitation)》 (Freeman, 1973)에서 적었듯 물질은 시공간에 어떻게 곡선을 이루어야 하는지 지시하고 시공간은 물질에 어떻게 이동해야 하는지 지시한다.

09 [Einstein et al.(1952) Einstein, Lorentz, Weyl and Minkowski][175-188].

10 [Tropp et al.(1993) Tropp, Frenkel and Chermin].

할 때 초속 1센티미터 빠르지만, C의 이동 속도는 A보다 초당 초속 2센티미터 빠르다. A로부터 B보다 두 배 멀리 떨어져 있는 C는 A에서 볼 때 B보다 두 배 더 빨리 움직이는 것이다. 이렇게 각 점들의 조합이 나타내는 상대속도와 각 조합의 거리를 그래프로 표현하면 우상향 직선이 그려진다.

A지점에 있는 관찰자는 자신이 우주의 중심에 있다고 가정하고픈 유혹에 빠질 수 있다. 하지만 C지점의 관찰자는 초속 2센티미터의 속도로 멀어지는 A처럼 다른 모든 점들이 자신으로부터 멀어지고 있다고 느끼게 된다. 우주가 모든 방향으로 똑같이 팽창한다면, 내가 어디에 있든 모든 점은 나로부터 멀어진다. 우주는 이미 존재하고 있던 공간으로 팽창해 나아가는 것이 아니라 은하 등의 물질을 품고 스스로 팽창하고 있는 것이다. 우주가 팽창한다고 해서 은하계나 지구도 팽창하지는 않는다. 은하계나 지구는 각자 내부에 존재하는 중력이 아닌 힘에 의해 형태를 유지한다. 고무판 위에 동전을 올려놓고 고무판을 잡아당기면 각 동전 사이 간격은 벌어지지만 동전 크기는 변하지 않는 이치와 같다.

1929년, 에드윈 허블이 최초로 은하의 속도와 거리를 보여주는 데이터를 발표했다.[Hubble(1929)] 이 데이터로 상대속도와 거리를 그래프화한 결과 우상향 직선이 나타나기는 했지만, 직선에서 벗어나 주변에 흩어져 있는 점이 많았다. 1931년 허블과 밀턴 휴메이슨은 더 먼 은하계까지 조사해 더 방대한 데이터를 수집하여 발표했다.[Hubble and Humason(1931)] 이번 데이터는 우주가 프리드먼의 예측대로 팽창하고 있음을 보여주었다. 상대속도와 거리의 그래프를 그렸더니 거의 모든

점이 우상향 직선 위에 정렬해 있었다.[11]

3. 원소의 분포도: 우주의 팽창이 빅뱅을 입증하지는 못한다. 여전히 추론만 가능할 뿐이다. 고무판 위에 좌표 격자를 그리고 우주의 팽창을 거꾸로 되돌려 수축시켜보자. 우주 역사의 시작점을 향해 거슬러 수축해 갈수록 격자의 좌표와 좌표 사이 거리는 점점 더 가까워진다. 좌표는 바뀌지 않는데 좌표 사이의 거리는 달라진다. 현재 두 좌표가 아무리 멀리 떨어져 있어도 우주 역사의 초기로 거슬러 가면 0에 가깝도록 좁혀진다. 결국 어떤 좌표의 조합도 무한소(無限小)로 가까워지는 순간에 이르면서(이를 '타임제로'라고 부른다) 우주는 미세한 존재가 된다.

타임제로를 향해 되돌리다 보면 은하계들은 서로 충돌해 쪼개질 수밖에 없다. 수축이 계속되면 별들과 행성들이 충돌하고, 더 수축하면 원자들이 충돌해 핵과 전자로 쪼개지며, 더 뒤로 가면 핵들도 충돌해 양성자와 중성자로 분리된다. 모든 좌표 간의 거리가 0에 수렴하게 될 때 온도는 무한대로 치솟는다. 타임제로에 이르기 100분의 1초 전이면 우주는 쿼크(양성자 중성자 같은 소립자를 구성하고 있다고 여겨지는 기본적인 입자), 전자, 광자(빛의 입자)와 몇몇 이색적 입자(이에 대한 설명은 생략한다) 등 원소 입자들이 밀집한 엄청나게 뜨거운 가스 상태가 된다. 온도가 무한대이고 부피가 0인 타임제로의 상태를 '최초의 특이점(initial singularity)'이라고 부른다.

---

11 속도는 움직이는 대상이 방출하는 빛 파장 속 변화를 이용해 측정한다. 거리는 세페이드 변광성이나 특정 초신성과 같은 '표준 촉광'의 명도로 측정한다.

이제 우주라는 영화를 타임제로에서 시작해 최근으로 돌려보자. 다양한 물리학 법칙을 이용해 우주가 팽창하면서 어떤 현상이 발생하고 어떤 구조가 생성될지 예상할 수 있다. 이러한 법칙은 현재 시점에 수립되었으므로 초창기 우주에 똑같이 적용이 가능할지는 알 수 없다. 하지만 한 가지 예외를 제외하면 이 법칙을 적용하지 않을 이유가 없고, 다른 대안도 없다. 그 한 가지 예외란 타임제로부터 10^{-43}초까지 대단히 짧은 순간을 뜻하는 이른바 플랑크 시간(Planck time)이다. 이때는 온도가 너무 높아져서 물리학 법칙이 유효하리라 보기 어렵다.[12] 하지만 플랑크 시간이 지나면 온도는 물리학 법칙이 스스로 신뢰도를 입증한 범위까지 낮아진다. 물리학은 별의 내부 같은 극한 환경도 설명해냈다. 따라서 중력, 열, 빛, 핵과 원자를 설명하는 법칙들이 플랑크 시간 이후 현재에 이르는 우주 역사에 적용 가능하다고 할 수 있다. 초기 우주 환경에 이 법칙들을 적용하면 빅뱅의 화석을 일부 관측할 수 있다는 결론에 이른다. 천문학자들은 현재의 우주에서 이 화석을 찾고 있다. 우주론은 일종의 과학 수사인 셈이다.

'최초의 특이점' 개념을 최초로 진지하게 받아들인 사람은 벨기에의 가톨릭 신부 조르주 레메트르였다. 그는 케임브리지 대학에서 박사학위를 받은 천체물리학자이기도 하다. 1927년 독자적으로 속도와 거리의 관계를 재발견했고, 최초의 특이점 직후 상황을 탐구하여 '우주 달걀'이라 명명했다.

최초의 특이점 이후 100분의 1초 시점에서 우주 달걀 이야기를 시

12　더 구체적으로는, 우리에게 아직 없는 미세 중력의 법칙이 필요하다.

작해보자.[13] 이때 온도는 약 100억 도까지 떨어진다.[14] 다음 약 3분간 우주는 양성자, 중성자, 전자, 광자로 이루어진 가스 상태이다.[15] 3분에 걸친 팽창과 냉각 이후 온도는 8억 도까지 낮아진다. 이 온도에서는 양성자와 중성자가 결합해 첫 번째 헬륨 핵을 형성할 수 있다.

1948년 랠프 앨퍼와 조지 가모프가 처음으로 태초의 불덩이에서 나온 원소들의 분포도를 추산했다.[Alpher and Herman(2001)][16] 이들의 연구 결과는 1960년대 말에 이르자 전문가들 사이에서 확고한 영역으로 자리 잡았으며, 지금도 계속 개량, 향상되고 있다. 이들의 계산법에 따르면 방출된 핵 물질은 질량을 기준으로 약 4분의 3이 수소 핵이고, 약 4분의 1이 헬륨이었다.[17] 오늘날 우주에 존재하는 원소의 비율을 측정하면 태초의 비율과 비교해볼 수 있을 것이다. 별이 방출하는 빛을 분석하면 별을 구성하고 있는 화학 성분을 유추할 수 있다. 별의 융합반응 속도를 계산해 태초 이후, 별의 형성에 영향을 미친 후속 요인까지 감안할 경우, 빅뱅 당시 방출된 원소의 입자들은 바리언(양성자와 중성자를 통칭하는 용어) 한 개당 광자 10억 개 비율을 이루어야 한다.

---

13 그 100분의 1초 동안 물질이 반물질보다 우세해지는 메커니즘 등 많은 현상이 발생한다. 이 부분은 전문가의 몫으로 남겨놓도록 하자.

14 이 온도에서는 섭씨와 절대 켈빈 온도를 구분할 필요가 없다. 273도가 차이 나는데, 우주배경복사가 등장하기 전까지는 무시해도 되는 차이다.

15 이 프레젠테이션은 일반인을 대상으로 하는 만큼 반입자, 중성미자, 게이지 보손, 그리고 (안타깝게도) 우주 팽창 가속화는 따로 질문이 나오지 않는 한 다루지 않는다. 다룰 주제는 너무 많고 시간은 한정되어 있기 때문이다.

16 앨퍼의 조지워싱턴 대학 박사학위 논문 주제였다. 앨퍼의 논문 지도교수는 조지 가모프(빅뱅이론의 창시자—옮긴이)였다.

17 리튬이나 탄소 등 여타 원소는 태초 불덩이 속에 아주 미량 존재했던 것으로 추정된다.

이 10억 대 1 조건에서 빅뱅의 관찰 가능한 현상을 추론할 수 있다. 우주가 정말 빅뱅을 통해 만들어졌다면 이런 광자의 잔광, 즉 '우주배경복사'(특정 천체가 아니라 우주 공간의 배경을 이루며 모든 방향에서 같은 강도로 나오는 전파-옮긴이)가 오늘날 우주에 존재해야만 하는 것이다.

4. **우주배경복사:** 2,000~3,000년 동안, 원자가 뭉쳐 있기에는 너무 높은 온도가 지속됐다. 우주는 전기로 충전된 입자(맨원자핵과 전자)와 광자로 이루어진 가스였다. 자유롭게 움직이는 전기로 충전된 입자와 광자 사이의 충돌로 인해 광자가 사방팔방으로 분산됐다. (이 메커니즘으로 인해 태양의 표면이 우리 눈에 보이지 않는다.) 타임제로로부터 약 38만 년 뒤, 온도가 3,000도로 떨어지면서 이런 충돌의 폭발력이 줄어들어 음전기를 띤 전자가 양전기를 띤 핵 근처 궤도에 머무를 수 있게 되었다. 그럼으로써 전기적으로 중성인 원자가 형성되었다. 이 시점과 온도에서 물질과 빛이 비로소 분리됐다. 광자는 더 이상 분산되지 않고 자유롭게 움직일 수 있었다. 우주는 빛이 지나다닐 수 있을 만큼 투명해졌다.

1948년 앨퍼와 로버트 허먼은 우주배경복사가 빅뱅 우주에 존재해야 하며 우주배경복사의 현재 온도를 추산할 수 있다는 사실을 최초로 깨달았다. 천체물리학자들이 파악한 가장 오래된 별의 나이는 100억~200억 년 사이였다. 앨퍼와 허먼은 타임제로를 약 150억 년 전으로 잡고 우주가 그 이후 약 1,000배 팽창했다고 추정했다. 이에 따라 우주배경복사의 오늘날 온도는 절대 0도보다 높은 약 5도(켈빈 온도)라는 예측을 내놓았다. 이 온도에서 빛은 가장 강력한 초단파 신호를 생성한다. 이후 15년간 앨퍼와 허먼은 이 신호를 찾아내기 위해 전파천문학자들의 도움을 구했지만 아무도 이 관찰에 흥미를 보이지 않았다. 우주배경복사를 절대 찾지 못하리라 생각했기 때문이었다.[Alpher(2012)]

역시 1948년, 프레드 호일, 토머스 골드, 허먼 본디가 '정상상태우주론'을 제시했다. 이들은 '최초의 특이점'이라는 개념에 찬동하지 않았다. 이들은 우주가 팽창을 거듭하면서 서로 멀어지는 은하계 사이에 새로운 물질이 연속적으로 생성되고, 그로써 우주의 평균 밀도는 늘 일정하게 유지된다는 이론을 내놓았다. 최초의 특이점도 없고, 태초의 불덩이도 없고, 우주배경복사도 없다. 새로운 물질이 생성되는 메커니즘은 밝혀지지 않았지만 빅뱅의 메커니즘 역시 밝혀지지 않았다.[18] 한 가지 수수께끼가 다른 수수께끼로 대체되었을 뿐이었다. 두 이론 모두 찬반이 갈렸다. 의견 일치는 요원했고, 데이터는 부족했고, 앨퍼와 허먼은 계속해서 무시당했다. 그러다 1950년 정상상태우주론의 대부 호일과 빅뱅우주론의 대표주자 조지 가모브가 라디오 프로그램에서 만나 격돌했다. 여기서 호일이 최초의 특이점 개념을 비웃으며 '빅뱅'이란 표현을 썼고, 이 표현이 그대로 굳어졌다.

---

18 이후 빅뱅에 의한 우주 탄생의 가설이 제기되었다. 이 시나리오는 '진공 우주 탄생'이라고도 불리며 현재까지 밝혀진 어떤 물리학 법칙에도 위배되지 않는다. 태초에는 아무것도 없는 '제로 에너지' 상태였다. 제로 에너지 상태는 양자역학 및 불확실성 원칙에 따르면 평균에너지가 제로였다는 뜻이다. 에너지가 $0 \pm \varepsilon$ 이며 ε 는 무작위로 변동한다. ε 가 아주 짧은 시간에 우주 전체의 생성으로 이어지는 데 충분한 에너지를 낼 만큼 커졌을 수도 있다. 이 가설은 우주와 불확실성 원리를 어떻게 연결시켜야 할 것인가, 또한 이 변동으로부터 나온 에너지를 어떻게 보아야 할 것인가 하는 의문으로 이어진다. 또한 어떤 관점을 택하든 풀리지 않는 수수께끼가 남는다. '왜 아무것도 없는 상태인데 무엇인가가 있는가?'

1964년 벨 연구소 과학자 아르노 펜지어스와 로버트 윌슨이 아주 우연히 우주배경복사를 발견했다. 에코 위성(지구상의 원거리 통신 중계에 사용되는 인공위성-옮긴이)의 궤적을 추적하기 위해 맞춰놓은 안테나에 지속적인 잡음이 수신됐는데, 출처를 찾을 수 없었다. 누군가가 이들에게 프린스턴 대학의 로버트 딕을 소개해줬다. 우주배경복사를 자체적으로 찾아보려고 준비하고 있던 딕 연구팀은 펜지어스-윌슨 데이터에 우주론적 해석을 제공했다(안테나에 수신된 잡음은 파장 0.01~20센티미터 사이에서 관측되는 극초단파였는데, 특정 방향이 아니라 모든 방향에서 수신됐다. 이 전파가 우주 공간에 가득 차 떠돌아다닌다는 의미였다. 이는 대폭발 이후 팽창하는 우주에 넓게 퍼진 열에너지, 즉 빅뱅의 잔광이 존재한다는 뜻이다-옮긴이). 앨퍼와 허먼은 우주배경복사 온도를 약 5도로 추정했는데, 펜지어스와 윌슨의 측정값은 약 3.5도였다. 이로써 정상상태우주론 대신 빅뱅우주론이 지지를 받게 되었다.

미세한 변동을 무시하고 빅뱅 시나리오를 수학적으로 설명할 때, 원소 입자들로 이루어진 가스는 특정 시간에 모든 우주 공간에서 온도와 밀도가 균일하다고 가정한다. 이 가정의 유효성은 검증이 가능하다. 가정이 맞다면 우주배경복사 온도가 모든 하늘에서 적어도 네 자리 숫자까지 똑같다는 뜻이기 때문이다(미세한 변동은 뒤에서 다시 다룰 것이다). 우주배경복사의 균일성은 우주의 탄생을 설명해주는 중요한 요인이다. 1989년 11월 우주배경탐사위성 코비(COBE)가 고해상도 우주배경복사 연구 장비를 싣고 발사됐다.

존 매서가 이끌었던 연구진의 장비는 우주배경복사의 온도를 매우 정밀한 수준으로 측정했다. 보정 데이터를 확인하기 시작한지 9분이 채 지나지 않아 매서 연구진은 쾌재를 불렀다. 1990년 1월 미국물리학회 회의에서 매서는 코비를 이용해 측정한 모든 수치가 오차 범위 0.5퍼센트 이내로 한 가지 온도에 들어맞음을 보여주는 그래프를 발표했다. 그 온도는 절대 0도 위 2.735도였다. 과학사 전체를 통틀어 이론과 실험이 가장 근접한 사례였다. 매서 박사는 기립박수를 받았다. 이제 물질 밀도의 변동성으로 돌아가보자.

5. 우주배경복사의 온도 변화: 각 은하계는 은하단을 이루며 이러한 은하단이 모여 초은하단을 이루고 초은하단 사이에는 광활한 공동이 존재한다. 즉 팽창으로 인해 오늘날과 같이 은하 분포의 차이가 증폭되기 전 우주 역사 초기에는 물질 밀도가 변동을 거듭했던 것이다. 물질 분포가 변동을 거듭했다면 우주배경복사의 온도 역시 함께 오르내렸을 것이다. 이에 대해 더 자세히 살펴보자.

물질이 빅뱅의 화염구(fire-ball)에서 은하 및 공동으로 진화하려면 중력 상승을 위해 물질 밀도가 평균보다 약간 높은 지역이 필요하다. 평균보다 물질이 조금 더 많은 지역은 주변 물질을 빨아들이게 된다. 초기 우주에서는 물질과 복사가 열평형 상태인 가운데 이러한 현상이 지속되면서 특별히 물질 밀도가 높은 지역은 복사 압력과 온도가 조금씩 오르고 물질이 빠져나간 지역은 복사 압력과 온도가 조금씩 낮아지게 된다. 중성 원자 형성 후 물질과 복사가 열 접점을 벗어나면 온도 차이의 흔적이 복사에 남게 된다. 빅뱅우주론이 은하 형성 이론과 일관성을 유지하려면 그러한 흔적이 오늘날 우주배경복사에 남아 있어야 한다. 초기 우주의 물질 변동은 은하단 및 초은하단으로의 확장과 함께 증가했다. 또한 상세한 산출에 따르면 복사 온도의 변동은 소수점 이하 여섯 자리에서 나타난다.

조지 스무트가 이끄는 연구진이 이러한 변동을 측정했다. 스무트는 1993년 4월 미국물리학회 회의에서 결과를 발표했다. 측정 온도 변동은 소수점 이하 여섯 자리까지 이론과 일치했다. 빅뱅우주론은 이제까지 밝혀진 은하 형성 과정에 부합했던 것이다. 스무트가 기립박수를 받을 차례였다.

매서와 스무트 연구진이 내놓은 결과뿐만 아니라 이후 훨씬 정교한 장비[19]를 이용해 수집한 데이터를 바탕으로 빅뱅우주론은 오늘날 은하의 형성을 설명하는 이론으로 자리 잡게 되었다. 바야흐로 정밀 우주론의 시대가 도래했다. 우주배경복사가 빅뱅우주론을 정밀한 수준으로 입증한다는 사실이 밝혀진 만큼 우주배경복사를 상세히 분석하면 초기 우주에서 일어났던 현상을 관찰할 수 있게 될 것이다. 의사가 심전도를 이용해 심장의 상태를 간접적으로 관찰할 수 있듯이 말이다.

다시 과학과 종교로

빅뱅우주론은 신에 대한 지지도 부정도 아니다. 회의론자들은, 빅뱅우주론이 우주 창조에 있어 신의 역할이 전무했음을 알려주었다고 주

---

19 기구 탑재 부머랭(Boomerang) 관측, 윌킨슨 초단파 비등방 탐사선(WMAP), 남극에 설치된 간섭계(Degree Angular Scale Interferometer), 플랭크(Planck) 위성 등이다.

장한다. 기독교 신자들은 그와 반대로 이를 통해 신이 어떻게 우주를 창조했는지 알 수 있게 되었다고 주장한다. 우주는 이 문제에 대해 모든 사람들이 납득할 만한 신호나 수치를 제시하지 않는다. 신앙의 문제라고 말할 수도 있을 것이다. 신앙은 대체 무엇인가? 지식과 어떻게 연결되는가? 또 의혹과는 어떤 관계인가?

"사람이 이해할 수만 있으면 '신앙'은 훌륭한 발명품이다. 그러나 비상시에는 현미경이 안전하다." -에밀리 디킨슨[20]

---

20 [Dickinson and Franklin(1999)].

17 과학과 종교를 향한 극단주의

"단언컨대 종교의 교리보다 정직한 의심 안에 더 큰 믿음이 있다." –알프레드 로드 테니슨[01]

흠잡을 데 없는 자베르 경감

문학작품 속 비극적 인물을 꼽을 때면 종종 빅토르 위고의 명작《레미제라블(Les Miserables)》에서 끈질기게 장발장을 추적하는 자베르 경감이 언급된다. 그는 법의 테두리 밖으로 발을 내민 적이 한 번이라도 있는 사람을 경멸하고 혐오했다. 그는 단호했고, 예외를 두지 않았다.[Hugo and Wilbor(1943)][59]

자베르의 융통성 없는 법률주의는 혁명군이 쳐놓은 바리케이드 앞에서 그에게 자비를 베푼 장발장에 의해 결함이 드러난다. 늙은 장발

---

01 추도시 '인메모리엄(In Memoriam)'에서 발췌.

장은 몇 년 동안이나 자신을 추적했던 자베르를 권총으로 쏴버리는 대신 풀어준다. 장발장은 결박을 끊어주며 자베르에게 "가라"고 말한다. 자베르가 당황하며 떠난 뒤 장발장은 허공을 향해 권총을 발사하고 혁명군들에게 "처리했다"고 말한다.[Hugo and Wilbor(1943)][416-417] 그날 밤 자베르는 장발장의 집에서 장발장을 체포한다. 그리고 장발장에게 위층으로 가서 작별인사를 하고 오라고 허락한다. 장발장이 다시 내려왔을 때 자베르는 사라지고 없다.

다음 장면에서 자베르는 검은 물살이 일렁이는 세느 강 위 다리에 홀로 서 있다. 자신의 굳은 신념을 저버리게 만든 그날의 사건으로 절망에 빠진 채⋯.[Hugo and Wilbor(1943)][446-447]

그가 절망에 빠진 이유는 생각을 할 수밖에 없는 상황으로 내몰렸기 때문이었다. 이 심각한 감정의 충돌로 인해 그럴 수밖에 없었다.

해결책은 있었다. 즉각 롬 아르메 거리로 돌아가 장발장을 체포하는 것이었다. 그의 임무는 명확했다. 그런데 그럴 수가 없었다. 무언가가 그를 막아섰다.

대체 무엇이? 이 세상 무엇이 재판, 선고, 경찰, 권위보다 중요한가? 자베르의 생각은 뒤집혔다. 그가 극도로 분노했던 이유는 확신을 잃었기 때문이었다. 그는 뿌리째 뽑히는 느낌을 받았다. 자신이 오래도록 간직했던 가치관이 흔들린 것이다. 예상치 못한 사실들이 계속 발견되면서 그를 압도했다. 완전히 새로운 세계가 그의 앞에 모습을 드러냈다. 호의, 헌신, 연민, 관용 ⋯ 사람에 대한 존중, 비난이나 저주가 없는 세상, 법의 눈에도 맺힐 수 있는 눈물, 인간의 정의와 충돌하는 신의 수수께끼 같은 정의.

자베르의 이상은 인도적이지도, 숭고하지도 않았다. 흠결이 없다고 믿었지만 실패였다.

법과 범죄와 처벌의 문제에서 자베르는 법률적 근본주의자였다. 그는 경직된 근본주의가 얼마나 불안정한지를 보여준다. 다리 위에 있던 자베르 경감은 결국 해피엔딩을 맞지 못한다.

'근본주의자'라는 용어는 로스앤젤레스성경연구소(Bible Institute of Los Angeles)가 에세이 아흔 편을 열두 권 분량으로 엮어 1910년부터 1915년까지 개별적으로 배포한 《근본 원리: 진실을 향한 증언(The Fundamentals: A Testimony to the Truth)》에 처음 등장했다. 여기에 실린 에세이들은 성경이 완전무결하며, 따라서 성경 문구를 문자 그대로 실천하며 살아야 한다고 주장한다. 우리 수업에서는 근본주의자를 좀 더 광범위한 의미로 사용한다. 경직된 의견에 집착하며 반대되는 증거나 주장을 들으려 하지 않는 사람을 뜻한다. 근본주의자를 설득하여 자신의 생각이 틀리지 않았는지 되돌아보게 할 방법은 없다. 그들은 반대 의견에 진실이 담겨 있을 가능성이 전혀 없다고 생각한다. 근본주의자들은 자신들이 진실을 독점한다고 주장한다.

우리 대학을 후원하는 교파 중에서도 목소리가 큰 소수파가 율법주의의 명맥을 이어나가고 있다. 우리 수업 수강생들을 기준으로 추정해 볼 때 최근 몇 년간 우리 대학의 학생 구성이 다양해지기는 했지만 여전히 전체 학생의 4분의 3은 일요일마다 교회에 출석하며 일상적으로 기도하고 성경 읽는 가정에서 자란 이들이다. 학교의 공식 자료를 보면 전체 학생의 약 45퍼센트가 후원 교파 회원 부모를 두고 있다.[Zabel(2014)][10]**02** 나도 그런 가정에서 자랐고 그런 문화에 따라야 한다는 압력을 강하게 받았다.

대학 3, 4학년인 우리 수강생 대부분은 20대 초반이고 집을 떠나 생활한 지 2~3년 정도가 됐다. 더 넓은 세상에 노출되고 나면 어린 시절 체득한 신앙과의 충돌을 경험하게 되고 이는 의심과 질문을 낳는다. 의심과 질문은 대학의 존재 이유다. 부모와 전통을 계속 존중하면서 동시에 있는 그대로 바라보기란 지적으로나 감정적으로 쉽지 않다. 우리 강의실에 들어오는 학생들은 대개 에드거 리 매스터스가 《적막(Silence)》이란 시에서 표현한 내적 갈등을 심하게 겪고 있다.[Masters(1916)]

영적 위기의 적막이 감돌 때
네 영혼은 정교한 고문을 맛보고
말없이 새로운 비전이 찾아와
숭고한 삶의 영역으로 안내하리라

플라톤적 이상향의 세계와 잿빛 현실 세계 사이의 조율은 영원히 끝나지 않는 과제다.

---

02 2014년 수치로, 그보다 10년 전 수치인 약 60퍼센트보다는 낮아졌다. 물론 다른 교파 출신 학생들까지 합하면 차이가 메워진다.

과학은 의심 없이 작동할 수 없다. 과학은 불확실성과 맞닥뜨려야 하지 억눌러서는 안 된다. 과학은 "정말 그런가? 증거가 있나? 어떻게 확신하는가?"라고 질문해야 한다.

1999년 12월 7일

다이슨 교수님께

… '순수 정신'이 가능하다는 형이상학적 관점에서 교수님께서는 초자연적 존재의 가능성(예수의 부활 등)이 있다고 믿으시나요?

1999년 12월 8일

드와이트에게

… 나에게 종교는 믿음의 문제가 아니라 삶의 방식입니다. 나는 봉사하는 사람들의 커뮤니티에 참여하려고 교회에 갑니다. 스스로 기독교인이라고 생각하지만 부활을 믿지는 않습니다. 부활이 불가능하다는 교조적인 얘기를 하려는 의도가 아닙니다. 분명히 하늘과 땅에 우리가 이해할 수 없는 현상이 일어나며, 부활도 그중 하나일 수 있습니다. 과학자로 살려면 불확실성을 불편하게 느껴서는 안 됩니다.

포지션 A와 Z

논쟁을 불러일으키는 주제가 등장하면 항상 양극단의 집단이 가장 거침없이 목소리를 높인다. 극단주의자들은 고성을 지르는 데 매우 탁월한 반면 남의 이야기를 듣는 데는 아주 미숙하다. 마이클 디커슨은 학술지 '과학 교사(The Science Teacher)'에 실린 '창조론자에게 보내는 편지'란 글에서 종교적 극단주의자를 포지션 A, 과학적 극단주의자를 포지션 Z로 놓고 의견을 펼쳤다.

포지션 A: 홈스쿨링을 받았던 레슬리란 학생이 몇 해 전 나에게 교재 한 권을 빌려줬다. 그녀는 이 교재로 가족들이 과학이라고 믿는 내용을 배웠다고 했다. 데니스 피터슨 저 《창조의 수수께끼를 풀다(Unlocking the Mysteries of Creation)》[Petersen(1986)]라는 책이었고 저자가 설립한 창조연구재단(Creation Resource Foundation)에서 펴냈다고 되어 있었다.

창세기 1장에는 신이 '엿새' 만에 천지를 창조했다고 나온다. 여섯째 날 아담과 이브가 등장한다. 성경 문자주의자들은 아담에서 시작된 성경의 족보를 근거로 지구의 나이가 6,000년 이상일 수 없다고 주장한다.[03] 이 족보에 대한 의문은 성경 자체의 부정과 같고, 그럴 경우 나락으로 떨어지게 된다.

피터슨은 지구가 젊다는 주장을 펴면서 대기 중 헬륨을 근거로 들었다. "헬륨의 총량 측정이 가능하다. 지구에서 지속적으로 발생하고 있는 우라늄 감쇄 작용은 헬륨의 주요한 원천이다." 만약 '지속적인' 감쇄 작용이 우라늄의 초당 감쇄 횟수가 아니라 알파 붕괴를 뜻한다

---

03 아담부터 노아는 창세기 5장, 노아부터 아브라함은 창세기 10장~11장, 아브라함부터 예수를 낳은 마리아의 남편 요셉은 마태복음 1장에 나와 있다.

면, 여기까지는 받아들일 만하다. 피터슨의 설명이 이어진다. "지구가 만들어진 지 수십억 년이 됐다면 대기 중 헬륨이 지금보다 100만 배는 더 많아야 한다! 헬륨이 지구 밖 우주로 빠져나갔다고 주장하는 사람도 있는데, 그렇게 빠져나가기는 불가능하다."[Petersen(1986)][42]

이 글은 100만 배라는 수치가 어떻게 나왔는지, 헬륨이 우주로 빠져나가기가 왜 불가능한지 아무런 근거를 제시하지 않고 있다. 나는 학생들에게 지구에서 생성된 헬륨이 우주로 빠져나갈 수 있다고 설명했다.

특정 온도에서 기체 분자의 운동 속도가 어떤 분포를 보이는지 보여주는 맥스웰-볼츠만 분포는 분자물리학의 검증된 도구다.[04] 수평축은 속도, 수직축은 분자 개수를 뜻한다. 이때 분포도는 봉우리가 하나 있는 곡선을 형성하는데, 봉우리는 가장 개연성이 높은 속도를 나타낸다. 봉우리보다 빠른 속도에서는 곡선이 점근적으로 하향해 0에 가까워지지만 결코 0이 되지는 않는다. 따라서 빠르지만 한정된 속도에서는 그보다 더 빠른 속도로 움직이는 소수의 분자가 존재한다. 지구의 중력을 벗어날 수 있는 최소한의 속도는 초속 약 11킬로미터다. 지구 대기의 상층부에는 대기권 밖으로 빠져나가기에 충분한 속도로 움직이는 헬륨 원자가 적지만 0은 아니다. 따라서 "그렇게 빠져나가기는 불가능하다."라는 피터슨의 주장은 거짓이다. 만약 피터슨의 목적이 진실 수호라면, 거짓 논리로 진실을 수호하려는 모순을 저지른 셈이다.

우라늄의 방사성 감쇄가 헬륨의 원천이라는 피터슨의 설명은 옳

---

04 맥스웰-볼츠만 분포는 맨해튼프로젝트의 기체확산시설(테네시 주 오크리지)에서 U-235와 U-238을 분리하는 데 적용되었다. U-235 육불화 우라늄 분자는 U-238 분자보다 조금 더 빠르게 움직였다.

다. 우라늄 동위원소들은 알파 방출체인데, 그중 풍부하게 존재하는 U-238 동위원소는 반감기가 약 45억 년이다. 《창조의 수수께끼를 풀다》는 과학의 발견을 입맛에 맞을 때는 이용하고 그렇지 않을 때는 무시한다.

피터슨은 이런 질문도 했다. "빅뱅우주론이 틀렸음을 입증할 증거가 있는가? 우리 태양계에서 관측되는 다음과 같은 문제들이 빅뱅우주론을 반박하고 있다."[Petersen(1986)][45] 그는 태양계 관측을 통해 발견된 빅뱅우주론에 관해 아홉 가지 '문제'를 나열했다. 우리는 이 전략을 비판적으로 곱씹어볼 필요가 있다. 관측 가능한 우주에는 별이 1,021개 정도 있다. 한데 빅뱅 발생 약 90억 년 뒤에 고작 항성 한 개와 거기에 딸린 행성을 관찰해서 빅뱅우주론이란 큰 그림을 무력화할 수 있는 강력한 증거를 찾아낼 수 있을까? 피터슨은 가능하다고 주장하고 있는 것이다. 그가 지적한 '문제'들은 우리 태양 및 행성들의 역행 동작과 각운동량(회전운동하는 물체의 운동량-옮긴이)의 분포다. 이는 오래 전에 파악된 특성이고 성운 응집 모델[05]과도 부합한다고 밝혀졌다. 그러나 이는 모두 요점에서 벗어나 있다. 이 같은 태양계 관측 결과가 실제로 빅뱅우주론에 반하기는 하지만, 그 이유는 해당 결과가 빅뱅우주론과 무관하기 때문이다. 피터슨의 주장은 판구조론이 의심스럽다면서 국제연합(UN)의 존재가 판구조론을 반박하고 있다고 주장하는 것과 같다. 이런 주장은 지적 논증이 아니라 귀가 얇은 이들을

---

05 1734년 에마누엘 스베덴보리, 1755년 이마누엘 칸트, 1796년 피에르 시몽 라플라스가 개발했다.[North(1965)]

부화뇌동하게 만들려는 의도일 뿐이다.

피터슨은 독자들에게 이렇게 경고한다. "과학자들이 기원과 초자연적인 힘, 영적인 존재에 관해 말할 때는 주의 깊게 검증하고 반박해야 한다. 이론은 사실이 아니다!"[Petersen(1986)][66] 과학은 자연 안에서 벌어지는 현상만을 다룬다. 따라서 '초자연적인 힘과 영적인 존재'는 과학의 주제가 될 수 없다. 반박해야 할 대상은 과학이 무엇인지도 모르면서 과학을 평가하려는 이들일 것이다. 이론은 사실이 아니라는 말은 옳다. 그러나 그는 과학에서 이론이 의미하는 바를 정반대로 묘사해 사람들을 오도하고 있다. 그는 "이론이란 무엇인가? 이론은 자연현상을 설명하기 위한 창의적이고 논리적인 연구를 촉발하는 추측 또는 추정"이라고 했다. 이는 과학자들이 '상대성이론'이나 '핵이론' 등에서 '이론'이란 말을 쓸 때 상정하는 의미와 완전히 대립된다. 과학자들이 말하는 '이론'의 의미는 다음 구절로 압축된다. "예측력을 갖춘 체계화된 지식."

피터슨은 '이론'이란 어휘를 쓰면서 '가설'이나 '추측'을 임의대로 갖다 붙였다. '이론'이 '추측'의 의미를 내포한다는 주장은 증거 수집, 추론적 사고, 일관성 있는 해석 등 수고로운 과정은 생략한 채 그저 '다윈의 진화론'이나 '빅뱅우주론'을 의심하게 만들려는 속임수에 불과하다.

과학자로서 나는 과학에 대한 피터슨의 주장을 비판할 의무가 있다. 그러나 사람 자체를 비판하지는 않을 것이다. 사람들을 속이려는 의도로 그랬다고 생각하진 않는다. 자신이 위협이라고 여기는 것들로부터 젊은 세대의 영혼을 보호하겠다는 열정 때문이라고 본다. 진정한 비극은 과학에 대한 피터슨의 공격이 아니다. 과학자들도 늘 서로를 공격하니까. 진정한 비극은 그가 아이들의 마음에 '과학은 적'이란 생각을 심기 위해 과학에 대해 잘못된 주장을 펴고 있다는 점이다. 젊은 지구라는 피터슨의 창조론은 진정한 종교적 믿음과 무관할 뿐 아니라 그가 지키려는 믿음을 오히려 훼손하고 있다. 과학 공부는 제대로 하지 않은 채 이념을 지키겠다며 피상적 이해만을 바탕으로 내놓는 주장은 소속 집단을 벗어나는 순간 신뢰를 잃는다. 콘클린이 말했듯 "이 시대를 탈종교의 시대로 만들어가고 있는 사람들은 과학자가 아니라 종교적 근본주의자들"이다.[Conklin(1925)] 콘클린보다 앞서 알렉산더 포프(1688~1744년)도 《비평론(An Essay on Criticism)》(1709)에서 이를 명료하게 정리했다.

조금 알고 있으면 위험하다
시(詩)의 샘물은 깊이 마시든가, 아니면 아예 맛보지 말라
약간 마시면 뇌가 취하고
많이 마시면 다시 제정신으로 돌아온다

"이 땅의 부모들이여 깨어나라, 그리고 이해할 수 없다고 해서 비판하려 들지 말라…." -밥 딜런[06]

포지션 Z: 1996년 10월판 '미국물리학저널'은 '희망은 영원히 샘솟

---

06 밥 딜런의 '시대는 변한다(The Times They Are A-Changin)'에 나오는 가사(컬럼비아레코드, 1964년).

는다―사람들이 어처구니없는 것을 믿는 이유(Hope Springs Eternal―Why People Believe Weird Things)'란 제목의 흥미로운 칼럼을 실었다. 잡지 '스켑틱(Skeptic)'의 편집장 마이클 셔머가 기고한 글이었다.[Shermer(1996)]

셔머는 우리 사회가 각종 기술 및 현대과학이 내놓은 다양한 전망에 매몰돼 있다고 지적했다. "우리가 진정 과학의 시대에 살고 있다면, 대체 왜 사이비 과학과 비과학적 전통이 넘쳐날까? 종교, 신화, 미신, 신비주의, 컬트, 뉴에이지 같은 헛짓이 대중문화와 고급문화 곳곳에서 발견된다."

회의론자나 신앙인이나 모두 우주를 경외하고, 의미와 희망을 모색한다. 하지만 의미와 희망을 찾는 곳이 다르다.

심령론자, 종교 제일주의자, 뉴에이지 추종자, 초능력 신봉자들만 희망이 샘솟지는 않는다. 물질주의자, 과학자, 무신론자, 심지어 회의론자도 마찬가지다. … 첫 번째 집단은 과학과 이성의 혜택을 편의에 따라 이용하다 쓸모가 없어지면 내버리곤 한다.

셔머의 글은 나에게 영감과 혼란을 동시에 줬다. 과학과 기술의 혜택을 편의에 따라 이용하다 내버리는 행위는 셔머가 비판한 일부 종교인들의 공통점이다. 하지만 과학을 진지하게 받아들이고, 종교적 근본주의를 무신론보다 더 혐오하며, 영적인 갈망과 과학적 관점을 조화시켜 개인적 철학을 구축하려 애쓰는 신앙인들도 많다. 알베르트 슈바이처와 조르주 레메트레를, '창세기의 해답' 같은 단체나 데니스 피터슨과 동급으로 분류할 수는 없다. '종교 제일주의자', '초능력

신봉자'를 연결 짓고 '과학자'를 '무신론자'로 보는 시선도 마찬가지로 비약이다. 조르주 레미트레와 에드윈 그랜트 콘클린은 과학자였지만 무신론자는 아니었다. 자칭 회의론자라면 성급한 일반화에 가장 먼저 반발해야 하지 않을까?

하진만 대다수 회의론자들은 세상의 모든 종교가, 버트런드 러셀의 '내가 기독교를 믿지 않는 이유'라는 에세이에서 제시한 신앙의 정의에 들어간다고 생각한다. 러셀의 주장은 명료하다. 그는 신앙을 '반증이 제시되어도 결코 흔들리지 않는 신념'이라 말했다.[Russell(1957)][vi] 러셀의 정의가 기독교도의 자격 요건이라면, 나 역시 그를 따라 기독교를 믿지 않는 대열에 당장 합류할 것이다.

반면《이단자의 신앙(The Faith of a Heretic)》에서 저자 월터 카우프만은 신앙이란 "합리적인 관찰자들로부터 동의를 이끌어내기에 충분한 증거를 기반으로 하지 않는, 격렬하면서도 확신이 넘치는 신념"이라 정의했다.[Kauf-mann(1963)][2] 합리적인 관찰자들이 찬동할 만한 증거가 충분하지 않을 경우 그 신념을 택할지 말지는 순전히 개인의 선택이다. 신앙은 선택이다.

그러나 선택은 임의대로 이루어지지 않는다. 정직한 신앙을 가로막는 두 가지 제약이 있다. 첫째, 정직한 신앙은 지식과 일치해야 한다(지식을 신앙에 맞추어 일치시켜서는 안 된다). 저명한 생물학자인 콘클린도 독실한 신자이지만 대중 강연에서 자연 도태에 의한 진화론을 수백 차례 설명했다. 또한 1925년 스코프스 사건(테네시 주 고등학교 과학교사 존 스코프스가 수업 중 진화론을 가르쳤다는 의혹으로 유죄판결을 받은 사건이다. 당시 진화론은 테네시 주 법에 의해 금지되어 있었다-옮긴이)이 발생한 지 4개월 만에 일반 독자들을 대상으로 하는 잡지 '스크리브너 매거진(Scribner's Magazine. 19세기 말 창간하여 1939년 폐간된 미국 잡지로, 어니스트 헤밍웨이의《무기여 잘 있거라(A Farewell to Arms)》를 실었다는 이유로 판매 중지 조치를 당하기도 했다-옮긴이)'에 다음과 같은 글을 기고했다.[Conklin, Scribners 451-458]

우리는 종교를 과학에, 신앙을 지식에, 이상을 현실에 어떻게 맞춰나갈지 고민해야 한다. 역방향으로는 절대 맞출 수 없다. …

우리는 사실과 과학이라는 굳건한 기반에 뿌리를 내리면서 이상이라는 하늘을 향해 머리를 꼿꼿이 치켜들어야 한다. …

지금처럼 높은 이상과 열망의 종교가 절실히 필요한 때는 없었다. 그러나 성경의 직해(直解)에 집착하고 교회의 권위에 맹종하는 기존 종교는 일부의 구미에는 맞을지 몰라도 과학의 공기를 들이마셔본 사람들을 포용하기에는 턱없이 부족하다.

둘째, 진정한 신앙이 제대로 기능하려면 일상생활에서 실천이 뒤따라야 한다. 나는 "내가 이 종교를 믿겠다고 선택했다. 내가 옳은지 알아볼 도리는 없지만 옳다는 전제 하에 인생을 꾸려나갈 것이며 결과를 받아들일 것이다."라고 말한다. 신앙은 내가 틀릴 수도 있음을 인정하는 겸허한 태도를 필수 의무로 요구한다. 의심과 신앙은 동전의 양면이다. 내가 신앙을 받아들였다고 해서 내 이웃에게도 이를 강요해서는 안 된다. 포지션 A에 해당하는 사람들은 과학을 제대로 배워볼 생각도 하지 않은 채 무조건 비난부터 하는 경향이 있다. 포지션 Z에 해당하는 사람들은 종교인들에 대해 무지하면서 종교를 조롱한다.

두려움, 그리고 모순의 원칙

"'문구(文句)에 집착하는' 사람들은 확실성을 얻기 위해 정직성을 대가로 내놓을 가능성이 높다." - 월터 카우프만[07]

왜 양극단에 서 있는 사람들이 항상 목소리를 높이는가? 근본주의자들과 관련한 원칙, 즉 '모순의 원칙'을 알게 되면 극단에 서 있는 사람들이 아귀다툼을 벌이는 이유를 이해하게 된다. 모순의 원칙에 따르면 근본주의자이면서 자신의 계율을 항상 지키기란 불가능하다.[Neuenschwander(2006)] 편협한 경직성으로 인해 어쩔 수 없이 현실과 부딪히게 되어 있다. 근본주의자들은 언제가 되었든 스스로의 가치관에 반하는 행동을 하게 된다. 모순의 원칙 속 일반화에 이르게 된 경험적 증거는 다음과 같다.

(a) 정치적 근본주의자들은 민주주의를 확산시킨다는 명목으로 미심쩍은 구실을 대며 선제공격을 하는 한편 국민들에게는 모든 판단과 비판을 중단하라고 요구한다.

(b) 종교 근본주의 교과서는 진실을 수호한다는 명분으로 과학에 대해 거짓을 기술하고 있다.

(c) 포지션 A에 해당하는 성경 문자(文字)주의자들은 신이 우주를 창조했다고 주장하면서 신이 어떻게 우주를 창조할 수밖에 없었는지

---

07 [Kaufmann(1963)][36].

거꾸로 설명하고 있다.

(d) 증거에 집착하는 포지션 Z 회의론자들은 데이터가 애매모호하거나 주관적인 종교 사안에 대해 강경한 입장을 취한다.

각 포지션의 지지자들이 자신들의 굳은 신념을 상대방의 의견을 조롱할 권리와 동일시하지만 않는다면 서로를 갉아먹는 부식효과가 줄어들 것이다.[Quindlen(2005)], [Will(2005)] 내가 옳음을 모두에게 알리려 하기보다 서로에 대한 존중이 먼저다. 종교 근본주의자들은 자신들도 모르는 사이 대중을 종교에서 멀어지게 하고 종교를 공개적으로 조롱하는 과학 근본주의자들은 대중을 과학에서 멀어지게 하니, 엄청난 역설이다. 극단적인 입장을 고수하면서 타인의 입장을 이해하려는 노력은 전혀 하지 않기 때문에 오히려 자신들의 명분을 훼손하고 있는 것이다.

포지션 A는 진실의 길에서 벗어나면(즉 정직한 의심을 타인과 공유하지 않고 혼자 품었다 해도) 신의 비난을 받게 될까 두려워한다. 포지션 Z는 과학이라는 현미경으로 들여다볼 수 없는 것이 세상에 존재한다는 사실을 인정하면 강경파 합리주의자로서의 명성을 잃을까 두려워한다.

그러한 두려움 때문에 근본주의자는 모순에 빠질 가능성이 높다. 포지션 A는 자신의 영혼을 구제하기 위해 고군분투하느라 객관적 증거를 무시한다. 방침이나 교리와의 부합이 데이터나 합리적 일관성보다 중요해진다. 포지션 Z는 인간의 고뇌에 대한 공감보다 강경한 합리성 수호를 중시한다. 인간의 경험과 정신의 한계를 탐구하기보다 논리적 논쟁을 펼치는 데 초점을 맞추는 것이다. 자베르 경감이 보여주었듯 이상(理想)은 자비롭진 않지만 결점은 없다. 양극단 모두 두려움을 자극하면 방어 태세를 강화한다.

의심은 억압한다고 사라지지 않는다. 산 채로 매장되었다가 경직된 근본주의가 되어 곪아 터진다. 의심의 인정은 참된 이해의 시작이다.

2014년 4월 24일

다이슨 교수님께

91세를 맞으신 이번 해도 가족들, 특히 손주들과 즐거운 추억 쌓으시고 흥미로운 연구, 새로운 모험을 즐기시기를 바랍니다.

학생들이 다시 교수님께 질문을 보내드리게 됐습니다. …

과학은 증거를 기반으로 추론하는 학문입니다. 일부 과학자들이 신의 존재를 부정하는 이유가 신의 존재와 관련한 유형(有形)의 증거가 없기 때문일까요?

그렇다면 일부 과학자들이 인간 경험의 모든 차원을 과학이라는 렌즈만으로 들여다보고 있지는 않은지요? … 과학과 종교가 세상을 보는 '두 개의 창'이라고 설명하셨던 교수님의 편지는 여전히 저희들에게 큰 영감이 되고 있습니다. 이곳 학생들 모두 이 주제에 공감합니다. 수업에서 정직한 의심의 중요성과 필요성에 대한 토의를 진행하며, '우주정신'의 존재 여부는 논리를 따지는 관찰자 모두를 만족시키는 방법으로 입증될 수는 없다는 의견이 나왔습니다. 신이 정말 존재하는지, 왜 모두에게 스스로를 명확히 드러내지 않는지 학생들로서는 궁금할 수밖에 없습니다. 때로는 질문을 이해하는 정도가 최선인 때도 있습니다. 답이 어디에도 보이지 않으니까요. 그렇게 풀리지 않는 질문을 안고 사는 법도 배워야겠지요. …

2014년 4월 28일

드와이트와 학생들에게

질문 감사합니다. 좋은 질문이고, 토의 내용도 매우 유용했습니다. … 일부 과학자들이 왜 신의 존재를 독단적으로 부인할까요? 나는 신의 존재를 의심하는 불가지론자와 신이 절대 존재하지 않는다고 확신하는 무신론자를 분명히 구분해야 한다고 생각합니다. 여러분의 과학과 종교에 관한 토의 내용에 나도 동의합니다. 리처드 도킨스와 같은 과격한 무신론자들은, 자신들의 종교를 믿지 않으면 지옥에 간다고 주장하는 과격한 근본주의자들만큼 그릇되었다고 생각합니다. 나는 불가지론자인 부모님 밑에서 교회를 다니며 자랐습니다. 훌륭한 과학자도 신도이거나 불가지론자일 수 있습니다. 그러나 과격한 무신론자나 과격한 근본주의자일 수는 없습니다.

나는 일본 여행을 떠났다가 이틀 전에 집으로 돌아왔습니다. 사람들도 친절하고 풍경도 무척 아름다운 나라더군요. 여행 중 하루를 여러분과 같은 학생들과 비슷한 얘기를 하며 보냈습니다. 그중 영어 실력이 매우 뛰어났던 와타나베 토모네라는 간호학과 학생이 있었습니다. 집으로 돌아와 이메일을 확인해보니 여러분의 편지와 함께 토모네의 편지가 와 있었습니다. 비슷한 질문이 담겨 있었죠. 토모네는 영어와 불어에 능통한데 일본 밖으로 나가본 적이 없다더군요. 토모네는 기독교를 믿는 소수 본토 일본인 중 하나입니다. 종교를 매우 중시하죠. 졸업 뒤에는 런던에서 1년간 공부하다가 아프리카와 유럽에서 공중보건 문제를 연구하겠다더군요. 토모네가 제2의 마더 테레사가 될 수도 있다고 생각합니다.

여러분의 마지막 질문에 대한 답은 '아니다'입니다. 과학자들 대다수는 불가지론자입니다. 신의 존재에 대한 유형의 증거가 없기 때문이죠. 신의 존재를 독단적으로 부인하는 과격한 무신론자들은 동기가 다릅니다. 자신들이 이해할 수 없는 사람들에 대한 증오가 동기죠. 오늘은 이만 접을까 합니다. 여러분과의 우정과 질문에 다시 한번 감사드립니다. 손주들도 무럭무럭 크고 있고 가족들 모두 행복한 시간을 보내고 있습니다.

포지션 Z는 포지션 A의 천벌에 대한 두려움을 공유하지는 않지만 지성과 명성을 잃게 될지 모른다는 불안감에 시달린다.

혹자는 지성이 속옷과 같다고 말했다. 꼭 가지고 있어야 하지만 남에게 보여줄 필요는 없기 때문이다.

마이클 디커슨의 스펙트럼에서 포지션 M은 대부분의 사람들이 신중한 불확실성을 지니고 살아가는 너른 중용지대를 가리킨다.

포지션 M의 신중한 불확실성

"이 세상에 대해 가장 이해하기 힘든 점은 이 세상을 이해할 수 있다는 것이다." -알버트 아인슈타인[08]

---

[08] [Einstein(1982)][292]. 1954년 발간된 초판의 1982년 재판에는 아인슈타인이 했던 말이 이렇게 번역되어 있다. '이 세상에서 영원히 풀리지 않는 수수께끼는 바로 이 세상을 이해할 수 있다는 점이라 할 수 있다.' 위 본문에 인용된 번역본이 가장 유명하다.

종교를 믿는 일반인들과 과학자들은 대부분 양극단에서 멀리 떨어진 중용지대에 머물고 있다. 포지션 M의 과학자들은 도덕과 사회정의를 전파하는 종교를 존중한다. 포지션 M의 종교인들은 우주가 어떻게 작용하는지 보여주고 이를 통해 삶의 질을 향상시키는 과학을 존중한다.

우리 대학의 후원교파에서 발행하는 잡지에 천지창조론을 믿지 않는 교수들을 과연 학교에 남겨두어야 하는지 항의하는 글이 실린 적이 있었다. 당시 편집장 웨슬리 트레이시는 '포지션 M'을 언급하며 다음과 같이 신중하게 답변했다. "편지 내용을 살펴보건대, 독실한 신자라면 당연히 창세기 1장을 6일의 태양일 동안 천지창조가 이루어졌다고 이해해야 하고, 또한 그렇게 가르쳐야 한다고 생각하시는 듯합니다. 절대 그렇지 않습니다. 태양일 이론은 상대적으로 최근에 도입된 것입니다. 창세기를 남긴 고대 유대인들은 이 부분을 은유적 표현으로 간주했습니다."

그렇다면 현대 유대인들의 의견은 어떨까? 미국랍비중앙회의(Central Conference of American Rabbis)에서 출간한《기도의 문(Gates of Prayer)》서문에는 다음과 같은 기도가 나온다.

당신은 모두가 들을 수 있도록 천 가지 언어로 말했습니다. 어느 나라에 있든, 나이가 많든 적든, 당신의 자식인 우리는 당신의 목소리를 듣고 각자 당신을 알아보았습니다. 신이시여 당신은 유일합니다. 우리가 저마다 당신을 다르게 보고 있을지라도 전 인류의 유일한 신입니다. 인간이 그 본질을 '알 길이 없는' 영적 현실 앞에서 우리는 겸허하게

은유적으로 이야기합니다. [Stern (1975)]

기원전 600년 유대인들도 창세기를 문자 그대로 받아들이지 않았고 2,700년이 지난 지금도 유대교 랍비들이 성물을 은유적으로 표현해야 한다고 주장하고 있는 마당에, 지금 우리가 창세기 1장을 문자 그대로 받아들여야 한다는 강박 관념에 시달려야 할까?

교수가 CD 플레이어의 재생 버튼을 누른다. '더 로즈'라는 노래가 흐른다.[09]

어떤 이들은 사랑이 부드러운 갈대를 삼켜버리는 강이라 하고, 어떤 이들은 사랑이 영혼에 상처를 내는 칼이라 하지. 어떤 이들은 사랑이 굶주림이라고, 끝없는 갈구라고 하지.

나는 사랑이 꽃이고, 당신이 그 씨앗이라고 하네.

노래를 들으며 가사에 등장하는 네 가지 사랑의 정의 중 무엇이 '진실'인지 알고자 하는 사람은 없다. 네 가지 모두 각각의 맥락에서 진실임을 이해하기 때문이다. 이러한 애매모호함을 시적 표현방식으로 포용하는 것이다. 은유를 통해 시적 가사가 모두에게 호소력을 지니게 된다.

과학과 종교도 시(詩)와 비슷하다. 우리가 이전 경험 패턴에 맞지 않는 개념을 수용하려 노력할 때마다 그 한계에도 불구하고 비유와 은유에 의존할 수밖에 없다는 것이다. 수수께끼를 맞닥뜨렸을 때 우리

---

09 '더 로즈'는 어맨다 맥브룸이 BMI를 통해 발표한 곡이며, 수업시간에는 베트 미들러가 부른 버전(애틀랜틱레코드, 1993년)을 틀었다.

는 기존 지식을 활용하여 해결해보려고 노력한다. 다이슨 교수는 템플턴 재단이 발간한《신은 얼마나 거대한가?》에 기고한 글에서 다음과 같이 말했다.

자연에 대한 우리의 지식은 모두 인간 언어를 기반으로 한다. 인간의 언어로 인류가 아직 목도하거나 체험하지 못한 우주의 다양한 측면을 이해할 수 있게 된다면 정말 경이로울 것이다. 우리보다 훨씬 지능이 뛰어난 존재가 우주에 존재한다면 우리의 언어에 그들의 생각을 담아내기란 불가능하다. 우리의 과학으로 그들의 개념을 설명할 수도 없다.[Templeton(1997)]

천지창조를 말하는 창세기는 종교 문서다. 과학적 진술로 간주할 수 없다. 그렇다고 과학에 대한 반박으로 받아들여서도 안 된다. … 영어로 '날(day)'이라 번역된 히브리어 단어 '욤(yom)'은 구약성경에 적어도 1,480회가 넘게 등장하며 시간, 삶, 오늘, 시대, 영원, 지속적, 영속적 등 약 쉰 가지 단어로 번역되었다. … 옛 신자들은 하루가 스물네 시간이라는 태양일을 고수한다고 흔히 추정한다. … [그러나] 권위 있는 히브리어 주해(註解)를 보면 창세기에서 말하는 '날'이 태양일이 아니라 규정되지 않은 주기라고 되어 있다.[Wiley(1985)][454-455]

템플턴상

1999년 1월, 편지 한 통을 받았다. 편지지에는 '템플턴상'이라는 문구가 찍혀 있었다. 내용은 다음과 같았다. '프리먼 다이슨 박사를 템플턴상 수상자로 고려하고 있는데, 귀하를 지명자로 추천받았습니다.' 사무실에 앉아 편지를 읽자마자 영광스러우면서도 지명자로서 내가 한없이 부족하다는 생각부터 들었다. 그때 과학과 종교 사이 타협점을 찾기 위해 분투하는 학생들의 얼굴이 하나씩 떠올랐다. 그들의 질문에 꼼꼼히 답해주는 다이슨 교수의 편지도 떠올랐다. 학생들을 대신해서 다이슨 교수에게 공개적으로 감사를 전할 수 있는 좋은 기회가 되리라는 생각이 들었다.

템플턴상의 공식 명칭은 '종교 발전에 기여한 인물을 위한 템플턴상(Templeton Prize for Progress in Religion)'이다. 이 상을 제정한 존 템플턴 경(卿)은 '이 상을 통해 특정 신앙 전통이나 신에 대한 관념을 부각시키기보다 신의 다양한 현현(顯現)을 이해하려는 인류의 끝없는 노력과 여정을 기리려 한다'고 밝혔다. 언뜻 철학자, 신학자, 종교인들에게 수여되는 상으로 보이지만 수상자들 중에는 과학자, 작가, '우주의 존재, 목적, 기원에 대한 근본적 질문 연구' 등 인류 공영을 위한 활동을 펼친 개혁가들도 다수 포함돼 있다.[Templeton(1972)][10] 다이슨 교수를 추천할 수밖에 없는 이유가 명약관화했기에 나는 주저 없이 다음과 같

---

10 마더 테레사(1973년), 빌리 그레이엄 목사(1982년), 알렉산드르 솔제니친(1983년), 이안 바버(1999년)도 템플턴상을 수상했다.

이 적었다.

… 양극단 사이 어딘가에 지성인으로서의 양심을 지키면서 종교와 과학을 동시에 끌어안을 수 있는 중용 지대가 존재합니다. 이 중용 지대를 지도로 나타내려는 시도가 힘을 얻으려면 지도제작자가 과학계에서나 종교계에서나 존경받는 인물이어야 합니다. 다이슨 교수가 바로 그 지도제작자입니다.

편지는 다이슨 교수가 학생들과 공유했던 '두 개의 창' 은유를 인용하며 마무리되었다.

2000년 5월 9일 버킹엄 궁에서 다이슨 교수의 템플턴상 수상식이 거행됐다. 이어 5월 16일 워싱턴국립성당에서 다이슨 교수가 수상소감을 발표했다. 먼저 요한 세바스티안 바흐의 프렐류드와 푸가 G장조가 성당의 파이프오르간으로 연주된 뒤 장엄한 행렬이 성당 중앙통로를 따라 행진하며 식이 진행되었다.[11] 그날 저녁, 성당 성가대는 조지 다이슨의 합창곡을 세 차례나 불렀다. 다이슨 교수는 강단에 서서 성당을 빈틈없이 채운 청중을 향해 낭랑한 목소리로 수상소감을 발표했다.[Dyson(2000)] 연설은 역대 수상자들을 기리며 시작되었다.

"모두 성인 아니면 신학자였던 역대 수상자들의 뒤를 제가 잇게 되

---

11 행렬에는 다이슨 교수도 포함되어 있었는데, 잠시 들렀다가 우연히 합류한 사람인 양 너무나 태평스러워 보였다. 유쾌한 광경이었다.

어 얼떨떨합니다. 나는 성인도 신학자도 아닙니다. 나는 신학보다 선행이 중요하다고 믿습니다. …

과학과 종교는 사람들이 저 거대한 우주를 고찰하고, 우주 안에 속한 자신들의 정체성을 이해하기 위해 들여다보는 두 개의 창입니다. … 과학이나 종교가 각자 보편관할권을 주장하고, 저마다 자신들의 신조가 난공불락이라고 자신할 때 문제가 생깁니다. 천지창조론자들이나 과학적 유물론자들이나 독단적이고 둔감하기는 마찬가지입니다. 그들의 오만한 태도가 과학과 종교에 먹칠을 하고 있습니다. 언론은 수치와 비중을 과장합니다. 또한 언론은 종교를 믿는 사람들 대다수가 과학을 존중하는 온건파라는 사실, 종교가 과학 영역에 개입하지 않는 한 과학자 대다수 역시 종교를 존중한다는 사실을 절대 언급하지 않습니다."

요나에 관한 설교 때와 마찬가지로 다이슨 교수는 이번에도 고유의 정체성이 고스란히 드러나는 내용으로 연설을 채웠다.

"우리 시대를 대표하는 질문은 '지속되는 과학 혁명을 통해 빈부 격차가 격심해지지 않고 모든 이들이 그 혜택을 누릴 수 있게 되려면 어떻게 해야 하는가'입니다. …

기술이 부유층의 심심풀이로 전락하지 않으려면 윤리를 기반으로 적용, 발전되어야 합니다. … 과학과 종교가 손잡고 현대에 만연한 불평등을 해소하는 데 초점을 맞춰야 합니다. 이런 나의 비전은 400년 전 프랜시스 베이컨이 '신이시여, 과학을 통해 인류에 새로운 자비를 내려주소서'라는 기도를 읊도록 이끌었던 비전과 동일하다고 할 수 있습니다."

    기말시험에서 학생들은 개인적으로 가장 의미 있었던 토론 주제가 무엇이었는지, 그 이유는 무엇인지 설명하라는 문제를 받았다. 창의력과 통찰력이 엿보이는 답변에는 만점이 주어졌다. 새러라는 학생은 이렇게 적었다.

> 과학과 종교에 관한 토론이 가장 기억에 남는다. 이 주제가 나에게는 늘 어려웠고, 그래서 다른 학생들의 의견을 들을 수 있는 기회가 생겨 기뻤다. 과학과 종교에 관한 양극단의 입장과 중간자적 입장을 접하니 두 영역 사이에서 나의 개인적 타협점을 찾을 수 있었다.

> 2007년 12월 19일
>
> 드와이트에게
>
> 학생들 모두 방학을 맞아 집으로 갔겠군요. 크리스마스카드 감사하다고 대신 전해주세요. 학생들 에세이도 잘 읽었습니다. 마지막으로 받은 에세이들이 특히 흥미로웠습니다. 최종 과제니만큼 학생들이 특히 진심을 담아 쓴 듯하더군요. 근본주의에 맞서는 모습이 감동적이었습니다. …
>
> 모두 행복한 성탄절 맞으시기 바랍니다.

18 대지와 천공의 꿈

"깨어 있을 때는 서로 연관이 없어 보이지만 꿈은 의식이 분리해놓았던 것들의 연관관계를 보여주기도 한다." -프리먼 다이슨[01]

"깨어 있을 때보다 꿈꾸고 있을 때 더 현명해지기도 한다." -블랙 엘크[02]

언젠가 한 친구가 이런 말을 했다. "마음속에 여전히 음악이 흐르고 있는데 생을 마감하게 된다면, 진정한 비극이다."[03] 두고두고 음미해볼 만한 말이었다. 그로부터 15년 뒤, 나는 알토 색소폰 연주자가 됐다. 그리고 진짜 음악인들과 어울리며 경험을 쌓기 위해 우리 대학 인근에 위치한 대형 교회 오케스트라에 자원봉사 연주자로 참여했다.[04] 오케스

---

01 [Dyson(1979a)][258].
02 [Neihardt(1961)][10].
03 애리조나 주 챈들러에 사는 지혜로운 친구 짐 컬럼버가 했던 말이다.
04 오케스트라 감독은 알토색소폰이 프렌치호른 파트를 연주할 수 있도록 허락해주었다.

트라 멤버들은 모두 나보다 훨씬 음악에 조예가 깊었다. 일부는 음대 교수였고, 그중 셋은 오클라호마시티필하모닉에서 활동하고 있었다. 고맙게도 지휘자와 연주자들은 나에게 조언과 격려를 아끼지 않았다. 그들의 세계를 들여다보며 음악의 기쁨을 나눌 수 있었던, 내 마음 속에 계속 음악이 흐르도록 도와주었던 기회였다.

그 교회는 8년째 크리스마스 시즌이 되면 엿새에 걸쳐 대규모 뮤지컬 공연을 무대에 올리고 있었다. 주연급 연기자 외에도 120명 규모의 합창단이 동원됐고, 진짜 양과 당나귀, 말, 낙타까지 등장하는 웅장한 공연이었다. 보통 크리스마스 시즌 공연과 마찬가지로 마리아와 요셉과 아기 예수, 현인들과 천사와 양치기에 관한 내용이었고, 제목은 '갈릴리에서 온 두 사람(Two From Galilee)'이었다.[05] 신약성서에 나오는 예수 탄생을 가슴 아픈 사랑이야기로 확장시켰다. 10대인 마리아가 예수를 잉태하리라는 놀라운 소식을 천사에게 전해들은 뒤, 요셉과 함께 사회적 배척 및 다양한 위기를 극복하는 줄거리다. 2001년 한창 리허설이 진행되던 추수감사절 무렵 우리 수업에서는《프리먼 다이슨, 20세기를 말하다》의 마지막 장 '대지와 하늘의 꿈'에 대한 토론이 이어졌다. 이 마지막 장은 아기가 등장하여 더 인상적이다. 어느 저녁 리허설을 하러 가기 전 나는 다이슨 교수에게 서둘러 편지를 보냈다.

2001년 11월 20일
다이슨 교수님께

---

05 1972년 출간된 마저리 홈스의 동명 소설을 로버트 스털링과 말라 월리가 각색했다.

…《프리먼 다이슨, 20세기를 말하다》의 마지막 장을 떠올리며 뮤지컬 '갈릴리에서 온 두 사람'의 제 4회 연례공연 포스터를 보냅니다. 올해는 제가 오케스트라에 참여합니다! (저로선 새로운 경험입니다.) 객석을 벗어나 무대에 일조할 때가 왔다고 생각했습니다. 수로에 선 파우스트처럼 말이지요. 마리아 역을 맡은 여성(크리스타 올름스테드 밀러)은 약 5년 전 제 강의를 들었던 학생입니다. 이 지역에서 전문 성악가로 활동하고 있습니다.[06] 교수님 책에 나오는 아기가 꼭 예수를 뜻하지는 않는다고 생각합니다. 그보다는 기독교 정신을 상징하는 가장 아름다운 대상, 새로운 생명과 무한한 약속, 미래에 대한 희망이 젊은 어머니의 품에 안겨 있는 장면이라 보았습니다. …

성모와 아기 예수는 기독교 예술사 전반에 걸쳐 반복적으로 등장한 소재다. 아기 예수를 작은 어른처럼 묘사한 6세기 비잔틴 예술의 대표작 '성인과 천사 사이에서 왕좌에 오른 성모와 아기 예수(Virgin and Child Enthroned between Saints and Angels, 작자 미상)'[07]부터, 레오나르도 다빈치의 '암굴의 성모(The Virgin of the Rocks)'(1485년)와 라파엘의 '아름다운 보모(La Belle Jardini`ere)'(1507년) 등 예수를 사랑스러운 갓난아기로 표현한 전성기 르네상스 작품에 이르기까지 예수의 신성(神性)을 널리 알리기 위한 방편으로 자주 사용되었다.

복음서에 등장하는 예수 탄생 이야기의 역사적 정확성에 대해서는

---

06 성모 마리아로 이 무대에 선 성악가는 모두 세 명이었다.
07 제목이 비슷한 동시대 회화작품들이 많다. 여기서 언급한 작품은 이집트 시나이산 세인트캐서린 수도원에 소장되어 있다.[Janson and Janson(2001)][237].

오래 전부터 논란이 많았고 모든 신학적 관점을 아우르는 보편적 합의도 이뤄지지 않았다. 그러나 인간과 신을 잇는 연결고리인 갓난아기를 중심으로 전개되는 이야기는 충분히 공감을 이끌어낸다. 찰스 디킨스는 "아이가 되면 즐겁다. 그리고 아이로 돌아가기에 크리스마스보다 더 좋은 때는 없다. 크리스마스를 만든 이 역시 아이였으니까." 라고 했다.[Dickens(1957)][82] 역사적 사실이 무엇이든, 어떤 전통을 따르고 있든, 크리스마스는 다음 질문을 곱씹어보게 한다. "갓난아기가 어떤 의미에서는 신의 일부일까?"

비극의 은총

여기서 '우주론'이란 주제로 다시 돌아가 우주의 궁극적 운명에 대해 생각해볼 필요가 있다. 우주는 영원히 팽창할 것인가? 이 문제는 중력과 속도의 경쟁으로 좁혀진다. 만약 우주에 물질이 충분하다면 중력의 브레이크가 제동을 걸어 결국 팽창을 멈추게 되고, 이어 수축이 진행돼 우주는 '대붕괴(big crunch)'를 맞게 될 것이다. 반면 은하계들이 서로의 중력 범위를 벗어난 뒤에도 팽창 속도는 계속 확보될 가능성 역시 존재한다. 마지막으로, 중력과 속도가 정확하게 균형을 이뤄 은하계들이 서로의 중력 범위를 벗어났을 때에야 사실상 멈춰 설 수 있다. 이 세 가지 시나리오를 각각 '닫힌 우주(closed university)', '열린 우주(open university)', '평탄 우주(flat university)'라고 부른다.[08]

　현재 우주에 대한 우리의 이해가 올바르다면, 우주는 '평탄 우주' 시나리오에서도 영원히 팽창을 계속할 것이다.[09] 이 경우 은하단들이 서로 무한대에 가깝게 멀어지기 때문에 우주는 점점 더 춥고 어둡고 텅 빈 공간이 된다. 각 은하계에서도 별들이 결국 연료 고갈 상태를 맞아 하나씩 빛을 잃게 되면서 춥고 캄캄한 우주가 된다.

《프리먼 다이슨, 20세기를 말하다》의 마지막 장 '대지와 하늘의 꿈'에서 다이슨 교수는 자신이 꾸었던 꿈을 일부 소개했다. 하나는 이스라엘 하이파의 테크니온 공대에서 천체물리학 컨퍼런스에 참가한 뒤 꾼 꿈이었다. 하루 종일 전문가들과 은하계 역학관계를 토론하느라 지친 상태로 호텔에서 잠이 들었는데, 꿈속에서 아들 조지가 작은 우주선을 막 완성했다고 한다. 버튼만 누르면 우주의 다른 장소로 순간이동을 할 수 있고, 장소는 무작위로 선택된다. 그리하여 아들과 함께 무작위로 순간이동을 한 뒤 거기서부터 은하단과 성운을 나침반 삼아 다시 집으로 돌아오는 게임을 했다는 것이다.

---

08 여기에 언급한 시나리오는 모두 Ω(그리스 알파벳 오메가)라는 매개변수를 근거로 한다. Ω는 실제 에너지 밀도 대 임계 에너지 밀도 비율이다. 임계 밀도는 평탄 우주를 초래한다. 따라서 평탄 우주에서는 Ω = 1, 닫힌 우주에서는 Ω > 1, 열린 우주에서는 Ω < 1이 된다. 2001년 DASI(Degree Angular Scale Interferometer)가 Ω = 1:00±0:04라는 측정결과를 내놓았다.[Pryke et al.(2002)Pryke, Halverson, Leitch, Kovac, Carlstrom, Holzapfel and Dragovan]. 2007년에는 윌킨슨초단파비등방 탐사선이 Ω = 1.0052±0.0064를 측정해냈다.[Spergel et al.(2007)Spergel, Bean, Dor_é, Nolta, Bennett, Dunkley, Hinshaw, Jarosik, Komatsu, Page et al.] 이제까지 나온 측정결과는 모두 Ω가 1로, 평탄 우주임을 보여주고 있다. 이론에 따르면 만약 Ω = 1+x일 경우 x는 정확히 0이 아닌 이상 시간이 지날수록 빠르게 증가한다. 현재 Ω가 1에 가깝게 유지되기 위해서는 초기 환경이 극단적으로 미세조정돼야만 한다. 그러나 소립자물리학의 영향을 받은 이론적 메커니즘에 따르면 우주는 초기에 기하급수적으로 팽창하면서 Ω를 초기값과 상관없이 1로 밀어낸다.[Guth(1981)]

09 1998년 처음 축적되기 시작하여 이후 지속적으로 보강된 데이터에 따르면 팽창은 가속화되고 있다. Ω = 1은 현재 우주시대에만 적용될 수도 있다. 먼 미래에 어떤 현상이 일어날지는 추정만 가능하다. 팽창의 가속화가 지속되면 우주는 점점 더 빠른 속도로 더 어두워지고 더 비어가게 될 것이다.

얼마 뒤 둘은 게임을 멈추고 작은 우주선에 앉아 장엄한 은하계들을 바라본다. 그리고 우주의 팽창이 눈앞에서 진행되고 있음을 깨닫는다. 은하계들은 처음에는 미세하게, 그러다 점점 빠르게 멀어지면서 차츰 희미해지고, 결국 두 사람은 무한한 암흑 속에 남겨진다. 다이슨 교수는 스티븐 와인버그의 말("우주를 이해할 수 있을 것 같다는 생각이 들수록 또한 모든 것이 무의미하다는 생각이 든다")과 같은 그런 우주를 꿈에서 보았다고 썼다.[Dyson(1979a)][255-258] 와인버그의 말은 빅뱅우주론의 대중화를 이끈 저서 《최초의 3분(The First Three Minutes)》의 마지막 장에 실려 있다. 그는 우주의 운명에 관한 여러 가지 예측을 소개한 뒤 이렇게 정리했다.

이 모든 문제가 어떻게 해결이 되든, 또 어떤 우주 모형이 옳다고 판명되든, 별로 위로는 되지 않을 것이다. 인간은 스스로 우주와 특별한 관계를 맺고 있으며, 인간의 삶은 단순히 최초의 3분에서 비롯된 연쇄적 사건의 우스꽝스러운 결과물이 아니라 태초부터 존재했다고 믿고 싶어 한다. 이 글을 쓰는 지금 나는 비행기를 타고 샌프란시스코를 출발하여 와이오밍 상공을 지나고 있다. 저 아래 대지는 무척이나 부드럽고 편안해 보인다. 솜털 같은 구름이 여기저기 흩어져 있고, 흰 눈은 저녁노을에 분홍빛으로 물들어간다. … 이러한 광경이 극도로 적대적인 우주의 미세한 부분에 지나지 않음을 실감하기란 어렵다. 현재의 우주는 인간으로선 알 길이 없는 낯선 초기 환경에서 진화했으며, 무한히 차갑거나 견딜 수 없게 뜨거워져 소멸할 운명임을 실감하기는 더욱 어렵다. 우주를 이해할 수 있을 것 같다는 생각이 들수록 또한 모든 것이 무의미하다는 생각이 든다.

연구의 결과물에서는 위안을 찾을 수 없어도 연구 그 자체는 위안이 된다. … 우주를 이해하려는 노력을 통해 인간의 존엄성이 한층 높아지고 삶에 일종의 비극적인 우아함이 더해지기 때문이다.

와인버그가 옳을지 모른다. 이제껏 지구는 태양 주위를 약 40억 바퀴 돌았고, 태양이 부풀어 올라 자신을 집어삼켜버릴 때까지 공전을 계속할 것이다. 영겁의 세월이 흐른 뒤 결국 소멸돼버릴 반복적이고 기계적인 움직임은 무한한 암흑만큼이나 무의미해 보인다. 오래 전 "헛되고 헛되니 모든 것이 헛되다. … 한 세대가 가고 또 한 세대가 온다. … 해는 다시 뜨고 또 저물어간다. … 모든 강이 바다로 흐르는데 바다는 여전히 채워지지 않는다."[10]라고 적었던 이는 와인버그와 같은 심정이 아니었을까? 인간은 비극과 우아하게 마주해야 하는 운명인지도, 목적지가 아니라 여정 그 자체가 중요한 것인지도 모른다.

와인버그 교수도 저서 《최종 이론의 꿈(Dreams of a Final Theory)》에서 자신의 꿈을 공유한다. 그는 이론적 소립자물리학의 영감이 된 희망을 묘사하고, 자연의 근원적 힘이 궁극적으로 통합하는 모습을 보게 될 것이라 말한다. 이는 얼음과 수증기가 물이되 형태만 다른 것처럼, 중력과 전자기와 원자력 같은 독자적 힘들도 통합된 힘이되 각각 다른 모습이란 뜻이다. 물리학 분야에서는 예로부터 이런 접근법이 풍부하게 사용됐다. 18세기 아이작 뉴턴은 땅과 하늘의 중력을 만유인

---

10 신노시 1킹 2절, 4절, 5절, 7적(킹제임스성경).

력으로 통합했다. 19세기 마이클 패러데이와 제임스 맥스웰은 전기와 자력을 통합했다. 20세기 초 알버트 아인슈타인은 질량과 에너지, 빛과 공간과 시간, 우주시간과 중력을 통합했다. 1948년 프리먼 다이슨은 리처드 파인먼, 줄리언 슈윙거, 도모나가 신이치로의 양자전기역학 방법론이 똑같다는 사실을 입증함으로써 그들의 방법론을 통합했다. 1960년대 와인버그, 아브두스 살람, 셸든 글래쇼는 전자기와 약한 원자력을 하나로 통합해 전기약작용(electroweak interaction)을 제시했다. 근본적인 힘이 모두 통합 가능한지는 알 수 없다. 하지만 지금까지 이를 추구하는 과정에서 흥미로운 발견이 다수 이루어졌다. 특히 물리학에서 그런 사례를 심심치 않게 찾아볼 수 있다. 와인버그는 이 꿈을 독자들과 공유하며 '그렇다면 신은 어떤가?'란 장에서 통합의 문제를 한 차원 더 높이 끌어올린다.

　어떤 사람들은 신이 대단히 폭넓고 유연해서 신을 찾고자 하면 어디서나 찾을 수 있을 것이라 믿는다. …
　신이란 단어가 어떤 맥락이 있으려면, 자연과 우주의 법칙뿐 아니라 선과 악의 기준까지 정립한 창조주이자 입법자, 우리의 행동과 연관이 있는 인격체, 간단히 말해서 우리가 숭배할 수 있는 그 무엇을 의미해야만 한다. 역사를 통틀어 인류에게 영향을 미쳤던 신은 이런 존재였다. 때로 '신'이란 단어는 매우 추상적이고 광범위한 존재를 의미하여, 자연의 법칙과 구분되지 않기도 한다. … 내가 보기에 이는 신을 잘못 정의했다기보다 하찮게 만든 것이다. …
　그런 문제에 관심을 두는 것을 보면 나는 과학자들 중에서도 특이한

축에 든다.[Weinberg(1992)][244-245, 256]

와인버그 교수의 관심이 그런 문제까지 아우른다는 사실이 반갑다. 신이 있든 없든, 이 질문은 인간에게 심각한 문제다. 신을 무의미한 존재로 만들 만큼 신의 개념을 극단적으로 수정한다고 해서 과학과 종교라는 두 개의 창이 조화를 이루지는 못한다.

과학자를 비롯한 보수론자들은 "나는 내가 믿는 바가 사실이기 때문에 믿을 뿐, 이로 인해 내가 나아지거나 행복해지기 때문에 믿는 것이 아니다."라고 말한다. 오늘날 많은 종교적 진보론자들은 "사람은 비록 배타적일지라도 각기 다른 믿음을 지닐 수 있으며, 그들의 믿음이 아무 문제도 일으키지 않는다면 서로 다르다 해도 틀렸다고 할 수 없다."라고 주장한다.

볼프강 파울리는 접근 방식부터 잘못된 어떤 물리학 논문에 대해 "틀렸다고 생각하느냐?" 하는 질문을 받은 적이 있다. 그는 틀렸다는 표현도 너무 친절하다면서 이렇게 말했다. "그 논문은 틀렸다고 말할 가치도 없다고 했다. 나는 종교적 보수론자들의 믿음이 잘못되었다고 생각하지만, 적어도 그들은 진정한 믿음이 무엇인지는 알고 있다고 본다. 내가 보기에 종교적 진보론자들은 틀렸다고 말할 가치도 없다."[Weinberg(1992)][257-258]

종교를 믿는 사람들에게는 와인버그처럼 사려 깊은 무신론자가 필요하다. 그래야 정직함을 지킬 수 있다. 회의론자들에게는 다이슨 교수처럼 독단적이지 않은 종교적 동조자가 필요하다. 역시 그래야 정직함을 지킬 수 있다. 다이슨 교수와 와인버그 교수는 자신과 의견이 다른 이를 존중하는 법을 안다. 그래서 그 둘이 오랜 친구란 사실이 별로 놀랍지 않다.

2006년 12월 4일

다이슨 교수님께

… 교수님 책의 마지막 장 '대지와 하늘의 꿈'과 논평 '열린 우주의 물리학과 생물학'에서 다루셨던 주제를 스티븐 와인버그 교수와 토론해본 적이 있으신지요? 와인버그 교수는 1992년 저서 《최종 이론의 꿈》 1장('그렇다면 신은 어떤가?')에서 과학이 아닌 종교 영역에 속하는 질문들에 대해 입장을 밝힌 바 있습니다. 목사의 설교에서는 경험하기 힘든 명쾌한 방식으로 자신의 생각을 상세히 풀어냈습니다. 교수님과 와인버그 교수가 공식적인 토론 외에 개인적으로 이런 문제에 관해 대화를 나누신 적이 있는지 궁금합니다. 두 분 모두 계속해서 꿈을 키우고 계시고 이를 기꺼이 대중과 공유하고 계신다는 점이 저희에게 귀감이 됩니다.

2006년 12월 9일

드와이트와 학생들에게

가족들과 여기저기 여행을 하고 막 돌아왔습니다. 메인 주에서 목사로 활동하는 딸 미아, 벨링엄에 있는 아들 조지, 밴쿠버의 수양딸 카타리나, 손주들이 함께 했습니다. 멋진 여행이었어요. 어제 돌아와서 편지를 봤는데, 다행히 너무 늦지 않은 것 같군요. …

유감스럽게도 스티븐 와인버그와 개인적으로 만나 의견의 불일치를 확인해본 적은 없습니다. 우리 둘 다 사적인 자리보다 공식적인 토론의 장이 더 편합니다. 우리 우정이 이견으로 인해 훼손되기를 바라지 않습니다. 철학적이고 종교적인 문제에 대한 각자의 생각은 이미 저술을 통해 다 공개했으니 찾아서 읽어보면 되지요. … 따뜻한 편지 감사합니다. 즐거운 연휴 보내세요.

이해가 간다. 다이슨 교수는 논쟁을 펼쳐 상대방을 설득시키기보다 우정을 더 중시한 것이다. 포지션 A와 포지션 Z에 해당하는 사람들은 와인버그와 다이슨의 사례에서 교훈을 얻을 수 있으리라 본다.

정신과 현실

"음악을 만드는 데는 세 사람이 필요하다. 작곡가, 연주자, 그리고 관객." ─이본 노이엔슈반더

《프리먼 다이슨, 20세기를 말하다》중 끝에서 두 번째 장인 '설계 논쟁'에서 다이슨 교수는 자연에 대한 우리의 인식에 정신이 두 가지 단계로 영향을 미친다고 설명한다.[Dyson(1979a)][249] 상위 단계에서 우리는 우리의 정신을 의도적으로 자각한다. 반면 원자와 전자 수준의 단계인 하위 단계에서는 관찰자의 정신이 각종 현상의 전개에 관여한다. 예를 들어 전자의 움직임이 파동인지, 입자인지는 관찰자가 어떤 측정 방법을 택하느냐에 달려 있다. 자각 의식의 상위 단계와 극미소 입자의 움직임에 우리가 개입하는 하위 단계 사이에, 정신과는 무관해 보이고 역학모델은 충분히 존재하는 자연의 단계들이 자리 잡고 있다. 행성의 궤도, 자연 도태에 의한 진화, 우주의 팽창 등이 여기에 속한다. 다이슨 교수는 정신이 구현되는 상위 단계와 하위 단계의 간극을 메우기 위한 가설을 제안할 것이라고 썼다.

하지만 나는 물리학자로서 정신이 우주 안에 드러나는 두 가지 방식 사이에 논리적 연관성이 있을 것이란 생각을 지울 수 없다. 뇌 활동에 대한 인간의 인지는 원자물리학에서 '관찰'이라고 부르는 과정과 연관이 있을 듯하다. 즉 분자착물(서로 결합된 두 개 이상의 분자 집합체-옮긴이)**이 인간의 의식을 활성제로 삼아 여러 양자 상태 중 하나를 선택하게 된다고 생각한다. 다시 말해서 정신은 이미 모든 전자에 내재돼 있는 셈이다.** [Dyson(1979a)][249]

나는 이 구절을 이렇게 이해한다. 만약 전자(電子)들이 파동처럼 움직일지, 입자처럼 움직일지 '선택'을 해야 하고 그 선택이 인간의 관찰 방식에 의해 좌우된다면, 전자는 어떤 의미에서는 인간의 정신을 수용하고 있다고 볼 수 있다. 그렇다면 '정신'은 이미 우주에 스며들어 있다고 볼 수도 있을 것이다. 다이슨 교수는 이에 대해 다음과 같이 말한다.

인간이 우연히 우주에 출현하기는 했지만, 우연은 무지의 또 다른 표

현에 불과하다. 나는 이 우주에서 외계인이란 느낌이 전혀 들지 않는다. 우주를 조사하고 그 구조를 연구할수록, 우주가 인간의 출현을 예측하고 있었음을 입증하는 증거가 계속 발견된다.

핵물리학 법칙을 연구하다 보면 마치 누군가가 일부러 우주를 인간에게 적합한 거주지로 만들려고 했던 것처럼 보이는 사례가 여럿 드러난다. [Dyson(1979a)][249 – 250]

원자의 힘이 조금 더 강했다면 우주는 거대한 핵이 됐을 것이다. 조금 더 약했다면 우주에 존재하는 원소는 수소뿐이었을 것이다. 우리가 아는 형태의 생명이 존재할 수 있는 조건은 범위가 매우 좁다. 조금만 어긋났더라면 우리는 지구라는 행성에서도 살아남지 못했을 수 있다.

단, 인간이 계속 존재한다고 해서 어떤 우주적 지능이 인간을 위해 우주를 설계했다고 단정할 수는 없다. '지적 설계' 신봉자들은, 가장 먼저 인류를 위한 청사진이 그려졌고, 그에 따라 인류의 거주지가 특별히 설계되었다고 믿는 듯하다. 그러나 진화는 그렇게 이뤄지지 않는다. 생명이 환경에 적응한다. 유전적 다양성이 변이를 낳고, 적응하는 자만이 도태를 피할 수 있다. 살아남아야 유전자를 후대에 물려줄 수 있고, 이를 이어받은 세대가 틈새에 더 잘 적응한다. 물론 생명이 존재할 수 있는 틈새가 없었다면 인간은 지금 이런 문제를 궁금해 하고 있지도 않을 것이다. 하지만 수많은 장애물에도 불구하고 우주에는 생명이 존재할 수 있게 됐고, 그리하여 인간도 존재하게 됐다.

물리학과 천문학에 존재하는 놀라운 우연을 토대로 나는 우주가 예상과 달리 생명체가 거주하기에 우호적인 공간이 됐다는 결론에 이르렀다.

마치 우주가 생명체를 필요로 했던 것 같다. 진실인지는 알 길이 없지만 과학자로서 나는 우주가 신의 존재를 증명한다고 주장하지는 않겠다. 하지만 그렇다고 해도 우리가 알고 있는 물리학이나 생물학의 어떤 법칙에도 어긋나지 않는다. 이에 다이슨 교수는 이런 가설을 제시했다.

나는 정신에 의해 작용하는 가설과 우주의 구조가 부합한다고 주장할 뿐이다. [Dyson(1979a)][251]

어떻게 정신이 '핵심적' 역할을 한다는 가설이 나올 수 있을까? 유추를 해보자. 물리적 과정이 진행되기 위해서는 온도 차이가 필요하다. 온도가 변하지 않는다면 생명은 소멸될 것이다. 유추에 의해 우리는 우주에 온도 변화가 필요하듯 인식이 필요하다는 가설을 세울 수 있다. 물리적 과정의 진행을 위한 온도 변화, 인식과 감상을 위한 정신. 바람과 파도와 별은 온도 변화 없이 존재할 수 없다. 바람과 파도와 별은 감상하는 이가 없으면 무의미하다. 생명은 생존을 위해 거주지가 필요하고, 지성은 호기심 충족을 위해 우주가 필요하다. 관객이 필요한 작곡가와 연주자처럼 우주도 감상해줄 존재가 필요할 것이다. 말 그대로 목적지가 아닌 여정 그 자체가 중요할 수 있다.

이 두 가지 사이에 추가할 세 번째 단계가 발견된 것이다. 우주라는 구조와 생명 및 지능의 요구 사이 독특한 조화를 이루기 위해 정신이 필요하다. 과학자로서 접근할 수 있는 한계는 여기까지다. 세 단계 전반에 걸쳐 정신이 중요하다는 증거는 이미 확보되었다. 그러나 이 세 단계를 한데 묶는 더 심오한 통합 가설에 대해서는 증거를 확보하지 못했다. 이 단계에서 더 뻗어나가고자 하는 사람도 있을 것이다. 또한 우리 눈앞에 드러나는 정신의 징후 기저에 우주정신이나 세계영혼이 자리하고 있다는 가설까지 받아들이려는 사람도 있을지 모른다. … 세계영혼의 존재는 과학이 아니라 종교에서 다뤄야 할 문제다.

[Dyson(1979a)][252]

신이 정말 존재한다는 확인은 필요하지 않았다. 오랫동안 우주정신이 존재할지도 모르고, 존재할 수도 있다는 가정만으로 충분했다. 하지만 정신에 대한 다이슨 교수의 생각은, 그런 가설의 수용이 결코 지적으로 무책임한 행동이 아님을 재확인해줬다.

학생들의 질문으로 돌아가보자.

2014년 11월 11일

다이슨 교수님께

… '설계 논쟁'에서 교수님께서는 우주에서 '정신'이 수행하는 세 가지 역할을 언급하셨습니다. 정신과 물질, 뇌와 의식의 관계는 오래전부터 철학적 쟁점이었습니다. 우주에서 정신이 수행하는 역할은

정신과 육체의 문제를 보는 시각에 따라 달라지나요?

2014년 12월 3일

드와이트와 학생들에게

… 내 답변은 '아니다'입니다. 우주에서 정신의 역할은 종교적 수수께끼지만, 인간의 뇌에서 정신과 물질의 관계는 과학적 수수께끼라고 생각합니다. 두 수수께끼 모두 정신의 본질과 연관되어 있지만 각각 다릅니다. 정신-육체의 문제는 아마 과학의 도구로 풀 수 있을 텐데, 그렇다고 해서 정신-우주 문제를 이해하게 된다는 뜻은 아닙니다. 정신-우주 문제는 과학의 도구와 무관합니다. 나는 과학과 종교를 분리해야 한다고 생각합니다. 과학적 실험을 통해 신의 존재를 탐구한다는 생각은 비상식적입니다. 그러나 과학적 실험을 통해 인간 뇌의 기능을 탐구하겠다는 발상은 상식적이지요. 종교와 과학의 결정적 차이가 여기에 있습니다.

좋은 질문 감사합니다. 즐거운 성탄절 보내세요.

의심하는 도마의 정직성

다이슨 교수에게 쓴 2003년 11월 13일 편지에서 내가 그의 이웃 몇 명을 만났다는 이야기를 전했다. "그분으로부터 명함을 받았는데 불행히도 잃어버렸습니다. 교수님이 얼마나 좋은 친구이자 이웃인지 말씀해주셨지요. 그리고 과학을 방어할 때면 교수님께서 아주 '사나워진다'는 얘기도 하시더군요…." 편지와 함께 강의계획서와 몇 가지 글을 동봉했는데, 그 중에는 학위수여식 연설문도 포함돼 있었다.[11] 예수의 열두 제자 중 악명 높은 '의심 많은 도마'를 변호하는 내용이었다.

성경에 따르면[12] 예수가 십자가에 못 박혀 죽임을 당한 뒤 다른 제자들이 부활한 예수를 봤다고 말했지만, 도마는 믿지 않았다. 그는 자기 눈으로 예수를 보기 전에는 믿지 않겠다고 했다. 도마의 의심을 존중했던 예수는 그의 앞에 나타나 "여기 내가 왔다. 도마야, 보거라."라고 말했다. 그러자 도마가 "내 주여."라고 했다.

2003년 11월 18일
드와이트에게

긴 편지와 함께 자료를 한 묶음이나 보내줘 고맙습니다. … 도마 이야기는 많은 생각을 하게 해주네요. 도마복음에 대해 들어봤는지요? 4세기 정교회 집행자들이 성경에서 제외한 복음서입니다. 일레인 페이절스[13]가 그에 관해 많은 글을 썼지요. 도마복음에 이런 구절이 있습니다. '예수가 제자들에게 "나를 누군가에 비유해서 내가 어떤 사람 같은지 말해보라." 하고 말했다. 시몬 베드로가 "올곧은 천사와 같습니다."라고 말했다. 마태는 "현명한 철학자 같습니다."라고 했다. 도마는 이렇게 말했다. "내게는 당신이 어떤 분이라는 말

---

11 2000년 8월 20일.
12 요한복음 20장.
13 일레인 페이절스의 《숨겨진 복음서 영지주의(The Gnostic Gospels)》(Vintage, 1989), 《믿음을 넘어서: 숨겨진 도마복음(Beyond Belief: The Secret Gospel of Thomas)》(Pan Macmillan, 2005).

을 감히 입에 올릴 능력이 없습니다.'" 아마 나도 도마와 같은 답을 했을 겁니다.

… 워싱턴 성당에 함께 있었던 내 이웃에 대해 물었지요. … 프린스턴 친구 몇몇이 그 자리에 있었는데 동네 사람들은 아닙니다. 프린스턴 신학연구소장인 월러스 앨스턴이었을 수도 있겠네요. 낫소 장로교회의 목사였기 때문에 오래 전부터 알고 지냈습니다. 2주 전에도 우리 부부와 저녁을 함께 했고, 내가 그의 연구소에서 강연을 했습니다. … 강연 뒤에 지역 신학자들과 만났는데, 그중 평소 존경했던 한 사람이 나를 거세게 공격했습니다. 나를 '오만한 불가지론자'라고 하더군요. 내 규칙을 신에게 강요하려 한다는 겁니다. 굳이 반박할 필요는 없을 것 같아 그냥 듣고 있었습니다. 내가 오만한 불가지론자일 수도 있겠지요. 그런 비판 정도는 감수할 수 있습니다. 내가 나만의 규칙을 신에게 강요했을 수도 있는데, 그래도 이웃에게 강요하는 것보다는 낫다고 봅니다.

말 대신 미소로 답한 질문들

프리먼과 여동생 앨리스는 어린 시절 부모님을 따라 연례행사였던 '세 합창단 축제'에 가곤 했다. "아버지와 다른 젊은 작곡가들의 신곡을 제외하면 바하, 헨델, 멘델스존, 엘가 등의 작품이 주로 공연됐다. 합창단이 가장 열정적으로 불렀던 곡은 영국 합창단의 오랜 애창곡인 헨델의 '메시아', 멘델스존의 '엘리야', 엘가의 '제론티우스의 꿈'이었다. 멘델스존은 1846년 버밍엄 축제를 위해 '엘리야'를 작곡했고, 초연 때 직접 지휘하여 큰 성공을 거두었다."[Dyson(1979a)][259]

엘리야의 이야기는 구약성서에 나온다. 바알의 예언자들을 물리친 뒤 엘리야는 우울하게 황야를 거닐고 있었다. 호렙 산에서 한 천사가 그에게 다가와 말했다. "너는 나아가 산에 서 있으라. 그리고 여호와께서 지나가는 것을 보라. 크고 강한 바람이 산을 가르고 바위를 부수지만 여호와가 바람 가운데 계시지 않고, 바람이 지나간 뒤 지진이 있으나 지진 가운데에도 여호와가 계시지 않고, 지진 뒤에 불이 있으나 불 속에도 여호와가 계시지 않으며, 불 뒤에 작고 평온한 목소리가 있을 것이다."[Dyson(1979a)][259]**14**

하이파에서 꾸었던 그 꿈에서 나는 우주의 위대함과 공허함을 보았다. 강풍과 지진, 불을 보았다. 하지만 작고 평온한 목소리는 듣지 못했다. 내 눈앞을 지나가는 은하계를 보았지만, 주(主)는 은하계 가운데 있지 않았다.[Dyson(1979a)][259]

여기서 끝일 수는 없었다.

내가 꿈에서 본 비전은 여러 가지 가능한 우주의 모습 중 하나일 뿐이었다. 정신이 결여된 기계적인 우주였다. … 조지와 나는 관광객처럼 우주를 여행하고 있었다. 우주에 속하지도, 영향을 주지도 못하는

---

14 열왕기상 19장 11절~12절.

상태로. 나는 이 비전을 수용할 수 없다. ··· 우리는 관광객이 아니다. 우주라는 드라마의 배우들이다. 나는 다른 비전을 택하고 싶다.[Dyson (1979a)][258]

그 꿈을 꾼 다음 날 아침 다이슨 교수는 골란고원 관광을 시작했고 예수가 제자들을 가르치며 물고기를 먹었던 갈릴리 해변에서 점심식사를 했다. 그날 밤 그가 묵었던 댄호텔은 오래 전 선지자 엘리야가 절망 속에 찾아갔던 호렙 산에 위치해 있었다. 엘리야의 천사가 다시 나타났는지, 다이슨 교수는 그날 밤 꿈에서 두 번째 비전을 보았다. ···

아내와 아이들과 함께 점심을 먹으며 그는 관료주의에 대해 투덜거린다. 아내가 "곧장 제일 높은 사람에게 가보면 어때?"라고 한다. 그는 당국과 약속을 잡기 위해 전화기를 든다. 친절한 직원이 그의 약속을 한 시간 뒤로 잡아준다. 그는 아이들에게 신과 만나기로 했는데 같이 가겠느냐고 묻는다. 두 딸은 가고 싶다고 한다. 셋은 집을 나와 사무실로 걸어간다. 건물 내부는 교회처럼 생겼는데 천장이 없다. 다이슨 교수와 딸들은 손을 마주 잡고 힘껏 뛰어오른다. 수직 통로를 따라 둥실둥실 올라가다가 꼭대기에 이르러 왕좌가 있는 알현실에 들어선다. 하얀 벽에 오크 나무 기둥이 있는 방이다. 계단 위에 단이 있고 그 단 위에 고리버들 왕좌가 놓여 있다. 왕좌는 비어 있는 것 같다. 아마 신은 그들이 이렇게 시간을 딱 맞춰 오리라고 예상하지 못한 듯하다. 몇 분 뒤 다이슨 교수가 계단을 오른다.

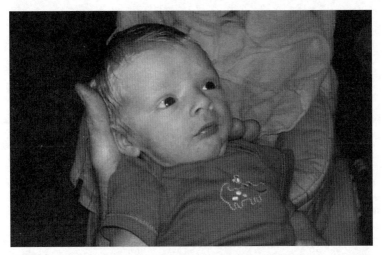

▲ "생후 3개월 된 아기가 왕좌에 누워 나를 향해 미소 짓고 있었다. 나는 아기를 들어 올렸다…." (출처: 드와이트 E. 노이엔슈반더)

딸들은 수줍어하며 계단 밑에 남아 있었다. 나는 왕좌가 눈높이에 이를 때까지 계단을 올라간 뒤에야 비어 있지 않다는 사실을 깨달았다. 생후 3개월 된 아기가 왕좌에 누워 나를 향해 미소 짓고 있었다. 나는 그를 들어 올려 딸들에게 보여줬다. 딸들은 계단을 뛰어올라와 번갈아 그를 안았다. 나는 다시 아기를 받아 두 팔로 안은 채 아무 말 없이 그 자리에 몇 분 더 서 있었다. 침묵 속에서 점차 그에게 물으려던 문제의 답을 찾았음을 깨닫게 됐다. 나는 그를 살며시 왕좌에 내려놓고 작별인사를 한 뒤 딸들과 손을 잡고 계단을 내려왔다. [Dyson(1979a)] [261]

《프리먼 다이슨, 20세기를 말하다》의 마지막을 장식한 이 장면은 어떤 대목보다 높은 흥미를 자아냈다.

1995년 4월 25일
다이슨 교수님께
… 마지막 장 '대지와 하늘의 꿈'에서 아기는 무엇을 뜻하는지요?
구체적으로 염두에 두셨던 상징이 있나요? 신의 어떤 특성을 나타
내려 하셨나요?
저희는 수업시간에 이 문제를 장시간 토론했습니다. 저 개인적으로
는 교수님께서 신의 왕좌에 아기가 있었던 이유나 그를 통해 찾았
던 대답을 구체적으로 특정하지 않은 점이 적절했다고 생각합니다.
위대한 음악이나 문학과 마찬가지로 이 장은 생생한 이미지와 분위
기를 통해 말로는 설명할 수 없는 바를 전달하고 있습니다. 지나치
게 구체화하지 않았기에 독자들은 각자의 질문을 곱씹으며 꿈 속
그 자리에 자신을 대입할 수 있었던 것 같습니다.

1995년 4월 26일
드와이트 노이엔슈반더에게
편지를 팩스로 보내줘 다행입니다. 오늘이 아니면 당분간 답장을
하기 어려웠거든요. 내일부터 사흘간 천문학회가 있고, 그리고 나서
3주간 예루살렘 히브리 대학에서 강의를 합니다. …
아기는 무엇을 뜻하는가? 구체적으로 염두에 두었던 상징이 있는
가? 신의 어떤 특성을 나타내려 했는가? … 먼저 이것이 의식적으
로 만들어낸 이야기가 아니라 진짜 꿈이었다는 사실이 중요합니다.

나는 아무 생각 없이 그냥 꿈을 꾸었을 뿐입니다. 꿈을 꾸고 한참이 지나서야 이 꿈이 무엇을 뜻하는지 생각해봤습니다.

책에 나온 꿈 이야기에는 한 가지가 빠져 있습니다. 실제 꿈에서는 아기를 안고 있을 때 강력하고 압도적인 기쁨이 홍수처럼 밀려왔습니다. 질문에 대한 답을 찾았다기보다 질문이 그 홍수에 휩쓸려 가버렸다고 해야겠죠. 책을 쓸 때 이런 얘기는 일부러 뺐습니다. 작가로서 그 책을 요란하지 않게, 조용히 마무리하고 싶었기 때문입니다. 그래서 결말의 수위를 낮췄고, 지금도 그러길 잘했다고 생각합니다. 마지막 대목은 사실의 왜곡이 아니라 미완의 상태일 뿐입니다. 꿈의 의미에 관한 질문으로 돌아가지요. 내 삶에서 아기를 안는 행위는 종교와도 같습니다. 어떤 의미에서 경배의 행위라고 볼 수도 있지요. 아기를 안고 있으면 종종 잉마르 베리만 감독의 영화 '제7의 봉인(The Seventh Seal)'이 떠오릅니다. 조프가 젊은 아내, 아기와 함께 폭풍을 피해 앉아 있는데, 죽음의 천사가 그들의 머리 위로 날아오는 장면이 나오지요. 아기는 모두 삶과 희망과 생존의 메시지를 전한다고 생각합니다. 당연히 아기는 신의 일부로 생각되지요. 하지만 꿈은 지적 활동이 아닙니다. 신비로운 현상이나 무의식적인 예술 활동에 더 가깝습니다. 나는 무엇을 '상징하려' 애쓰지 않았습니다. 신은 내가 이해할 수 있는 방식으로만 자신을 드러내니까요.

신은 끝이 아니라 시작이며 생겨난 지 얼마 되지 않은 우주의 일부라고 답했을 수도 있지만 이는 나중에 떠오른 생각일 뿐입니다.

… 저는 5월 25일 예루살렘에서 돌아옵니다. 학생들의 더 많은 의

견을 고대하겠습니다. 다들 기말고사 잘 치르라고 전해주세요.

또 다른 꿈

2001년 6월 4일
다이슨 교수님께
…《프리먼 다이슨, 20세기를 말하다》를 쓰신 뒤로도 그 책에 나오는 것 같은 꿈을 꾸신 적이 있나요?

2001년 6월 10일
슬프게도 그렇게 생생한 꿈은 최근 몇 년간 꾸지 못했습니다. 노화 때문이 아닐까 생각합니다. 재미있는 꿈이 있었나 보려고 일기를 뒤져봤는데 다음 내용이 전부였습니다.
'1995년 1월 2일. 지금까지 꿈에 나왔던 대화 중 가장 시시한 대화였다. 나는 저승에서 군복 차림의 히틀러를 만났다. 내가 말했다. "당신은 시원찮은 장군이었어." 그가 답했다. "당신도 마찬가지였잖아." 나는 이렇게 말해줬다. "하지만 난 장군이 되려 한 적이 없어." 거기서 대화가 끝났다.'
미안합니다. 이 정도가 최선이네요.

우리는 과학과 종교에 관한 수업의 일환으로 칼 기버슨 교수에게 편지를 쓴 적이 있다. 그는《극과 극: 종교와 과학의 위험한 전쟁(Worlds

Apart: The Unholy War Between Religion and Science)》이란 책의 저자다.[15] 그에게 몇 가지 질문을 보냈는데, 답장에 이런 글이 적혀 있었다.

2000년 12월 11일
드와이트에게
프리먼 다이슨이 여러분 수업의 일부라니, 답변을 하기가 조심스러워지네요. …

어쩌면 스티븐 와인버그가 옳을지 모른다. 나는 신의 개념을 너무 확대해서 오히려 무의미하게 만들었을 수도 있다. 하지만 신에 대해 모두가 동의할 수 있을 만한 묘사나 설명을 내놓기에는 증거가 너무 불충분하다. 증거를 넘어서는 진술을 할 수는 없으며 심오한 개념은 여러 가지 방식으로 표현될 수 있다는 점에 와인버그도 동의하리라 생각한다. 신이란 숭고한 개념을 경솔히 다룰 수 없다. 나는 내 방식이 안고 있는 불확실성을 감수하려 한다. 나는 지금 의지할 수 있는 빛에 의지해 걸으면서 동시에 더 많은 빛을 수용할 수 있도록 마음을 열어 놓으려 한다. 그 외에 무엇을 더 할 수 있겠는가?

---

15 Beacon Hill Press(1993).

19 할아버지와 함께 걷기

삶의 우선순위에 관한 고백

"**필요한 건 오직 사랑뿐,**

필요한 건 오직 사랑뿐,

필요한 건 오직 사랑뿐,

오직 사랑만 있으면 된다네." –존 레논, 폴 매카트니

2000년 5월, 다이슨 교수의 템플턴상 수상 소감 발표가 있기 직전 세인트올반 스쿨에서 리셉션이 열렸다. 흰 식탁보가 덮인 테이블 사이로 수많은 명사들이 줄을 서서 다이슨 교수와 악수할 차례를 기다리고 있었다. 나는 한쪽으로 비켜서서 그 광경을 지켜보고 있었는데, 갑자기 문이 벌컥 열리면서 아이들 대여섯 명이 쏟아져 들어왔다. 아장아장 걷는 아기부터 일곱 살짜리까지 모두 "할아버지! 할아버지!"를 외치며 다이슨 교수를 향해 달려갔다. 다이슨 교수는 줄을 서서 기다리는 사람들로부터 등을 돌리고 바닥에 무릎을 꿇은 채 양팔을 벌려 아이들을 맞이했다. 모두 다이슨 교수에게 매달려 떨어지지 않았다.

다이슨 교수의 관심은 온통 손주들에게 쏠렸다. 기다리는 사람들 중 누구도 불평하거나 방해하려 들지 않았다. 다이슨 교수의 우선순위가 어디에 있는지 확인할 수 있었던 훈훈한 순간이었다.

학생들은 애초 서신 왕래를 통해 다이슨 교수의 우선순위에 대해 익히 알고 있었다. 1995년 1월 계절학기 학생들은 클로드 모네의 '수련'이 그려진 커다란 연하장을 보냈다.

1995년 2월 15일

다이슨 교수님께

… 동봉한 연하장은 1월 계절학기 학생들이 보내드리는 것입니다. … 학생들의 글을 읽어보시면 재미있을 겁니다. …

학기마다 학생들은 《프리먼 다이슨, 20세기를 말하다》를 감명 깊게 읽었고 이 책을 통해 열린 사고를 할 수 있게 됐다고 말합니다. 대부분 과학에 대해 전형적인 고정관념을 갖고 있던 학생들인데, 과학을 바라보는 시각이 바뀌게 됐다는 얘기도 많이 합니다. 일반 교과서보다 훨씬 쉽게 다가갈 수 있는 책이라고도 합니다. …

이 책을 통해 큰 공부를 한 수강생 수백 명을 대신해서, 저희의 삶을 더욱 풍요롭게 만들어주신 데 대해 깊이 감사드립니다.

연하장을 보내기 전에 학생들이 적은 글귀들을 복사해뒀다. 그 중 일부를 소개한다.

다이슨 교수님, 교과서 이상의 '교과서'를 주셔서 감사합니다. 교수님 책을 읽으면서 철학 시간보다 철학에 관해 더 많은 생각을 하게 됐습니다. 생각 실험도 정말 재미있었습니다. (멜리사)

교수님 책, 재미있게 읽었습니다. 저는 토성 개척자가 되고 싶습니다. (네이트)

제 오랜 신념에 새로운 빛을 비춰주셨습니다. 교수님의 모험담을 읽을 수 있어 좋았습니다. 정말 멋지게 사셨습니다! (메리디스)

다이슨 교수는 곧 답장을 보내왔다.

1995년 2월 21일
노이엔슈반더 박사께
다시 편지를 받으니 무척 기쁘군요. 더구나 학생들의 감동적인 글까지! 멋진 연하장을 보내줘 고맙다고 전해주세요. 신세대 젊은이들의 반응을 접할 수 있어 무척 의미가 컸습니다. 제가 그랬듯이 학생들도 어려움을 이겨내면서 반드시 보람을 찾을 수 있을 것이라 믿습니다.
어린 손주 셋이 프린스턴에 살고 있어서 요즘 바쁜 할아버지가 됐습니다. 일요일마다 아이들을 데리고 교회에 가는데 녀석들도 무척 좋아합니다. 나이가 들면서 책을 쓰는 시간이 줄어들고 아이 보는 시간이 늘어나네요. 어떤 일의 비중이 더 커질지는 아직 알 수 없죠! 또 연락합시다!

◀ 1995년 2월 21일자 다이슨 교수 편지.
(출처: 드와이트 E. 노이엔슈반더)

1995년 봄학기 학생들이 보낸 편지 말미에는 다음 글이 덧붙었다.

1995년 4월 4일

다이슨 교수님께

… 추신 … '할아버지'라는 새 직업을 찾으신 것 축하드립니다. 2월 21일자 편지에 "나이가 들면서 책을 쓰는 시간이 줄어들고 아이 보는 시간이 늘어나네요. 어떤 일의 비중이 더 커질지는 아직 알 수 없죠!"라고 하셨습니다. 뒤집힌 배의 생존자 얘기를 하시면서,[01] "하지만 내가 프린스턴에 와서 가장 잘한 일은 이 아이(조지)를 키운 것인 듯하다."라고 쓰셨던 대목이 떠오릅니다. 《프리먼 다이슨, 20세

---

01 [Dyson(1979a)][243].

기를 말하다》의 에필로그에도 일곱 남매를 키운 이야기가 등장합니다. 신의 왕좌에 누워 미소 짓는 아기 이야기로 책의 본문을 마무리하시기도 했고요. 저희 수업 토론의 주제로 가장 자주 활용되기도 합니다. …

이번에는 싱가포르 난양 공과대학에서 '프리먼 다이슨 교수 탄생 90주년 기념 컨퍼런스'가 열린 2013년 8월로 가보자. 나는 컨퍼런스에서 다이슨 교수와 학생들이 20년간 주고받은 편지에 대해 이야기를 하게 됐다. 그렇게 몇 주간 연설문 준비를 하면서 동시에 하루 두세 시간씩 한 살배기와 네 살배기 손주를 돌봤다. 1995년 2월 다이슨 교수가 편지에 썼던 말이 떠올랐다. "어떤 일의 비중이 더 커질지는 아직 알 수 없습니다." 일과 가정 사이 균형을 유지하는 데 큰 도움이 되는 말이다. 나는 컨퍼런스에서 다이슨 교수를 만나 '후배 할아버지'에게 조언을 해줘 고맙다고 전했다. 컨퍼런스가 끝난 뒤 몇 달째 나도 이 책을 쓰면서 여전히 손주들을 돌보고 있다. 어떤 일의 비중이 더 커질지는 결코 알 수 없다! 아이들은 눈 깜짝할 새에 훌쩍 커버린다! 아이들과 보내는 매 순간을 소중하게 여기고 충분히 만끽해야 한다. 내가 확신할 수 있는 일이 세상에 별로 많지 않은데, 이것은 확신할 수 있다. 아이들이나 손주들이나 내가 책을 몇 권 썼는지, 컨퍼런스에 얼마나 참석했는지 상관하지 않는다. 그러나 아버지, 할아버지가 자신들과 함께 보낸 시간은 반드시 기억한다. 다이슨 교수도 이 점을 이해한다. 그와 가족에 대해 다음과 같은 이야기를 나눈 적이 있다.

1995년 4월 25일

다이슨 교수님께

교수님께서는 수학자, 물리학자, 아버지, 할아버지이자 정부 정책을 움직일 수 있는 분이십니다. 이 가운데 어떤 모습으로 기억되기를 바라시나요?

1995년 4월 26일

드와이트 노이엔슈반더에게

… 1인 다역을 한다는 데 자부심이 있지만, 그중 무엇으로 기억되고 싶은지에 대해 생각해본 적은 없습니다. 아이들과 손주들은 내 자부심이자 기쁨의 원천입니다. 그러나 손주들에게 나는 그저 이름만 남은 사람이 되겠지요. 과학이 대성당이라면 과학자로서 나의 업적은 돌 몇 개에 불과합니다. 과학이라는 웅장하고 아름다운 학문은 나라는 존재가 완전히 잊힌 뒤에도 흔들림 없이 지속될 것입니다. 내 이름은 TV드라마 '스타트렉'에 다이슨스피어라는 용어가 등장하면서 알려지게 됐지요. 우습게 들리겠지만, 이 드라마 덕분에 스타트렉 세대와 가까워질 수 있어 즐거웠습니다. 혹 미래 세대가 나를 기억한다면 아마 《프리먼 다이슨, 20세기를 말하다》때문일 가능성이 높지 않을까 싶습니다. 아무튼 여러분 세대가 이 책을 읽었다는 사실만으로 나는 충분히 만족합니다. 얼마나 오래 기억되느냐는 중요하지 않습니다.

1998년 12월 3일

다이슨 교수님께
지금 과거를 바꿀 수 있다면 무엇을 바꾸시겠습니까?

1998년 12월 5일
드와이트에게
··· 인생을 다시 산다면 피하고 싶은 어리석은 짓을 많이 했는데, 모두 개인적인 문제였지요. 아이 엉덩이를 너무 세게 때렸다거나 아내의 생일을 잊어버렸다거나. 그 외에 직업과 관련한 선택은 바꿀 생각이 없습니다. 과학자로서, 저술가로서 내 재능을 최대한 활용했다고 생각합니다. 또한 인생의 우선순위도 제대로 설정했다고 봅니다. 내게는 늘 가족이 첫째, 친구가 둘째, 일이 셋째입니다. 즐거운 성탄과 새해 맞으시기를 바랍니다.

2003년 12월 8일
다이슨 교수님께
과학자는 종종 가정을 소홀히 하게 됩니다. 암 치료법을 찾기 위해 가족과 떨어져 있어야 한다면 교수님께서는 어떻게 하시겠습니까?

2003년 12월 9일
드와이트와 학생들에게
내 인생의 우선순위는 언제나 가족, 친구, 일이었습니다. 일은 취미에 가까웠기 때문에 더 심각한 문제가 생기면 잠시 미뤄두기가 어렵지 않았습니다. 재미도 있고 발전적이었지만 나를 제외한 다른 사람에게는 그리 중요하지 않았지요. 만약 내가 암 치료법을 개발하고 있었다면 상황에 따라 우선순위가 달라졌을 겁니다. 만족스럽지는 않겠지만 최선의 답이라고 생각합니다. 가족은 무탈한데 일은 결정적 고비에 놓였다면 가족을 떠나 일부터 처리했겠죠. 일은 순조로운데 아이가 아프고 아내가 지쳤다면 가족 먼저 돌봤을 겁니다. 일과 가족이 동시에 위기를 맞았다면, 최대한 시간을 효율적으로 배분했을 겁니다. 상식적인 선을 지키면 됩니다. 상황을 정확히 파악해서 유연하게 규칙을 적용하면 됩니다.

2012년 7월 17일

다이슨 교수님께

인생의 의미는 무엇일까요? 물론 과학은 교수님의 삶에 큰 의미였습니다. 그런데 교수님의 삶에서 가장 의미 있는 것들을 모두 과학으로부터 얻으셨나요?

2012년 7월 17일

드와이트에게

늘 말했듯이 내게는 가족, 친구, 일이 가장 중요합니다. 나는 과학자일 뿐만 아니라 책을 쓰는 저자이기도 합니다. 따라서 과학은 인생에서 작은 부분에 불과하며, 가장 의미 있다고 할 수도 없습니다. 나에게 있어서 과학은 음악가에게 있어 공연과 같습니다. 신이 주신 재능을 관객과 나누는 통로이지요. 내가 과학을 통해 족적을 남길 수 있는지는 중요하지 않습니다. 족적을 남기지 못한다 해도 내가 좋아서 할 뿐이니까요.

그런 나에게 어제 과학보다 더 중요한 일이 생겼습니다. 2년 동안 만나지 못했던 손주 랜들과 하루를 보냈습니다. 2년 전에는 수줍음 많은 열여덟 살짜리였는데 어느새 사려 깊은 어른이 돼 있더군요. 못 본 사이 내 친구이자 동료가 된 그 녀석 이야기를 듣고 있으니 무척 즐거웠습니다. 고등교육을 그리 신뢰하지 않는 편이지만, 3년 간의 대학생활이 랜들에게 좋은 영향을 미쳤음을 인정합니다. 랜들은 캘리포니아 주립대학 샌디에이고 의과대학에 응시했는데 합격할 가능성이 크답니다. 그 녀석이 자랑스럽습니다.

2013년 12월 다이슨 교수의 90세 생일에 학생들은 축하 카드를 보냈다. 2014년 1월 우리가 받은 다이슨 가족의 친필 편지에는 이렇게 적혀 있었다.

멋진 생일카드 고맙습니다. 올해도 우리 가족 연대기를 보냅니다. 학생들에게 전해주세요. 마지막 부분에 손녀 클래러의 이야기가 있습니다. 우리는 내일 클래러를 만나러 캘리포니아로 갑니다. 즐거운 새해가 되기를!

새해 편지는 클래러의 이야기로 마무리되었다. 이 책은 그녀의 작품이 실린 첫 출판물이 됐다.

… 1년 전 일곱 살 때 레베카의 딸 클래러가 학교에서 쓴 이야기를 집에 가져왔다. 샤스타 산의 우거진 숲 속에 자동차 한 대가 숨어 있

는 사진을 곁들인 글이었다. 짧은 이야기였지만 클래러의 성격이 잘 드러나 있다. "폭풍이 몰아친 어느 날 밤 나는 엄마와 함께 숲에 갔다. 엄마에게 심장마비가 왔다. 나는 무서웠지만 당황하지 않았다. 일단 자동차에서 엄마를 끌어내렸다. 그리고 911에 전화하니 구조대가 왔다. 911 헬리콥터가 나타나자 개가 짖어댔고 나는 허공을 향해 손전등을 흔들었다. 그들이 불빛을 보고 우리 쪽으로 왔다. 우리는 무사히 집에 돌아왔다. 끝." 이 이야기는 클래러가 강할 뿐 아니라 자신이 강인하다는 사실을 파악하고 있음을 보여준다. 담임선생님은 클래러가 리더십을 타고났다고 했다.

칼릴 지브란은 《예언자(The Prophet)》에서 아이들의 영혼이 "내일의 집에 머문다."라고 했다. 예언자는 아이들에 대해 말해달라는 질문에 이렇게 답했다. [Gibran(1964)][17 – 18]

아이들에게 사랑을 주되 생각을 주입하려 하지 말라. 아이들도 나름의 생각이 있다. 아이들의 육신을 돌볼 수는 있어도 영혼까지 좌우할 순 없다. 아이들의 영혼은 그 누구도, 꿈에서도 찾아갈 수 없는 내일의 집에 머물고 있기 때문이다.

2004년 11월 22일

다이슨 교수님께

… 교수님의 최우선순위가 가족임을 잘 알고 있습니다. 졸업을 앞둔 학생들에게 일과 가정 사이 균형을 찾는 문제와 관련해 어떤 조

언을 해주시겠습니까? 이 문제에 대한 25세의 관점과 80대의 관점은 어떻게 다를까요?

2004년 11월 30일
학생들에게
… 젊은이들에게 우선순위에 관한 주제 넘는 조언은 하지 않으려 합니다. 큰딸이 태어날 때 도움을 받았던 스위스 간호사의 말처럼 "어떤 사람은 교회 가기를 좋아하고 어떤 사람은 체리를 좋아합니다." 사람은 각자 우선순위를 선택할 자유와 책임이 있습니다. 다만 처음 선택한 직업이나 경력에 얽매이지 말라는 조언을 해주고 싶습니다. 언제든 생각이 바뀌면 다른 일을 할 수 있는 여지를 남겨두세요. 장로교 목사가 된 우리 넷째 딸이 좋은 예입니다. 늘 목사가 되고 싶어 했고 자질도 갖추고 있었습니다. 그러다 메인 주의 작은 교회 담임목사가 되어 혼자 꾸려갔지요. 신도들을 잘 보살핀 덕에 교회도 성장을 했습니다. 동시에 계속 늘어나는 가족도 돌봤습니다. 하지만 넷째가 태어난 뒤 감당이 되지 않음을 깨달았습니다. 교회와 가족 모두 시간을 더 투자해야 했지요. 지금은 교회를 포기하고 전업주부가 됐습니다. 그 결정을 후회하지도 않습니다. 전업주부로 지내다 다른 교회에서 목회활동을 재개할 수도 있습니다. 물론 헌신적인 남편이 없었다면 이런 자유를 누리지 못했겠지요. 그래서 결혼 상대를 신중하게 골라야 한다는 조언을 아울러 드리고 싶습니다. 그리고 25세였을 때나 80대가 된 지금이나 내 우선순위는 크게 바뀌지 않았습니다.

2009년 4월 13일

다이슨 교수님께

새해 편지에서 손주들 얘기를 하셨습니다. 저도 지난 9월 큰아들 내외 덕에 할아버지가 됐습니다. 6개월 된 손주가 세상을 알아가는 모습을 지켜보는 것이 무척 재미있습니다. 녀석이 지금처럼 늘 웃을 수 있기를 바랍니다. 손주들이 교수님을 어떻게 기억하기를 바라시나요?

2009년 4월 17일

드와이트에게

손주 녀석들을 늘 가까이에서 지켜봤던 할아버지로 기억해주면 좋겠습니다. … 할아버지가 됐다니 축하합니다. 손주에게 항상 밝은 미래가 펼쳐지기를 기원합니다.

매튜란 학생은 이 짧은 답장에서 중요한 의미를 찾았다.

지난주 프리먼 다이슨의 답장이 도착했다. … 그는 단순히 있는 그대로의 모습으로 기억되기를 바란다고 했다.
… 그에겐 자신의 솔직한 모습이 가장 중요한 듯하다. 다이슨 교수에게 소중한 교훈을 얻었다.

2001년 5월 1일

다이슨 교수님께

또다시 학기 말이 되어 학생들의 인사를 전합니다.

… 교수님은 주로 무엇 때문에 웃게 되시는지요?

다시 한번 가르침을 주시는 데 대해 감사드립니다. 교수님의 통찰력을 나눠주시고 저희 수업에 참여해주시는 것에도 항상 고마움을 느끼고 있습니다.

2001년 5월 3일

드와이트에게

… 두 가지 불행이 겹쳤는데 전화위복이 됐습니다. (1) 미국 전역 고등학생들이 참가하는 학술회가 텍사스 주에서 열리게 되어 아내와 함께 참석해야 했는데, 질문 편지가 너무 늦게 도착했습니다. (2) 아내가 급성 맹장염 수술을 받았습니다. 두 번째 불행 때문에 우리는 텍사스 여행을 취소했고, 덕분에 답장을 쓸 시간이 생겼습니다. 지금 좀 기진맥진한 상태여서 답변이 신통치 않아도 양해해주기 바랍니다.

나야 늘 손주들 때문에 웃습니다. 운 좋게도 손주들 중 셋이 가까운 곳에 살고 있습니다. 또 지역 천문학자들과 점심식사를 할 때도 많이 웃습니다. 천문학이나 음악, 공연 분야에는 스스로 잘났다고 생각하는 사람이 아주 많아서 친구들과 모일 때마다 그런 사람들을 농담거리로 삼곤 합니다.

오늘 밤은 여기까지 해야겠네요. 병원에 있는 아내에게 가봐야겠습니다.

아내의 수술 때문에 여행이 취소되어 우리에게 답장을 해줄 수 있었지만, 다이슨 교수를 만날 기회를 놓친 고등학생들을 생각하니 안타깝다는 생각이 들었다.

다이슨 교수는 화려한 과거에 연연하지 않고 끊임없이 미래를 바라본다.

1999년 4월 6일

다이슨 교수님께

교수님의 다채로운 인생 경험은 과학적 성과 못지않게 인상적입니다(예를 들어, 마틴 루터 킹 목사의 '저에게는 꿈이 있습니다' 연설을 현장에서 직접 들으셨지요). 지금은 어떤 프로젝트에 매진하고 계신가요? 아직 못다 이루신 목표는 무엇인지요?

1999년 4월 10일

드와이트에게

《생명의 기원(Origins of Life)》 개정판을 막 탈고했습니다. 지난 1년간 나에게 가장 중요한 프로젝트였지요.[02] 케임브리지대학출판사에서 올해 안에 펴낼 겁니다. 다음 프로젝트는 이제 생각해봐야겠군요. 나는 75세입니다. 5년 전 은퇴했지요. 주로 여행과 강연을 하며 5년을 보냈습니다. 즐거웠지만 집에서 보내는 시간이 너무 짧았습니

---

02 《생명의 기원》은 1999년 케임브리지대학출판사(Cambridge University Press)에서 처음 출간되었으며 현재 재판이 나와 있다.

다. 다음 5년간은 집에 더 많이 머물면서 손주들과 더 많은 시간을 함께하고 책도 한 권 더 쓰고 싶습니다. 현재 미래 계획은 이 정도네요.

그의 계획은 90세에도 비슷했다. 놀랍지 않은가.

다시, 할아버지와 함께 걷기

"태양처럼 생각이 유연하고 활기찬 사람에게 하루는 영원한 아침과 같다." -헨리 데이비드 소로[03]

조지프 마셜 3세는 《할아버지와 함께 걷기》 말미에 자신의 할아버지가 일일이 손으로 만들었던 활 이야기를 넣었다.

여섯 살인가 일곱 살 때 할아버지가 활 만드는 과정을 지켜보았다. … 소년의 눈에는 지루하기 짝이 없는 시간 낭비로 보였다. … 활시위를 굳히는 마지막 단계에서 할아버지는 소년에게 이야기를 해주기 시작했다. 활이 아니라 인생에 관한 이야기였다. [Marshall(2005)][109 - 113]

마셜은 이 책에서 할아버지의 가르침을 받았던 일화를 여럿 소개

---

03 [Thoreau(1960)][62].

했다. 그의 할아버지는 어린 조지프에게 이래라저래라 지시하지 않았다. 이야기를 들려줌으로써 스스로 결정을 내리고 그 경험을 통해 교훈을 얻도록 도와주었다. "우리 할아버지는 인생으로부터 받은 선물을 내게 물려주고 있었다. 지혜였다."

다이슨 교수도 인생으로부터 받은 선물인 지혜를 여러 사람과 공유했다. 그는 70~90년간 쌓은 인생 경험을 20년에 걸쳐 3,000명의 학생들과 함께 나눴다. 우리 모두 그에게 깊이 감사한다.

마셜은 인디언보호구역으로 이주하기 전 라코타와 샤이엔 부족사회가 존중을 기반으로 한 비공식적 통치체계를 지니고 있었다고 말한다. 그 핵심은 원로들의 모임이었다. 라코타 부족은 이 그룹을 '위카옴니시야피'라고 불렀다. '완전한 사람들의 위원회'란 뜻이다. 여기서 '완전한 사람들'은 다음과 같은 뜻이다.

… 인생에서 많은 것을 경험하고 이뤄낸 사람, 이타적이며 겸손하고 현명한 사람. … 원로 위원회는 법을 통과시키거나 포고령을 내리는 기구가 아니었다. 주된 목적은 문제나 쟁점이 발생할 때마다 장시간에 걸쳐 토론하는 것이었다. 토론이 끝나면 대개 당면과제에 대한 합의를 도출해냈다. 이는 주민들에게 공개되고, 주민들은 명령이나 지시가 아닌 조언과 자문으로 받아들였다. 하지만 원로들의 의견에 수백 년에 걸쳐 축적된 경험과 지혜가 담겨 있음을 이해하고 있었다. [Marshall (2005)][7 - 8]

다이슨 교수는 프린스턴 시민위원회부터 최고 과학자로 구성된 자문기구에 이르기까지 다양한 단체에서 활약했고, 기퍼드 강연에 나서 는가 하면 미국 상원 위원회의 자문 역할을 수행하기도 했다. 로버트 오펜하이머에게 물리학을 가르쳤고, 오클라호마의 작은 대학 학부생 들이 보내는 질문에도 성실히 답변했다. 그러면서 가정에도 늘 충실 했다. 이런 다이슨 교수야말로 완전한 사람이다. 우리 수업 수강생들 에게 그는 위카 옴니시야피였고, 현명한 할아버지였다. 그는 90년이 넘는 긴 세월 동안 얻은 지혜를 우리에게 아낌없이 나눠주었다. 《할아 버지와 함께 걷기》의 마지막 문장은 우리와 다이슨 교수의 관계를 묘 사하는 듯하다.

내가 우리 할아버지 세대만큼 현명해질 수 있을지 의문이 들곤 한 다. 아마 그렇게 되지는 못할 것이다. 하지만 그런 의문 뒤에 곧바로 이 런 생각이 따라온다. '최선을 다해볼 수는 있다.' 우리 할아버지가 내게 전해주려 했던 교훈은 이것이었다. [Marshall(2005)][113]

다이슨 교수의 손주들과 학생들의 말로 이 책을 마무리하려 한다. 먼저 손주들을 대표해 맏손녀 브린이 했던 말을 들어보자. 브린이 1999년 할머니에게 보냈던 생일 축하 카드 내용이 2000년 다이슨 가 족 연대기에 실렸다.

그해 일곱 살이었던 브린이 할머니 생신을 축하하기 위해 보낸 카 드가 연말을 화려하게 장식했다. "할머니께. 생신 축하드려요. … 할머 니께는 많은 나날이 남아 있어요. 그 시간을 지혜롭게 사용하시길 바

◀ 2012년 11월 플로리다 주 올랜도에서 열린 '시그마 파이 시그마' 총회 도중 한 학생과 대화하는 다이슨 교수.
(출처: 드와이트 E. 노이엔슈반더)

랄게요."

싱가포르 컨퍼런스에서 나는 브린의 말을 인용해 다이슨 교수의 90세 생일을 축하했다.[Phua et al.(2014)][325]

"다이슨 교수님. 저와 제 학생들이 브린의 말을 좀 빌려 써도 크게 실례가 되지 않으리라 믿습니다. 먼저 생신 축하드립니다. 그리고 교수님께 앞으로 많은 나날이 남아 있음을 잊지 마십시오. 그 시간을 지혜롭게 사용하실 거라고 믿습니다! 늘 관심을 보여주셔서 감사드립니다. 신념과 어긋나지 않는 삶을 살고 계시는 교수님께서는 늘 저희에게 영감을 주십니다."

싱가포르 컨퍼런스에서 다이슨 교수는 나와 악수하며 "강의에 참여할 수 있게 해줘서 고맙다"고 말했다. 나는 "학생들을 가르칠 수 있게 도와줘 감사한다"고 답했다. 수강생들도 이후 감사 편지를 보냈다.

2014년 4월 24일
… 저희 수업에 큰 도움을 주시고, 수강생들의 친구가 돼주셔서 고맙습니다. 저와 학생들 모두, 교수님 내외와 자녀들, 예쁜 손주들에게 건강과 행복이 가득하기를 진심으로 바라고 있습니다.